Kohlhammer

Dieter Katzenbach (Hrsg.)

Qualitative Forschungsmethoden in der Sonderpädagogik

Verlag W. Kohlhammer

1. Auflage 2016

Gesamtherstellung: W. Kohlhammer GmbH, Stuttgart

Print:
ISBN 978-3-17-022476-6

E-Book-Formate:
pdf: ISBN 978-3-17-030064-4
epub: ISBN 978-3-17-030045-3
mobi: ISBN 978-3-17-030046-0

Inhalt

Qualitative Forschungsmethoden in sonderpädagogischen Forschungsfeldern – zur Einführung

Dieter Katzenbach

Im letzten Jahrzehnt sind eine Vielzahl von Publikationen zu Forschungsmethoden in den Sozialwissenschaften entstanden, darunter viele Beiträge, die sich speziell mit erziehungswissenschaftlichen Forschungsfragen beschäftigen. Das von Friebertshäuser und Prengel herausgegebene, erstmals 1997 erschienene Handbuch »Qualitative Forschungsmethoden in der Erziehungswissenschaft« liegt mittlerweile (2013) in vierter überarbeiteter Auflage vor. Es vereint Beiträge von 83 Autorinnen und Autoren. Neben diesem, den Rang eines Klassikers einnehmenden Grundlagenwerk, sind eine Vielzahl praxisnaher Lehrbücher erhältlich, die Studierenden und Wissenschaftlern praktische Anleitungen zur Anwendung konkreter Methoden an die Hand geben (nur um einige Beispiele zu nennen: Kleemann, Krähnke & Matuschek, 2009; Przyborski & Wohlrab-Sahr, 2008; Rosenthal, 2005). Man könnte also meinen, das Feld sei erschöpfend behandelt.

Zur Intention und zum Aufbau des Bandes

Gleichwohl sind wir der Auffassung, dass der vorliegende Band eine Lücke schließt, die mit der Spezifik des Forschungsfeldes der Sonderpädagogik zusammenhängt; einer Spezifik, der in der vorliegenden Methodenliteratur bisher wenig Beachtung geschenkt wurde. Hier sind vor allem zwei Aspekte hervorzuheben:

Zum einen beschäftigt sich sonderpädagogische Forschung meist mit Thematiken, die für die betroffenen Menschen emotional belastend sind; Themen, die oftmals mit Gefühlen von Scham, Kränkung oder Trauer verbunden sind. Daraus ergeben sich methodische und forschungsethische Implikationen, die hier über den ganzen Forschungsprozess, vom Feldzugang bis hin zur Datenauswertung, verfolgt werden. Eng damit verknüpft ist der Umstand, dass sich sonderpädagogische Forschung häufig in Bereichen hoher Intimität abspielt und in Bereiche eindringt, die üblicherweise der Privatsphäre (wie z. B. Wohnen) zugerechnet werden oder einem besonderen Vertrauensschutz (wie z. B. Beratungssettings) unterliegen. Wiederum ergeben sich hieraus spezifische Rahmenbedingungen auf allen Ebenen des Forschungsprozesses.

Zum anderen beschäftigt sich sonderpädagogische Forschung oftmals mit Menschen, denen man aufgrund kognitiver Beeinträchtigungen zumindest unterstellt, sprachlich nur eingeschränkt oder gar nicht auskunftsfähig zu sein. Forschung, in der Menschen mit kognitiven Beeinträchtigungen selbst zu Wort kommen, stellt nach wie vor die rare Ausnahme dar. Forschung findet hier meist *über* die Menschen, nur in Ausnahmen *mit* ihnen statt. Mehrere Beiträge dieses Bandes beschäftigen sich daher mit den Möglichkeiten, aber auch den Besonderheiten der Anwendung qualitativer Forschungsmethoden bei Menschen mit kognitiven Beeinträchtigungen wie geistiger Behinderung oder demenzieller Erkrankung.

In der sonderpädagogischen Forschung begegnet man dieser Spezifik an allen drei Schlüsselstellen des Forschungsprozesses, nämlich 1) dem Feldzugang bzw. der Akquise von Teilnehmerinnen und Teilnehmern, 2) den Erhebungsmethoden und 3) den Auswertungsverfahren. Dementsprechend gliedert sich der Band in diese drei Teile.

Zu den einzelnen Beiträgen

Die Beiträge des Bandes folgen dem gleichen Aufbau: Zunächst wird in die jeweilige Methode grundlegend eingeführt. Dann werden am Beispiel konkreter Forschungsprojekte die jeweiligen Besonderheiten im Feldzugang bzw. in der Anwendung der Methode aufgezeigt und die damit einhergehenden forschungsmethodischen Probleme dargelegt. Schließlich wird gezeigt, wie mit diesen Schwierigkeiten umgegangen werden kann, welche Modifikationen gegebenenfalls vorgenommen werden müssen und – nicht zuletzt – wo die Möglichkeiten, aber auch die Grenzen einer Methode liegen.

Feldzugang und Akquise

Die beiden Beiträge im ersten Teil des Bandes befassen sich mit den Schwierigkeiten der Fallakquise und des Feldzugangs, wie sie im Rahmen sonderpädagogischer Forschung auftreten können. *Trescher* und *Oevermann* illustrieren am Beispiel einer Studie zu Adipositas im Kindes- und Jugendalter, also einem zwar nicht genuin sonderpädagogischen, gleichwohl aber äußerst schambehafteten Thema, wie schwierig es ist, Teilnehmerinnen und Teilnehmer für eine Untersuchung zu gewinnen – und welche unorthodoxen Wege hier manchmal zum Ziel führen können. Das zweite zentrale Thema dieses Bandes, dass sonderpädagogische Forschung oftmals damit einhergeht, in die Privatsphäre der beforschten Personen einzudringen, verdeutlicht *Trescher* in einem weiteren Beitrag. Neben der sich damit abzeichnenden tendenziellen Übergriffigkeit der Forschung überhaupt zeigt sich hier eine weitere Problematik: Die zu untersuchende Lebenspraxis spielt sich häufig in institutionalisierten Kontexten wie Heimen, Beratungssettings, Fördersituationen etc. ab, bei denen den Repräsentanten der Institutionen eine wichtige Gate-keeper-Funktion zukommt. Sie treffen in der Regel die Entscheidung, ob überhaupt, und wenn ja, mit wem geforscht werden kann. Diese Entscheidung kann immer mit dem schutzwürdigen Interesse der Wahrung der Intimsphäre der Klienten begründet werden, aber es ist natürlich auch möglich, dass hier letztlich doch eher die Interessen der Institution bestimmend sind.

Erhebungsmethoden

Im zweiten Teil des Bandes finden sich Beiträge zu den drei klassischen Erhebungsmethoden qualitativer Sozialforschung, nämlich dem Interview, den projektiven Verfahren und der teilnehmenden Beobachtung.

Eingeleitet wird der Abschnitt durch den Beitrag von *Schallenkammer* zu offenen Leitfadeninterviews mit Menschen mit sogenannter geistiger Behinderung. Im Feld der kognitiven Beeinträchtigungen wird, wie bereits angemerkt, meist *über*, kaum *mit* den betroffenen Menschen geforscht. Direkte Befragungen stellen nach wie vor die Ausnahme dar. Es finden sich in der Literatur zwar einige Beiträge, in denen auf notwendige Anpassungen der Interview-Durchführung bei Menschen mit kognitiven Beeinträchtigungen hingewiesen wird. Wenig Beachtung findet in der ohnehin spärlichen Literatur aber ein Phänomen, auf das *Schallenkammer* eindrücklich aufmerksam macht. Wie sie am Beispiel der Analyse des Eingangsstimulus eines Interviews akribisch aufzeigt, können sich die mit dem Etikett »geistige Behinderung« einhergehenden defizitären Zuschreibungen unter der Hand, auch gegen die explizite Intention des Interviewers, durchsetzen und damit eine »verbehindernde« Interaktionspraxis auch im Interview selbst fortschreiben.

Schlick befasst sich in ihrem Beitrag zum *offenen* nichtstandardisierten Interview einleitend mit der Abgrenzung zu anderen nichtstandardisierten Interview-Formen wie z. B. dem narrativen Interview. Ausführlich erörtert sie unter forschungsmethodischen und -ethischen Gesichtspunkten das Für und Wider einer zugespitzten Initialfrage, die – gerade im Hinblick auf ein kritisches (wiederum oftmals schambesetztes) Lebensereignis wie hier die Frühgeburtlichkeit des Interview-Partners – zunächst als schroff und taktlos wahrgenommen werden kann.

Die Heidelberger-Struktur-Lege-Technik (SLT) zur Rekonstruktion von Subjektiven Theorien hebt die klassische Trennung von Datenerhebung und -auswertung ein Stück weit auf, denn die kommunikative Validierung der Erhebungsbefunde gemeinsam mit dem Interview-Partner ist ein Kernmerkmal des Verfahrens. *Giese* zeigt in seinem Beitrag, dass diese Technik, mit den entsprechenden Modifikationen versehen, gewinnbringend auch in der Befragung von Menschen mit intellektueller Beeinträchtigung eingesetzt werden kann.

Die Erschließung des inneren Erlebens und der psychischen Repräsentation gelebter Beziehungserfahrungen entzieht sich der direkten Beobachtung und rührt an besonders intime Bereiche des Individuums – insbesondere wenn es sich um schmerzliche Erfahrungen handelt. *Ruth* beschreibt in ihrem Beitrag den Weg der Entwicklung eines eigenen, am speziellen Forschungsinteresse orientierten projektiven Verfahrens, *Schrenker* erläutert am Beispiel der MacArthur Story Stem Battery die Anwendung eines vorliegenden halbstandardisierten Erhebungsinstruments.

Mit der spezifischen Form der psychoanalytisch orientierten, teilnehmenden Beobachtung befasst sich *Kratz* in seinem Beitrag, der den Teil zu den Erhebungsmethoden abschließt. *Kratz* orientiert sich in seinem Beitrag an der ursprünglich an der Tavistock Clinic zu Ausbildungszwecken entwickelten Methode der Infant Observation und diskutiert ausführlich das allen qualitativen Verfahren inhärente, hier aber besonders deutlich zutage tretende Spannungsverhältnis von Subjektivität und Erkenntnisgewinn.

Auswertungsmethoden

Der dritte Teil des Bandes ist den Auswertungsverfahren gewidmet. Neben der aktuell zunehmend an Bedeutung gewinnenden Frage der Auswertung videografisch erhobener Daten und der gleichsam zum Standardrepertoire der Sozialforschung zählenden Qualitativen Inhaltsanalyse nehmen hier zwei rekonstruktive Verfahren, nämlich die Objektive Hermeneutik und die Tiefenhermeneutik, einen besonderen Raum ein; unter anderem deshalb, weil diese Verfahren – wie wir meinen: zu Unrecht – in der sonderpädagogischen Forschung noch kaum Anwendung finden.

Mit der Videografie ergibt sich für die erziehungswissenschaftliche Forschung eine neue Möglichkeit der Protokollierung flüchtiger sozialer Situationen. Die Forschung gewinnt damit eine neue Qualität der Aufzeichnung, aber auch einen exponentiellen Anstieg der Komplexität des Datenmaterials. Wie *Buchhaupt* in seinem Beitrag zeigt, können damit verbalsprachliche Kommunikationsinhalte mit dem stetigen Wandel von Körperhaltung, Gesten, Gesichtsausdrücken und Blicken im Raum in direkte, gleichzeitige Verbindung gebracht werden. Wie mit dieser »simultanen Sequenzialität« forschungspraktisch umgegangen werden kann, demonstriert *Buchhaupt* an konkreten Beispielen.

Möglichkeiten und Grenzen der Qualitativen Inhaltsanalyse werden von *Buchhaupt* und *Schallenkammer* im folgenden Beitrag dargelegt. Am konkreten Beispiel erläutern die Autoren die Anwendung der Methode und diskutieren darauf aufbauend die Frage, inwieweit die Qualitative Inhaltsanalyse überhaupt dem Forschungsparadigma der qualitativen Sozialforschung zugerechnet werden kann. Sie weisen insbesondere auf die Gefahr hin, dass die im Rahmen der Qualitativen Inhaltsanalyse vollzogene Einordnung von Textpassagen in ein Kategoriensystem dazu führen kann, dass die dafür eigentlich notwendigen Verstehens- und Interpretationsleistungen der ForscherInnen unzulässig abgekürzt werden. Dies gilt umso mehr, wenn man den für Forschungsprojekte üblichen Zeitdruck mitbedenkt.

Ein Beitrag von *Trescher* eröffnet den Themenblock zur Objektiven Hermeneutik. *Trescher* stellt die theoretischen Grundlagen des Verfahrens kurz vor und erläutert ihre methodischen Regeln. Die praktische Anwendung wird dann in den drei folgenden Beiträgen vorgeführt. *Kauz* zeigt dies am Beispiel eines der empirischen Forschung nur schwer zugänglichen Handlungsfeldes, nämlich der sonderpädagogischen Beratung. Aufgrund der Intimität und prinzipiellen Schutzwürdigkeit des Settings liegen hier nur wenige natürliche Protokolle vor. *Uphoff* diskutiert die Anwendung der Objektiven Hermeneutik im Kontext geistiger Behinderung. Sie verweist auf die Tatsache, dass man hier in der Analyse häufig mit sprachlichem Material konfrontiert ist, das in doppeltem Sinne »schwer verständlich« ist, einerseits auf der lexikalischen Ebene aufgrund undeutlicher Aussprache, andererseits auf der Ebene der Syntax, wenn Sprechakte als grammatikalisch nicht »wohlgeformt« erscheinen. *Uphoff* zeigt, dass die Methode auch in diesem Feld durchaus anwendbar ist, dass aber die Qualität der Fallrekonstruktion davon abhängt, inwieweit die Interpreten ihr Verhältnis zum Phänomen der geistigen Behinderung hinreichend reflektiert haben. An konkreten Beispielen illustriert sie die Gefahr, wie sich die im Feld häufig vorzufindenden Defizitzuschreibungen in der Interpretationsgruppe unerkannt widerspiegeln können und so die Sinnhaftigkeit der (Sprech-)Handlungen geistig behinderter Akteure implizit in Abrede gestellt wird.

Trescher schließlich zeigt die Anwendung der Objektiven Hermeneutik auf ein Datenmaterial, das durch teilnehmende Beobachtungen gewonnen wurde. Diese Erhebungsmethode ist – gerade im sonderpädagogischen Kontext – von besonderer Relevanz, wenn die betroffenen Personen etwa aufgrund beeinträchtigter kognitiver Funktionen sich selbst nicht oder nur noch sehr eingeschränkt sprachlich mitteilen können, man sich aber nicht mit der Befragung Dritter (z. B. von Fachkräften und/oder Angehörigen) zufrieden geben will. *Trescher* zeigt zum einen die Anwendbarkeit der Objektiven Hermeneutik auf dieses Datenmaterial, das nicht – wie sonst in der Objektiven Hermeneutik gängig – auf der Transkription natürlicher Protokolle (also Audio- bzw. Videoaufnahmen) basiert. Und er zeigt darüber hinaus, dass es dieses Datenmaterial erlaubt, bei der Analyse gleichzeitig zwei Fallebenen im Blick zu behalten, nämlich die Ebene der Interaktion bestimmter Akteure wie auch die Ebene der Institution, die den strukturellen Rahmen der Interaktionen der ersten Ebene bildet.

Die Grundlagen der Tiefenhermeneutik stellen *Kratz* und *Ruth* in ihrem Einführungsbeitrag dar. Dazu führen sie zunächst in Lorenzers Konzept des szenischen Verstehens als methodologische Grundlage der Tiefenhermeneutik ein, um dann konkrete Verfahrensschritte zur praktischen Anwendung der Methode vorzustellen. Dieses Vorgehen illustriert *Ruth* im anschließenden Beitrag, in dem sie auf die Datenbasis zurückgreift, die mit der bereits vorgestellten Erhebungsmethode eines selbst entwickelten projektiven Verfahrens erhoben wurde.

Mit der Kombination verschiedener Auswertungsverfahren befasst sich der abschließende Beitrag dieses Bandes. *Schrenker* greift zur Verdeutlichung auf das Datenmaterial zurück, das mithilfe der oben beschriebenen MacArthur Story Stem Battery gewonnen wurde und zeigt, dass die bei diesem und ähnlichen Verfahren übliche, eher subsumtionslogisch operierende Auswertung durch Codiermanuale zumindest bei kleinen Stichproben durch rekonstruktive Auswertungsverfahren sinnvoll ergänzt werden kann.

Zum Abschluss: Das forschungsethische Dilemma bleibt bestehen

Es ist mit den vorangegangenen Ausführungen hoffentlich gelungen, ein zentrales Anliegen dieses Bandes deutlich zu machen. Allen hier versammelten Autorinnen und Autoren ist es von hoher Bedeutung, dem qualitativen Forschungsparadigma folgend, die beforschten Menschen in ihrem Subjektstatus anzuerkennen, ihnen also durch die Forschung gleichsam eine Stimme zu verleihen. Dies gilt umso mehr, als sich sonderpädagogische Forschung per se mit Menschen befasst, die sich in marginalisierten Lebenslagen befinden und die selbst wenig Gehör finden. Dabei läuft man jedoch in Gefahr, mit der Betonung der Spezifik des Forschungsfeldes auch eine Besonderheit der beforschten Personen implizit mit zu behaupten. Damit nimmt man unweigerlich aus forschungsmethodischen Gründen deren Besonderung in Kauf, eine Besonderung, die – nicht zuletzt im Zuge inklusionspädagogischer Überlegungen (vgl. Katzenbach, 2014) – ja auf der Gegenstandsebene explizit problematisiert werden soll.

Diesem Dilemma, durch die Problematisierung der Differenz gleichzeitig zu ihrer Reifizierung beizutragen, ist kaum zu entkommen – und dies ist aus der Forschung zu anderen Differenzlinien, wie der Geschlechter- oder der Migrationsforschung, wohlbekannt. Prozesse der Stigmatisierung und Essentialisierung von Differenz können durch die Wahl geeigneter Forschungsmethoden nicht ungeschehen gemacht werden, aber – und dies ist das Anliegen dieses Bandes – es kann der Versuch unternommen werden, diese Prozesse (auch) aus der Perspektive der betroffenen Subjekte zu beschreiben und zu analysieren. Es ist daher kein Zufall, dass mit der Objektiven Hermeneutik und der Tiefenhermeneutik die sogenannten rekonstruktiven Verfahren einen Schwerpunkt dieses Bandes darstellen, versprechen sie doch, sich dem Ideal eines methodisch kontrollierten Fremdverstehens zumindest anzunähern.

Literatur

Friebertshäuser, B. & Prengel, A. (Hrsg.) (1997). *Handbuch Qualitative Forschungsmethoden in der Erziehungswissenschaft* (4., durchg. Aufl., 2013). Weinheim, München: Juventa.

Katzenbach, D. (2014). De-Kategorisierung inklusive? Über Risiken und Nebenwirkungen des Verzichts auf Etikettierungen. In: C. Huf & I. Schnell (Hrsg.), *Inklusion in KiTa und Grundschule* (33–55). Stuttgart: Kohlhammer.

Kleemann, F., Krähnke, W. & Matuschek, I. (2009). *Interpretative Sozialforschung. Eine praxisorientierte Einführung*. Wiesbaden: VS Verlag.

Przyborski, A. & Wohlrab-Sahr, M. (2008). *Qualitative Sozialforschung. Ein Arbeitsbuch*. München: Oldenbourg.

Rosenthal, G. (2005). *Interpretative Sozialforschung. Eine Einführung* (2. Aufl., 2008). Weinheim, München: Juventa.

I Feldzugang und Akquise

(Sonder-)pädagogische Fallakquise und ihre Problemfelder am Beispiel der Thematik *Adipositas im Kindes- und Jugendalter*

Hendrik Trescher & Ulrich Oevermann

1 Allgemeines

Der vorliegende Beitrag behandelt die Akquiseproblematik im sonderpädagogischen Feld. Dabei soll die direkte Beforschung der sonderpädagogischen Klientel im Vordergrund stehen.[1] Es werden zunächst gängige Wege des Feldzugangs in der sonderpädagogischen Forschung vorgestellt und diskutiert. Damit, das sei bereits jetzt erwähnt, soll Forschenden nicht der Eindruck vermittelt werden, dass sonderpädagogische Feldforschung nur schwer gelingen kann, vielmehr soll in diesem Zusammenhang auf potenzielle Hürden und Problematiken aufmerksam gemacht werden. Im Anschluss daran soll die mitunter multiple Problematik des Feldzugangs beispielhaft am Forschungsprojekt *Adipositas im Kindes- und Jugendalter* dargelegt werden.

Forscher müssen oftmals von einem von vorn herein festgelegten, mitunter mühevoll ausgearbeiteten, Akquisesetting abweichen, wenn im Verlauf der Akquise festgestellt wird, dass das oftmals idealtypisch formulierte Setting in der Forschungspraxis nicht eingehalten werden kann, weil es schlicht nicht zur gewünschten Materialgewinnung führt. Die Forschenden treffen immer wieder auf nicht einkalkulierte Hürden, die den Ablauf der Akquise verändern. Akquisetätigkeit ist aufgrund des hohen Intimitätsgrades, in welchen bei der sonderpädagogischen Feldforschung eingedrungen wird, nicht immer leicht zu planen. So sind manche Thematiken beispielsweise stark schambesetzt, und es ist nicht einfach, Menschen auf diese Themen, wie im Beispiel hier *Adipositas*, anzusprechen. Auch die Akquise über bestimmte Vermittler ist nicht immer einfach umzusetzen, bzw. mitunter gar nicht möglich. Hier sind beispielsweise Beratungskontexte zu nennen.

1 Es soll also nicht darum gehen, wie beispielsweise Experteninterviews mit Betreuungskräften gewonnen werden, sondern darum, welche Formen des Feldzugangs es gibt, um direkt mit dem sonderpädagogischen Klientel in Kontakt zu kommen und diese zu beforschen. Die Art der Beforschung wird in diesem Beitrag nachrangig betrachtet.

2 Gängige Wege des sonderpädagogischen Feldzugangs

Trotz guter Planung ist es in der sonderpädagogischen Forschungspraxis oftmals so, dass die Akquisetätigkeit in Abhängigkeit zu Fragestellung, Erhebungs- und Auswertungsmethode(n) sowie dem aktuellen Stand des jeweiligen Forschungsprozesses angepasst werden muss. Akquise muss also im Verlauf als prozesshaft bezeichnet werden.

2.1 Zugang über Betreuungsinstitutionen

Der Zugang über Betreuungsinstitutionen ist oftmals der Weg, der von vornherein als am schnellsten und einfachsten angesehen wird. Zunächst erscheint es logisch, dort mit der Akquise zu beginnen, da Wohneinrichtungen, Schulen, Arbeitseinrichtungen, Tagesförderstätten etc. qua Status einen engen Kontakt zu ihrer Klientel haben. Da zu erwarten ist, dass diese Einrichtungen mitunter sehr viele Menschen betreuen, kann auch davon ausgegangen werden, dass der Zugang über solche Institutionen eine relativ erfolgreiche Akquise verspricht. Dies mag für Einzelerhebungen auch zutreffen, insbesondere dann, wenn der Forschende mit der Institution vertraut ist, also die Klientel, das Personal und die formellen und informellen Strukturen kennt.[2] Oftmals erscheint es daher sinnvoll und hilfreich, Betreuungsinstitutionen über Einzelpersonen anzusprechen, die dort tätig sind, und diese von dem eigenen Vorhaben respektive dessen Notwendigkeit und Sinn zu überzeugen. Dennoch ist damit noch längst nicht die Akquise garantiert, denn die Entscheidungswege solcher Einrichtungen sind mitunter lang. Während bei einem selbstverwalteten Kinderladen die Entscheidungskette kurz sein mag, müssen bei größeren Einrichtungen oftmals Bereichsleitung, Leitung und gegebenenfalls auch der Träger ihre Zustimmung erteilen. Dies ist mitunter schwierig und zeitaufwändig. Hierbei ist zu bedenken, dass die jeweiligen Entscheidungsträger ein Interesse an der Befragung haben müssen. Oftmals ist es aber gerade so, dass Vorbehalte bestehen, insbesondere dort, wo schambesetzte Problemfelder angesprochen werden, zumal Betreuungsinstitutionen ihre Klientel nicht verletzen möchten und ihre Fürsorgepflicht wahrnehmen müssen.[3] Außerdem ist hier die Problematik des *Gate-Keepings*, also der (gezielten) Steuerung des Zugangs durch die angefragten Betreuungsinstitutionen zu bedenken.[4] Das ist beispielsweise dann der Fall,

2 Hierbei stellt sich dann allerdings die generelle Frage, ob dadurch die Distanz zum Feld gewahrt bleibt – dies ist letztlich eine Frage, die inhaltlich zu beantworten ist.

3 Ersteres wird insbesondere noch im weiteren Verlauf des Beitrags (Abschnitt 3) deutlich.

4 Näheres hierzu in den Beiträgen Trescher: *Feldzugang bei kognitiver Beeinträchtigung – am Beispiel der direkten Beforschung demenziell erkrankter Personen;* und Schallenkammer: *Offene Leitfadeninterviews im Kontext sogenannter geistiger Behinderung* i. d. B.

wenn die Betreuungsinstitution den Zugang zu von ihr nach eigenen Kriterien ausgewählten Einzelpersonen aus ihrer Klientel ermöglicht.

Auch ein Kontakt über Träger/Verbände hat Vorteile. Wenn ein Träger als Vermittler gewonnen werden kann, erhält der Forscher idealerweise Zugang zu sehr vielen Einrichtungen. Allerdings fehlt dann oftmals der (so bedeutende) Kontakt zu Einzelpersonen,[5] die je konkret im Feld arbeiten. Schlussendlich schließen sich aber beide Wege nicht aus.

Wenn im konkreten Fall beispielsweise Interview-Partner oder zu beobachtende Personen über Aushänge generiert werden sollen, ist grundsätzlich zu bedenken, dass eine solche Akquiseform gewisse Probleme mit sich bringt. Zum einen müssen Institutionen gewonnen werden, die eine solche Anfrage positiv beantworten und durchführen. Geschieht dies, ist damit aber noch kein Fall akquiriert, denn oftmals müssen gesetzliche Vertreter den Aushang (welcher idealerweise an prominenter Stelle aushängt – dies bedarf allerdings wieder persönlichen Engagements einzelner Institutionsmitglieder) beachten und auf diesen antworten. Hierzu bedarf es zunächst der Einsicht, dass die betreute Person zu der gesuchten Gruppe gehört. Dies mag für Berufsbetreuer noch einfach sein, da sie eine gewisse professionelle Distanz zum Feld haben und eben aufgrund einer vorliegenden eingeschränkten Rechtsmündigkeit des Mündels erst bestellt wurden. Für Eltern ist dies mitunter sehr schwierig, da die Einsicht, dass das eigene Kind beispielsweise unter die Gruppe *aggressiv* oder *übergewichtig* fallen soll, möglicherweise gar nicht vorhanden ist.[6] Eventuell werden *Tatsachen* verdrängt, möglicherweise bestehen auch große Scham und nicht zuletzt Schuldgefühle. Gegebenenfalls besteht auch die Angst, dass diese durch die Interviewsituation hervorgerufen werden können, was wiederum zu Hemmungen führen kann, sich mit der Thematik auseinanderzusetzen. Selbst wenn die persönliche Bereitschaft des Entscheidungsbevollmächtigten dazu bestände, heißt das immer noch nicht, dass er es für sinnvoll, angemessen oder notwendig ansieht, das betroffene Mündel a) damit zu konfrontieren und b) darüber hinaus einen Zugang für Fremde zu schaffen.

Zum anderen muss neben der Einsicht der Betroffenheit bei Vormund und Mündel ein übergeordnetes Interesse an der Thematik bestehen, da durch die Teilnahme an einem sonderpädagogischen Projekt für die Beteiligten in der Regel keine konkrete Hilfe geleistet wird. Somit werden der Zeitaufwand und der Eingriff in die Privatsphäre, welche durch die Feldforschung zweifelsohne entsteht, nicht entlohnt (weder durch eine konkrete Gegenleistung noch durch einen Geldbetrag).[7]

5 Das soll im weiteren Verlauf, nicht zuletzt im Fallbeispiel, noch einmal verdeutlicht werden.

6 Zudem ist die Auslegung beziehungsweise Definition dieser Begriffe nicht immer eindeutig.

7 Falls es doch die Möglichkeit der Entlohnung gibt, ist dies aber auch keineswegs unproblematisch, zumal dadurch das Risiko eingegangen wird, dass sich die Teilnehmer primär des Geldes wegen auf die Feldforschung einlassen und eventuell nur bedingt bereit sind, sich auf ein Interview einzulassen, welches ggf. intime, schambesetzte und weitgehend tabuisierte Thematiken zum Inhalt hat.

Es hängt jedoch stark davon ab, wer beforscht werden soll. So ist es bestimmt einfacher, *Menschen mit geistiger Behinderung* zu akquirieren als beispielsweise *aggressive Kinder*. Zum einen ist *geistige Behinderung* ein manifestes gesellschaftliches Label, welches durch eine medizinische Diagnose festgehalten wird, was beim Label *aggressives Kind* nicht der Fall ist. Zum andern gibt es viele Sondereinrichtungen für Menschen mit geistiger Behinderung, in welchen dann eben die komplette Klientel unter das Label *geistige Behinderung* fällt. Dies ist bei *aggressiven Kindern* nicht der Fall.

2.2 Zugang über Beratungs- und Selbsthilfeinstitutionen

Auch hier ist es von vornherein von Vorteil, den persönlichen Zugang über einzelne Mitglieder zu suchen, als nur eine anonyme schriftliche Anfrage zu stellen, weil sich erfahrungsgemäß in einem persönlichen Gespräch einzelne Institutionsmitglieder von der Bedeutung und der Relevanz eines Forschungsprojektes überzeugen lassen.

Beratungs- und Selbsthilfeinstitutionen sind Kontexte der Diffusität, dort kann potenziell *alles Persönliche* angesprochen werden.[8] Sie haben den Vorteil, dass dort die zu beforschende Problematik bereits thematisiert wird, das heißt, dass anders als bei Betreuungsorganisationen kein Tabubruch entstehen muss, wenn die Mitglieder der Institution ihre Klientel ansprechen. Das heißt, bei denjenigen, die sich in solchen Institutionen helfen lassen, kann davon ausgegangen werden, dass sie sich des vorliegenden *Beratungsbedarfs* bewusst sind, ist dies doch die Grundvoraussetzung für ein Hilfegesuch bei einer solchen Institution.[9]

Es sei aber auch hier gesagt, dass Selbsthilfe- und Beratungsinstitutionen, wie die Betreuungsinstitutionen auch, stark um ein positives Verhältnis zu ihrer Klientel bemüht sind und dieses gefährdet scheint, wenn man sich auf die Vermittlung an Fremde einlässt. Da auch diese Institutionen keinen direkten Nutzen aus einer Beforschung ziehen, kann deren Bereitschaft zur Kooperation bzw. aktiven Vermittlung eingeschränkt sein. Außerdem lassen Beratungskontexte[10] oftmals solch eine Anfrage nicht zu, da das Setting zwischen Berater und Klient dadurch womöglich beeinträchtigt würde.

---

8 Zur Unterscheidung zwischen diffusen und spezifischen Sozialbeziehungen siehe Oevermann, 2002, 40.

9 Aus inhaltlichen Gründen ist hier dann allerdings zu bedenken, dass es sich eben aller Voraussicht nach um Menschen handelt, die ein bestehendes Problem haben. D.h., wenn man beispielsweise übergewichtige Kinder und deren Familien als Akquiseziel hat, dann wird man annehmbar über Selbsthilfe- und Beratungsorganisationen nur Fälle akquirieren können, bei denen von vornherein klar ist, dass das Übergewicht der Kinder ein Problem darstellt. Damit lassen sich im Umkehrschluss keine Fälle akquirieren, bei denen die Kinder zwar übergewichtig sind, dies für diese aber weniger problematisch ist.

10 So würde zum Beispiel eine Beobachtung in einer Therapiesitzung im Rahmen einer Psychotherapie das vorgesehene Setting der Psychotherapie (erwartbarer Weise) ausschließen.

2.3 Öffentliche Bekanntmachung

Der Vorteil der öffentlichen Bekanntmachung (Homepages, große E-Mail-Verteiler, Aushänge, Handzettel, Postwurf) ist die Menge an Personen, die damit erreicht werden kann. Die Nachteile sind zum einen darin zu sehen, dass eine große Menge an Personen angesprochen wird, die wahrscheinlich nicht zur Zielgruppe gehören. Zum anderen handelt es sich um eine anonyme Ansprache, die es nicht ermöglicht, den Betroffenen die Relevanz und Bedeutung des Forschungsvorhabens zu erklären. Öffentliche Bekanntmachungen lohnen sich insbesondere dann, wenn die Zielgruppe relativ groß und die Tabuisierung der Thematik relativ gering ist. Das trifft allerdings auf wenige Forschungsfelder der Sonderpädagogik zu. Darum ist diese Form der Akquise in der sonderpädagogischen Feldforschung auch nicht sehr weit verbreitet. Die in Kapitel 2.1 angesprochenen Problematiken der Einsicht und der Vormundschaft gelten auch hier.

3 Multiple Problematik der Fallakquise im Forschungsprojekt *Adipositas im Kindes- und Jugendalter*

Zur Veranschaulichung soll auf die Vielschichtigkeit der Akquiseproblematik anhand des Vorgehens im Projekt *Adipositas im Kindes- und Jugendalter* beispielhaft eingegangen werden. Dieses Beispiel bietet sich in besonderem Maße an, da es sich um ein Forschungsfeld handelt, in welchem eine besonders hohe Schambesetztheit vorherrscht.

Das Forschungsprojekt *Adipositas im Kindes- und Jugendalter,*[11] welches das Institut für Hermeneutische Sozial- und Kulturforschung (IHSK) in Frankfurt[12] in Kooperation mit der Deutschen Sporthochschule Köln durchgeführt hat, hatte das Ziel, die Lebenssituation von stark übergewichtigen Kindern und deren Umfeld, insbesondere deren Familien, zu beleuchten. Es handelte sich um ein Teilprojekt von *Fit am Ball – Der Schul-Cup von funny-frisch*, einem seit mehreren Jahren bestehenden Projekt der Deutschen Sporthochschule Köln, welches die Bewegung bei Kindern und Jugendlichen fördern soll.[13]

Im Folgenden werden die verschiedenen Erhebungsphasen sowie die aus den dabei entstandenen Problemen hervorgegangenen Überlegungen zur weiteren Akquise dargestellt.

---

11 Die Akquisephase ist seit dem 31.12.2011 abgeschlossen.
12 In der Folge *Frankfurter Projektteam* genannt.
13 Näheres zum Projekt findet sich auf der Homepage des Projekts: Deutsche Sporthochschule Köln 30.12.2012.

3.1 Zugrunde liegende Annahmen

Davon ausgehend, dass Adipositas als eine Folge einer gestörten Beziehung des Menschen zu seinem Körper in Verbindung mit dessen Umwelt gewertet werden kann, versuchte das Projekt gerade nicht, wie, auch in der sonderpädagogischen Forschung verbreitet, durchaus üblich, die Kategorien *körperliche Faktoren* und *Umwelteinflüsse* getrennt voneinander zu betrachten. Ziel des Projektes war die ganzheitliche Erfassung des Kindes in seiner je individuellen Lebenssituation und je persönlichen Entwicklung. Hierzu wurde auf das Konzept der leiblichen Positionalität (vgl. Oevermann, 2010, 30f.; 2010, 45ff.; 2007, 2f.) rekurriert. Zentral ist hierbei, dass sich der Mensch als soziales Wesen qua Status seines Körpers bewusst sein muss. Der Mensch ist also sowohl Kultur- als auch Naturwesen, er ist somit sein Innen und Außen zugleich (vgl. Oevermann, 2007, 2f.).

Für die Bildung des Selbst ist wesentlich, dass die Bildung der inneren Gliederung seiner Leiblichkeit, der leiblichen Positionalität, erfolgt. Eine stabile Mittigkeit oder gebildete Positionalität ist die Basis aller Identitätsbildung und kann nur durch ständige Bewegung der Glieder des Leibes entstehen, die letztlich dazu führt, dass sich der innere, leibliche Raum tatsächlich lebendig gliedert. Dazu gehört ebenso eine Abgegrenztheit gegen die Umwelt, welche eine souveräne dezentrierte Erkundung dieser erst ermöglicht. Diese Abgegrenztheit steht komplementär zu einer stabilen Zentriertheit des Leibempfindens, was sich insbesondere in den Experimenten über die Entstehungsbedingungen und die Struktur kognitiver Stile bestätigt. Eine gesunde leibliche Positionalität ist also Grundlage für ein gesundes Selbst und eine gesunde Entwicklung des Kindes (vgl. ebd., 5). Dementsprechend sollte untersucht werden, welche strukturellen Probleme ausschlaggebend für die leiblich-psychosoziale Problematik der Adipösität sind. Die je individuelle Problematik der Adipösität des jeweiligen Kindes sollte also im Kontext von Familie und sozialem Umfeld beleuchtet werden, da die offenkundig physische Seite der Problematik, wie dargelegt, nicht von der psychosozial-emotionalen zu trennen ist.

3.2 (Ursprünglich) geplanter Akquiseablauf

Wie üblich in der sonderpädagogischen Forschung wird während der Konzeption eines Forschungsprojektes oftmals ein *guter Plan* gefasst, der durchaus durchdacht ist und dem Forschungsinteresse in besonderer Art und Weise dienlich und im Aufwand für die geplante Durchführung akzeptabel sein soll – so auch hier.

Da hier konkret das Forschungssetting die Beforschung von Kindern im Alter von drei bis zwölf Jahren vorsah, war die ursprüngliche Idee, einen Zugang zu entsprechenden adipösen Kindern über Institutionen zu bekommen, welche primär mit Kindern zu tun haben. Dies waren in diesem Fall zunächst Schulen und Kindergärten. Über das Projekt *Fit am Ball – Der Schul-Cup von funny-frisch* sollten und konnten eine Vielzahl von Schulen akquiriert werden, welche dem Projekt Unterstützung zusicherten. Weiterhin sollten Fälle durch das Frankfurter Projektteam akquiriert werden. Vorrangig, aber nicht ausschließlich, sollten dies Fälle jüngerer Kinder (drei bis sechs Jahre) sein, da zu dieser Gruppe kein Zugang über die Deutsche Sporthochschule Köln in Aussicht stand.

Prinzipiell sollte zunächst ein Interview mit der Familie des Kindes geführt werden, an dem idealerweise alle primären Familienmitglieder (das Kind selbst, Geschwister und Eltern, bzw. Stiefgeschwister und Stiefeltern) teilnehmen, in deren Umfeld das Kind aufwächst. Idealerweise sollte ein solches Interview in den Privaträumlichkeiten der Familie stattfinden – damit den Kindern im angestrebten Fall ein gewisses Sicherheitsgefühl gegeben wird. Im Anschluss an dieses Familieninterview, in welchem offen über die soziale Situation in der Familie gesprochen werden sollte, war ein zweites Interview mit dem betroffenen Kind (selbstverständlich im Beisein eines Erziehungsberechtigten) geplant. Hier sollte das individuelle Erleben des Kindes in Bezug auf die Adipositas im Vordergrund stehen. Die Interviews waren zeitlich und inhaltlich variabel. Sie sollten idealerweise von einem weiblichen und einem männlichen Mitglied des Frankfurter Projektteams durchgeführt werden. Dieses Setting wurde über alle Interviews hinweg beibehalten, in Einzelfällen wurde jedoch auf Wunsch der interviewten Familie davon abgewichen, etwa wenn die Familie den Wunsch äußerte, die Interviews nicht in ihren privaten Räumlichkeiten durchzuführen.

Ursprünglich sollten insgesamt 18 Interview-Familien gefunden werden, die sich hinsichtlich ihrer soziokulturellen und sozioökonomischen Herkunft unterscheiden. Zudem war eine Unterteilung in drei Altersklassen (1. ca. 42 Monate; 2. ca. 108 Monate; 3. ca. 150 Monate) vorgesehen (vgl. Oevermann, 2007, 10ff.; Trescher & Fischer, 2013, 202f.). Außerdem sollten sich die Fallkinder zu je gleichen Teilen aus Mädchen und Jungen zusammensetzen.

3.3 Praktische Akquiseproblematik zu Beginn

Es war bereits vor der Akquisetätigkeit davon auszugehen, dass die Problematik der Übergewichtigkeit eines Kindes schambesetzt ist. Darum sollte auch keine direkte Ansprache von Familien in der Öffentlichkeit erfolgen. Es wurde entschieden, mit Aushängen auf die Studie aufmerksam zu machen, um so nach geeigneten Fällen zu suchen. Die Aushänge sollten zunächst an Kindergärten (Gruppe 1), Grundschulen (Gruppe 2) sowie weiterführenden Schulen (Gruppe 3) herangetragen werden, mit der Bitte, diese zu veröffentlichen.

Grundsätzliche Problematiken der sonderpädagogischen Feldforschung, wie in Abschnitt 2.1 dargelegt, galt es zu bedenken. Insbesondere die Problematik der Einsicht der Eltern, dass ihr Kind adipös ist, wurde als potenziell schwieriger Punkt angesehen. Durch das Projekt *Fit am Ball – Der Schul-Cup von funny-frisch* wurde es ermöglicht, dass die akquirierten Fälle wenigstens ein *Dankeschön-Geschenk* im Wert von maximal 100 € (zum Beispiel ein Tag in einem Freizeitpark für die ganze Familie) erhalten, so dass sie zumindest eine Wertschätzung für ihre Teilnahme erhielten.

3.4 Erste Akquisephase (Institutionen)

Es stellte sich früh heraus, dass das Verteilen von Aushängen in Schulen und Kindergärten kaum möglich war.[14] Auch dies ist ein aus der sonderpädagogischen Feldforschung bekanntes Problem, welches die Forschenden allerdings nicht als so problematisch vermuteten, wie es sich letztendlich herausstellen sollte.

Zwar konnten immer wieder einzelne Personen (ErzieherInnen, SozialpädagogInnen, LehrerInnen) gefunden werden, welche großes Interesse an der Studie zeigten und somit auch gern bereit waren, zu helfen. Allerdings scheiterten die Bemühungen immer wieder daran, dass dies von Seiten der Institutionen bzw. deren Trägern verhindert wurde. Nach Rücksprache mit entsprechenden Verantwortlichen stellte sich immer wieder heraus, dass die Einrichtungen sich für *nicht zuständig* erklärten und dass man befürchtete, betroffene Kinder und deren Familien damit zu verletzen. Es deutete sich somit eine höhere Schambesetztheit der Thematik an als zunächst angenommen. Sowohl private und kirchliche als auch städtische Kindergärten/Kindertagesstätten fürchteten ein *negatives Feedback* durch ihre Klientel, manche befürchteten gar einen wirtschaftlichen Schaden. Zudem bestand die Sorge, dies könne sich unter Umständen negativ auf das Verhältnis zwischen den jeweiligen Institutionen und den Eltern auswirken. Das Verhältnis sei ohnehin nicht immer einfach und könne dadurch weiteren Schaden nehmen – so eine oftmals an das Projektteam herangetragene Antwort. Weiterhin wurde dem Projektteam von einem Betriebskindergarten eines Finanzinstituts mitgeteilt, dass die Kinder die meisten, manche sogar alle Mahlzeiten des Tages vor Ort einnähmen und man dort darauf achte, dass die Ernährung reguliert wird. Somit sei die Ernährung der Kinder in diesem Fall ohnehin nicht Sache der Eltern, womit diese auch die falschen Ansprechpartner wären. Mehrfach wurde dem Projektteam als Grund für die Ablehnung von Aushängen die vermeintliche Tatsache genannt, dass es schlicht keine übergewichtigen Kinder gäbe, wodurch ein solcher Aushang sinnlos wäre. Ob dies nun richtig ist oder nicht, soll dahingestellt sein. Dennoch verweist eine solche Antwort auf ein zentrales Problem in der Akquise, nämlich dass in vielen Fällen nicht genau gesagt werden kann, ob ein Kind mit 42 Monaten adipös ist oder nicht.

Kontaktierte Schulen und Lehrer reagierten oftmals gar nicht auf die Anfragen des Projektteams. In einigen Fällen, in welchen es zu persönlichen Gesprächen mit dem Projektteam kam, wurde diesem oftmals mitgeteilt, dass die Ernährung Sache der Eltern und die Schule als Institution dafür nicht verantwortlich sei. Außerdem bestehe in weiterführenden Schulen ohnehin nur wenig Kontakt zwischen der Schule und den Eltern.

Während zu Kindergärten in Ausnahmefällen die Kontaktaufnahme gelang, so dass die Aushänge dort platziert werden konnten, gelang dies in Schulen gar nicht. Allerdings wurden hier Kontakte und letztlich auch Fälle durch das Pro-

14 Zur Zugänglichkeit sonderpädagogischer Institutionen sei auch auf den Beitrag Trescher: *Feldzugang bei kognitiver Beeinträchtigung* i. d. B. verwiesen.

jektteam der Deutschen Sporthochschule Köln akquiriert, genauer durch das Projekt *Fit am Ball – Der Schul-Cup von funny-frisch*. Hierüber konnten insgesamt die meisten Fälle des Projekts gewonnen werden. Diese Kinder waren aber primär männlich und deutschstämmig, was dazu führte, dass insbesondere Kinder mit Migrationshintergrund und Mädchen in der Untersuchung zunächst stark unterrepräsentiert waren (vgl. Oevermann, 2008, 1f.).

Um diese Lücke zu schließen, wurden Jugendzentren kontaktiert – mit ähnlichen Ergebnissen wie bei den Akquiseversuchen über Kindergärten. Einzelne der dort tätigen Personen befürworteten das Projekt und waren gewillt, entsprechende Aushänge zu machen, doch auch dies verlief meist ergebnislos. Lediglich ein Jugendhaus konnte zur Zusammenarbeit gewonnen werden. Hier ergab sich ein Kontakt zu einer südeuropäischen Familie mit mehreren übergewichtigen Kindern. Dieser brach allerdings ab.

Nach diesen Schritten der direkten Ansprache einzelner Institutionen, die im Gros nicht zum gewünschten Ergebnis führten, wurde deutlich, dass es unter Umständen besser sein könnte, Trägerverbände und Ämter anzusprechen, um über diese den Feldzugang zu steuern.

Es wurde daher zu den Jugend- und/oder Sozialämtern der fünf größten Städte Deutschlands Kontakt aufgenommen. Diese wurden gebeten, in entsprechenden Einrichtungen (Schulen, Sozialrathäusern, Kindergärten, Jugendhäusern etc.) Aushänge zu machen. Während ein Jugendamt dem Frankfurter Projektteam direkt absagte, verliefen die vier übrigen Anfragen nach längerem, teilweise intensivem Kontakt im Ergebnis erfolglos.

Zudem wurde sich an einen Verband sogenannter freier Schulen gewandt. Der Kontakt war schnell und verlief unbürokratisch. Der Aushang wurde sofort über den E-Mail-Verteiler des Verbandes an alle zugehörigen Schulen in Deutschland übermittelt. Dennoch erhielt das Projektteam hierüber keine Rückmeldungen von potenziellen Fall-Familien.[15] Hier ist anzunehmen, dass das persönliche Engagement Einzelner fehlte, da diese nicht direkt angesprochen wurden (Trescher & Fischer, 2013).

3.5 Zwischenfazit der Akquisetätigkeit

Es hat sich gezeigt, dass es sehr schwierig ist, geeignete Fälle zu akquirieren. Es fiel den angesprochenen Institutionen schwer, die Thematik *Adipositas* gegenüber ihren Klienten offen anzusprechen, und dies obwohl es sich um ein offenkundiges, für die Umwelt sichtbares Problem handelt.[16] Dies deutet auf die hohe Schambesetztheit der Thematik in der Gesellschaft hin. Die (oben genannten) Antworten, die einzelne Institutionen dem Frankfurter Projektteam auf die Frage gaben, warum sie keine Akquiseanfragen aushängen wollten, machen

15 Schlussendlich oblag es aber jeder Schule selbst, die Anfragen auszuhängen; ob dies tatsächlich geschah, kann endgültig nicht gesagt werden.

16 Es kann also gesagt werden, dass das Image (Der Begriff »Image« wird hier im Goffmanschen Sinne verwendet (Goffman, 1986)) der Eltern durch die Institutionen gewahrt wurde.

dies besonders deutlich. Zudem hat die Analyse der (wenigen) Interviews im Ergebnis ebenfalls darauf hingedeutet, dass Adipositas im Kindes- und Jugendalter als Phänomen offenkundig ist, aber weitgehend verneint, individualisiert und im Sinne der Imagewahrung des Anderen beinahe totgeschwiegen wird – somit ist aus der schwierigen Fallakquisesituation bereits dies als Ergebnis abzuleiten.

Für die weitere Akquisearbeit bedeutete dies, dass in noch diffuseren Kontexten, also dort, wo potenziell *alles persönliche* angesprochen werden kann, nach Möglichkeiten der Akquise gesucht werden musste. Es wurde versucht, bei Kinderärzten, in Erziehungsberatungsstellen und über (Selbst-)Hilfeorganisationen zur Adipositasthematik adäquate Fälle zu akquirieren. Außerdem wurde beschlossen, noch weiter in der Breite zu akquirieren, also möglichst viele Menschen anzusprechen.

3.6 Zweite Akquisephase (öffentliche Bekanntmachung und Selbsthilfeorganisationen)

Ziel der zweiten Akquisephase war es, die Anfragen besser zu verbreiten. Zu diesem Zweck wurden Handzettel gedruckt und in größeren Wohnsiedlungen im Raum Frankfurt in die Briefkästen geworfen. Zudem wurden öffentliche Aushänge gemacht – beides blieb allerdings ergebnislos.

Aus diesem Grund sollte sich nun auf die Selbsthilfeorganisationen als potenzielle Vermittlungspartner konzentriert werden. Zunächst wurden bundesweit verschiedene größere und kleinere Selbsthilfegruppen sowie Vereine, die sich in irgendeiner Art und Weise mit der Thematik beschäftigen, angefragt. Hier war jedoch die Resonanz eher gering. Oftmals wurde darauf verwiesen, dass die Vermittlung zwischen dem Verein, bzw. der Organisation und den Klienten, *schwierig genug* sei. In einem Fall wurde dem Projektteam mitgeteilt, dass der angefragte Verein am direkten Wohlbefinden der Klienten interessiert sei. Er würde dem Projektteam also nur behilflich sein, wenn im Gegenzug eine Leistung für die interviewten Menschen erbracht würde. Ein anderer Verein verdeutlichte, dass er gegen eine Spende bereit wäre, Fälle zu vermitteln, was allerdings vom Frankfurter Projektteam aus forschungsethischen und finanziellen Gründen abgelehnt wurde. Zweimal wurde dem Projektteam auch seitens der Selbsthilfegruppen mitgeteilt, dass beinahe täglich Anfragen von Medien, primär Fernsehsendern und Boulevardprintmedien, kämen. Diese gäben sich nicht immer als solche zu erkennen und dass aus diesem Grund beschlossen worden sei, generell keinerlei Vermittlung zwischen den Klienten des Vereins und Dritten zu leisten. Lediglich eine Selbsthilfegruppe willigte nach einem persönlichen Gespräch ein, die Akquiseanfrage auszuhängen. Aber auch dies blieb ohne Resonanz durch potenzielle Fallfamilien.

Weiterhin sollten Erziehungsberatungsstellen kontaktiert werden. Nach einiger Recherche fand das Frankfurter Projektteam heraus, dass es hessenweit einen E-Mail-Verteiler gibt, über welchen alle hessischen Erziehungsberatungsstellen vernetzt sind. Es wurde der Kontakt zu einer Erziehungsberatungsstelle aufgenommen. Die Leitung stand dem Vorhaben sehr positiv gegenüber und bot nach zwei Treffen an, den (leicht abgeänderten) Aushang über diesen Verteiler landesweit weiterzuleiten, mit der Bitte, diesen auszuhängen. Hierzu bedurfte es allerdings einiger formalrechtlicher Genehmigungen – diese wurden allerdings nach einem dritten Treffen, bei welchem auch ein Vertreter des Jugendamtes der Kommune zugegen war, erteilt. Über diese Aushänge konnte ein kleiner Erfolg erzielt werden – es kam zu mehreren Kontakten zu potenziellen Fallfamilien –, letztlich konnte hier immerhin ein weiterer Fall generiert werden. Dennoch gestaltete sich die Akquisetätigkeit weiterhin schwierig.

Erwähnt werden muss, dass es bei den Aushängen in den Erziehungsberatungsstellen auch zu negativen Resonanzen kam. Die Kontaktperson des Frankfurter Projektteams erhielt mehrfach elektronische Post von verärgerten Eltern, welche sich beispielsweise darüber beschwerten, dass die Interview-Familien ein Dankeschön erhalten. Argumentiert wurde, dass damit Eltern, die nicht auf die Ernährung ihrer Kinder achten, für dieses *Unterlassen* noch belohnt würden.

Als nächstes wurden Kinderärzte kontaktiert, deren Resonanz unterschiedlich – doch zumeist positiv war. Bei etwa einem Viertel aller angefragten Praxen durften Aushänge gemacht werden, diese blieben jedoch ohne weitere Resonanz.

Oftmals wurde dem Projektteam in den ersten beiden Akquisephasen durch die angefragten Personen und Institutionen geraten, die interviewten Familien mit Geld zu entschädigen. Dies ist zum einen eine Frage der Mittel, zum anderen ist es insofern bedenklich, als dass man damit Gefahr läuft, dass sich Familien interviewen lassen, die primär einen finanziellen Gewinn erwarten und sich dennoch im Interview verschlossen zeigen könnten. Zudem würde eine Art Käufer-Kunde-Beziehung zwischen den Interviewern und den Interviewees entstehen, was dem Setting nicht dienlich wäre, da es nicht intendiert ist, dass der Interviewee denkt, bestimmte *Antworten geben zu müssen.* Aus den genannten Gründen wurde dies somit abgelehnt.

3.7 Zwischenfazit

Nachdem sich das passive Ansprechen durch Aushänge in den ersten beiden Akquisephasen im Ergebnis als nicht befriedigend erwies, wurde sich für die direkte Ansprache von potenziellen Fallfamilien entschieden. Dies brachte allerdings einige Probleme mit sich. Neben der Problematik, dass zunächst ein Ort gefunden werden musste, an welchem man Familien mit Kindern antreffen kann, stellte sich primär die Frage, wer diese Familien wie ansprechen soll. Hier galt es zu bedenken, dass die direkte Ansprache einer Familie die Imagewahrung der Familie direkt gefährdet. Die Familie hat, da sie auf ihre (offenkundig) übergewichtigen Kinder angesprochen wird, mit der direkten Konfrontation in dieser Situation nicht mehr die Möglichkeit, der Thematik aus dem Wege zu gehen. Zudem verlangt es von denjenigen, die die entsprechenden Familien ansprechen, eine hohe Überwindung, da hier ein Tabu angesprochen wird. Es muss behutsam und empathisch vorgegangen werden, um mit dem Tabubruch nicht zu verletzen.

3.8 Dritte Akquisephase (direkte Ansprache)

Nach den erfolgsarmen beiden ersten Akquisephasen wurde beschlossen, das Setting entsprechend zu ändern. In der vorherigen Akquisearbeit hatte sich bereits angedeutet, dass die direkte Ansprache der betroffenen Familien möglicherweise erfolgreicher sein könnte.

Es wurde entschieden, die direkte Akquise auf einem Jahrmarkt durchzuführen. Dies ist ein Ort, an welchem viele Familien angetroffen werden können. Die Forscher wollten aus forschungsethischen Gründen die Kinder nicht mit ihrem Übergewicht konfrontieren. Somit postierten sie sich rund um beliebte Fahrgeschäfte, da diese oftmals von den Kindern allein genutzt werden, die Eltern also draußen warten. Es galt, diese Momente abzuwarten und die Eltern dann anzusprechen. Dieses Vorgehen bedeutete aber, dass es nicht zu voll auf dem Jahrmarkt sein durfte. Somit wurden Nachmittage an Werktagen gewählt, da angenommen wurde, dass Eltern nachmittags eher Zeit haben als vormittags, es aber dennoch nicht so unübersichtlich voll ist wie am Wochenende. Es wurde entschieden, dass nur pädagogisch erfahrene Forscher, die zudem auch Erfahrungen mit dem Durchführen von Interviews und der direkten Akquisetätigkeit hatten, die Anfragen durchführen. Angesprochen wurden Familien und einzelne Begleitpersonen (von denen anzunehmen war, dass sie die Eltern der Kinder sind). Die Forscher traten dabei einzeln auf. An solch einem Vorgehen zeigt sich, wie diffizil (sonderpädagogische) Forschung im Feld sein kann. In der sonderpädagogischen Feldforschung wird immer wieder an Intimitäts- und Schamgrenzen von anderen Personen herangetreten, hier bedarf es oftmals persönlicher Empathiefähigkeit der Forscher. Die Forscher müssen hierbei selbst oft Grenzen gesellschaftlicher Normen übertreten, indem sie das Image des/der Befragten tendenziell gefährden.

Für die Forscher war dies nicht leicht und bedurfte besonders zu Beginn einer starken persönlichen Überwindung. Es waren teilweise mehrere *Versuche* nötig, um letztendlich selbstsicher und dennoch behutsam auftreten zu können.

Die Reaktionen waren insgesamt positiv zu bewerten. Schließlich kam es in jedem Fall zu kurzen Gesprächen mit betroffenen Familien. Der Großteil der angesprochenen Familien zeigte sich zumindest an dem Projekt interessiert. Einige nahmen auch Informationen über das Projekt mit und unterhielten sich kurz mit den Forschern über die Thematik. So konnten einige Interviews generiert werden. Es kam aber auch zu ablehnenden Reaktionen. So sprach beispielsweise ein Forscher ein Paar an, das zuvor mit einem Mädchen zusammen war, welches anschließend allein in ein Fahrgeschäft eingestiegen war. Die Dame erwiderte auf die Anfrage des Forschers, dass das *dicke Mädchen* nicht ihr Kind sei, sondern das des Mannes, und dass das Übergewicht des Kindes mit ihr nichts zu tun habe. Der Mann lehnte ein Interview ab. Auch kam es vor, dass Eltern offenkundig stark übergewichtiger Kinder Anfragen mit der Begründung ablehnten, dass ihr Kind *noch normal* sei, dass die Forscher also die falsche Familie angesprochen hätten. Letztlich beinhalten auch diese Abwehrreaktionen Erkenntnisse für das Forschungsprojekt.

Schlussendlich konnte diese Akquisephase als erfolgreich bezeichnet werden, da zum einen Interview-Partner gefunden werden konnten, zum anderen aber auch aufgrund der Reaktionen der Eltern auf die Konfrontation mit der Übergewichtigkeit ihrer Kinder. Diese konnten ausgewertet werden und ermöglichten Aussagen darüber, wie mit dem Phänomen der Adipositas im Kindes- und Jugendalter umgegangen wird.

4 Fazit

Die Akquiseversuche haben gezeigt, dass sich eine passive Ansprache (durch Aushänge) in Bezug auf die Adipositasproblematik bei Kindern äußerst schwierig und insbesondere langwierig gestaltet. Die Schambesetztheit der Thematik ist, das haben Akquise und Analyse gezeigt, extrem hoch. Selbst in Kontexten diffuser Sozialbeziehungen haben Institutionen den Zugang verweigert, da sie eine mögliche Verletzung der Schamgrenze bei ihren Klienten sahen. Demnach wurde der Entschluss gefasst, Familien in der Öffentlichkeit anzusprechen. Dies erschien aber aufgrund der hohen Schambesetztheit und der damit verbundenen Tabuisierung der Thematik nicht unproblematisch. Hierbei erschien es besonders wichtig, dass die Forscher empathiefähig sind und dennoch selbstsicher auftreten (Trescher & Fischer, 2013). Dennoch ist auch die insgesamt sehr aufwändige Akquisetätigkeit, auch dort, wo diese nicht zum Erfolg führte, für die Forschung nicht als wertlos zu bezeichnen. Schließlich lässt sich gerade dadurch belegen, wie tief die Verneinung der Thematik gesellschaftlich verankert ist, obwohl Adipositas im Kindes- und Jugendalter immer häufiger auftritt. Letztlich kann gesagt werden, dass die Akquisetätigkeit respektive die Resonanz dazu somit auch schon Teil der Analyse sein kann. Schlussendlich hat sich gezeigt, dass der Prozess der sonderpädagogischen Forschung als solcher bereits Gegenstand der Erkenntnis sein muss. Das Herantreten an Intimitäts- und Schamgrenzen ist in der Akquise nicht immer gegeben, aber gerade in Bereichen starker gesellschaftlicher Tabuisierung wird auch in der sonderpädagogischen Forschung immer wieder an Schamgrenzen der zu beforschenden Personen herangetreten, das hat das Beispiel *Adipositas im Kindes- und Jugendalter* gezeigt. Es ist damit nicht gesagt, dass Intimitäts- und Schamgrenzen in anderen Settings nicht auch berührt oder durchbrochen werden, vielmehr ist es so, dass während eines Interviews eine Art Vertrauensbasis aufgebaut werden kann, welche intimere Fragen im Verlauf des Gesprächs möglich macht. Bei stark tabuisierten Thematiken erfolgt dieser Schritt bereits mit der Ansprache der potenziell zu beforschenden Person. Dies gilt es bei der mitunter diffizilen Akquisetätigkeit im sonderpädagogischen Feld zu beachten.

Literatur

Deutsche Sporthochschule Köln: Fit am Ball. (http://www.fitamball.de/start/), Zugriff am 30.12.2012.

Goffman, E. (1986). *Interaktionsrituale. Über Verhalten in direkter Kommunikation* (1. Aufl.). Frankfurt am Main: Suhrkamp.

Oevermann, U. (2002). Professionalisierungsbedürftigkeit und Professionalisiertheit pädagogischen Handelns. In: M. Kraul, W. Marotzki & C. Schweppe (Hrsg.), *Biographie und Profession* (19–63). Bad Heilbrunn/Obb.: Klinkhardt.

Oevermann, U. (2007). *Antrag auf Bewilligung eines Forschungsprojekts zur fallrekonstruktiven Untersuchung der sozio- und psychogenetischen Bedingungen von Übergewicht und Adipositas*. Frankfurt am Main.

Oevermann, U. (2008). *Bemerkungen zu ersten Zwischenergebnissen der qualitativen Fallanalysen von Familien mit übergewichtigen Kindern als Ergänzung zum Projekt »Fit am Ball«*. Frankfurt am Main.

Oevermann, U. (2010). Sexueller Missbrauch in Erziehungsanstalten – mentalitätsgeschichtliche oder strukturelle Ursachen? (http://www2.ibw.uni-heidelberg.de/~gerstner/AF-Oevermann_Sexueller-Missbrauch-in-Erziehungsanstalten.pdf), Zugriff am 12.09.2011.

Trescher, H. & Fischer, M. (2013). Scham und Akquise. *Neue Praxis 43 (2)*, 199–210.

Feldzugang bei kognitiver Beeinträchtigung – am Beispiel der direkten Beforschung demenziell erkrankter Personen

Hendrik Trescher

1 Allgemeines

Ziel dieses Beitrags ist es, Probleme des Feldzugangs im Rahmen sonderpädagogisch-empirischer Forschung aufzuzeigen. Dabei soll es primär um die direkte Beforschung von beeinträchtigten Menschen gehen. Beispielhaft soll dies im weiteren Verlauf am Zugang zu Menschen mit Altersdemenz problematisiert werden.[1]

Die sonderpädagogisch-empirische Forschung ist bezüglich des Feldzugangs oftmals einer multifaktoriellen Grundproblematik ausgesetzt. Ein wichtiger Faktor ist dabei die Intimität der/des Beforschten, in die durch den Forscher eingedrungen wird. So wird Material oftmals in intimen Räumen (beispielsweise in Einrichtungen, in welchen Menschen leben) oder in intimen sozialen Kontexten (etwa in Beratungssituationen) erhoben. Interviews haben zum Beispiel meist einen intimen Gegenstand, zumal die Beeinträchtigungen der beforschten Menschen qua Status Grund der sonderpädagogischen Forschung sind.

In aller Regel verläuft der Feldzugang über Institutionen. Markant hierbei ist, dass sie eine Art Gate-Keeper-Funktion einnehmen. Zum *inneren Geschehen* sonderpädagogischer Institutionen wie Heimen, Schulen, Werkstätten, Wohngemeinschaften etc. herrscht in der Regel wenig öffentlicher Zugang. Die Institutionen regulieren also ein Stück weit die Zugänge zu den von Ihnen betreuten Personen und zu den eigenen Strukturen.

Es sollen im Folgenden verschiedene Problembereiche, die den möglichen Feldzugängen inhärent sind, ebenso thematisiert werden wie die Tatsache, dass in vielen Fällen Befragungen als vorwiegende qualitative Erhebungsmethode ge-

1 Primär handelt es sich dabei um Erfahrungen des Autors, der in verschiedenen Projekten im Bereich *qualitative Sozialforschung bei demenzieller Erkrankung* geforscht hat. Dazu sei auch gesagt, dass zum Teil Projekte aufgrund des schwierigen Feldzugangs nicht realisiert werden konnten. Weiterhin lehrt der Autor in diesem Bereich und bezieht sich auf entsprechende Projekte, die unter seiner Leitung im Rahmen von Universitätsseminaren und universitären Abschlussarbeiten durchgeführt wurden. Dabei verfolgt der Beitrag nicht den Anspruch der universalen Übertragbarkeit, vielmehr will der Beitrag auf mögliche Problemfelder in der Fallakquise in Bezug auf die direkte Beforschung im sonderpädagogischen Feld, im Allgemeinen und im Besonderen bei demenziell erkrankten Menschen aufmerksam machen. Auch richtet sich der Beitrag eher an diejenigen Leser, die vorhaben, in diesem Bereich eine kleinere Studie durchzuführen, denn an bevorstehende Großprojekte.

wählt werden, dies aber im sonderpädagogischen Feld, beispielsweise bei Menschen mit geistiger Behinderung oder demenziell erkrankten zu Befragenden aufgrund ihres kognitiven Zustandes, oftmals nicht möglich ist. Auch eine ersatzweise Befragung von Angehörigen oder gesetzlichen Vertretern kommt aufgrund deren verzerrten Wahrnehmung der Lebenssituation der zu Beforschenden nur bedingt in Frage (vgl. Hellström, Nolan, Nordenfelt & Lundh, 2007, 610). Außerdem unterscheidet sich die Wahrnehmung dessen, was bedeutsam ist, zwischen Angehörigen, gesetzlichen Vertretern und den demenziell erkrankten Menschen stark (vgl. Estermann & Kneubühler, 2008, 191).

Hier soll beispielhaft der Zugang zum Forschungsfeld Demenz über unterschiedliche Institutionen, inklusive der darin inhärenten Problematiken, vorgestellt werden. Dabei soll der Fokus darauf liegen, wie problematisch es sein kann, direkten Zugang zu Menschen mit einer kognitiven Beeinträchtigung zu bekommen. Der Fokus *Demenz* dient hier als Beispiel. Da es gewisse Strukturähnlichkeiten von Institutionen im sonderpädagogischen Feld gibt, ist es gut möglich, dass Forschende beispielsweise auch in der direkten Beforschung von Menschen mit geistiger Behinderung auf ähnliche Probleme treffen.[2] Nach einem kurzen Überblick über die Problematik der kognitiven Beeinträchtigung am Beispiel der Demenz soll zunächst ein knapper Überblick über gängige Erhebungsmethoden in Bezug auf die direkte Beforschung kognitiv beeinträchtigter Menschen folgen. Daran anschließend sollen drei Möglichkeiten des institutionellen Feldzugangs am Beispiel der Beforschung demenziell erkrankter Personen kontrastiert werden: a) Heime, b) Hausgemeinschaften und Demenz-WGs sowie c) ambulante Versorgungsdienste und Berufsbetreuer.[3] Die Auswahl der Versorgungsarten erfolgte auf Basis der Annahme, dass diese drei Gruppen engen Kontakt zu demenziell erkrankten Menschen haben.[4]

2 Kognitive Beeinträchtigung am Beispiel *Altersdemenz*

Der Begriff Demenz leitet sich vom lateinischen *dementia* ab und bedeutet *Unsinn* oder *Wahnsinn*. Sozialwissenschaftlich betrachtet ist *Demenz* ein modernerer Ausdruck für *Altersschwachsinn*. Zudem handelt es sich bei *Demenz* um

2 Hierbei handelt es sich um Erfahrungen des Autors. Diese sind grundsätzlich nicht generell übertragbar.

3 Im Verlauf wird auch auf weitere mögliche Anlaufstellen, wie etwa Selbsthilfegruppen für Angehörige, verwiesen.

4 Damit soll nicht in Abrede gestellt werden, dass es auch andere Möglichkeiten des Feldzugangs gibt. Diese drei sollen hier aber exemplarisch veranschaulicht werden, nicht zuletzt deshalb, weil der Autor damit einschlägige Erfahrungen gesammelt hat. Es soll sich also zum Zweck der Beforschung das gemeinsame Strukturmerkmal des Hilfebedarfs der demenziell erkrankten Menschen zunutze gemacht werden.

ein Label, mit dem Menschen belegt werden, die für andere intersubjektiv nicht nachvollziehbares Verhalten zeigen, oftmals in Verbindung mit hohem biologischen Alter. Demenz ist die häufigste Form psychischer Störungen im Alter (vgl. Lingg, 2007, 69). Wichtige Merkmale der Demenz sind

> »Abnahme von Merkfähigkeit/Gedächtnis sowie der intellektuellen Leistungsfähigkeit (Denkvermögen, Fähigkeit zu vernünftigen Urteilen, Informationsverarbeitung) in einem Ausmaß, dass die Alltagsaktivitäten ausgeprägt beeinträchtigt sind. [...] Zusätzlich können verschiedene Störungen wie Wahn, Halluzinationen, Verstimmungen und Wesensänderungen sowie neurologische Symptome hinzukommen.« (ebd., 70)

Erst bei länger andauernden Beeinträchtigungen des Alltags, in der Regel ab einem Zeitraum von mehr als sechs Monaten, wird von Demenz gesprochen (vgl. ebd., 70). Allerdings ist Demenz nicht gleich Demenz; Gemeinsam ist ihren Erscheinungsformen, dass es sich um eine voranschreitende Erkrankung handelt, die in Wechselwirkung des Menschen mit seiner Umwelt auftritt (vgl. Trescher, 2013, 50ff.). Zudem können demenziell erkrankte Menschen höchst unterschiedliche Verhaltensweisen zeigen. Zu intersubjektiv nicht nachvollziehbarem Verhalten oder nicht nachvollziehbaren Äußerungen kommt es insbesondere dann, wenn die demenziell erkrankten Menschen sich *in einer anderen Realität befinden*. Dies spielt bei der Wahl des Feldzugangs eine Rolle, da bedacht werden muss, wer überhaupt wo, wie und wann beforscht werden kann. Ein weiteres Problem ist, dass nicht immer klar gesagt werden kann, wer zur Gruppe der demenziell erkrankten Personen gehört und wer nicht. Noch diffiziler wird es, wenn verschiedene Abstufungen des Schweregrades untersucht werden sollen. Sicherlich gibt es standardisierte Diagnoseverfahren, dennoch kann nicht gesagt werden, dass alle Menschen, die als demenziell erkrankt bezeichnet werden, auf eine bestimmte Art und Weise beforscht werden können und auf eine andere nicht – dies gilt auch für die Beforschung von Menschen mit geistiger Behinderung.

In der kognitiven Einschränkung der zu beforschenden Personen liegt also hier das zentrale Problem, und zwar in mehrfacher Hinsicht. Neben den erwähnten Problematiken stellt sich bei der Forschung das Problem der Rechtsmündigkeit der zu beforschenden Personen. Kognitiv beeinträchtigte Menschen haben also oftmals einen gesetzlichen Vertreter (Betreuer). Dieser kann, muss aber nicht, ein Angehöriger sein. Es ist also grundsätzlich zu bedenken, dass sowohl die betroffene Person als auch unter Umständen der rechtliche Vormund in eine direkte Beforschung einwilligen muss. Es kann auch sein, dass der Rechtsvormund bereits in die Kontaktaufnahme mit der zu beforschenden Person einwilligen muss. Es wird also kaum möglich sein, ein Wohnheim für Menschen mit geistiger Behinderung oder ein Altenheim aufzusuchen und an der Pforte zu fragen, ob es möglich sei, Zugang zu den Menschen zu bekommen, die dort leben, geschweige denn ein Interview oder eine Beobachtung von oder mit einer dort lebenden Person durchzuführen.

3 Überblick – Erhebungsformen

Es soll ein kurzer Überblick über verschiedene gängige Formen von (Material-) Erhebungsmethoden und deren Problematik in Bezug auf die Zugangsgewinnung gegeben werden.[5] Im anschließenden Kapitel sollen dann, am Beispiel der Beforschung demenziell erkrankter Personen, mögliche Zugangswege und deren Problematik aufgezeigt werden.

Das Interview

Das Interview ist als klassische Untersuchungsmethode nur bedingt anwendbar, da sich mit vielen Menschen, die stark kognitiv beeinträchtigt sind, keine Interviews (mehr) führen lassen oder diese (auch in Abhängigkeit von der gewählten Forschungsmethode) kaum auswertbar sind. Prinzipiell ist es umso einfacher, je geringer die kognitive Einschränkung und je besser die Verbalisierungsmöglichkeiten der beforschten Person(en) sind. Dies grenzt allerdings die Gruppe der zu untersuchenden Menschen mitunter erheblich ein.[6]

Die Beobachtung

Beobachtungen von Personen in ihren Lebenssituationen sind allgemein schwierig. Die maskierte Beobachtung[7] bedarf eines hohen Maßes an Vorbereitung und bindet den Beobachter an eine professionelle Rolle. Die nichtmaskierte Beobachtung bietet den Vorteil, dass sie dies genau nicht tut, führt allerdings auch zu dem Nachteil, dass die beobachtende Person die Situation verändert. Dennoch gewährt die nichtmaskierte Beobachtung Flexibilität und die Aufzeichnung von je konkret situativen Eindrücken.

Ein Nachteil von (maskierten sowie nichtmaskierten) Beobachtungen ist die hohe Selektivität bei der Dokumentation des Geschehens. Da die Beobachtung von einem intelligenten, interpretierenden Subjekt vorgenommen wird, welches über den Befragungszweck und den Untersuchungsgegenstand informiert worden ist, entsteht das Problem, dass nicht mehr eindeutig zwischen Datenerhebung und Datenauswertung unterschieden werden kann. Jegliche Beschreibung ist bereits eine Interpretation der Ereignisse und Situationen (Oevermann, 1996). Das Problem der Selektivität betrifft allerdings auch Aufzeichnungsgeräte. Deren Selektivität ist jedoch bedeutungsindifferent (vgl. Trescher, 2013, 23), das heißt, sie sind selbst nicht interpretierend.

5 Es wird sich dabei exemplarisch auf die gängigsten Formen der Materialgewinnung in der qualitativen Sozialforschung beschränkt.

6 In diesem Zusammenhang sei auch auf die Beiträge von Schallenkammer und Uphoff i. d. B. verwiesen.

7 Zur Unterscheidung zwischen maskierter und nichtmaskierter Beobachtung sei auf den Beitrag Trescher: Objektive Hermeneutik in der Anwendung – im Forschungsfeld *Demenz* i. d. B. verwiesen. Siehe auch: Trescher, 2013, 17f., 22ff., 44ff.

Videoaufzeichnungen

Videoaufzeichnungen haben den großen Vorteil der Komplexität der visuellen Aufzeichnung. Eine Videoaufnahme kann also wesentlich mehr und visuell wesentlich genauer erfassen als eine Beobachtung. Zudem entfällt die Zwischenschaltung eines Beobachters als qua Status interpretierendem Subjekt, welches die tatsächlich zu protokollierende Lebenswirklichkeit verzerrt.

Nachteilig bei Videoaufzeichnungen ist hier jedoch, dass eine Reihe von Eindrücken, wie Gerüche oder Stimmungen, nicht aufgezeichnet werden können. Zudem sind sie in der Regel an einen festen Ort und an einen festen Winkel gebunden, außer sie würden extern von einer Person gesteuert. Jedoch ist auch dies bereits eine Interpretation, da der Aufnahmewinkel aufgrund eines Eindrucks oder einer Annahme einer interpretierenden Person gewählt wird. Des Weiteren entstehen bei der Verwendung einer Videokamera rechtliche Probleme, da diese unter Umständen Menschen im Feld filmen würde, die hierzu kein Einverständnis erklärt haben – es wäre also zu bedenken, dass ein Einverständnis von allen potenziell im Feld auftretenden Personen eingeholt werden muss.

4 Felder des Zugangs am Beispiel der Beforschung demenziell erkrankter Personen

Die zu wählenden Felder des Zugangs zu demenziell erkrankten Menschen hängen stark von der ursprünglichen Forschungsfrage ab. Will man beispielsweise die Interaktion zwischen demenziell erkrankten Menschen erforschen, so muss selbstverständlich ein Ort gewählt werden, an welchem demenziell erkrankte Menschen zusammenkommen. Dies könnte etwa eine Tagesbetreuungsstätte oder ein Heim sein. Ist das Ziel der Untersuchung eher im Rahmen des häuslichen Lebens demenziell erkrankter Menschen zu suchen, bieten sich häusliche Strukturen an. Es wäre demnach eher angebracht, Menschen, die (noch) zu Hause leben, zu untersuchen.

Der einfachste Zugang zu demenziell erkrankten Menschen ergibt sich über die von ihnen in Anspruch genommenen Hilfestrukturen. Dies sind in der Regel stationäre Einrichtungen oder ambulante Pflege- und/oder Versorgungsdienste aller Art.[8] Es soll hier nun auf a) die Heime, b) Hausgemeinschaften und sogenannte Demenz-WGs und c) auf ambulante Versorgungsdienste eingegangen werden. Diese Auswahl ist zum einen erfolgversprechend, da diese Einrichtungen am weitesten verbreitet sind, zum anderen sind es professionelle Dienste,

8 Damit sind beispielsweise auch ambulant tätige Ergotherapeuten oder Essenslieferdienste gemeint.

die unmittelbar zur Lebenswirklichkeit der demenziell erkrankten Menschen gehören und damit auch Teil des zu untersuchenden Feldes sind.

4.1 Heime

Der Zugang zu Heimen ist besonders schwierig. Heime sind geschlossene Systeme, und gerade im Bereich der Demenzbetreuung sind sie ob ihrer geschlossenen Strukturen als totale Institutionen zu bezeichnen (vgl. Trescher, 2013, 70ff., 582f.). Es bedarf eines hohen Aufwands, in und mit Heimen zu forschen. Heime sind in der Regel bereit, sich statistischen Befragungen zu stellen oder sich in irgendeiner Art und Weise zu präsentieren. Selbst wenn man beispielsweise eine Zusage für einen Besuch im Heim bekommt, wird man nicht selten am Tag des Besuches erfahren, dass aufgrund eines grassierenden Infekts die Stationen der Bewohner nicht besucht werden können oder dass es grundsätzlich nicht möglich sei, die Bereiche zu besuchen, in denen die Bewohner leben, um die Privatsphäre der Bewohner zu schützen.[9] Andererseits wird es (wenn der Zugang gelungen ist) eher unproblematisch sein, in Heimen Zugang zu speziellen Räumen zur psychosozialen Betreuung (Erinnerungsräume etc.), die oft die *Aushängeschilder* der Institutionen sind, zu bekommen. Größere Heime haben auch oft *Modellzimmer*, welche Besuchern und Interessierten gezeigt werden, diese haben in der Regel (aber nicht zwangsläufig) den *höchsten Standard des Hauses*. Das heißt, dass nicht zwangsläufig von diesen Modellzimmern auf die tatsächliche Zimmersituation der Heimbewohner geschlossen werden kann.

Eine weitere Problematik besteht darin, dass Heime, wenn sie selbst angefragt werden, einen Bewohner zu vermitteln, in der Regel nicht den *schwierigen Patienten* auswählen, sondern eher die zufriedene, alte, bescheidene Heimbewohnerin, die sich freut, wenn jemand zu ihr kommt (Estermann & Kneubühler, 2008). Besseren Zugang zu einem Heim, um dort lebende demenziell erkrankte Bewohner zu beforschen, bekommt man über größere Forschungsprojekte,[10] in deren Rahmen oftmals die Heime ein Feedback bekommen, sich also eine Strukturverbesserung erhoffen. Darüber hinaus handelt es sich unter Umständen um *vorzeigbare Forschungsprojekte*, die zumindest als Sekundäreffekt dem Renommee der Einrichtung dienlich sein können oder sollen.

Eine weitere Möglichkeit wäre der Zugang über Angehörige, deren Verwandte in einem Heim leben. Diese findet man zum Beispiel in Selbsthilfegruppen für Menschen, deren Angehörige (in der Regel Ehepartner oder Eltern) an demenziellen Erkrankungen leiden. Hierbei muss allerdings bedacht werden, dass Selbsthilfegruppen dieser Art oftmals schichtspezifisch geprägt sind, und auch hier ist der Zugang vom Verhältnis der/des Angehörigen zu der beforschenden Person abhängig. Zudem ermöglicht dies nur den Zugang zu einer Per-

9 Diese Erfahrung hat der Autor bei verschiedenen eigenständigen Forschungen und von ihm betreuten Forschungsvorhaben oftmals gemacht.

10 So zum Beispiel das interdisziplinäre Forschungsprojekt »Lebensqualität im Pflegeheim« an der Universität Wien unter der Leitung von Anton Amann, Elisabeth Seidl, und Wilfried Datler.

son, die in einem Heim lebt, nicht zum Heim selbst und schon gar nicht zu den im Heim handelnden, professionellen Personen. Erfahrungsgemäß ist es hier deutlich von Vorteil, wenn dem Heim, bzw. den dortigen Entscheidungsträgern, etwas angeboten werden kann, worin es einen Nutzen sieht. Dies kann unter Umständen bereits der Status der Zusammenarbeit mit einer Universität bzw. einem akademischen Projekt sein. Dennoch muss gesagt werden, dass die Verantwortlichen in Heimen von (qualitativen) sozialwissenschaftlichen Beforschungen zumindest in den Bereichen, in welchen die demenziell erkrankten Menschen leben, eher Abstand nehmen bzw. daran nicht interessiert sind (Trescher & Ulrich, 2008).[11] Es ist gut möglich, dass ob der Formen des Umgangs, die in Heimen mitunter vorherrschen (Trescher, 2013), die Heimleitungen bemüht sind, zu verhindern, dass gängige Zustände, die für die Außenwelt zumindest befremdlich wirken könnten, kritisch betrachtet und publik gemacht werden.

Oftmals werden auch nicht demenziell erkrankte Menschen beforscht, um dann von den gewonnenen Erkenntnissen auf die Lebenssituation demenziell erkrankter Menschen zu schließen. Zudem gibt es häufig, oftmals im Rahmen des Qualitätsmanagements, Befragungen zur Zufriedenheit der Bewohner in den Heimen. Diese sind jedoch nicht sehr verlässlich, da es durch den Heimaufenthalt zumeist zu einer Senkung des Anspruchsniveaus der Bewohner kommt (vgl. Estermann & Kneubühler, 2008, 194).

4.2 Hausgemeinschaften und *Demenz-WGs*

Strukturell sind Hausgemeinschaften und die sogenannten *Demenz-WGs* klar voneinander zu trennen. Der zentrale Unterschied liegt darin, dass Hausgemeinschaften unter das sogenannte Heimgesetz[12] fallen und somit stationäre Einrichtungen sind.[13] *Demenz-WGs* sind dagegen diffuse Gebilde. Sie werden in der Regel von Angehörigen organisiert und durch verschiedene Dienste ambulant betreut, sind also keine stationären Einrichtungen. Als solche sind sie mitunter nur schwer ausfindig zu machen, da sie in der Regel (qua Status) keine Öffentlichkeitsarbeit betreiben. Zudem gibt es auch durch Gemeinden und unterschiedliche Träger (mit)organisierte Wohngemeinschaften für demenziell erkrankte Menschen.[14] Der Vorteil des Feldzugangs liegt in dem hohen Anteil der Angehörigenarbeit, die dort betrieben wird. In der Regel gibt es mehr oder weniger regelmäßige Angehörigentreffen, bei denen ein Gesuch um Beforschung

11 Weitere Erfahrungen des Autors decken dies. So sind verschiedene kleinere Projektvorhaben bereits im Ansatz gescheitert, da sich der Feldzugang als besonders schwierig herausstellte. Wenngleich dies nicht verallgemeinerbar ist.

12 Zum Zeitpunkt des Verfassens des Artikels galt das Heimgesetz noch, mittlerweile wurde dieses Bundesgesetz in allen deutschen Bundesländern durch entsprechende Landesgesetze abgelöst.

13 Näheres zur Unterscheidung siehe Trescher, 2013, 336ff.

14 So zum Beispiel das Haus der Begegnung – wobei dies ein Modellprojekt ist; vgl. http://www.demenzwg.net/, Zugriff am 17.12.2012.

diskutiert werden kann. Unter den Wohn-, vor allem aber unter den Hausgemeinschaften gibt es zudem sogenannte Modellprojekte. In der Regel fördert hier eine Kommune das Projekt der Hausgemeinschaft. Dies ist im Sinne des Forschungszugangs insofern herauszuheben, als dass damit oftmals eine wissenschaftliche Begleitung einhergeht, worüber die Distanz und eventuell vorhandene Vorbehalte gegenüber der Wissenschaft (zum Vorteil des Forschers) verringert werden kann. Ein weiterer zu bedenkender Punkt ist, dass Modellprojekte dieser Art auch immer um ein gewisses öffentliches Ansehen bemüht sind. Ähnlich wie bei den Heimen kann dadurch eine Zurückhaltung der Einrichtungen gegenüber ergebnisoffener bzw. freier und kritischer Forschung entstehen. Somit entsteht hier unter Umständen, so zeigt die Erfahrung, eine gewisse Skepsis gegenüber der qualitativen Sozialforschung. Schließlich sind diese Modellprojekte von ihren Financiers abhängig.

Wenn allerdings keine direkte Befragung oder Beobachtung der demenziell erkrankten Menschen stattfinden soll, empfiehlt es sich, unter Umständen nach Aufzeichnungen zu fragen, die beispielsweise im Rahmen der Biografiearbeit[15] gemacht wurden. Wobei hier sicherlich auch wieder die Gefahr der Selektion durch Entscheidungsträger zu bedenken ist.

Der Weg über die Demenz-WGs erscheint oft leichter, allerdings muss berücksichtigt werden, dass einige dieser WGs den Kontakt nach außen scheuen, da sie immer wieder Gefahr laufen, mit den Heimaufsichtsbehörden in Konflikt zu geraten.[16]

4.3 Ambulante Dienste/Berufsbetreuer

Bei dem Versuch, ambulante Dienste als Vermittler zu gewinnen, sind Pflegedienste sicherlich eine naheliegende Option, da demenziell erkrankte Menschen in der Regel Pflege benötigen. Dennoch ist ihre Gewinnung als Vermittler letztlich Glückssache. Oftmals erhält man die Information, dass Daten nicht weitergegeben werden können und dass ein Kontakt nicht hergestellt werden könne. Dies geschieht nicht selten unter der Angabe, dass man selbst den Kontakt zu Betreuern suchen müsse. Kontakt über Berufsbetreuer zu erlangen ist im Prinzip auszuschließen, da diese oftmals selbst überlastet sind und mitunter ihre Mündel kaum kennen. Aber auch hier gilt: Ausnahmen bestätigen die Regel. Eine Liste der zugelassenen Berufsbetreuer führt das zuständige Amtsgericht, darf diese aber aus Datenschutzgründen nicht herausgeben. Allerdings sind viele Berufsbetreuer im Bundesverband der BerufsbetreuerInnen organisiert. Auf deren Internetseite[17] sind viele Berufsbetreuer (inkl. Kontaktdaten) eingetragen.

Ein weiteres Problem in Bezug auf ambulante Pflegedienste ist, dass die Entscheidungswege kompliziert sein können. Sollte es sich um kleine, private, am-

15 Näheres zur Biografiearbeit siehe Trescher, 2013, 315f. Eine beispielhafte, eher praktische Anleitung bietet Osborn, Schweitzer & Trilling, 1997.

16 Wobei dies stark von der jeweiligen Aufsichtsbehörde abhängt.

17 http://www.bdb-ev.de/, Zugriff am 17.12.2012.

bulante Pflegedienste handeln, sind die Chancen sicherlich noch einmal höher, als wenn man sich an den Pflegedienst einer großen Organisation wendet. Hier bedarf es bei solchen Anfragen oft des *langen Dienstweges*. Dennoch ist der Vorteil sicherlich darin zu sehen, dass die Kontakte eines solch großen Dienstes bedeutend weiter verteilt sind, wenn der Pflegedienst sich bemüht, eine Vermittlung zu verschaffen.

Für beide hier unterschiedenen Arten der Pflegedienste gilt allerdings, dass es bedeutend schwieriger sein wird, wenn Pflegesachleistungen an und um den Betroffenen in irgendeiner Form protokolliert werden sollen. Neben der ohnehin bestehenden forschungsethischen Problematik bei der Beobachtung und/oder Aufnahme einer Pflegehandlung ist auch darauf zu verweisen, dass Beobachtungen von Pflegediensten als behindernd empfunden werden können.

Ambulante Betreuungsdienste bieten erfahrungsgemäß einen besseren Zugang zum Feld. Dies liegt womöglich daran, dass eine tendenzielle Nähe zum sozialwissenschaftlichen Feld, insbesondere zur (Sozial-)Pädagogik oder Geragogik besteht, da hier oftmals[18] Menschen mit einem *pädagogischen Hintergrund* arbeiten, anders als bei Pflegediensten.

Der Zugang über andere Dienstleister, wie Essenslieferanten oder liefernde Apotheken, die keinen intensiveren Kontakt zu demenziell erkrankten Menschen haben, hat sich in der Erfahrung des Autors fast immer als ergebnislos herausgestellt.

Insgesamt lässt sich sagen, dass der Zugang über ambulante Dienste sehr schwierig ist und einer langen Suche bedarf. Vorteile hat es, wenn man kleinere, engagierte Pflegedienste anspricht.

5 Fazit

Schlussendlich kann gesagt werden, dass der Zugang für die qualitative Sozialforschung zum Forschungsfeld der demenziell erkrankten bzw. kognitiv beeinträchtigten Personen nicht einfach ist. In jedem Fall sei Geduld und Ausdauer angebracht, da Materialgewinnung im Feld der Beforschung kognitiv beeinträchtigter Menschen durchaus kompliziert sein kann. Sicher spielt hier das tatsächlich benötigte Material eine große Rolle. Es ist leichter, die Möglichkeit eines Interviews mit einer Person mit beginnender Demenz oder einer sogenannten Entwicklungsstörung zu erhalten, die (noch) zu Hause lebt und auch (noch) viel Alltägliches selbst erledigen kann, als die Möglichkeit zur Beobachtung des Alltags einer bettlägerigen Person, die stark kognitiv und körperlich beeinträchtigt ist und im Heim lebt. Aufgrund der Erfahrungen des Autors kann grob gesagt werden, dass sich die Materialgewinnung umso einfacher ge-

18 Wobei auch gesagt werden muss, dass Betreuungsleistungen auch von Pflegediensten übernommen werden.

staltet, je geringer die Beteiligung von Institutionen ist. Besonders schwierig gestaltet sich also das Forschen in Heimen. Dies kann auch mit ein Grund dafür sein, dass dieses Feld oftmals nur sekundär (zum Beispiel Befragung von Personal oder Angehörigen) beforscht wird und/oder durch quantitative Erhebungen. So war es zum Beispiel kein Problem, diejenigen Personen im Altenheim, die für die psychosoziale Betreuung zuständig sind, dafür zu gewinnen, einen Onlinefragebogen auszufüllen.[19]

Eine Besonderheit der Forschung in der Sozialgerontologie, insbesondere auch in Bezug auf die Erforschung der demenziell erkrankten Menschen, beruht oftmals auf einer gewissen Subsumtionslogik, die darin besteht, dass Forschung oftmals auf die unmittelbare Handlungsebene beschränkt bleibt (vgl. Trescher, 2013, 330ff.). Damit ist zumindest potenziell zu unterstellen, dass gewisse in der Praxis vorhandene institutionalisierte Mechanismen der Versorgung nicht infrage gestellt werden. Vielmehr werden Vorgänge und Handlungsweisen oftmals als grundsätzliche Struktureigenschaften des Feldes hingenommen und das »Erforschte« in diesem Zusammenhang unter bestehende Paradigmen und Kategorien von Handlungen subsumiert (ebd.). Anders formuliert: Durch den direkten Praxisbezug der Sozialgerontologie, bzw. durch das Entstehen der Forschung aus der Praxis heraus, setzt sich die Disziplin, in der Breite, dem Vorwurf aus, den »Blick von außen« oder, wenn man so will, die »Objektivität« nicht gewährleisten zu können. In der Folge bedeutet dies, dass Strukturen, Handlungsmodi und praktische Pflege- und Betreuungsmodi nicht (hinreichend) reflektiert werden, da sie eben nicht »neutral« und vor allem nicht ergebnissoffen beforscht werden. So berichtet auch Amann:

> »Die sozialgerontologische Forschungsarbeit bezog ihre Legitimation übergewichtig aus der wachsenden Nachfrage nach Forschungswissen und der anhaltenden Bereitschaft von Politik und Praxis, die Fähigkeit der Forschung anzuerkennen, dieses Wissen auch tatsächlich liefern zu können. Diese Allianz auf der Basis eines scheinbar unproblematischen Verhältnisses führte dazu, dass der Praxisbezug nicht nur als gegeben anerkannt wurde, sondern auch – vermutlich deswegen – im Selbstverständnis der meisten Beteiligten eine *implizite Sicherheitsklausel* blieb.« (Amann, 2002, 42)

Nicht zuletzt, um diesem Phänomen entgegenzuwirken, ist es so wichtig, die (kritische, Strukturen und Prozesse reflektierende) qualitative Sozialforschung in diesem Feld voranzutreiben und zu etablieren, um letztlich Praxis dort kritisch zu beleuchten. Dies bedeutet, das Feld sozialwissenschaftlich fassbar zu machen. Aufgrund dieser Art der Forschung können dann Maßnahmen und Projekte entwickelt werden, die zum Ziel haben, die Lebenssituation demenziell erkrankter Menschen zu verbessern. Dazu braucht es grundlegende Analysen, die zunächst den Ist-Zustand beleuchten. Dies trifft in Bezug auf die Beforschung demenziell erkrankter Menschen im Besonderen aber auch auf das Forschungsfeld der Sonderpädagogik im Allgemeinen zu.

19 So geschehen bei einer Befragung der 39 Frankfurter Altenheime. Jedes Heim wurde nur einmal telefonisch kontaktiert – der Rücklauf betrug über 50 %. Dies ist ein auch für die quantitative Forschung enorm hoher Wert. Siehe Trescher & Ulrich, 2008.

Literatur

Amann, A. (2002). Forschung und Praxisbezug in der Sozialgerontologie. In: U. Dallinger & K. R. Schroeter (Hrsg.), *Theoretische Beiträge zur Alternssoziologie* (37–59). Opladen: Leske + Budrich.

Bundesverband der Berufsbetreuer/innen e. V. (http://www.bdb-ev.de/), Zugriff am 17.12.2012.

Estermann, J. & Kneubühler, H.-U. (2008). Warum Lebensqualität im Pflegeheim bedeutsam ist und wie sie gemessen werden kann. *Swiss Journal of Sociology 34 (1)*, 187–210.

Gemeinde Wört. Haus der Begegnung. (http://www.demenzwg.net/), Zugriff am 17.12.2012.

Hellström, I., Nolan, M., Nordenfelt, L. & Lundh, U. (2007). Ethical and methodological issues in interviewing persons with dementia. *Nursing Ethics 14 (5)*, 608–619.

Lingg, A. (2007). Demenz. In: G. Theunissen, W. Kulig & K. Schirbort (Hrsg.), *Handlexikon Geistige Behinderung. Schlüsselbegriffe aus der Heil- und Sonderpädagogik, Sozialen Arbeit Medizin, Psychologie, Soziologie und Sozialpolitik* (69–71). Stuttgart: Kohlhammer.

Oevermann, U. (1996). Theoretische Skizze einer revidierten Theorie des professionalisierten Handelns. In A. Combe & W. Helsper (Hrsg.), *Pädagogische Professionalität. Untersuchungen zum Typus pädagogischen Handelns* (1. Aufl) (70–182). Frankfurt am Main: Suhrkamp.

Osborn, C., Schweitzer, P. & Trilling, A. (1997). *Erinnern. Eine Anleitung zur Biographiearbeit mit alten Menschen.* Freiburg im Breisgau: Lambertus.

Trescher, H. (2013). *Kontexte des Lebens. Lebenssituation demenziell erkrankter Menschen im Heim. Eine kritische Betrachtung.* Wiesbaden: Springer VS.

Trescher, H. & Ulrich, A. (2008). *Psychosoziale Betreuung in den 39 Frankfurter Alten- und Pflegeheimen. Eine quantitative Erhebung.* München: GRIN.

II Erhebungsverfahren

Interviewtechniken

Offene Leitfadeninterviews im Kontext sogenannter geistiger Behinderung[1]

Nadine Schallenkammer

1 Einleitung

Da »Reflexionen zum Gebrauch qualitativer Interviews mit Menschen mit so genannter geistiger Behinderung [...] innerhalb der deutschsprachigen sonderpädagogischen Literatur in systematischer Form bisher kaum erfolgt [sind]« (Buchner, 2008, 516), soll in diesem Beitrag das Leitfadeninterview als eine Praxis der Datenerhebung in diesem Feld vorgestellt und diskutiert werden. Zur Veranschaulichung wird dazu in Interviews Einblick genommen, die mit Menschen, die als geistig behindert gelten, während der Übergangsphase in das Betreute Wohnen geführt wurden.

Basierend auf der eindrücklichen Erfahrung, dass die Dynamiken sozialer Konstruktionen von Behinderung und die von Feuser (1996) beschriebenen machtvollen Bilder von Behinderung auch im Forschungsprozess wirksam werden, wird in Folge der Schwerpunkt auf die Einfluss nehmende Rolle der Forschenden (bei der Erstellung eines Interview-Leitfadens) bzw. der Interviewenden bei der Gestaltung des Erzählraums als Beziehungsraum (vgl. Tietel, 2000) gesetzt. Mit dem Fokus auf die sogenannte *reflektierte Subjektivität* als wichtiges Gütekriterium qualitativer Interviews (Mruck & Breuer, 2003; Jensen & Welzer, 2003; Steinke, 2000) wird am Beispiel des Einstiegs in ein Interview und den ersten erzählgenerierenden Fragen die Gefahr verdeutlicht, wie ungewollt genau das Gegenteil dessen transportiert werden kann, was als wohlmeinende subjektorientierte Forschungsabsicht verfolgt wurde. Die Sequenzanalyse (Objektive Hermeneutik[2]) kommt hier als Mittel der Selbstreflexion (bezüglich der Interview-Führung) und Qualitätsüberprüfung einzelner Leitfragen zur Anwendung. Es sollen damit gerade im Forschungsfeld *Geistige Behinderung*

---

1 Aus Mangel an überzeugenden Alternativen wird im folgenden Text die Bezeichnung *Menschen mit sogenannter geistiger Behinderung* verwendet (vgl. weiterführend Möller, 2010).

2 Vergleiche Trescher i. d. B. zu den Grundlagen der Objektiven Hermeneutik.

Möglichkeiten und Grenzen der Erhebungsmethode aufgezeigt und diskutiert werden, ohne in die Details der Interpretation der darauf einsetzenden Interview-Interaktion einzusteigen.[3]

2 Die Erhebungsmethode des leitfadengestützten Interviews

Das Leitfadeninterview gilt als die gängigste Form der Datenerhebung in der qualitativen Sozialforschung (Kleemann, Krähnke & Matuschek, 2009) und eignet sich nach Helfferich (2009) immer dann, wenn maximale Offenheit für Einblicke in das subjektive Alltagswissen der Interview-PartnerInnen gewährleistet sein soll und sich das Interview an zuvor festgelegten erkenntnisinteressenbezogenen Themen orientiert. In diesem Fall kann in den offenen Erzählraum mithilfe eines Leitfadens strukturierend eingegriffen werden, der »als Ganzes und in allen seinen Teilen (Einzelfragen) den Grundprinzipien der qualitativen Forschung gerecht werden muss und Offenheit ermöglicht« (ebd., 179f.; vgl. auch Bohnsack, 2010, 20f.).

Es existieren je nach Forschungsinteressen verschiedene auf Leitfäden beruhende Interviewverfahren, so z. B. das organisatorische und institutionelle Zusammenhänge fokussierende Experteninterview (vgl. Bogner, Littig & Menz, 2002) oder das dezidiert Themen des Individuums fokussierende problemzentrierte Interview (vgl. Witzel, 2000). Allen Leitfadeninterviews ist gemein, dass die Fragen erzählgenerierend gestellt und das Gesagte durch *immanentes narratives Nachfragen* vertieft werden soll (vgl. Nohl, 2009, 23). Es soll damit ermöglicht werden, »offen und in eigenen Worten über das angesprochene Thema zu sprechen« (Kleemann, Krähnke & Matuschek, 2009, 208), so dass zwar die Themen, jedoch keine standardisierten Antwortmöglichkeiten vorgegeben werden. In der Regel wird der Leitfaden von erfahrenen InterviewerInnen als Checkliste verwendet, in der nur Stichpunkte zur Strukturierung aufgelistet sind und selbst die Reihenfolge der Fragen nicht zwingend vorgeschrieben ist (vgl. ebd.).

3 Zum Thema Interaktionsanalysen im Forschungsfeld *Geistige Behinderung* siehe weiterführend den Beitrag von Uphoff i. d. B.

3 Anwendung der Erhebungsmethode in Bezug auf das Phänomen geistige Behinderung

Menschen, die als geistig behindert gelten, sind in der Regel erschwerten Sozialisationsbedingungen ausgesetzt. Diese *behinderten Sozialisationsprozesse* (vgl. Mesdag & Hitzel, 2008, 174) wirken sich auf die Persönlichkeitsstrukturen aus und prägen deformierte Anpassungsprozesse, wie die durch Seligmann (1999) beschriebene *erlernte Hilflosigkeit*, das durch Zapf (1984) dargestellte *sozial vermittelte Zufriedenheitsparadox* oder das durch Sinason (2000) beschriebene *behinderte Lächeln.*

Mesdag und Hitzel (2008) gehen davon aus, dass diese subjektimmanenten und sozial bedingten Besonderheiten auch auf die Durchführung von Befragungen wirken und stellen daher besondere Kriterien für die Datenerhebung auf (vgl. ebd., 182ff.). Hagen (2002) und Buchner (2008) bestärken die Annahme, dass Besonderheiten in der Befragung von Menschen mit sogenannter geistiger Behinderung zu beachten sind, so dass in Folge auf einige dieser Erfahrungswerte eingegangen wird.

Offenheit

In der Auseinandersetzung mit standardisierten Forschungsdesigns, in denen Menschen mit sogenannter geistiger Behinderung zu ihrer Zufriedenheit mit den sie betreffenden Einrichtungen befragt wurden, stellen Mesdag und Hitzel (2008) kritisch fest, dass diese die Gefahr bergen, bevormundende Tendenzen innerhalb der Institutionen zu legitimieren. Sie propagieren ein qualitatives Vorgehen und empfehlen auch für diesen Personenkreis im Rahmen eines Interviews die flexible Verwendung eines Leitfadens. Erforderlich ist auch nach Buchner (2008) ein »*offenes Interviewkonzept* – mit genügend Platz und Flexibilität für eventuell im Zuge des Gesprächs auftauchende, nicht im Leitfaden enthaltene Bereiche und Aspekte« und ein »*hohes Maß an Sensibilität, Spontaneität und Einfühlungsvermögen*« der Interviewenden (ebd., 521). Zur Fragetechnik im Interview mit Menschen mit sogenannter geistiger Behinderung merkt Buchner weiter an, dass »Fragen nach Möglichkeit den Paradigmen der qualitativen Sozialforschung entsprechend offen zu stellen sind« (ebd.). Auch Hagen (2002) fordert »zunächst offene und durchaus komplexe Fragen als Einstieg« in eine leitfadengestützte Interview-Methodik, die »größtmöglichen Raum für Problemsichten gibt« und deren Struktur »die jeweils relevanten Problemlagen erfasst« (ebd., 296f.).

Vertrauen, Freiwilligkeit und Anonymität

Hagen (2002) rät zu einem vertrauensvollen Kennenlernen im Vorfeld des Interviews, und Buchner (2008) empfiehlt »darauf zu achten, dass den InterviewpartnerInnen Charakter und Dauer der Beziehung verdeutlicht wird«

(ebd., 517). Hagen (2002) führt an, dass eine Aufklärung über das Vorhaben dahingehend erfolgen muss, dass die Freiwilligkeit der Teilnahme hervorgehoben und verdeutlicht werden muss, dass das Interview kein Test ist. Das *informierte Einverständnis* sollte keine einmalige Handlung bleiben, sondern an mehreren Punkten des Forschungsablaufs immer wieder eingeholt werden (Buchner, 2008). Auch die Relevanz der Gewährleistung von Anonymität wird im Diskurs zur Vermeidung nachteiliger Konsequenzen für die Betroffenen[4] besonders hervorgehoben (vgl. ebd.).

Gatekeeper

Buchner (2008) kritisiert den in der Forschung häufig gewählten Zugang zur Stichprobe über *Türwächter* (Gatekeeper). Hier übernehmen es Schlüsselpersonen in Institutionen, geeignete Kandidatinnen und Kandidaten für ein Interview anzusprechen. Die Auswahlkriterien werden durch den Forscher je nach Erkenntnisinteresse vorab festgelegt, doch rechnet Buchner mit einem starken Eingreifen dieser Gatekeeper, gerade bei Forschungsprojekten, die Einblick in die Institution nehmen wollen. Ist der Vorteil der Erleichterung des Kontaktes nicht von der Hand zu weisen, wenn eine bekannte bzw. Vertrauensperson um die Teilnahme bittet, doch sieht auch Helfferich (2009) Nachteile in möglichen Verzerrungen durch eine Selektion auf Seiten des Türwächters. Buchner rät zu Alternativen der direkten Ansprache Betroffener und deren Selbstvertreterorganisationen. Dies ist gerade relevant in Bezug auf die erheblichen Machtgefälle zwischen Personal und NutzerInnen in Institutionen der Behindertenhilfe und dem bekannten Phänomen der *sozialen Erwünschtheit*, das hierdurch verschärft auftreten kann.[5]

Setting

Das Setting des Interviews sollte »in der alltäglichen Umgebung der Betroffenen stattfinden« (Hagen, 2002, 299). Nach Buchner (2008) ist es aber von Vorteil, »bei der Wahl des Settings äußerst flexibel zu agieren und die *Auswahl gänzlich den ProbandInnen zu überlassen*« (ebd., 520). In dem im Anschluss beispielhaft dargestellten Forschungszusammenhang wurde sich für die Wahlmöglichkeit zwischen Räumlichkeiten der Einrichtung und/oder Wohnung bzw. dem Zimmer entschieden. Eingeplant wurde eine variable Interview-Länge von ca. einer Stunde, denn auch »die *Länge der Interviews* [sollte] der Konzentrationsfähigkeit der Probanden entsprechen« (Buchner, 2008, 522). Hier sind die Fä-

4 Da Betroffene in der Regel über die Untersuchung hinaus in genau der Institution verbleiben, zu deren Einschätzung man sie befragen wird, kann ihre Kritik an z. B. den Machtgefällen zwischen Personal und NutzerInnen zu einem direkten Einfluss auf eben diese Beziehungen und Abhängigkeitsverhältnisse führen.

5 Zum Problem des Feldzugangs/der Akquise im Rahmen sonderpädagogisch-empirischer Forschung vergleiche weiterführend Trescher i. d. B.

higkeiten wie bei allen Personen individuell verschieden. Im vorliegenden Projekt reicht die Zeitspanne der geführten Interviews von 15 bis 60 Minuten.

Haltung, Verstehen und Sprachgebrauch

Buchner verweist auf »*die Beziehung zwischen InterviewerIn und ProbandIn* [, die] gemäß den qualitativen Paradigmen auf einer *Subjekt-Subjekt-Ebene* etabliert werden [sollte]« (ebd., 517). Auch im Vorfeld der hier vorgestellten Interviews gilt es, die Haltung der Interviewenden zu hinterfragen, zu überlegen, ob von einer hohen Verstehenskompetenz beim Gegenüber ausgegangen wird und somit den Antworten grundsätzlich Sinnhaftigkeit unterstellt werden kann. Hagen (2002) stellt fest, dass nur so eine Annäherung an die individuelle Sinnkonstruktion gelingen könne. Gleichzeitig müsse sich aber doch sprachlich angepasst werden. Die Ausdrücke *manchmal* und *immer* seien für den Personenkreis schwer zu unterscheiden und bei »*entweder-oder*«*-Formulierungen* sei eine starke Tendenz zur letztgenannten Möglichkeit zu beobachten. Man solle sich einer verständlichen und nachvollziehbaren Sprache bedienen, indem man sich z. B. auch an den Richtlinien der Leichten Sprache[6] orientiert. Gleichwohl sei die Anforderung eines Interviews, die auch in einer zunächst unverständlichen Frage liegen kann, uneingeschränkt zu stellen. Somit gilt es, eher Überforderung zu riskieren als prinzipiell einen simplen Sprachgebrauch zu verwenden und damit beim Gegenüber gleichsam vorauszusetzen (vgl. Buchner, 2008).

4 Exemplarische Analyse der Interview-Eröffnung: Die Gefahr der Reproduktion paternalistischer Verhältnisse

In den folgenden Beispielen aus der Forschungspraxis werden leitfadengestützte Interviews zum Übergang von stationären Wohneinrichtungen in ein Betreutes Wohnen mit der Methode der *Sequenzanalyse* (Methodologie: Objektive Hermeneutik[7]) rekonstruktiv erschlossen. Interview-PartnerInnen waren Klientinnen und Klienten des Betreuten Wohnens und ihre BetreuerInnen.

Weil es in der Interviewsituation eine Nicht-Kommunikation ebenso wenig wie einen Nicht-Eingriff gibt, sieht Helfferich (2009) das in Absatz 3.1 behandelte Kriterium der *Offenheit* als notwendig begrenzt. So sind einerseits Strukturierungsvorgaben und Steuerungen unumgänglich und im Dienst bestimmter

6 Vgl. z. B. Netzwerk Leichte Sprache: http://www.leichtesprache.org/, Zugriff am 21.05.2012.
7 Siehe Trescher i. d. B. zu den Grundlagen der Objektiven Hermeneutik.

Forschungsinteressen auch in größerem oder geringerem Umfang bewusst angestrebt. Steuerungen aber, in denen das Vorwissen der Interviewenden/Forschenden – unbewusst und meist unvermeidbar – eingebracht und/oder die Interviewsituation und Interaktion als Erhebungskontext gestaltet wird, gehören in der Auswertung offengelegt und reflektiert. Das heißt, »dass sie bewusst gemacht und expliziert werden und ihr Einfluss diskutiert und nachvollzogen wird. Dies gilt für Interviewende ebenso wie für Interpretierende« (ebd., 156). Hierzu erweisen sich den Forschungsprozess begleitende Gruppen als unverzichtbare Unterstützung. Auch die folgenden Analysen stammen aus verschiedenen Interpretationsgruppen, und sie verdeutlichen, wie wichtig es ist, die Eröffnung und (Mit-)Gestaltung des Erzählraums durch den/die Interview-Führende/n zu Beginn eines Interviews zu reflektieren. Nur so können die Interpreten in einer dann anschließenden Interaktionsanalyse verstehen, was auf das Interviewerhandeln- und Agieren folgt, um gerade nicht etwas zunächst Unverständliches vorschnell auf die sogenannte Behinderung des Gegenübers zu beziehen. Das Unverständliche sollte vielmehr auch auf das Behindernde in einem Selbst als Interview-Führende/r untersucht werden. Die zunächst kontextfreie Sequenzanalyse bietet sich an, um herauszuarbeiten, was das eigene Handeln, die eigene Aktion tatsächlich bedeutet, unabhängig und möglicherweise konträr von der eigentlichen Absicht, die verfolgt wurde. Die Sequenzanalyse wird daher in Folge zur Überprüfung des Eingangsstimulus und als Reflexionswerkzeug eigener Voranahmen und Normalitätskonzepte vorgeführt.

4.1 Fallbeispiel: Eröffnung

Es folgt der Beginn eines Interviews mit einem jungen Mann (Herr X.), der kurz zuvor in das Betreute Wohnen gezogen ist und als geistig behindert gilt:

I.: Mmh, so, ich glaub', jetzt ist es an, aber lesen Sie noch in Ruhe, das kann auch ruhig länger dauern (fünf sek. Pause; räuspern)

Die Aufnahme beginnt, während der Interview-Partner noch liest. Die Interviewerin eröffnet mit einer typischen Anfangsmarkierung und Zäsur *(»so«)*, bemerkt, dass nun vermutlich das Aufnahmegerät in Gang gesetzt ist, und weist Herrn X. darauf hin, dass er noch in Ruhe lesen könne.

Im zweiten Satzabschnitt äußert die Interviewerin: *»das kann auch ruhig länger dauern«*, zielt damit auf ein mögliches Warten-Müssen ab und unterstellt damit, dass es länger dauern könnte. Dies könnte in einer ersten Lesart auf den Lese- oder Verständnisprozess von Herrn X. abzielen, der schwächer oder fehlerhafter zu sein scheint, als es der eigenen Norm entspricht. Sie äußert sich eben nicht im Sinne von: »Lesen Sie so lang, wie Sie brauchen« oder einfach: »Lassen Sie sich Zeit«, sondern weist auf einen Vergleich hin. Die Interviewerin eröffnet das Gespräch mit der Offenlegung ihrer Vorstellung, dass sie die *normal Lesende* und Herr X. der sein wird, der vermutlich länger brauchen wird, und dem sie daher mehr Zeit einräumt als üblich. Sie prägt damit ein System der asymmetrischen Hilfsbeziehung, in der sie gibt und Herr X. empfängt. Er wird die untere Hierarchieebene erfüllen müssen, da er ihren Normalitätsvorstellungen nicht genügt.

Gerade im Kontext der sogenannten *geistigen Behinderung* und *Selbstbestimmung* wird die besondere Schwierigkeit und Ambivalenz dieser Sequenz deutlich. Es werden durch die Aussage der Interviewerin: *»das kann auch ruhig länger dauern«* latent (mangelnde) Fähigkeiten ins Spiel gebracht, so dass sich schon hier Normalitätskonzepte ausdrücken; etwa, dass man einen Text in einer üblichen Zeit liest. Geht man von einem Leidensdruck von Menschen mit sogenannter geistiger Behinderung an Normalität aus, da sie nie als normal gelten (Mattner, 2008), könnte es ein selbstbestimmtes, selbstbehauptendes, selbstbewusstes und freies Auftreten von Herrn X. erschweren, wenn durch die Interviewerin selbst gleich zu Beginn die ihm bekannten normbezogenen Strukturen vorgegeben werden. Wenn gleich zu Anfang gespiegelt wird, dass Herr X. »der Andere« (ebd.) mit den geringeren Fähigkeiten ist, kann dies eine defensive Position unterstützen. Auch dass sie ihm von etwas Bestimmten (Zeit) mehr als normalerweise nötig einräumt und Herr X. diese (längere Zeit) empfängt, unterstützt seine typische Rolle als Empfänger im institutionalisierten Hilfesystem.

4.2 Fallbeispiel: Einzelinterview

Im hier folgenden Beispiel wurde eine junge Frau (Frau Y.) kurz nach Einzug in eine eigene Wohnung befragt, die – angegliedert an das Betreute Wohnen – einmal die Woche Unterstützung durch eine Betreuerin erhält. Es sollte sich einer möglichst offenen und erzählgenerierenden Eingangsfrage (Stimulus) bedient werden, und es wurde die Absicht verfolgt, den Kontext Betreuung zu Beginn außen vor zu lassen und sich zunächst am Thema Wohnen zu orientieren.

I.: Wie kamen Sie dazu, alleine zu wohnen?

Wann aber fragt man ein/e Gegenüber, wie er/sie zu etwas kam? Doch dann, wenn es sich um etwas Spezielles handelt, etwas Außergewöhnliches, so die Analyse. Hinsichtlich der Berufswahl könnte z. B. gefragt werden: »Wie kamen Sie dazu, Tierpräparator zu werden?«. Dies klingt wohlgeformt, da ein solch außergewöhnlicher Beruf eine Frage nach dem Prozess, bis jemand dazu kam, Präparator zu werden, schlüssig erscheinen ließe. Dagegen erscheint die Frage »Wie kamen Sie dazu, Bäcker zu werden« unstimmig, es sei denn, man vermutet dahinter noch eine besondere Geschichte, wie z. B. eine spektakuläre Mehlallergie, die im Interview Thema sein soll.

Einem Jugendlichen würde man die Frage nach dem Wohnen so nicht stellen, da es selbstverständlich zum Ablösungsprozess von der Herkunftsfamilie gehört, auszuziehen. In einer Gesellschaft, in der es als normale Entwicklungsaufgabe zählt, sich zu lösen, würde eher gefragt werden: »Wie kamen Sie dazu, ins Kloster zu gehen und in dieser ungewöhnlichen Lebensgemeinschaft zu wohnen?«. In der von I. gestellten Frage wird etwas Außergewöhnliches vermittelt, es als etwas Besonderes verstanden, eben dahin zu kommen, alleine zu wohnen. Dies kontrastiert enorm mit unserem Verständnis von Wohnen, denn wann ist dies der Fall, wenn es in hiesigem Kulturkreis doch selbstverständlich ist, irgendwann alleine zu wohnen? Doch dann, wenn einem ein eigenständiges Wohnen auch als Erwachsener *(»Sie«)* bisher verwehrt blieb. Das Normale ist dann nicht das alleine Wohnen, sondern ein Wohnen im Großverband. Die Frage unterstellt daher zwingend, dass Frau Y. jemand ist, für die alleine zu wohnen nicht selbstverständlich ist. Diese Frage kann daher nur einem Menschen gelten, der zuvor in einer Großeinrichtung dauerhaft gelebt haben muss und für den ein anschließendes alleine Wohnen als Ausnahme gilt. Dies trifft in unserer Gesellschaft ausschließlich auf Menschen mit psychischer, körperlicher oder sogenannter geistiger Behinderung zu, so dass der Fokus gleich zu Beginn doch – und entgegen der eigentlichen Absicht – auf die vermuteten deautonomisierenden Betreuungsstrukturen gelegt wird.

4.3 Fallbeispiel: Gruppeninterview

Im nun folgenden Beispiel wurden einige Monate nach Auszug aus dem Wohnheim eine Wohngemeinschaft und ihr Betreuer gemeinsam befragt. Der zu bestimmende Fall ist hier die Beziehungsebene der Gruppe als Interaktionseinheit. Angenommen wird, dass sich die Arbeitsbeziehung – als gemeinsame Praxis und im Sinne einer Reproduktion des alltäglichen Miteinanders – im gemeinsamen Gespräch zeigen wird. Der zunächst gewählte Eingangsstimulus lautet:

I.: Mal angenommen, ich würde einen Film drehen oder ein Buch schreiben über Ihre gemeinsamen Erfahrungen hier im Betreuten Wohnen. Welche Geschichten müssten darin vorkommen?

Diese Einstiegsfrage, so zeigte die Analyse, erfordert eine sehr hohe Abstraktionsleistung, um auf sie angemessen reagieren zu können. Schon der hier vorgegebene experimentelle Kontext Film lässt erwarten, dass in der folgenden Erzählung inhaltlich etwas – wie für Filme üblich – Allgemeingültiges transportiert werden muss. Die Konkretisierung *»über Ihre gemeinsamen Erfahrungen hier im Betreuten Wohnen«* verlangt dann ein Erzählen von Geschichten, die dazu speziell für das Betreute Wohnen stehen müssen. Doch was genau sind Geschichten, die ein gültiges, d. h. typisches Bild des Betreuten Wohnens abbilden können?

Neben dem zunächst erzeugten hohen Abstraktionsniveau, das Ungewissheit, ggf. absichtlich eine dem Alltag nahe überfordernde Situation bewirken kann, erfolgt dann eine klare Differenzkategorie durch die Markierung *»hier im Betreuten Wohnen«*. Es findet eine Abgrenzung statt, wodurch man eingeladen wird, über das eigene Erleben *»im Betreuten Wohnen«* zu sprechen. Nun weniger abstrakt, ist das *»im«* zum einen als Adresse, zum anderen als institutioneller Rahmen prominent gesetzt, der andere Lebensbereiche in der Frage ausschließt.

Es ist zu überlegen, ob man nicht schon hier besondere und autonomiehinderliche Lebensbedingungen voraussetzt und damit reproduziert? In der Interpretation gefundene Kontexte, in denen die Äußerung wohlgeformt erscheint, bewegen sich zwischen dem Beispiel Gefängnis: »So, Herr Müller, wie geht es Ihnen denn nun eigentlich hier *im* offenen Vollzug?«, so dass unterschwellig der Rahmen einer totalen Institution transportiert wird, und der Institution Ehe: »hier in der Ehe«, die eine vergleichbare Allmacht repräsentieren würde, denn auch diese betrifft das ganze Leben, die ganze Person und dies 24 Stunden am Tag. So wird im Stimulus ein institutioneller Rahmen vorgegeben und in eine feste Form gefasst, die sich aus Sicht der Befragten doch vielleicht als etwas Offeneres und damit viel freier darstellen ließe. Doch diese Möglichkeit wird nicht eröffnet.

Ohne an dieser Stelle darüber zu urteilen, ob dieser Erzählstimulus nun im tatsächlichen Kontext angemessen ist oder nicht, stellt sich vielmehr die Frage danach, was genau diese Fokussierung bedeutet. Zum einen werden hier die im sonderpädagogischen Diskurs häufig anzutreffenden Euphemismen ausgelassen, und ein besonderer Lebenskontext wird eben nicht verneint, sondern offen ausgesprochen. Doch damit wird ein deautonomisierender Kontext thematisiert und vorausgesetzt, bevor dieser überhaupt vom Interview-Partner selbst mitgeteilt, ggf. sogar erfahren wurde.

Dass man als Interviewer/in direkt in die Verbindlichkeit der Institution gerät, sobald man die Türschwelle überschreitet, scheint schon hier deutlich zu werden, und es wird spürbar, wie viel Verfremdung zu mobilisieren ist, um Offenheit im Forschungsprozess zu gewährleisten. Wie schwer erst muss es sein, sich dann als Befragte/r autonom zu zeigen?

5 Fazit

In der Auseinandersetzung mit leitfadengestützten Interviews im Allgemeinen und den Besonderheiten der Interview-Führung mit Menschen, die als geistig behindert gelten, ist festzustellen, dass kaum grundlegende Unterschiede in den jeweiligen Empfehlungen der Herangehensweise zu finden sind. Aufgrund der besonderen Verantwortung gegenüber Menschen, denen in der Vergangenheit von der Forschung in der Regel ihr Subjektstatus aberkannt wurde, sind allerdings einzelne allgemeingültige Kriterien in ihrer Relevanz besonders hervorgehoben. Über diesen Personenkreis wurde und wird teilweise noch immer in einer Weise geforscht, dass die Missachtung ihrer Subjektivität in Theorie und Praxis fortgesetzt werden kann. Doch bleibt dies nicht unbemerkt (vgl. Mesdag & Hitzel, 2008; Janz & Terfloth, 2009), und gerade in der Theorie- und Diskussionslandschaft der Disability Studies lässt sich eine Gegenbewegung auch in Deutschland beobachten (vgl. Waldschmidt & Schneider, 2007; Dederich, 2007). Die aktuell im Diskurs festzustellende besondere Sensibilisierung jener ForscherInnen, die sich in das Feld begeben, geht einher mit dem ausdrücklichen Vorsatz und der zu übernehmenden Pflicht, den/die Gegenüber in seiner/ihrer Besonderheit und gerade auch Fähigkeit, ein/e adäquate/r Interview-Partner/in zu sein, anzuerkennen. Zu beobachten ist an dem referierten Beispiel, aber auch in der Begleitung Studierender, die im Rahmen ihrer Abschlussarbeiten Interviews mit Menschen, die als geistig behindert gelten, durchführen, dass man als Interviewer/in das genaue Gegenteil dessen erzeugen kann, was als Absicht verfolgt wurde. Schon vorab mit der Sorge konfrontiert, dann als Interviewer/in sozial unerwünscht (und damit gar *behindertenfeindlich*) zu (re)agieren, kann Unsicherheit und eine damit einhergehende Abwehr eigener sozialisationsbedingter Vorurteile und das eigene Fremdheitserleben verstärken. All die tatsächlichen oder auch nur angenommenen Hürden des Fremdverstehens erfordern sowohl eine besondere Aufmerksamkeit für die Interviewsituation als auch gerade »die bewusste Wahrnehmung und Einbeziehung des Forschers und der Kommunikation mit den ›Beforschten‹ als konstitutives Element des Erkenntnisprozesses« (v. Kardoff, 1995, 4, zit. nach Helfferich, 2009, 157). Steinke (2000, 232f.) weist die *reflektierte Subjektivität* als eigenes Gütekriterium qualitativer Interviews aus. Gerade im vorgestellten Forschungsfeld ist die Umsetzung der Reflexivität in der Erhebungssituation relevant. Wie an obigen Beispielen exemplarisch gezeigt, bedeutet sie »vor allem Selbstreflexion, also das Wahrnehmen und Vergegenwärtigen, welches Vorwissen, welche impliziten Annahmen und unbewussten Erwartungen, welchen ›Normalitätshorizont‹ und welche Aufmerksamkeitshaltungen, welche Ängste und Bewältigungsstrategien man als Interviewende oder Interviewender in die Situation einbringt« (Helfferich, 2009, 157). Die hier vorgestellte Methode zeigt das eigene Scheitern im Tun ungeschönt und macht es gleichzeitig in ihrer Anwendung als Reflexionswerkzeug möglich, sich mit sich selbst zu versöhnen. Denn erst dieser Erkenntnisprozess macht die Bedingtheit, innerhalb der wir agieren, verfügbar, so dass sie damit ihre Macht im (Miss-)Verstehensprozess verlieren kann.

Literatur

Bogner, A., Littig, B. & Menz, W. (Hrsg.) (2011). *Experteninterviews. Theorien Methoden Anwendungsfelder* (4., überarb. Aufl.). Wiesbaden: VS Verlag für Sozialwissenschaften.

Bohnsack, R. (2010). *Rekonstruktive Sozialforschung. Einführung in qualitative Methoden* (8., überarb. Aufl.). Opladen: Budrich.

Buchner, T. (2008). Das qualitative Interview mit Menschen mit so genannter geistiger Behinderung – Ethische, methodologische und praktische Aspekte. In: G. Biewer (Hrsg.), *Begegnung und Differenz Menschen, Länder, Kulturen. Beiträge zur Heil- und Sonderpädagogik* (516–528). Bad Heilbrunn: Klinkhardt.

Dederich, M. (2007). *Körper, Kultur und Behinderung. Eine Einführung in die Disability Studies*. Bielefeld: Transcript.

Feuser, G. (1996). »Geistigbehinderte gibt es nicht!« Projektionen und Artefakte in der Geistigbehindertenpädagogik. In: *Geistige Behinderung, 1*, 18–25.

Hagen, J. (2002). Zur Befragung von Menschen mit einer geistigen oder mehrfachen Behinderung. In: *Geistige Behinderung, 4*, 293–306.

Helfferich, C. (2009). *Die Qualität qualitativer Daten. Manual für die Durchführung qualitativer Interviews* (3. Aufl.). Wiesbaden: VS Verlag für Sozialwissenschaften.

Janz, F. & Terfloth, K. (Hrsg.) (2009). *Empirische Forschung im Kontext geistiger Behinderung*. Heidelberg: Winter.

Jensen, O. & Welzer, H. (2003). Ein Wort gibt das andere, oder: Selbstreflexivität als Methode. (http://nbn-resolving.de/urn:nbn:de:0114-fqs0302320), Zugriff am 07.08.2012.

Kleemann, F., Krähnke, U. & Matuschek, I. (Hrsg.) (2009). *Interpretative Sozialforschung. Eine praxisorientierte Einführung*. Wiesbaden: VS Verlag für Sozialwissenschaften.

Mattner, D. (2008). Geistige Behinderung in der gesellschaftlichen Blickperspektive. In: T. Mesdag & U. Pforr (Hrsg.), *Phänomen geistige Behinderung. Ein psychodynamischer Verstehensansatz* (15–26). Gießen: Psychosozial-Verlag.

Mesdag, T. & Hitzel, E. (2008). Sage mir, wie Du leben möchtest (aber bedenke, was ich hören will!). In: T. Mesdag & U. Pforr (Hrsg.), *Phänomen geistige Behinderung. Ein psychodynamischer Verstehensansatz* (169–188). Gießen: Psychosozial-Verlag.

Möller, N. (2010). Reflexionen zum Begriff der Geistigen Behinderung – Ein Beitrag zum Diskurs. In: *ergoscience 2010* (31–38). Stuttgart: Thieme.

Mruck, K. & Breuer, F. (2003). Subjektivität und Selbstreflexivität im qualitativen Forschungsprozess – Die FQS-Schwerpunktausgaben. (http://nbn-resolving.de/urn:nbn:de:0114-fqs0302233), Zugriff am 07.08.2012.

Nohl, A.-M. (2009). *Interview und dokumentarische Methode. Anleitungen für die Forschungspraxis* (3. Aufl.). Wiesbaden: VS Verlag für Sozialwissenschaften.

Seligman, M. E. P. & Petermann, F. (Hrsg.) (1999). *Erlernte Hilflosigkeit*. Weinheim: Beltz.

Sinason, V. (2000). *Geistige Behinderung und die Grundlagen menschlichen Seins*. Neuwied: Luchterhand.

Steinke, I. (2000). Gütekriterien qualitativer Forschung. In: U. Flick (Hrsg.), *Qualitative Forschung. Ein Handbuch*. Reinbek Hamburg: Rowohlt.

Tietel, E. (2000). Das Interview als Beziehungsraum. (http://nbn-resolving.de/urn:nbn:de:0114-fqs0002260), Zugriff am 07.08.2012.

Waldschmidt, A. & Schneider, W. (Hrsg.) (2007). *Disability Studies, Kultursoziologie und Soziologie der Behinderung. Erkundungen in einem neuen Forschungsfeld* (319–331). Bielefeld: transcript.

Witzel, A. (2000). Das problemzentrierte Interview. (http://www.qualitative-research.net/index.php/fqs/article/view/1132), Zugriff am 07.05.2012.

Zapf, W. (1984). Individuelle Wohlfahrt. Lebensbedingungen und wahrgenommene Lebensqualität. In: W. Glatzer (Hrsg.), *Lebensqualität in der Bundesrepublik. Objektive Lebensbedingungen u. subjektives Wohlbefinden* (13–26). Darmstadt: Wiss. Buchges.

Offene nichtstandardisierte Interviews als Grundlage fallrekonstruktiver objektiv-hermeneutischer Sozialforschung

Brigitte Schlick

1 Einleitung

In diesem Beitrag geht es um das offene nichtstandardisierte Interview, wie es in der Fallrekonstruktion der Objektiven Hermeneutik häufig verwendet wird, aber als Verfahren zur Erhebung sprachlichen Datenmaterials im bestehenden Kanon der qualitativen Erhebungsmethoden bislang kaum Berücksichtigung gefunden hat. Der vorliegende Artikel will auf dieses Manko aufmerksam machen und anhand von Beispielen aus einer Untersuchung der Autorin (Schlick, 2008) einige wichtige Aspekte, die bei der Anwendung dieses Erhebungsverfahrens zu beachten sind, aufzeigen. Indessen ist hier nicht der Ort, sich an einer, wenn auch noch so kurz gehaltenen, Einführung in die Methodologie der Objektiven Hermeneutik zu versuchen. Dazu möchte ich auf den Beitrag von Hendrik Trescher im zweiten Teil dieses Bandes verweisen. Es sollen nachfolgend lediglich einige zentrale Begrifflichkeiten, mit denen die Objektive Hermeneutik operiert und die für die späteren Ausführungen in diesem Beitrag in Anspruch genommen werden, aufgegriffen und expliziert werden.

2 Zum Problem des methodischen Zugriffs auf die sinnstrukturierten Gegenstände in der qualitativ-empirischen Sozialforschung

Offene nichtstandardisierte Interviews sind das bevorzugte Erhebungsinstrument in der Objektiven Hermeneutik, aus deren Methodologie die Begründungen der Methode der Fallrekonstruktion hervorgegangen sind (vgl. Oevermann, 2000, 58). Ulrich Oevermann, der dieses Verfahren ab Mitte der 1970er Jahre entwickelte und es in den nächsten beiden Dekaden des vergangenen Jahrhunderts methodisch ausarbeitete und theoretisch fundierte, hatte zusammen mit anderen im Rahmen einer Untersuchung zur Familiensozialisation (vgl. Oevermann, 1972) die Erfahrung gemacht, dass der sozialwissenschaftliche Empirismus mit seinem standardisierten Methodenarsenal eine erschließende Gegenstandsanalyse dieses Gegenstandsbereiches verhindert. »Die Auflösung des

Gegenstandes in eine Fülle von Variablen verstellt den Blick auf grundlegende innere Zusammenhänge, reduziert ihn auf ein loses Netz randständiger Kausalrelationen [...]« (Zehentreiter, 2001, 13), und die Erkenntnisoperation des Sinnverstehens und der Sinnauslegung von Texten sozialer Handlungs- und Lebenspraxis, auf die die Objektive Hermeneutik zielt und die sie mit anderen sozialwissenschaftlich-hermeneutischen Ansätzen teilt, wird dadurch erheblich erschwert bis verunmöglicht.

Indem die Objektive Hermeneutik an der Prämisse des Sinnverstehens festhält, grenzt sie sich einerseits von der an den Naturwissenschaften orientierten sozialwissenschaftlichen Tradition ab, die von der Sinnstrukturiertheit der sozialen, kulturellen und psychischen Erscheinungen, in denen wir als Lebenspraxis uns selbst verkörpern, weitgehend abstrahiert und ihre Gegenstände, die Erscheinungen und Objektivationen von Lebenspraxis, auf Zusammenhänge zwischen Merkmalsausprägungen reduziert (vgl. Oevermann, 2002, 1f.). Andererseits wird die Operation des Sinnverstehens und -auslegens aber auch nicht wie in der sinnverstehenden handlungstheoretischen Soziologie und Forschung mit der Kategorie des subjektiv gemeinten Sinns (Weber, 1921) verbunden, die »Sinn« mit den Perspektiven und Absichten der Handelnden und damit den subjektiven Prozessen der Sinnzuschreibung verknüpft (vgl. Przyborski & Wohlrab-Sahr, 2010, 242) und auch nicht wie z. B. in der Tiefenhermeneutik[1] an das »szenische Verstehen« gebunden, bei der die Verstehensoperation auf der »empathischen Sinnerschließung auf der Basis von Gegenübertragungsgefühlen« beruht (Oevermann, 1993, 146).

Vielmehr beruft sich die Objektive Hermeneutik – aus grundsätzlichen methodologischen Erwägungen heraus – auf eine dritte, ganz eigenständige Realitätsebene, die den nicht mit dieser Position vertrauten Leser vielleicht zunächst befremden mag:

> »Zentraler Gegenstand der Methodologie der objektiven Hermeneutik sind die latenten Sinnstrukturen und objektiven Bedeutungsstrukturen von *Ausdrucksgestalten*, in denen sich uns als Erfahrungswissenschaftler von der sinnstrukturierten Welt die psychischen, sozialen und kulturellen Erscheinungen einzig präsentieren.« (Oevermann, 2002, 1, Hervorhebung i. O.)

Sie sind relativ unabhängig von den psychischen Formationen der beteiligten Akteure – die sie erzeugen –, obwohl sie in deren Handeln wirksam sind, und werden »nicht den Handlungen oder Äußerungen von Handlungssubjekten selbst abgenommen [...], sondern den Spuren oder Protokollen, die sie hinterlassen haben. Diese Spuren oder Protokolle konstituieren für die Methodologie der objektiven Hermeneutik die methodisch einzig greifbare Datenebene [...]« (Oevermann, 1993, 113), und eine mit der Methode der Sequenzanalyse durchzuführende Fallrekonstruktion hat sich zuvorderst auf die Rekonstruktion der latenten Sinnstrukturen bzw. objektiven Bedeutungsstrukturen derjenigen Ausdrucksgestalten zu richten, in denen sich der zu untersuchende Gegenstand authentisch verkörpert (vgl. Oevermann, 2002, 5). *Erst dann* wird in der Ob-

1 Zum tiefenhermeneutischen Analyseverfahren vgl. Kratz & Ruth i. d. B.

jektiven Hermeneutik auf die »eigenlogische Wirklichkeit von Intentionen bzw. intentionalen Gehalten, generell: [die] innerpsychische [...] Wirklichkeit von Empfindungen, Affekten, Vorstellungen, Kognitionen und Volitionen« (ebd., 2), kurz: auf die Subjektivität von Akteuren geschlossen.

Von daher bemisst sich die Güte der zu erhebenden Daten, die für eine Fallrekonstruktion, die mit dem Analyseverfahren der Objektiven Hermeneutik, der Sequenzanalyse, durchgeführt wird, daran, wie gut sich diese in den Ausdrucksgestalten sozialer Lebenswirklichkeit bzw. in authentischen Protokollen verkörpern und damit objektiviert haben. Dazu ist zunächst maßgeblich, dass die Protokollierung möglichst frei von Einflüssen der späteren Datenauswertung ist. Oevermann (2004, 432) bemerkt zu diesem Gesichtspunkt:

> »Je besser diese Unabhängigkeit der Datenerhebung von der Datenauswertung gesichert ist, desto größer die falsifikatorische Relevanz und die intersubjektive Gültigkeit der Daten. Denn wenn, wie z. B. in einer sogenannten ›ethnografischen Beschreibung‹, die Interpretation eines intelligenten Erkenntnissubjekts notwendigerweise schon in die Beschreibung eingeht – zusätzlich noch geleitet durch die Untersuchungsfrage, zu deren Beantwortung die Beschreibung Daten liefern soll –, dann ist für eine spätere theoriebezogene Auswertung diese vorausgehende Interpretationsleistung von der bloßen Protokollierung nicht mehr zu unterscheiden und wir haben es von vornherein mit kontaminierten Daten zu tun, durch die die Überprüfung der Geltung von Konjekturen und Hypothesen ebenso wie die Rekonstruktion von Strukturzusammenhängen hoffnungslos zirkulär werden. Diese Zirkularität ist in die Erzeugung von quantitativen Daten von vornherein massiv eingebaut, u. a. weil in ihnen aufgrund der immanent notwendigen Standardisierung Datenerhebung und Datenauswertung von vornherein eine unauflösliche Einheit bilden.«

Die Objektive Hermeneutik unterscheidet aus diesem Grund methodologisch strikt zwischen den Methoden der Datenerhebung und den Verfahren bei der Datenauswertung. Während die quantifizierende Sozialforschung bei der Datenerhebung ausschließlich standardisiert verfährt, sind die sozialwissenschaftlich-hermeneutischen Analyseverfahren auf »klinische« Daten oder »natürliches« Ausdrucksmaterial, das nichtstandardisiert erhoben wurde, angewiesen. In der Objektiven Hermeneutik wird darüber hinaus – im Gegensatz zu anderen hermeneutischen Untersuchungsverfahren – bei der Datenerhebung noch zwischen dem »sozialen Arrangement für die Datenerhebung« und den »Techniken der Protokollierung« (darauf wird weiter unten im Beitrag, unter Überschrift 3, noch eingegangen) unterschieden. Bei der Datenauswertung lassen sich

> »die Vorgehensweisen vor allem danach unterscheiden, ob sie *subsumtionslogisch* prozedieren oder *rekonstruktionslogisch*. Die Auswertung quantitativer Daten muß zwingend subsumtionslogisch verfahren, aber auch viele Verfahren, die sich selbst als qualitative einschätzen, z. B. die Inhaltsanalyse[2], gehen bei genauerer Betrachtung subsumtionslogisch vor, indem sie klassifizierbare oder auszählbare Einzelheiten vorgefaßten Kategorien zuordnen. Subsumtionslogisches Vorgehen ist weitgehend mit Kodieren identisch.« (Oevermann, 2004, 433, Hervorhebung i. O.)

2 Zur Qualitativen Inhaltsanalyse siehe Buchhaupt & Schallenkammer i. d. B.

3 Zur Methodendiskussion: Gemeinsamkeiten und Unterschiede hinsichtlich anderer nichtstandardisierter Interview-Formen

Offene nichtstandardisierte Befragung heißt nicht, dass diese Interview-Form gänzlich unstrukturiert ist – bloßes Erzählen etwa – und hinsichtlich ihrer thematischen Zielsetzung unbestimmt, so dass etwa ein Forschungsvorhaben, das ein bestimmtes inhaltliches Interesse verfolgt, auf Erhebungsinstrumente wie z. B. das offene Leitfadeninterview[3] zurückgreifen müsste, das als teilstandardisiertes Interview augenscheinlich strukturierter vorginge. Przyborski & Wohlrab-Sahr (2010) betonen zurecht, dass es sich bei dieser Auffassung um ein Missverständnis handelt und Selbstläufigkeit mit unstrukturiertem Vorgehen verwechselt würde: Gruppendiskussionen zum Beispiel halten sich an klare Durchführungsprinzipien und könnten – je nach Erkenntnisinteresse – ein thematisches Ziel verfolgen; auch das narrative Interview verfahre nach einem bestimmten, streng zu befolgenden Ablaufschema und unterliege in thematischer Hinsicht oft einer spezifischen Eingrenzung, weshalb es ganz und gar nicht unstrukturiert sei (vgl. ebd., 139).

Im Vergleich zum Erhebungsinstrument »narratives Interview«, das neben dem offenen nichtstandardisierten Interview auch sehr häufig mit dem Analyseverfahren der Objektiven Hermeneutik kombiniert wird (vgl. Kraimer, 2000, 37) – da es ebenfalls einen nichtstandardisierten Zugriff auf das Forschungsmaterial ermöglicht –, eignet sich das offene Interview nicht nur dort, wo tatsächlich selbst erlebte, autobiografische Geschichten erzählt werden können, es kann auch dort eingesetzt werden, wo z. B. das persönliche Urteil oder die Einschätzung eines Interviewees zu einem Sachverhalt gefragt ist oder über hypothetische Fragestellungen reflektiert werden soll (vgl. Przyborski & Wohlrab-Sahr, 2010, 95). In der Objektiven Hermeneutik werden offene nichtstandardisierte Interviews üblicherweise einer lebendigen alltagsweltlichen Gesprächspraxis möglichst weit angenähert. Insofern hier das Interview als gleichgestaltig mit dem Alltagsgespräch verstanden wird, werden auch eher zielgenauere Fragen präferiert als bei dem nichtstandardisierten »narrativen Interview«.

Unterschiede zum narrativen Interview bestehen auch hinsichtlich der Formulierung der Eingangsfrage. Während für das autobiografisch-narrative Interview eine sehr allgemein gehaltene, erzählgenerierende Eingangsfrage nach dem Ablauf von Geschehnissen, die der Erzähler erlebt hat (vgl. ebd., 98), typisch ist und eine Interview-Führung präferiert wird, die auf die »Hervorlockung und Aufrechterhaltung von längeren Erzählungen zunächst *ohne* weitere Interventionen von Interviewerseite [abzielt]« (Loch & Rosenthal, 2002, 221, Hervorhebung d. Verf.), wird in der Objektiven Hermeneutik gewöhnlich mit einer vorher genau überlegten, tendenziell konfrontativen und erprobten Eingangsfrage als Gesprächsanreiz begonnen, die möglichst direkt in die Untersuchungs-

3 Zum leitfadengestützten Interview siehe Schallenkammer i. d. B.

frage hineinführen soll und sich in der Regel auf Krisen als die zentralen Orte der Bewältigung von Lebenspraxis richtet. »Innerhalb des Interviews [entspringen dann] die Fragen dem sicheren Gespür des Interviewers, sie orientieren sich an den im Verlauf des Gesprächs entstandenen Hypothesen« (Hildenbrand & Peter, 2002, 255). Eine zugespitzte Initialfrage hat neben der Aufgabe eine spontane Erzählung beim Interviewee zu evozieren, in der Objektiven Hermeneutik vor allem die Funktion, die Neugierde des Interviewers an den Erfahrungen des Befragten glaubwürdig zu bekunden – und erfahrungsgemäß erfolgt auf eine solche, tendenziell eine Krise beim Interviewee auslösende Eingangsfrage auch eine längere zusammenhängende erste Ausführungsphase des Interviewees, an die sich dann nur immanente Nachfragen anschließen sollten. Das heißt, der Interviewer ist gehalten, von sich aus keine weiteren Fragen zu neuen Themen ins Gespräch einzuführen, sondern den Erzählfluss ausschließlich durch Paraphrasierungen und Spezifikationen des vom Interviewee bereits inhaltlich Ausgeführten lebendig zu halten und zu weiteren Darlegungen und Erzählungen anzuregen.

Wird durch diese Vorgehensweise also zum einen sichergestellt, dass sich die Neugierde des Interviewers an den Ausführungen des Interviewees authentisch und glaubwürdig ausdrücken kann und der Interviewee nicht, wie bei einer standardisierten Befragung, zu einer bloßen Auskunftsperson degradiert, lässt sich zum anderen so erreichen, dass die Sequenz der Themenfolge im Interview ausschließlich vom Befragten selbst – spontan und von ihm unbemerkt – bestimmt wird und damit gehaltvolle Ausdrucksgestalten über die manifesten und latenten Prozesse der Krisenbewältigung und die Struktur der Einstellungen, Deutungsmuster und Habitusformationen des Interviewees erzeugt werden. In diesem Zusammenhang ist auf ein weiteres Missverständnis aufmerksam zu machen, das in der Methodenrezeption immer wieder Anlass für Schwierigkeiten zu geben scheint. Hildenbrand & Peter (2002) konstatieren für das »familiengeschichtliche Gespräch« – ebenfalls eine Interview-Form, die bei der Gewinnung von Datenmaterial nichtstandardisiert verfährt und regelmäßig mit dem Analyseverfahren der Objektiven Hermeneutik verknüpft wird –, dass ausgehend von dem auf standardisierten Interview-Formen beruhenden Vorverständnis, in denen der Interviewer den Gesprächsablauf eher dominiere, oft ein Unverständnis darüber herrsche, wie und in welcher Weise bei einer solchen Methode kontrolliert interveniert werden könne. Dieses Konstrukt der Intervention, welches implizieren würde, dass das Gespräch in eine falsche Richtung laufen könne – so wenden Hildenbrand & Peter ein –, existiere jedoch bei den nichtstandardisierten Interviews, deren Protokolle anschließend sequenzanalytisch ausgewertet werden, überhaupt nicht. Denn alles,

> »was der Interviewee im Zusammenhang mit einem Ereignis erzählt, ist sinnstrukturiert, auch wenn dieser Sinn noch nicht in der unmittelbaren Interviewsituation erkennbar ist [...]. Der Interviewer tritt als unvoreingenommener, neugieriger Interessierter auf und fragt nach, wenn er etwas genauer wissen will. Falls er – was schwierig genug ist – bereits während des laufenden Gesprächs Hypothesen bildet, stellt er Fragen, die geeignet sind, diese Hypothesen zu überprüfen. Oftmals aber wird in der Interviewsituation selbst nur sehr eingeschränkt oder noch gar nicht ersichtlich, welche Fallstruktur vorliegt. Diese wird gründlich erst in der handlungsentlasteten Situation

einer sequenziellen Analyse erschlossen. […] Solange keine Überschreitungen der Höflichkeitsregeln, keine Provokationen oder andere Übergriffe vorliegen und beide Seiten mit vollem Ernst bei der Sache sind, kann getrost von einem gelungenen Interview hinsichtlich der Brauchbarkeit ausgegangen werden.« (Hildenbrand & Peter, 2002, 256)

4 Zur praktischen Durchführung offener nichtstandardisierter Interviews

Anhand einer Untersuchung der Autorin (Schlick, 2008) zu frühen Habitusbildungen im Kontext von Frühgeburtlichkeit soll nun gezeigt werden, was im Vorfeld einer Datenerhebung mittels eines offenen nichtstandardisierten Interviewverfahrens beachtet werden muss, das die Datenbasis für eine in der fallrekonstruktiven Erschließungslogik durchzuführende Sequenzanalyse liefern soll; welche Aspekte des praktischen Vorgehens bei der Interview-Durchführung besondere Berücksichtigung finden sollten und welche Schwierigkeiten sich bei der Anlage von Untersuchungen ergeben können, die nichtstandardisiert erhobene Daten mit dem sequenzanalytischen Verfahren der Objektiven Hermeneutik auswerten.

Vorausgeschickt werden muss, dass die Entscheidung für ein nichtstandardisiertes Verfahren sowohl bei der Datenerhebung als auch der -auswertung für eine empirische Untersuchung früher Habitusbildungen bei diesem Untersuchungsgegenstand leicht zu treffen war. Frühe Habitusbildungen bzw. -formationen, die Grundformen eines »stillschweigenden Wissens«, eines »tacit knowledge« (Polanyi, 1958: »tacit knowing«) darstellen und außerhalb der bewussten Kontrollierbarkeit operieren und wie Handlungsprogrammierungen automatisch ablaufen (Oevermann, 2001, im Anschluss an Bourdieu), das heißt unbewusst sind, lassen sich mit standardisierten Forschungsinstrumenten und Erhebungsmethoden nicht erfassen. Denn was dynamisch unbewusst ist (Freud, 1915e) oder zum Unbewussten im Sinne eines »tacit knowledge« gehört, lässt sich nicht abfragen und auch nicht in den Kategorien des subjektiv gemeinten, nachvollziehbaren Sinn erfassen, »sondern nur an der objektiven Bedeutungsstruktur oder latenten Sinnstruktur der Ausdrucksgestalten menschlicher Praxis rekonstruktiv ablesen, getreu dem Grundsatz, dass man subjektiv nur meinen, aber objektiv nur sagen oder ausdrücken kann, aber nicht jeweils umgekehrt« (Oevermann, 2007, 308). Es kann damit empirisch gesichert das aufgeschlossen werden, was die Befragten über das bewusst Intendierte und Beabsichtigte hinaus unintendiert, ungewollt und dennoch motiviert von sich ausdrücken.

4.1 Fallauswahl und Prinzip der maximalen Kontrastierung

Für die Untersuchung der Frage, welches die Folgen davon sind, dass unter der Bedingung des Überlebens von extremen Frühgeburten ein wesentliches Stück natürlicher, gelingender Krisenbewältigung für die *Bildung der basalen Habitusformation eines strukturellen Optimismus* des Inhalts »im Zweifelsfall wird es gutgehen« fehlt bzw. abgeschnitten wurde, bestand außerdem die methodisch günstige Untersuchungs- bzw. Datenlage, im Prinzip mit der Analyse nur eines Falles auszukommen. Denn die auf der Grundlage der Fallrekonstruktionen vorzunehmende Strukturgeneralisierung bezog sich von vornherein auf etwas, von dem angenommen werden musste, dass es in allen Fällen von Frühgeburtlichkeit strukturell identisch sein musste: Was interessierte, war der Effekt der Frühgeburtlichkeit in Bezug auf den partiellen Ausfall der normalen Krisenbewältigung im Verlauf einer Schwangerschaft für die Konstitution jener Habitusformation eines strukturellen Optimismus und nicht etwa, interne Differenzen bei Frühgeborenen typologisch erschöpfend zu erfassen. Insbesondere in der Grundlagenforschung wird man sich jedoch mit der Rekonstruktion eines einzelnen Falles nicht zufriedengeben, sondern mehrere Fälle für eine Fallrekonstruktion, die zu gehaltvollen Typen- und Modellbildungen führt, erheben. Oft kommt man jedoch schon auf der Basis der sorgfältigen Rekonstruktion eines einzigen Falles zu reichhaltigen und falliblen Hypothesen und Heuristiken. Wichtiger als eine große Anzahl von Fällen zum Ausgangspunkt einer Untersuchung zu machen, ist es im Forschungsparadigma der Objektiven Hermeneutik, eine

> »Fallreihe nach den Prinzipien der Sequenzanalyse und dem Kriterium der maximalen Kontrastierung zu erheben und auszuwerten. Man sollte vor allem nicht erst [...] alle Fälle erheben und dann mit der Auswertung beginnen, sondern erst einen Fall erheben und gründlich analysieren, bevor man mit weiteren Erhebungen fortfährt. [...] In Kenntnis dieser gründlichen Fallrekonstruktion, die schon zur Modellbildung geführt worden ist, kann der nächste Fall dann um so gezielter nach dem Kriterium der maximalen Kontrastivität gesucht und erhoben werden.« (Oevermann, 2000, 99)

Bei der Untersuchung der Autorin zu Frühgeburtlichkeit und strukturellem Optimismus stellte es sich allerdings schnell als sehr schwierig heraus, an »geeignete« Interview-Partner zu kommen – sollte eine Vorabselektion vermieden werden, die man unter Umständen erhalten hätte, wenn z. B. per Inserat um Mitarbeit gebeten worden wäre. Angesichts der Sensibilität der Thematik erschien dieser Weg, an Datenmaterial zu kommen, überdies als unpassend.[4] Der Kontakt zu den späteren Interviewees kam schließlich über Freunde der Interviewerin, die wiederum von Freunden wussten, in deren Bekanntenkreis es Frühgeborene gab, zustande. Wenn wie hier persönliche Kontakte genutzt werden, um sich Zugang zum Forschungsfeld zu verschaffen, muss bedacht werden – insbesondere wenn man mit den Interview-Partnern selbst bekannt ist –,

4 Zum Problem des Feldzugangs/der Akquise im Rahmen sonderpädagogisch-empirischer Forschung siehe Trescher i. d. B.

dass damit die notwendige Distanz für eine unvoreingenommene Befragung und die lediglich durch die Neutralität des Forschers praktisch zu belegende Anonymitätswahrung schwerlich gewahrt werden können. Die mit dieser Durchbrechung der Logik des Forschungsinterviews einhergehenden problematischen Implikationen und Verwicklungen – denn was kann der Interviewer dann noch authentisch vom Interviewee wissen wollen, was nicht schon bei anderer Gelegenheit auf die eine oder andere Weise thematisch gewesen wäre (vgl. Wernet, 2000, 63) – werden in der Objektiven Hermeneutik als Verletzungen der Relevanzregel zusammengefasst (vgl. Oevermann, 1988, 250). Im vorliegenden Fall konnte durch die Vermittlung über Dritte, die die Interviewerin selbst nicht kannte, die geforderte Anonymität und Distanz unproblematisch eingehalten werden. Am Ende bildeten zwei Fälle, von denen der zweite Fall, wie in der Objektiven Hermeneutik üblich, erst nach Analyse des ersten erhoben wurde, die Untersuchungsgruppe für die vorzunehmenden Fallanalysen, was für eine Erkundungsarbeit, die in einem ersten empirischen Zugriff die Hypothese eines strukturellen Optimismus überprüfen wollte, ausreichte.

Dem Prinzip der maximalen Kontrastierung folgend – zu dem für Sozialstrukturanalysen normalerweise Variationen nach basalen Unterscheidungsmerkmalen wie Geschlechtszugehörigkeit, Zugehörigkeit zur Sozialschicht, gemessen an sozialer Herkunft als auch erreichtem Berufs- und Bildungsstatus, Stadt-Land-Herkunft und gegebenenfalls Zugehörigkeit zu unterschiedlichen ethnischen Gruppen oder Kulturen gehören (vgl. Oevermann, 2000, 99) – wurde auf eine Auswahl der Fälle nach Geschlechtszugehörigkeit geachtet. Nach Maßgabe der Vorstellung, dass nach der Bewältigung der Adoleszenzkrise eine Kompensation all dessen, was durch die Frühgeburt an Krisenbewältigung ausgefallen ist, abgeschlossen sein muss, sollten die Interviewees außerdem möglichst zwischen zwanzig und dreißig Jahre alt sein, aber nicht viel älter und nicht zu der Klasse der relativ reifen Siebenmonatskinder gehören, sondern zu der Klasse der sehr unreifen und extrem unreifen Frühgeborenen. Im Nachhinein hat sich dann bestätigt, dass mit dieser Fallauswahl die Voraussetzung für das Gelingen von Fallrekonstruktionen, die zu einer tragfähigen Strukturgeneralisierung führen, erfüllt wurde.

4.2 Technik der Protokollierung und soziales Arrangement bei der Erhebung

Die nichtstandardisierte Datenerhebung der Objektiven Hermeneutik ist unter den Gesichtspunkten

- der Methoden und Praktiken des »sozialen Arrangements bei der Datenerhebung« und
- der »Techniken bei der Protokollierung«

zu beurteilen.

Methoden und Praktiken des sozialen Arrangements bei der Datenerhebung

Oevermann (2002) betont im »Manifest der Objektiven Hermeneutik«, dass der Generierung eines jeden Datums ein spezifisches soziales Arrangement zugrunde liege. Auch für die sogenannte quantifizierende Sozialforschung sei der Erhebungsvorgang in ein bestimmtes soziales Arrangement, nämlich das der Operation des Messens, eingebettet. Die Standardisierung des sozialen Arrangements bei der Datenhebung bringe allerdings erhebliche Nachteile in Bezug auf die Prägnanz der Daten mit sich, denn durch die Standardisierung sei es nicht mehr möglich, dass sich das soziale Arrangement zum einen der »spezifischen Charakteristik des Gegenstandes und der Fragestellung und zum anderen der Lebenslage und Situation des je konkreten Falles bzw. Merkmalträgers angemessen [anpasse]« (ebd., 18). Nur in Analogie zum klinischen, das heißt nichtstandardisierten Vorgehen sei ein mimetisches Anschmiegen an den Untersuchungsgegenstand und die Lebenssituation des Falles möglich. Deshalb muss das soziale Arrangement

> »bei einer vom Forscher selbst vorgenommenen Datenerhebung bzw. -generierung genau vorbedacht sein. Bei der Sammlung von Daten, die die untersuchte Wirklichkeit selbst produziert [z.B. Dokumente, Briefe, Publikationen, d. Verf.], muß der dabei mitbeteiligte pragmatische Rahmen der Produktion genau rekonstruiert werden. Die entscheidende Dimension für die Variation zwischen verschiedenen sozialen Arrangements läßt sich mit den gegenüberliegenden Polen von ›standardisiert‹ und ›klinisch, bzw. nichtstandardisiert‹ bezeichnen.« (ebd.)

Für die in Rede stehende Untersuchung zu frühen Habitusbildungen im Kontext von Frühgeburtlichkeit bestand das soziale Arrangement aus Besuchen der Interviewees in ihrer Wohnung. Die vertraute häusliche Atmosphäre sollte einen schützenden Rahmen für die Interviewsituation bzw. das Interview schaffen und so eine hohe Qualität der Daten gewährleisten. Der Zeitpunkt konnte dabei von den Befragten selbst gewählt werden. Bei der telefonischen Absprache des Termins wurde ein Interview verabredet, für das sich die Interviewees eineinhalb bis zwei Stunden Zeit reservieren sollten. Es war dann ein interessantes Datum, als sich bei einem Fall neben der Interviewee die erweiterte Familie mit Tante und Freundin der Interviewee zum Interviewtermin eingefunden hatten und beide Interviews mehr als doppelt so lange wie verabredet dauerten, obwohl doch beide Interviewees am Telefon versicherten, dass sie eigentlich nicht viel zum Thema sagen könnten. Die Interviewees wurden beim ersten Telefonkontakt außerdem davon in Kenntnis gesetzt, dass der Gegenstand des Interviews ihre Frühgeburtlichkeit sein würde und dass die Gespräche auf Tonband aufgezeichnet werden würden. Aufgrund der Sensibilität der Thematik verstand es sich von selbst, nicht nur auf die Anonymisierung der gewonnenen Daten hinzuweisen, sondern auch zu erläutern, dass die Interviewerin professionsethisch einem der ärztlichen Schweigepflicht vergleichbaren Äquivalent unterliegt und personenbezogene Daten streng geschützt und nicht an Dritte weitergegeben werden. Hildenbrand & Peter (2002) empfehlen außerdem, die Vorgehensweise bei der Anonymisierung der Daten zu erklären: Es sollten Eigennamen, Berufe, Wohnorte etc. so anonymisiert werden, dass der Sinngehalt erhalten bleibt, aber die Befragten nicht identifiziert werden können. Heißt jemand etwa Kevin, dann sollte die Anonymisierung nicht lauten: Werner, sondern z. B. Dave oder Mike (vgl. ebd., 251).

Techniken der Protokollierung

»Auch für die [...] Techniken der Protokollierung bei der Datenerhebung wird die zentrale Dimension durch die Pole ›standardisiert‹ und ›nicht-standardisiert‹ gebildet« (Oevermann, 2002, 19). Während standardisierte Techniken der Protokollierung sich z. B. auf das Ankreuzen von zuvor gebildeten Kategorien kaprizieren, wenn es sich um Befragungen handelt – oder wenn es sich um Beobachtungen handelt, die auf das Anfertigen von Strichlisten setzen –, zeichnen sich nichtstandardisierte Techniken der Datenerhebung dadurch aus, dass sie direkte, »natürliche« Aufzeichnungen von Vorgängen, Handlungen und Äußerungen durch Tonbandgeräte, Videokameras und Fotoapparate liefern. Hier sind zwar die Aufzeichnungsgeräte hoch standardisiert, aber nicht die Aufzeichnung selbst, durch die semantisch unselektiv »alles, was an physikalischen Impulsen der protokollierten Wirklichkeit die Aufzeichnungsgeräte erreicht, [aufgezeichnet wird]« (ebd.). Für die fallrekonstruktive, objektiv-hermeneutische Forschung sind die bezüglich der in ihnen eingeschlossenen objektiven Sinnstrukturen vollkommen unintelligenten und deshalb unselektiven technischen Aufzeichnungen immer den nichtgerätevermittelten, intelligenten Aufzeichnungen, die der Subjektivität des Protokollanten nicht wirksam entzogen werden können, vorzuziehen. Sie können nach Oevermann als »natürliche« Protokolle gelten (vgl. ebd., 20). Die Daten, die für die Untersuchung zur Habitusformation eines strukturellen Optimismus bei Frühgeborenen erhoben wurden, wurden mit einem Tonbandgerät aufgezeichnet und anschließend sorgfältig verschriftet. Die Verschriftung von nichtstandardisiert erhobenem Interview-Material ist zeitaufwändig, zumal das Transkribieren selbst einige Übung erfordert. Es sollte nicht Schreibkräften, die keine Erfahrung mit der Verschriftung eines solchen Materials haben oder nicht eigens dafür geschult wurden, überlassen werden. Hildenbrand und Peter sind allerdings der Meinung, dass es durchaus vertretbar sei, nur einige Passagen – vor allem die Anfangssequenz – fein und den Rest des erhobenen Materials grob zu verschriften (vgl. Hildenbrand & Peter, 2002, 265). Die Autorin dieses Beitrags vertritt die Auffassung, dass man zu einer solchen Verschriftungspraxis erst dann übergehen sollte, wenn man über so viel praktische Erfahrung mit dem Auswertungs- und Analyseverfahren der Objektiven Hermeneutik, der Sequenzanalyse, verfügt, dass man ein sicheres Gespür für die sinnlogische Motiviertheit von sprachlichen Ausdrücken bzw. Ausdrucksgestalten entwickelt hat, die es zu explizieren gilt.[5]

5 Zu den Begriffen Protokoll, Text und Ausdrucksgestalt vgl. auch Trescher (Grundlagen der Objektiven Hermeneutik) i. d. B.

Üblicherweise wird bei der Zusammenstellung der Datenbasis im Hinblick auf Auswertung und Verschriftung des Interview-Materials in der Objektiven Hermeneutik folgendermaßen vorgegangen: Zunächst wird eine Fallstrukturhypothese auf der Grundlage der sog. »objektiven Daten«, das heißt der zu ihrer Validierung keiner weiteren Interpretation mehr bedürftigen Daten über die Biografie des Interviewees, gewissermaßen wie ein verdichtetes Lebensgeschichte-Protokoll auf ihren objektiven Sinn hin rekonstruiert und zum Ausgangspunkt einer möglichst riskanten, das heißt falliblen, informationsträchtigen, reichhaltigen Strukturhypothese gemacht (vgl. Oevermann, 1988, 282). Dann werden auf der Basis einer vorausgehenden Segmentierung des Gesamtinterviews nach zusammengehörigen Themen und der Analyse der Sequenz dieser Segmente in der Regel vier Ausschnitte – zu denen der Anfang des Interviews standardmäßig gehört – von nicht mehr als zwei Transkriptseiten, oftmals reichen geringere Textmengen, kontrolliert ausgewählt und einer detaillierten Sequenzanalyse unterworfen. Die sich daraus ergebende Fallstrukturhypothese wird mit dem verbliebenen Material systematisch auf Falsifikationsmöglichkeiten und Amplifikationen oder Modifikation der Fallstrukturhypothese hin abgeglichen (vgl. Oevermann, 2000, 97f.). Entlang der vorgenannten Instruktionen für die Auswahl von zu analysierenden Interviewsegmenten kann eine mögliche Einteilung in grob und fein zu verschriftendem Interview-Material vorgenommen werden, wobei zu beachten ist, dass weitere Textsegmente aus grobverschriftetem Datenmaterial, die gegebenenfalls extensiv sequenzanalytisch ausgewertet werden sollen, vorher noch einer wortlautgetreuen Transkription unterzogen werden müssen.

4.3 Zur Initialfrage

Bei der Untersuchung zu frühen Habitusbildungen und Frühgeburtlichkeit wurde für die Eröffnung der Interviews in beiden Fällen die Frage gestellt: *Mich interessiert, was es für Ihr Leben heute bedeutet, dass Sie zu früh geboren worden sind.* An dieser Frage lässt sich exemplarisch vorführen, warum eine gut überlegte, zugespitzte Initialfrage, die tendenziell eine Krise beim Interviewee evoziert, in der Regel günstig ist für die Eröffnung eines nichtstandardisierten Interviews – zumal wenn es um wichtige biografische Themen geht – und häufig zu einer spontanen Erzählung führt. Für den nicht mit dieser Praxis vertrauten Leser mutet eine solche Eröffnung möglicherweise schroff und taktlos an – sie stürzt gewissermaßen mit der Tür ins Haus und stellt deshalb eine Überforderung für den Interviewee dar, der mit ihr unvermittelt aufgefordert wird, ein Ereignis – seine Frühgeburt –, das sehr weit in die eigene Vergangenheit zurückreicht und an das keine bewusste Erinnerung besteht, mit seinem heutigen Leben in Zusammenhang zu bringen und seine Bedeutsamkeit für dieses einzuschätzen. Für die Produktion von gehaltvollen Ausdrucksgestalten über die manifesten und latenten Prozesse der Krisenbewältigung und die Struktur von habituellen Einstellungen hat sie sich in beiden Interviews als besonders geeignet erwiesen. Ihr Vorzug besteht darin, dass sie den Befragten keine Ausweichmöglichkeiten lässt. Die Interviewees müssen sofort zu dem dramatischen und lebensbedrohlichen Ereignis am Anfang ihres Lebens Stellung beziehen. An ihren unmittelbaren Reaktionen zeigte sich dann auch, dass die Frage gut »funktionierte«. Die weibliche Interviewee antwortete nach vier Sekunden Nachdenken – eine relativ lange Pause für den Anfang eines Interviews und ein deutlicher Indikator dafür, dass die Initialfrage nicht einfach zu beantworten ist, weil damit alle entbehrlichen Antwortrahmungen, auf die hätte ausgewichen werden können, von vornherein ausgeräumt werden und die Befragten, wie bereits erläutert, gezwungen waren, sofort Stellung zum Problem ihrer zu frühen Geburt zu beziehen:

I: Soo, ähm, mich interessiert, was es für Ihr Leben heute bedeutet, dass Sie zu früh geboren sind.
Y: (4 sec) Ehrlich gesagt eigentlich – gar nichts.

Der männliche Interviewee, der nicht muttersprachlich deutsch ist, brauchte nach einer kurzen Nachfrage noch drei Sekunden, bis er antwortete:

J: Was »heute« *bedeutet?*
I: Ja.
J: [...] Ja, bedeutet äh, zu sagen, wie ich fühl‹ mich wie ganz jeder normale Geborene, oder? [...]
(I = Interviewerin; Y und J = Interviewees)

Auf eine noch so kurze Analyse dieser Sequenzen muss an dieser Stelle verzichtet werden. Es soll hier nur angeführt werden, dass – was sich in der detaillierten Sequenzanalyse zu einem überraschend frühen Zeitpunkt herausschälte – von Frühgeburtlichkeit und den damit assoziierten Affekten, Vorstellungen und Sinneseindrücken, entgegen dem, was von den Interviewees intendiert wird, zu sagen, eine traumatisierende Wirkung ausgeht, die abgewehrt werden muss. Dieses Ergebnis ist brisant, weil in den verschiedenen Konzepten der Psychotraumatologie – seien sie psychoanalytischer Provenienz oder mögen sie der akademischen Psychologie entstammen – einer zu frühen Geburt bislang kein eigener Stellenwert eingeräumt wird. Frühgeburtlichkeit als mögliche Form früher Traumatisierung taucht in der einschlägigen Literatur als psychisch wirksames Trauma nicht auf (vgl. Schlick, 2008, 101–107).

Ein weiterer Gesichtspunkt, der für eine zugespitzte Initialfrage spricht, ist, dass es später im Interview unter Umständen schwierig gewesen wäre, noch einmal auf diese Frage zu kommen, weil dann möglicherweise schon viel »Biografisches« erzählt worden wäre und die Frage deshalb künstlich gewirkt hätte oder vielleicht so aufgefasst worden wäre, dass nun ein Resümee der biografischen Erzählung von den Interviewees gewünscht würde, was mit Bezug auf die Fragestellung wenig aufschlussreich gewesen wäre. Die Eingangsfrage ist außerdem sehr offen gehalten, so dass ein weiter Horizont an Antwort-Optionen für die Befragten eröffnet wird. Da zwar beide Interviewees spontan einwilligten, an dem Interview teilzunehmen, gleichzeitig jedoch bekundeten, dass sie eigentlich nicht viel zu dem Thema »Frühgeburt« sagen könnten, stand – wie weiter oben bereits allgemein ausgeführt – außerdem zu befürchten, dass das Gespräch nur sehr schleppend in Gang kommen würde: Mit einer zündenden Initialfrage, so die Überlegung, würde das vielleicht vermieden werden.

Abschließend noch eine Bemerkung zur suggestiven Einkleidung der vorgestellten Eingangsfrage. Die Frage ist suggestiv, insofern sie unterstellt, dass für die Betroffenen ihre zu frühe Geburt bedeutsam ist. Im Gegensatz zu einer standardisierten Befragung stellen Suggestivfragen bei nichtstandardisiert vorgehenden Untersuchungsverfahren jedoch kein Problem dar, weil hier zum einen die Suggestivität der Frage mitbedacht wird und zum anderen die Antworten der Befragten nicht wie bei einer standardisierten Erhebung vorab operationalisiert wurden, so dass sie später nicht mehr interpretiert werden können, sondern der methodische Zugriff über ein wortlautgetreues, wirklichkeitsadäquates »natürliches« Protokoll erfolgt, in dem sich die Motivierung einer Äußerung bzw. Ausdrucksgestalt jederzeit als durch eine angebbare Sequenzialität sinnlogisch entstanden entschlüsseln lässt.

Literatur

Freud, S. (1915e). Das Unbewußte. *Gesammelte Werke X*, 264–303.

Hildenbrand, B. & Peter, C. (2002). Familiengeschichtliche Gespräche zur Rekonstruktion der Entwicklungsdynamik von Krankheiten. In D. Schaeffer, G. Müller-Mundt (Hrsg.), *Qualitative Gesundheits- und Pflegeforschung* (247–267). Bern: Hans Huber.

Leber, M. & Oevermann, U. (1994). Möglichkeiten der Therapieverlaufsanalyse in der objektiven Hermeneutik. Eine exemplarische Analyse der ersten Minuten einer Fokaltherapie aus der Ulmer Textbank »Der Student«. In D. Garz & K. Kraimer (Hrsg.), *Die Welt als Text. Theorie, Kritik und Praxis der objektiven Hermeneutik* (383–427). Frankfurt am Main: Suhrkamp.

Loch, U. & Rosenthal, G. (2002). Das narrative Interview. In: D. Schaeffer & G. Müller-Mundt (Hrsg.), *Qualitative Gesundheits- und Pflegeforschung* (247–267). Bern: Hans Huber.

Oevermann, U. (1972). Rollenstruktur der Familie und ihre Implikationen für die kognitive Entwicklung von Kindern. In: S. György (Hrsg.), *Privilegierung und Nichtprivilegierung im Bildungssystem* (64–89). München: Nymphenburger Verlagshandlung.

Oevermann, U. (1981). Fallrekonstruktionen und Strukturgeneralisierung als Beitrag der objektiven Hermeneutik zur soziologisch-strukturtheoretischen Analyse. (http://www.agoh.de/cms/de/downloads/uebersicht/func-startdown/39/), Zugriff am 30.4.2012.

Oevermann, U. (1988). Eine exemplarische Fallrekonstruktion zum Typus versozialwissenschaftlichter Identitätsformation. In: H.-G. Brose & B. Hildenbrand (Hrsg.), *Vom Ende des Individuums zur Individualität ohne Ende* (243–286). Opladen: Leske + Budrich.

Oevermann, U. (1993). Die objektive Hermeneutik als unverzichtbare methodologische Grundlage für die Analyse von Subjektivität. Zugleich eine Kritik der Tiefenhermeneutik. In: T. Jung & S. Müller-Doohm (Hrsg.), *»Wirklichkeit« im Deutungsprozess: Verstehen und Methoden in den Kultur- und Sozialwissenschaften* (106–189). Frankfurt am Main: Suhrkamp.

Oevermann, U. (2000). Die Methode der Fallrekonstruktion in der Grundlagenforschung sowie der klinischen und pädagogischen Praxis. In: K. Kraimer (Hrsg.), *Die Fallrekonstruktion* (58–153). Frankfurt am Main: Suhrkamp.

Oevermann, U. (2001). Die Struktur sozialer Deutungsmuster – Versuch einer Aktualisierung. *sozialersinn*, *1*, 35–81.

Oevermann, U. (2002). Klinische Soziologie auf der Basis der Methodologie der objektiven Hermeneutik – Manifest der objektiv hermeneutischen Sozialforschung. (http://publikationen.ub.uni-frankfurt.de/volltexte/2005/540/pdf/ManifestWord.pdf), Zugriff am 30.04.2012.

Oevermann, U. (2004). Die elementare Problematik der Datenlage in der quantifizierenden Bildungs- und Sozialforschung. *sozialersinn, 3*, 413–476.

Oevermann, U. (2007). Implizite objektive Hermeneutik in der Hysterieanalyse als Paradigma für Freuds Übergang von der Neurologie zur Psychoanalyse. Zugleich ein professionalisierungsgeschichtlicher Befund. *sozialersinn*, 2, 305–332.

Polanyi, M. (1958). *Personal Knowledge. Towards a post-critical philosophie.* London: Routledge & Kegan Paul.

Przyborski, A. & Wohlrab-Sahr, M. (2010). *Qualitative Sozialforschung. Ein Arbeitsbuch.* (3., korr. Aufl.). München: Oldenbourg Wissenschaftverlag.

Schlick, B. (2008). *Frühe Habitusbildungen im Kontext von Frühgeburtlichkeit: Erkundungen auf der Basis von zwei Fallanalysen.* Unveröffentlichte Magisterarbeit, Fachbereich Erziehungswissenschaften, Goethe-Universität, Frankfurt am Main.

Weber, M. (1980 [1921]). Soziologische Grundbegriffe. In: ders., *Wirtschaft und Gesellschaft. Grundriß der verstehenden Soziologie* (1–30) (5., rev. Aufl.). Studienausg. Tübingen: Mohr.

Wernet, A. (2000). *Einführung in die Interpretationstechnik der Objektiven Hermeneutik.* Opladen: Leske + Budrich.

Zehentreiter, F. (2001). Systematische Einführung. Die Autonomie der Kultur in Ulrich Oevermanns Modell einer Erfahrungswissenschaft der sinnstrukturierten Welt. In: R. Burkholz, C. Gärtner & F. Zehentreiter (Hrsg.), *Materialität des Geistes: Zur Sache Kultur – im Diskurs mit Ulrich Oevermann* (11–104). Weilerswist: Velbrück Wissenschaft.

Die Heidelberger Struktur-Lege-Technik (SLT) zur Rekonstruktion von Subjektiven Theorien von Menschen mit intellektueller Behinderung

Thorsten Giese

1 Einleitung

Die folgenden Ausführungen stellen die Rekonstruktion von Subjektiven Theorien mittels der Heidelberger Struktur-Lege-Technik (SLT) vor und bewerten diese. Letzteres soll eine Entscheidungshilfe geben, welche Forschungsfragen sinnvollerweise mit der Methode untersucht werden können. Dazu wird zunächst geklärt, was Struktur-Lege-Verfahren im Allgemeinen sind und welche Besonderheiten für die SLT gelten. Darüber hinaus wird eine kurze Begriffsanalyse zu Subjektiven Theorien eingeschoben, um eine einheitliche Verständnisentwicklung zu ermöglichen. Am Beispiel der Rekonstruktion subjektiver Autobiografie-Theorien von Erwachsenen mit intellektueller Behinderung wird die Anwendung der Methode in einem sonderpädagogischen Forschungsfeld illustriert.

2 Was sind Struktur-Lege-Verfahren?

»Struktur-Lege-Verfahren sind ein methodisches Mittel, um Subjektive Theorien im Rahmen einer dialogischen Hermeneutik zu rekonstruieren und darzustellen« (Dann, 1992, 2). Ziel ist die »verstehende Beschreibung« (ebd.) von Handlungen und/oder Sachverhalten aus Sicht des Subjekts. Dialog-hermeneutische Verfahren greifen »auf die sinngebende Interpretation des Akteurs« (ebd.) zurück, indem ein Dialog zwischen Untersuchtem (Versuchspartner) und Forscher (Versuchsleiter) stattfindet, der zu einem Konsens darüber führt, ob die Handlungen bzw. Sachverhalte auch angemessen verstanden worden sind (kommunikative Validierung).

> »Struktur-Lege-Verfahren sind grafische Verfahren, mit deren Hilfe Schaubilder der Subjektiven Theorien erstellt werden. Diese Schaubilder oder Strukturabbildungen bestehen zum einen aus inhaltlichen Konzepten und zum anderen aus formalen Relationen, mit denen die Konzepte verknüpft werden.« (ebd., 3)

Die bildhafte Darstellung kann dabei mehrere Aufgaben erfüllen. Diese reichen »von der Veranschaulichung und Präzisierung der Struktur bis hin zur Unterstützung einer Modifikation von Handlungen und zur Evaluation von Modifikationsverfahren« (ebd., 2). Demnach ist es sinnvoll, Struktur-Lege-Verfahren immer auf den jeweiligen Untersuchungsbereich und die dazugehörige Fragestellung abzustimmen. Darüber hinaus ist zu beachten, dass der Versuchspartner mit dem entwickelten Struktur-Lege-Verfahren umgehen kann, was bedeutet, dass der Versuchspartner bei geeigneter Hilfestellung selbst in der Lage ist, seine Subjektive Theorie angemessen darzustellen. Ist dies nicht der Fall, kann das dialog-konsenstheoretische Wahrheitskriterium (kommunikative Validierung) nicht ausreichend erfüllt werden. Daraus ergibt sich, dass eine Vielzahl von Struktur-Lege-Verfahren entstehen müssen, um den jeweiligen Untersuchungsbedingungen gerecht zu werden (vgl. ebd., 7). Dabei ist es nicht immer notwendig, vollkommen neue Verfahren zu entwickeln. Oft ist es aufgrund der schon erzielten Ergebnisse mit bekannten Verfahren ausreichend, diese nur zu variieren bzw. zu adaptieren.

3 Was sind Subjektive Theorien?

Im Mittelpunkt aller Subjektiven Theorien »steht das Subjekt, seine Sichtweisen, lebensgeschichtlichen (Leidens-)Erfahrungen, Weltbilder und Handlungsmöglichkeiten. Dabei wird Subjektivität in ihrer Vielfältigkeit und Widersprüchlichkeit anerkannt« (Steinke, 1998, 122).

Entscheidend für den Begriff der »Subjektiven Theorie« sind nicht die einzelnen internalen Variablen (Kognitionen) des Subjekts oder die Netze dieser Kognitionen (Aggregate), wie beispielsweise die Aneignung von Begriffen oder Konzepten, sondern deren argumentative Verbindung. Es geht nicht um die Erweiterung der Komplexität der Kognitionen zu Konstrukten wie Skripten, Schemata oder Frames, wie sie in der Kognitionspsychologie Gegenstand sind, sondern um die verbindenden Merkmale dieser Konstrukte zu einem Gesamtbild (vgl. Scheele & Groeben, 1988; Groeben, Wahl, Schlee & Scheele, 1988). Subjektive Theorien sind demnach als komplexe Sinn- und Bedeutungssysteme (Kognitionsaggregate) von Alltagsmenschen[1] zu verstehen, »mit denen diese sich eigenes und fremdes Handeln sowie Sachverhalte in der Welt verstehbar machen« (Obliers, Bitter, Kaerger, Bischofs & Köhle, 1998, 154). Dieses Verständnis der Welt ist jedoch, wie im Anfangszitat angesprochen, durch Gegensätzlichkeiten und Ambivalenzen gekennzeichnet (vgl. Krech, 1996).

Begrifflich sollen Subjektive Theorien als Antonym zu objektiven Theorien verstanden werden, wobei unter objektiven Theorien hier wissenschaftliche Theorien gemeint sind. Beiden gemeinsam ist die Erfüllung ähnlicher Funktionen, denn sie tragen zu Prognosen und Veränderungen von Handlungen und Sachverhalten bei (vgl. Obliers et al., 1998). Der wesentliche Unterschied be-

1 Alltagsmensch ist hier als Antonym zum Wissenschaftler zu verstehen.

steht in der Urheberschaft. Während der Alltagsmensch die Subjektive Theorie prägt, werden wissenschaftliche Theorien (objektive Theorien) von Wissenschaftlern kreiert (vgl. Dann, 1982). Dabei ist klar, dass die Subjektiven Theorien meist nicht explizit vorliegen bzw. verbalisiert werden können, wie es bei wissenschaftlichen Theorien üblich ist, sondern erst rekonstruiert werden müssen (vgl. Lippens, 1996). Dies schließt nicht aus, dass die Entstehung von Subjektiven Theorien auch bewusst erfolgen kann (vgl. Heynen, 2000; Flick, 1991). Bereits hier sei der Hinweis erlaubt, dass die Rekonstruktionen, die mit Hilfe der Heidelberger Struktur-Lege-Technik erstellt werden, nicht als Abbilder Subjektiver Theorien verstanden werden, sondern vielmehr als eine Nachbildung unter den Einflüssen des Hier und Jetzt der Erstellung bzw. Erhebung.

Die funktionale Übereinstimmung zwischen Subjektiven Theorien und Wissenschaftstheorien bedingt eine Vergleichbarkeit der Menschenbilder: »Das bedeutet, daß auch für das Subjektmodell über den Menschen als Erkenntnisgegenstand strukturell die gleichen Merkmale angesetzt werden, wie sie dem Wissenschaftler in seinem Selbstbild selbstverständlich sind« (Scheele & Groeben, 1988, 3), und diese zentralen Merkmale sind: »Sprach- und Kommunikationskompetenz, Reflexivität, potenzielle Rationalität sowie Handlungsfähigkeit« (ebd. [Hervorhebung i. O.], 4). Diese konstituierende Voraussetzung von subjektiven Theoretikern ist eine zentrale Frage für die Anwendung der Methode der SLT bei Menschen mit intellektueller Behinderung, die nachfolgend beispielhaft erläutert wird. Denn es stellt sich die Frage, ob Menschen mit intellektueller Behinderung als subjektive Theoretiker definiert werden dürfen.

Die bisher dargestellte Begriffsexplikation ist folglich der Versuch von Wissenschaftlern, eine objektive (wissenschaftliche) Theorie über Subjektive Theorien aufzustellen, und wird als die »weite Fassung« des Konstrukts Subjektive Theorie aufgefasst (vgl. Groeben et al., 1988). Sie bildet die Grundlage für die meisten Untersuchungen zu Subjektiven Theorien und deren Phänomene (vgl. Heynen, 2000; Kapp, 2002; Leidner, 2001; Kühnl, 2000; Krech, 1996; Plattner, 1988; Lorey, 2000). Dennoch werden in diesem Zusammenhang durch die Verwendung scheinbarer Synonyme wie »Laientheorie«, »Alltagstheorie«, »Naive Verhaltenstheorie« oder »Implizite Persönlichkeitstheorie« Missverständnisse erzeugt (vgl. Krech, 1996; Dann, 1982). Zum Beispiel zählt Laucken ausdrücklich die letzten beiden Begriffe nicht zu der weiten Definition des Konstrukts der Subjektiven Theorien, weil er die »Implizite Persönlichkeitstheorie« und die »Naive Verhaltenstheorie« als transsubjektiv bezeichnet und demnach als vom Subjekt »getrennt« definiert (vgl. Laucken, 1987). Dagegen sehen Groeben und Wahl die »Implizite Persönlichkeitstheorie« durchaus als Teil der weiten Fassung ihres Forschungsprogramms Subjektiver Theorien (FST) (vgl. Groeben et al., 1988).[2]

2 Zudem muss man das vor allem im deutschen Sprachraum verbreitete Forschungsfeld der Subjektiven Theorien von denen der Sozialen Repräsentation (französisch) und der Folkmodels (angelsächsisch) unterscheiden. Beide Begriffe stellen eher die gruppencharakteristischen Merkmale der Subjektiven Theorien in den Vordergrund, da angenommen wird, dass diese von einer sozialen Einheit geteilt werden (vgl. Flick, 1991).

Die Beschreibung einer »weiten« Definition eines Begriffs lässt den Schluss zu, dass auch eine »enge« Version vorliegt. Diese »enge« bzw. »starke« Variante schließt die oben beschriebene »weite« Definition mit ein und nimmt in der sozialpsychologischen Forschung deshalb eine besondere Rolle ein, weil sie nicht nur inhaltliche Aussagen über aktuelle Forschungsgegenstände trifft, sondern gleichzeitig ein methodisches Forschungsprogramm darstellt (vgl. Groeben et al., 1988; Steinke, 1998). Während die weite Variante des Konzepts sich auf Merkmale der Kognitionsaggregate beschränkt und davon ausgeht, dass man diese auf unterschiedlichste Weise (Interviews, Fragebogen und Tests) erheben kann, führt die enge Variante zwei zusätzliche Merkmale ein, die dann das methodische Vorgehen vorgeben. Diese sind:

1. Subjektive Theorien sind »im Dialog-Konsens aktualisier- und rekonstruierbar« (Groeben et al., 1988, 22).
2. Es ist zu überprüfen, ob die jeweilige Subjektive Theorie als objektive, also wissenschaftliche Erkenntnis akzeptierbar ist (vgl. Steinke, 1998; Stössel & Scheele, 1992).

Das so dem Forschungsprogramm Subjektiver Theorien (FST) implizite methodische Vorgehen erfolgt immer in zwei Phasen. Die erste Phase beinhaltet die Rekonstruktion der subjektiven Selbstsicht des Handelnden (»Innen«-Sicht), indem eine Subjektive Theorie mit Hilfe eines Struktur-Lege-Verfahrens erstellt wird. Die Gültigkeit der so entwickelten Subjektiven Theorie wird durch den Konsens per Dialog zwischen Versuchspartner und Versuchsleiter überprüft (kommunikative Validierung; vgl. Steinke, 1998; Barthels, 1991; Dann, 1992; Stössel & Scheele, 1992). In der zweiten Phase geht man der Frage nach, »inwieweit die so verstandenen Subjektiven Theorien des Alltagsmenschen auch sein eigenes Handeln faktisch leiten oder eher autohypnotische Plausibilitäten konstruieren« (vgl. Obliers et al., 1998, 155; explanative Validierung).

In Anlehnung an wissenschaftliche Theorien kann man Subjektive Theorien ebenfalls nach ihrer Reichweite klassifizieren (vgl. Dann, 1992). »Die Reichweite einer Theorie ist um so größer, je breiter der von ihr abgedeckte Gegenstandsbereich und je größer die Anzahl ihrer Erklärungsschritte ist, und umgekehrt« (ebd., 8). Für Subjektive Theorien mittlerer Reichweite gilt, dass sie nicht nur aus Ursache-Wirkungs-Paaren besteht, sondern vielmehr eine Kette bzw. eine Matrix von Zusammenhängen darzustellen versucht. Dementsprechend kann diesen Subjektiven Theorien »nicht von vornherein das Charakteristikum der (theoretischen) Kohärenz unterstellt werden« (Scheele & Groeben, 1988, 35), vielmehr ist »mit der Möglichkeit von Brüchen innerhalb einer solchen Subjektiven Theorie, mit Widersprüchen, dem Auseinanderfallen in Teiltheorien etc. zu rechnen« (ebd., 35)

Subjektive Autobiografie-Theorien, an denen die beschriebene Methode der SLT später beispielhaft angewendet wird, haben aufgrund der zusätzlichen Ebene des autobiografischen Kontextes im Zusammenhang eines Gegenstandsbereiches mindestens mittlere Reichweite (vgl. Obliers et al., 1998; Obliers & Vogel, 1992; Scheele & Groeben, 1988).

4 Die Heidelberger Struktur-Lege-Technik (SLT)

4.1 Zur Entwicklungsgeschichte der SLT

Die erste Fassung der SLT erschien 1979 als Bericht Nr. 18 des Heidelberger Instituts für Psychologie (vgl. ebd., 1988). Die Autoren Brigitte Scheele und Norbert Groeben »haben das Verfahren wissenschaftstheoretisch und methodologisch ausführlich im Rahmen des Forschungsprogramms Subjektive Theorien begründet« (Dann, 1992, 13). Das Forschungsprogramm Subjektive Theorien (FST) impliziert das bereits erwähnte zweiphasige methodische Vorgehen. Die SLT ist für die erste Phase der Rekonstruktion Subjektiver Theorien entwickelt worden und gilt als »das historisch erste Verfahren, das explizit als Dialog-Konsens-Methode im Rahmen der dialogischen Hermeneutik« (ebd.) entstanden ist. Daraus ergab sich eine historische »Vorreiter-Rolle« (Burgert, 1992, 132), die dazu führte, dass die SLT zunächst mit der »Dialog-Konsens-Methodik überhaupt gleichgesetzt« (Scheele & Groeben, 1988, VII) wurde. Diese »kurzschlüssige Identifizierung eines Verfahrens mit dem gesamten Methodik-Ansatz« (ebd.) war nicht im Sinne der Autoren, denn diese hatten immer wieder dargestellt, dass die SLT nur als ein mögliches Beispiel für das methodische Vorgehen angesehen werden darf, und gleichzeitig die Entwicklung von weiteren Verfahren gefordert (vgl. ebd.; Dann, 1992).

Aufgrund der vielfältigen Untersuchungsbereiche innerhalb des FST entstanden in der Folgezeit weitere Struktur-Lege-Verfahren (MEAP, WAL, ILKHA oder ZMA). Darüber hinaus wurde die SLT nicht zuletzt wegen ihres hohen Bekanntheitsgrades und der damit verbundenen häufigen Anwendung ebenfalls weiterentwickelt. Die SLT stellt daher den »methodischen Ansatz dar, zu dem am meisten Adaptationen und Modifikationen vorliegen« (Burgert, 1992, 132).

4.2 Das Regelsystem

Die SLT ist für Subjektive Theorien mittlerer Reichweite entwickelt worden und besteht zum einen aus einem halbstandardisiertem Interview und zum anderen aus einem Legeverfahren. Während das Interview den inhaltlichen Aspekt der Subjektiven Theorie mit ihren zentralen Begriffen erfassen soll, dient die anschließende Legetechnik der Darstellung der Struktur. Die vernetzenden Relationen sind durch den Leitfaden zur Struktur-Lege-Technik, der dem Versuchspartner ausgehändigt wird, definiert (vgl. Obliers & Vogel, 1992; Scheele & Groeben, 1988).

4.3 Das halbstandardisierte Interview (Explikation von Inhalten)

Für die inhaltliche Explikation Subjektiver Theorien mittlerer Reichweite wird von Scheele und Groeben ein halbstandardisiertes Interview vorgeschlagen. Sie setzen mit ihrem Interview-Leitfaden nicht unmittelbar an eigenen Handlungen an, sondern thematisieren Erklärungskonzepte genereller Art. Das Interview besteht aus hypothesen-ungerichteten Fragen, hypothesen-gerichteten Fragen und aus Stör-Fragen. Da nicht jedem Interviewten die Fragen in gleicher Form gestellt werden können, handelt es sich um ein halbstandardisiertes Interview. Beispielsweise werden Fragen gegebenenfalls alternativ gestellt, je nachdem wie der Versuchspartner zuvor die Fragen beantwortet hat. Inhalte Subjektiver Theorien geringerer bzw. größerer Reichweite können auch mit anderen Interviewtechniken effektiv erfasst werden, wenn sie vermeiden, gleichzeitig Theorie-Strukturen zu erheben (vgl. Scheele & Groeben, 1988). Die hypothesen-ungerichteten Fragen »sind Fragen, die völlig offen nach Definitionen, Erklärungsvariablen, Wirkungen etc. fragen« (ebd., 36).[3] Die hypothesen-gerichteten Fragen thematisieren die zum Gegenstandsbereich adäquaten objektiven Theorien, die der Interviewte dann »völlig frei« (ebd., 36) annehmen oder ablehnen kann, »je nachdem, ob sie seiner Subjektiven Theorie entsprechen oder nicht« (ebd., 36).[4] Stör-Fragen sollen dem Versuchspartner Alternativhypothesen anbieten, die dazu auffordern, seine eigenen Thesen zu konkretisieren. »Damit wächst nicht nur die Explizitheit der subjektiven Hypothesen, sondern potentiell auch deren Kohärenz« (ebd., 37).[5] Zu jeder der genannten Fragekategorien dürfen Beispiele herangezogen werden, die sowohl eigene des Versuchspartners als auch vom Interviewer eingeführte sein können. Bevor der Forscher vorbereitete Beispiele in das Interview einbringt, sollte der Versuchspartner nach eigenen Beispielen gefragt werden (vgl. ebd.).

4.4 Die Struktur-Lege-Technik (Explikation von Struktur)

Aus der Vergleichbarkeit wissenschaftlicher Theorien und Subjektiver Theorien folgt, dass von einer Subjektiven Theorie faktisch erst dann gesprochen werden kann, wenn der Versuchspartner selbst in der Lage ist, die Struktur seiner Subjektiven Theorie zu rekonstruieren. Mit Hilfe des Leitfadens zur Struktur-Lege-Technik soll dies jedem Versuchspartner ermöglicht werden. So wie schon der

3 Als Beispiele können die Fragen aus dem Interview-Leitfaden zur Erhebung Subjektiver Theorien über Ironie von Scheele und Groeben dienen. Offene, hypothesen-ungerichtete Fragen sind unter anderem: »Können Sie auf Anhieb sagen, was Sie unter Ironie verstehen? Was Ironie im Unterschied zu Witz, Sarkasmus, Zynismus ist?« (ebd., 37), »Können Sie vielleicht jetzt schon sagen, was das Zentrale, Ausschlaggebende (Merkmal) bei Ironie ist?« (ebd., 38). Ist es dem Interviewten nicht möglich, unmittelbar auf solche offenen, hypothesen-ungerichteten Fragen zu antworten, »so sollte er dies ohne Schwierigkeiten sagen können« (ebd., 36). Unter Zuhilfenahme von Beispielen und hypothesen-gerichteten Fragen werden dem Interviewten Anregungen geboten, die dann die Einholung seiner Wissensinhalte erleichtern (vgl. ebd.).

4 Ein passendes Beispiel aus dem Interview-Leitfaden zur Erhebung Subjektiver Theorien über Ironie wäre: »In Kreuzworträtseln wird meistens als Definition für Ironie ›versteckter‹ Spott angegeben; würden Sie dem zustimmen?« (ebd., 38).

5 Ein geeignetes Beispiel wäre: »Aber ist es nicht so, daß man mit Ironie immer jemanden angreift? Man kann doch z. B. durch Ironie nicht loben, sondern nur tadeln?« (ebd., 39).

halbstandardisierte Interview-Leitfaden von Scheele und Groeben hohe Anforderungen an den Versuchspartner bezüglich der teils konfrontativen Fragetechnik und der zeitlichen Dauer stellt, so gilt dies für den Leitfaden zur Struktur-Lege-Technik bezüglich der Anzahl und der Verständlichkeit der Relationen (vgl. Dann, 1992; Scheele & Groeben, 1988). Scheele und Groeben tragen diesem hohen Anspruch in ihrem Interview-Leitfaden insofern Rechnung, dass sie den Versuchspartner vor und auch während des Interviews über die Art der Befragung und deren Absicht aufklären. In Bezug auf die Explikation der Struktur weisen die Autoren ebenfalls darauf hin, den Versuchspartner dahingehend aufzuklären, dass nicht alle vereinbarten Relationen in jeder Subjektiven Theorie vorkommen, sondern meist nur ein Teil davon. Gleichzeitig ist aber zu verdeutlichen, dass nur die Kenntnis aller vereinbarten Relationen dazu führen kann, eine annähernd gleich gute Beherrschung der Rekonstruktionsmethode von Alltagstheoretiker und Wissenschaftler zu erreichen. Dieses wiederum ist die Voraussetzung für einen gleichberechtigten Einigungsprozess. Sollte der Versuchspartner Verständnisschwierigkeiten haben, können diese auch am Anfang der Rekonstruktionssitzung geklärt werden. In der Praxis hat sich gezeigt, dass sich bei wissenschaftlich ungeübten Versuchspartnern eine eingeschobene Übungsphase als sinnvoll erweist, was bereits als eine Adaptation bezüglich des Ablaufes aufzufassen ist (vgl. ebd.; Dann, 1992).

4.5 Der Verlauf der Rekonstruktionsphase

Nach der Durchführung des Interviews wird dem Versuchspartner der Leitfaden zur Struktur-Lege-Technik ausgehändigt mit dem Auftrag, diesen bis zur Rekonstruktionssitzung durchzuarbeiten. In dieser Zeit zwischen der Interviewsitzung und der Rekonstruktionssitzung fertigt der Versuchsleiter anhand des Interviews die Konzeptkärtchen an und erstellt zusammen mit den Relationskärtchen eine Theoriestruktur. In der Rekonstruktionssitzung entscheidet der Versuchspartner zunächst, ob die vom Versuchsleiter angefertigten Konzeptkärtchen die extrahierten Inhalte des Interviews angemessen wiedergeben. Im Einzelfall bedeutet das, dass er Kärtchen weglegen lässt und/oder den Versuchsleiter auffordert, weitere anzufertigen. Dieser Prozess endet, wenn der Versuchspartner der Meinung ist, dass die Ergebnisse des Interviews durch den Konzeptkärtchen-Pool adäquat wiedergegeben werden. Anschließend beginnt der Versuchspartner mit den Relationskärtchen und dem »neuen« Pool an Konzeptkärtchen das Legen seiner Theorie-Struktur. Am Ende wird diese gelegte Struktur mit der auf einer Zeichnung oder einem Foto festgehaltenen Struktur des Versuchsleiters verglichen. Der Versuchspartner entscheidet dann im Dialog mit dem Versuchsleiter, an welchen Stellen er seine Theoriestruktur ändert bzw. ob er aus beiden Strukturen eine neue integrierende Struktur legt (vgl. Scheele & Groeben, 1988).

5 Adaptionen und Modifikationen der SLT

Wie Steinke beschreibt, steht das Subjekt im Mittelpunkt der Subjektiven Theorien. Diesen Gedanken weiter verfolgend, steht das Subjekt bzw. der Versuchspartner (Vpt) auch in der Rekonstruktionsphase seiner Subjektiven Theorie im Mittelpunkt. Daraus wiederum folgt, dass die Persönlichkeitsmerkmale des Versuchspartners eine entscheidende Rolle für die Realitätsadäquanz der rekonstruierten Subjektiven Theorie spielen. Dabei sind nicht nur die grundsätzlichen Persönlichkeitsmerkmale, die aufgrund der bereits erwähnten Parallelität der Menschenbilder eine Rolle spielen, von Bedeutung, sondern auch situationsabhängige, wie z. B. Motivation, Selbstdarstellungsängste oder unterschiedliche Vorkenntnisse und Vertrautheit mit Wissenschaftsstrukturen (vgl. Burgert, 1992). »Da nun die Abhängigkeit Subjektiver Theorien von solchen Vpt-Merkmalen prinzipiell nicht eliminierbar ist, bleibt als konstruktive Alternative, (mehr oder weniger spezifische) Adaptationen der vorliegenden Verfahren zu entwickeln« (ebd., 131). Weniger radikale Adaptationen verändern den Ablauf des Verfahrens und/oder die Beispielgebung der einzelnen Relationen. Radikalere Varianten verändern die Anzahl der Relationen und/oder deren Darstellung. Dies steht nicht, wie bereits dargelegt, im Widerspruch zu den Autoren der Heidelberger Struktur-Lege-Technik, vielmehr sind einige der Adaptationen von ihnen selbst entwickelt worden (vgl. Scheele, Groeben & Christmann, 1992).

5.1 Adaptionen bezüglich des Ablaufs

Der von Scheele und Groeben vorgeschlagene Ablauf zur Erhebung von Subjektiven Theorien stellt teilweise sehr hohe Anforderungen an die Versuchspartner. Zum einen betrifft dies den zeitlichen Aufwand der Erhebung und zum anderen die Schwierigkeit des Erlernens der SLT-Relationen (vgl. Scheele & Groeben, 1988; Burgert, 1992). Letzteres beeinflusst die aktive und kompetente Mitgestaltung beim Legen der Subjektiven Theorien, die als Voraussetzung für eine gelungene kommunikative Validierung gilt.

Für Adaptationen bezüglich des Ablaufes spielt die Kompetenz der Versuchspartner insofern eine Rolle, inwieweit der Versuchsleiter den Ablauf entweder zeitlich straffer gestaltet (bei sehr hoher Kompetenz der Versuchspartner), oder durch geeignete Hilfen, wie beispielsweise Übungsphasen, zeitlich erweitert (vgl. ebd.). Eine weitere Variante ist das Abhalten von Übungssitzungen bzw. das gemeinsame Durcharbeiten der SLT-Relationen zu Beginn der Rekonstruktionssitzungen (vgl. Scheele & Groeben, 1988).

5.2 Adaptionen bezüglich der Beispielgebung

Adaptationen bezüglich der Beispielgebung können unabhängig von der Kompetenz der Versuchspartner zu einem besseren bzw. schnelleren Verständnis der SLT-Relationen führen. Dabei werden entweder die vorhandenen Beispiele von

Scheele und Groeben aus dem Bereich der Lern- bzw. Unterrichtspsychologie durch Beispiele ersetzt, die der Alltagsrealität der Versuchspartner angenähert wird, oder es werden für die einfacheren SLT-Relationen überhaupt erst Beispiele genannt. Bei wissenschaftsungeübten Versuchspartnern haben die Ergebnisse der bisherigen Untersuchungen gezeigt, dass eine Adaptation bezüglich der Beispielgebung schon deshalb vonnöten war, weil sonst aufgrund des mangelnden Verständnisses der SLT-Relationen die kommunikative Validität gefährdet gewesen wäre (vgl. Barthels, 1991; Schmid-Furstoss, 1990). Bei wissenschaftskompetenten Versuchspartnern hat die Adaptation bezüglich der Beispielgebung unter anderem den Vorteil, dass das Erlernen der SLT-Relationen schneller und effektiver erfolgen kann, was neben dem zeitlichen Vorteil auch dazu führen kann, dass sich eine als optimal geltende Kompetenzgleichrangigkeit von Versuchspartner und Versuchsleiter einstellt. Sind die modifizierten Beispiele aus dem Gegenstandsbereich der Untersuchung, muss allerdings darauf geachtet werden, dass der Leitfaden zur SLT erst nach dem Interview übergeben wird, um eine Beeinflussung der Kognitionsinhalte der Versuchspartner zu vermeiden (vgl. Burgert, 1992).

5.3 Adaptionen bezüglich der SLT-Relationen

Wie bereits erwähnt, stellen die in der originalen Fassung von Scheele und Groeben vorgesehenen SLT-Relationen eine große Herausforderung an die meist wissenschaftsungeübten Versuchspartner dar. Ist diese Herausforderung von den Versuchspartnern nicht zu bewältigen, sind neben den bereits erwähnten Adaptationen bezüglich des Ablaufs und der Beispielgebung auch Adaptationen bezüglich der SLT-Relationen legitim (vgl. Scheele et al., 1992). Allerdings entscheidet die Anzahl der Relationen und vor allem die Verwendung der komplizierteren Relationen über die Reichweite der abzubildenden Subjektiven Theorien (vgl. Dann, 1992). Das heißt, die vereinfachenden Adaptationen dürfen »keinesfalls dazu führen, daß das Erkenntnisobjekt in seinen Möglichkeiten zum Kommunizieren, Abbilden, Veranschaulichen etc. seiner Subjektiven Theorien – unnötig – beschränkt wird« (Scheele et al., 1992, 156). Mit diesem Dilemma muss sich jede Adaptation bezüglich der SLT-Relationen auseinandersetzen.

Scheele und Groeben haben zusammen mit Christmann eine »Flexibilisierungsversion der Dialog-Konsens-Methodik« (ebd., 152) entwickelt, die Adaptationen bezüglich der Anzahl und der Darstellung der SLT-Relationen ermöglicht. Damit stellt sie meines Erachtens die radikalste Form der Adaptation bezüglich der SLT-Relationen dar, weil sie nicht nur die Anzahl der SLT-Relationen variiert, sondern auch deren Darstellung modifiziert. Diese radikale Adaptation, wie sie bspw. bei Schmidt-Furstoss angewandt wurde (vgl. Schmid-Furstoss, 1990), geht davon aus, dass die Versuchspartner

> »überhaupt keinen Kontakt mit wissenschaftlichen Theorien bzw. Theoriestrukturen besitzen und auch komprimierend-präzisierende Veranschaulichungsstrukturen, wie sie in den bisherigen Dialog-Konsens-Verfahren zur Abbildung wissenschaftsanalo-

ger Formrelationen gewählt worden sind, nicht oder nur schwer begreifen können« (Scheele et al., 1992, 153).

Nach Meinung von Scheele, Groeben und Christmann stellen Kinder »die prototypische Personenstichprobe für diese Problematik« (ebd., 153) dar. Für die Personenstichprobe der anschließenden Beispiele stellt sich die gleiche Problematik. Dies bezieht sich nicht nur auf das Verständnis der SLT-Relationen, sondern auch auf das implizierte Menschenbild des Forschungsprogramms Subjektiver Theorien, denn Kindern spricht man »vom FST her gleichwohl zumindest rudimentäre Formen subjektiven Theoretisierens« (ebd.) zu.

6 Die Rekonstruktion von subjektiven Autobiografie-Theorien bei Erwachsenen mit intellektueller Behinderung

Die im Folgenden dargestellten Beispiele sind einer noch abzuschließenden Forschungsarbeit entnommen. Der Gegenstand der Arbeit könnte zu der Vermutung veranlassen, dass es sich um einen Pleonasmus handelt, denn Autobiografien sind stets subjektiv. Dem ist zunächst nicht zu widersprechen, und dennoch unterscheidet sich der Untersuchungsgegenstand von einem gewöhnlichen Pleonasmus in dem Sinne, dass er durch die Doppelung eine zusätzliche Information preiszugeben versucht. Die autobiografischen Informationen werden angelehnt an das FST als Subjektive Theorien rekonstruiert. Allgemein betrachtet könnte sich so ein neues Forschungsfeld ergeben, in dem Autobiografien daraufhin untersucht werden, inwieweit sie die Kriterien des Forschungsprogramms Subjektiver Theorien erfüllen oder nicht.[6]

6 Zudem wird der Begriff der »intellektuellen Behinderung« gewählt, da spätestens seit der Umbenennung des ältesten Interessenverbandes »American Association of Mental Retardation« in »American Association on Intellectual and Developmental Disabilities« 2007 die andauernde Schwierigkeit der Definition von »geistiger Behinderung« auch begrifflich eine Weiterentwicklung erfuhr. Auch im deutschsprachigen Raum drückt sich diese neue Begriffssuche beispielsweise darin aus, dass in der diesjährigen (2012) Mitgliederversammlung der »Bundesvereinigung Lebenshilfe für Menschen mit geistiger Behinderung e. V.« ebenfalls nach einem neuen Namen gesucht wird. Die Einführung des Begriffs der »geistigen Behinderung« löste vor über 50 Jahren die Begriffe »Idiotie«, »Schwachsinn«, »Debilität« oder »Oligophrenie« ab und galt dementsprechend als fortschrittlich. Nun erfolgt erneut eine begriffliche Neuausrichtung, die versucht, die zu beschreibenden Gemeinsamkeiten dieser Menschen eher in ihrem Unterstützungsbedarf zu sehen. Insgesamt ist in der Behindertenpädagogik ein Paradigmenwechsel zu konstatieren, der die Forschungen der letzten 20 Jahre beeinflusst, und u. a. nach sich zieht, dass das Bild bzw. der Begriff der geistigen Behinderung nicht mehr defektologisch gesehen wird, sondern dialogisch (vgl. Hinz, 1996; Feuser, 1996).

6.1 Fragestellung

Die gesamte Forschungsarbeit befasst sich mit unterschiedlichen Fragestellungen, die sich zum einen mit der Erweiterung der hier beschriebenen Methode der SLT auf den Personenkreis von Menschen mit intellektueller Behinderung befasst und zum anderen die Ergebnisse der rekonstruierten Autobiografie-Theorien in den Blick nimmt und nach der Bedeutung für (uns) Menschen ohne intellektuelle Behinderung fragt.

6.2 Versuchspartner

Angelehnt an die Definition der *American Association on Intellectual and Developmental Disabilities* (AAIDD, ehemals AAMR) wurden Versuchspartner mit intellektueller Behinderung gefragt, an der Untersuchung teilzunehmen (vgl. AAMR, 2002). Sowohl ihre kognitive Leistungsfähigkeit als auch ihr soziales Anpassungsverhalten wurden überprüft, um eine Zugehörigkeit zum Personenkreis mit intellektueller Behinderung zu dokumentieren. Bei dieser qualitativen Untersuchung wurden insgesamt vier männliche Erwachsene um ihre Mitarbeit gebeten.

Die Auswahl der Versuchspartner scheint zunächst die Anwendung der SLT auszuschließen, denn die für akademische Versuchspartner entwickelte Methode wirkt zu komplex und formuliert zudem hohe Anforderungen an die Versuchspartner sowohl hinsichtlich des zeitlichen Aufwands als auch der Abstraktionsfähigkeit (vgl. Wahl, 1998). Zudem stellt sich die grundsätzliche Frage, ob Menschen mit intellektueller Behinderung überhaupt Subjektive Theorien rekonstruieren können und damit die Grundvoraussetzungen des Menschenbilds des FST erfüllen (Sprach- und Kommunikationskompetenz, Reflexivität, potenzielle Rationalität sowie Handlungsfähigkeit).

Zu Beginn der Forschungen des FST wäre dies wohl eher verneint worden. Durch die Ausweitung der Forschungen auf Personengruppen ohne akademische Bildung, die als wissenschaftlich völlig ungeübt gelten, entwickelte sich jedoch die Ansicht, dass zumindest Kinder durchaus als subjektive Theoretiker bezeichnet werden können (vgl. Barthels, 1992; Schmid-Furstoss, 1990). Und selbst die Autoren des FST bezeichnen Kinder als die »prototypische Personenstichprobe« (Scheele et al., 1992, 153) für wissenschaftsungeübte Versuchspartner. Demnach darf man den Versuchspartnern mit intellektueller Behinderung rudimentäres subjektives Theoretisieren unterstellen, denn zumindest die kognitive Leistungsfähigkeit bei Menschen mit intellektueller Behinderung wird legitimerweise in Altersäquivalenten angegeben und somit mit der kognitiven Leistungsfähigkeit und dem Entwicklungsalter von Kindern verglichen. Zudem steht ihnen im Bereich der Fertigkeiten der Erfahrungsschatz des Erwachsenenalters sozusagen zusätzlich zur Verfügung. Dies bedingt jedoch die Anpassung der Methoden zur Erhebung bzw. Rekonstruktion der Subjektiven Theorien. Ziel einer solchen Anpassung ist die Unterstützung der Einhaltung des Postulats der Strukturparallelität zwischen Versuchsleiter und Versuchsperson. Der Versuchsleiter sollte bezüglich der eingesetzten Methoden, insbesondere der Dialog-Konsens-Validierung möglichst nicht begünstigt sein, was bedeutet, dass Versuchsleiter und Versuchsperson mit gleichen angepassten Mitteln arbeiten sollten.

Interessanterweise gilt die Fähigkeit der Verbalisierung subjektiver Theoretiker nicht als Voraussetzung für die innere Konstruktion von Subjektiven Theorien. Allerdings muss angemerkt werden, dass es hier nicht um die sprachliche Kompetenz geht, sondern beispielsweise um das mangelnde Bewusstsein von Virtuosen des Sports, der Medizin oder der Musik, ihre inneren Repräsentationen verbal darzustellen (vgl. Bromme, 1996). Folgt man nun dennoch dem Gedanken, dass mangelnde Sprachkompetenz ebenfalls nicht oder nur bedingt die Fähigkeit der Konstruktion von Subjektiven Theorien beeinflusst, bedeutet dies, das insbesondere bei der Methodik der Erhebung Subjektiver Theorien von Menschen mit mangelnder Sprachkompetenz (z. B. aufgrund von intellektueller Behinderung) dieser Aspekt besondere Berücksichtigung erfahren sollte. Dies würde zudem die Bedingungen des FST dahingehend neu definieren, dass die Strukturparallelität der subjektiven Theoretiker und der Wissenschaftler nicht eine Sprachkompetenz voraussetzt, sondern »nur« eine potenzielle Kommunikationskompetenz. Diese muss jedoch gegebenenfalls, insbesondere bei Menschen mit intellektueller Behinderung, entdeckt und in eine dem Menschen ohne Behinderung verständliche Art und Weise »transformiert« werden.

Als eine weitere Unterstützung der soeben ausgeführten Begründung, Kinder und Menschen mit intellektueller Behinderung als subjektive Theoretiker zu deuten, ist Kellys »man-the-scientist«-Ansatz zu sehen, der als Modell für das Menschenbild des FST zu sehen ist. Kelly spricht schon 1955 dezidiert von allen Menschen bzw. der Menschheit, wenn er ihr einen Persönlichkeitsanteil ähnlich eines Wissenschaftlers zuspricht (vgl. Kelly, 1986; 1991; Groeben, 1986).

6.3 Adaptionen und Modifikationen

Die Adaptionen und Modifikationen der SLT sind weitreichend. Alle oben benannten Adaptionsmöglichkeiten wurden genutzt. Sowohl der Ablauf als auch die SLT-Relationen sind neu konstruiert, wobei die Relationen nicht in Form eines SLT-Leitfadens den Versuchspartnern ausgehändigt werden. Vielmehr werden die Relationen explizit durch die Übungssitzungen vermittelt. Dies trägt zum einen der Tatsache Rechnung, dass die Versuchspartner anhand eines Leitfadens auf Papier die Relationen nicht erlernen können, und zum anderen, dass über die Regeln des Struktur-Lege-Spiels hinaus auch die Technik geübt wird. Die Versuchspartner sollen die SLT-Bilder nicht anhand von Kärtchen legen, sondern mit Hilfe eines Touchscreens die Struktur der Subjektiven Theorien abbilden.

6.4 Adaptionen bezüglich der SLT-Relationen

Demnach verfolgen die im Folgenden zu beschreibenden Adaptionen bezüglich der Relationen das Ziel, den von Scheele und Groeben erstellten Leitfaden zur Heidelberger Struktur-Lege-Technik zu vereinfachen bzw. ihn an die Versuchspartner und die Untersuchungssituation anzupassen. Bei der Auswahl der Relationen orientiere ich mich an der von Scheele, Groeben und Christmann entwickelten Flexibilisierungsversion (vgl. Scheele et al., 1992, 172ff.). Die Relationen entsprechen den von mir verwendeten Relationen bei der Erhebung der Subjektiven Autobiografie-Theorien bei Erwachsenen mit intellektueller Behinderung. Die dargestellten Wortkärtchen können auch bei nicht ausreichender Lesefertigkeit der Versuchspartner verwendet werden, da die Technik des Touchscreens mit entsprechender Software ermöglicht, dass beim Antippen des Wortkärtchens dieses (wie bei allen Aussagekärtchen auch) vorgelesen wird. Zudem verwende ich in Anlehnung an Brückerhoff für das zentrale Konzept blaue Kärtchen. Alle weiteren Konzepte werden von mir ähnlich wie bei Obliers und Vogel nicht farblich differenziert und sind demnach auf roten Kärtchen abgebildet (vgl. Brückerhoff, 1982; Obliers & Vogel, 1992). Die modifizierten Relationen stellen sich wie folgt dar:

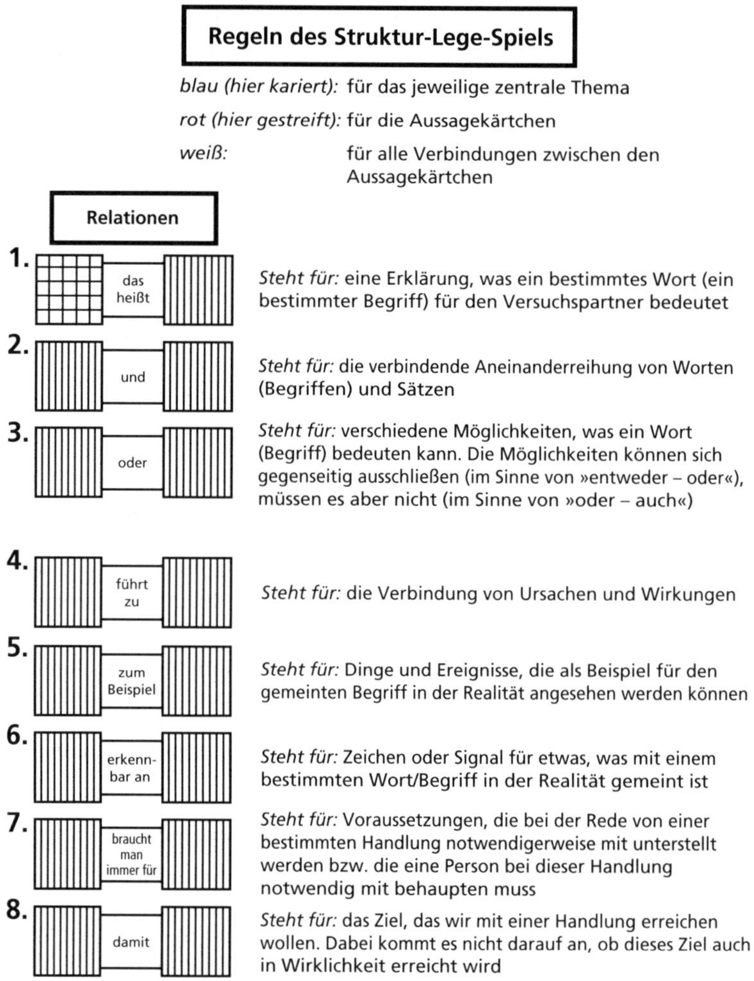

6.5 Adaptionen bezüglich des Ablaufs

Wie bereits erwähnt wurde auf die Ausgabe der SLT-Relationen in Form eines Leitfadens zu Gunsten von Übungssitzungen verzichtet. Allerdings wird der gesamte Ablauf der Erhebung der Subjektiven Autobiografie-Theorien in den Übungssitzungen nachvollzogen. Dies beginnt mit halbstandardisierten Interviews zu den drei Alltagsthemen »Arbeiten«, »Rauchen« und »Zähneputzen«. Die Idee, alltagsrelevante Themen in der Beispielgebung zur Unterstützung des Lernprozesses der Relationen zu verwenden sowie Übungssitzungen in den Ablauf zu integrieren, setzt bereits Barthels um (vgl. Barthels, 1991; Scheele et al., 1992). Nach der Interviewsitzung zu den Alltagsthemen erfolgt in einer weiteren Sitzung dann die Erarbeitung von SLT-Bildern unter Anwendung der Technik und der Relationen. Bereits hier ist es ebenfalls möglich, dem Versuchspartner im Sinne eines Dialog-Konsens Relationen vorzustellen und diese als Alternative zu den vom Versuchspartner verwendeten Relationen zu nennen. Gleichzeitig hat der Versuchspartner die Möglichkeit, selbst Relationen einzubringen. Der gesamte Ablauf der Erhebung, insbesondere die konsensvalidierenden Elemente und der Aufbau von Makro- und Super-SLT-Strukturen orientieren sich an der Untersuchung von Obliers und Vogel (vgl. Obliers & Vogel, 1992).[7]

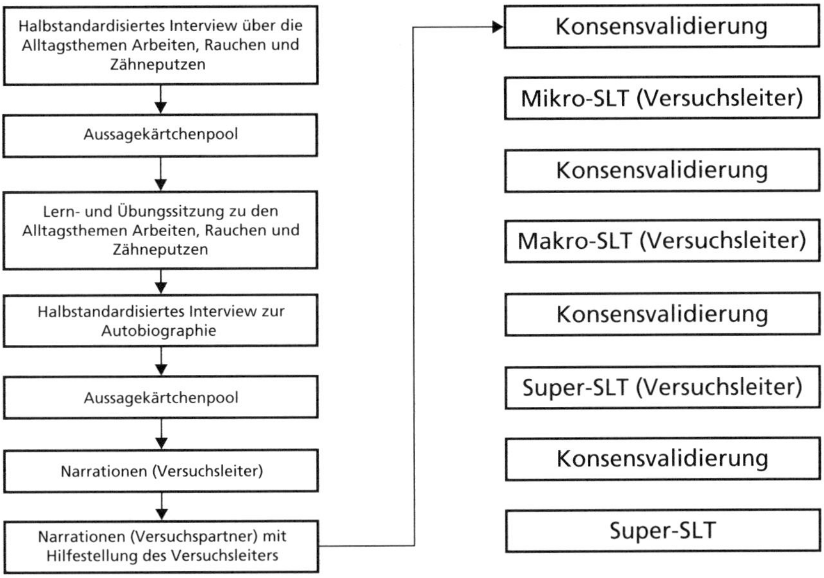

7 Die Bezeichnungen entstammen der Texttheorie und sind im Sinne von Verdichtung und übergreifenden Sinnstrukturen zu verstehen. »Makrostrukturen stellen globalere Inhaltsstrukturen der mikrostrukturellen Bedeutung eines Textes dar, Superstrukturen dagegen das übergreifende Schema der Makrostrukturen mehrerer Texte« (Obliers & Vogel, 1992, 307).

6.6 Ergebnisse

Die nun folgenden beispielhaften Ergebnisse sind, soweit es die Erhebung der Subjektiven Autobiografie-Theorien betrifft, in Anlehnung an das Begriffsverständnis von Obliers und Vogel als Phänomenal-Biografien der Versuchspartner zu verstehen und nicht als deren Realbiografien (vgl. Obliers & Vogel, 1992). Zuerst wird das Ergebnis einer Übungssitzung zum Thema »Zähneputzen« dargestellt (SLT-Bild und Rückverbalisierung). Der Versuchspartner war zum Zeitpunkt der Untersuchung 39 Jahre alt, und ihm wird ein Äquivalenzentwicklungsalter von sechs Jahren zugeordnet. Sowohl seine SLT-Bilder der Übungssitzungen als auch die SLT-Bilder der Phänomenal-Biografie weisen die größte Komplexität der erhobenen SLTs auf.

Rückverbalisierung

Zahnputzbecher mit Wasser *und* Zahnpasta *und* Zahnbürste *braucht man immer für* Zähneputzen. Zähneputzen, *das heißt* regelmäßiges Bürsten der Zähne. Regelmäßiges Bürsten der Zähne ist *erkennbar an,* mindestens morgens *und* abends zu putzen. Zähneputzen *führt zu* keine Karies *und* kein Zahnausfall *und* stabile Zähne *und* Zahnarzt zufrieden.

Zum Vergleich hier die Übungs-SLT eines weiteren Versuchspartners; er war zum Zeitpunkt der Untersuchung 62 Jahre alt, und ihm wird ein Äquivalenzentwicklungsalter von sechseinhalb Jahren zugeordnet.

Rückverbalisierung

Zahnpasta *und* Zahnbürste *braucht man immer für* Zähneputzen. Zähneputzen *führt zu* Gesundheit, der Zahn frisch erhalten bleibt. Kein Zähneputzen *führt zu* Zähne werden gelb und schlecht *oder* gibt eine Entzündung.

Das gepunktete Aussagekärtchen gibt an, dass der Versuchspartner während der Rekonstruktionsphase ein Aussagekärtchen hinzugefügt hat, welches aufgrund des Interviews nicht vorhanden war. Des Weiteren hat der Versuchspartner willentlich die Regeln insofern missachtet, dass er darauf bestanden hat, zwischen zwei Aussagekärtchen keine Relation einzufügen. Zudem ist hier erkennbar, dass es sich nicht um ein als Ganzes zu betrachtendes SLT-Bild handelt, da es zwei nicht miteinander verbundene Stränge gibt. Diese Brüche in den SLT-Bildern sind insbesondere bei der Erhebung der Subjektiven Autobiografie-Theorien häufiger zu finden. Bei dem nun folgenden Super-SLT-Bild ist die Erhebung insofern an ihre Grenzen gestoßen, dass die Menge der Narrationen die Anzahl der Rekonstruktionssitzungen erheblich erhöhte und dadurch der oben skizzierte Ablauf sich auf weit über 30 Einzelsitzungen erweiterte. Ferner ließ sich das Super-SLT-Bild nicht mehr auf einer Seite darstellen, und der Versuchspartner reduzierte die Aussagekärtchen in den verschiedenen Rekonstruktionssitzungen nicht in dem Maße, wie es beispielsweise der Versuchsleiter tat. Hier ist nun das Super-SLT-Bild des Versuchsleiters dargestellt, bevor die Rekonstruktionssitzung mit dem Versuchspartner stattfand. (Das grüne Kärtchen bedeutet, dass es vom Versuchsleiter selbst eingefügt wurde und in der Konsensvalidierungssitzung dem Versuchspartner als mögliche Alternative angeboten wird.)

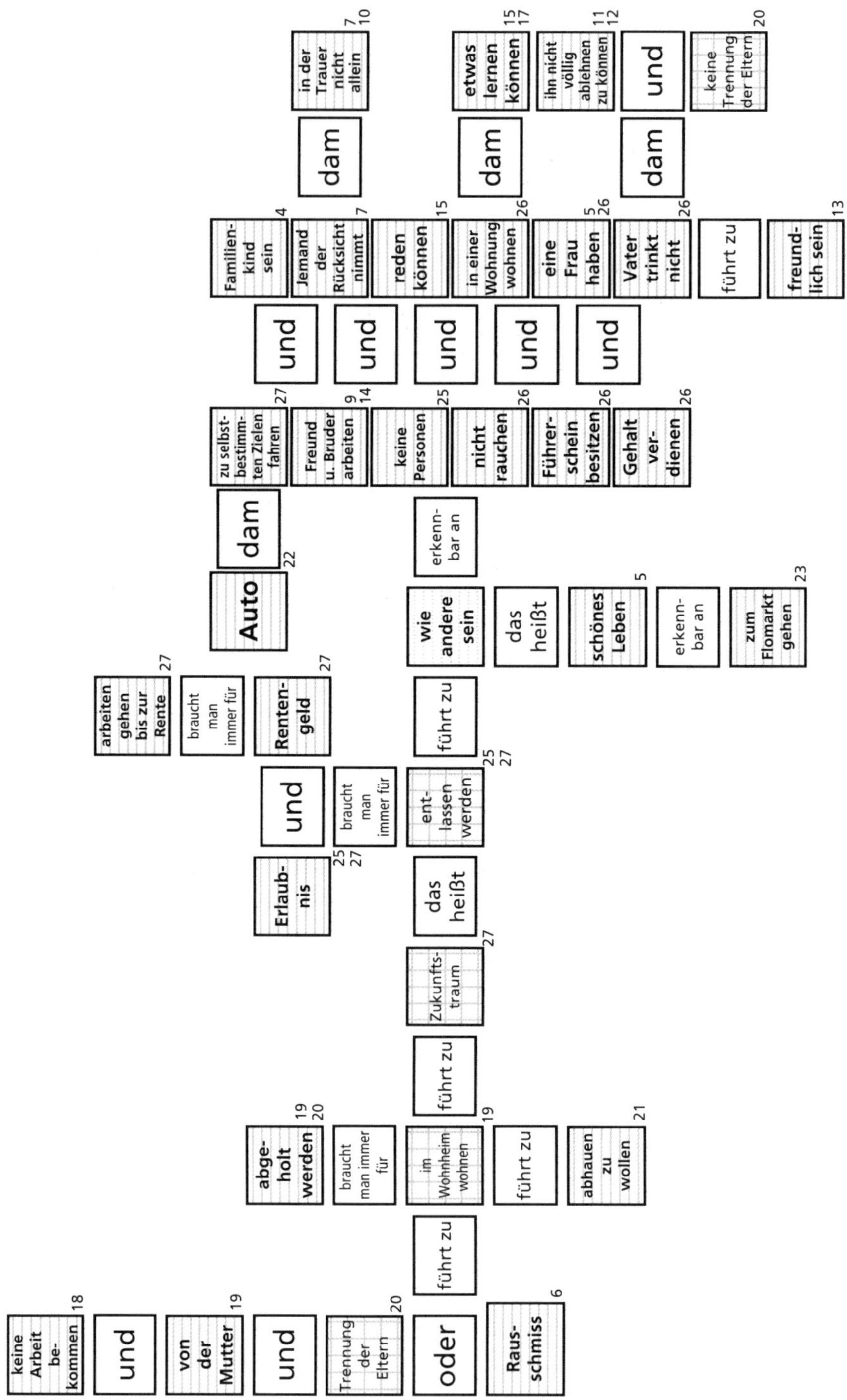
keine Arbeit bekommen 18
und
von der Mutter 19
und
Trennung der Eltern 20
oder
Rausschmiss 6
führt zu
abgeholt werden 19 20
braucht man immer für
im Wohnheim wohnen 19
führt zu
abhauen zu wollen 21
führt zu
Zukunftstraum 27
Erlaubnis 25 27
und
braucht man immer für
das heißt
ent-lassen werden 25 27
arbeiten gehen bis zur Rente 27
braucht man immer für
Rentengeld 27
führt zu
Auto 22
dam
zu selbstbestimmten Zielen fahren 27
wie andere sein
das heißt
schönes Leben 5
erkennbar an
zum Flomarkt gehen 23
erkennbar an
Freund u. Bruder arbeiten 9 14
keine Personen 25
nicht rauchen 26
Führerschein besitzen 26
Gehalt verdienen 26
und
Familienkind sein 4
Jemand der Rücksicht nimmt 7
reden können 15
in einer Wohnung wohnen 26
eine Frau haben 5 26
Vater trinkt nicht 26
führt zu
freundlich sein 13
dam
in der Trauer nicht allein 7 10
etwas lernen können 15 17
ihn nicht völlig ablehnen zu können 11 12
und
keine Trennung der Eltern 20

Rückverbalisierung

Keine Arbeit bekommen *und* von der Mutter gequält (werden) *und* (die) Trennung der Eltern *oder* (der) Rausschmiss *führt zu* im Wohnheim wohnen müssen. Abgeholt werden *braucht man immer für* im Wohnheim wohnen müssen. Im Wohnheim wohnen müssen *führt zu* abhauen zu wollen. Im Wohnheim wohnen müssen *führt zu*(m) Zukunftstraum. Zukunftstraum *das heißt* entlassen werden. Arbeiten gehen bis zur Rente *braucht man immer für* Rentengeld. Erlaubnis *und* Rentengeld *braucht man immer für* entlassen werden. Entlassen werden *führt zu* wie andere sein. Wie andere sein *das heißt* schönes Leben führen. Schönes Leben führen (ist) *erkennbar an* zum Flohmarkt gehen. (Ein) Auto (haben) *damit* zu selbstbestimmten Zielen fahren. Wie andere sein (ist) *erkennbar an* zu selbstbestimmten Zielen fahren *und* Freund und Bruder arbeiten *und* keine Personen brauchen *und* nicht rauchen *und* Führerschein besitzen *und* Gehalt verdienen *und* Familienkind sein *und* jemand der Rücksicht nimmt haben *und* reden können *und* in einer Wohnung wohnen *und* eine Frau haben *und* der Vater trinkt nicht. Jemand der Rücksicht nimmt haben *damit* in der Trauer nicht allein (sein müssen). In einer Wohnung wohnen *damit* etwas lernen können. Der Vater trinkt nicht *damit* ihn nicht völlig ablehnen müssen *und* keine Trennung der Eltern. Der Vater trinkt nicht *führt zu* freundlich sein.

7 Fazit

Die Methode der SLT hat ein breites Spektrum der Anwendbarkeit. Die Stärke liegt in der Herausarbeitung von Inhalten *und* Strukturen bei Alltagstheoretikern. Diese Subjektiven Theorien können dann in Bezug auf Begriffsdefinitionen und Verhalten erklärend dargestellt werden und so zu erhellenden Ergebnissen bezogen auf die Forschungsfragen beitragen. Den am Ende einfach anmutenden Strukturbildern gehen allerdings eine zeitintensive und anspruchsvolle Arbeit von Versuchspartner und Versuchsleiter voraus. Letzterer muss empathisch und kommunikativ sehr kompetent sein, um das Postulat der Strukturparallelität bestmöglich einhalten zu können. Der Versuchspartner hingegen ist gezwungen, erst einmal die Methode zu erlernen, bevor seine Subjektive Theorie zur Geltung kommen darf. Hier sind Motivation, Durchhaltevermögen und intellektuelle Fähigkeit Gelingensbedingung. Durch die Variabilität der Methode ist bzgl. der Voraussetzungen ebenfalls eine Anpassung möglich, wie das vorgestellte Beispiel zeigt. Denn für die Erhebung von Subjektiven Autobiografie-Theorien bei Erwachsenen mit intellektueller Behinderung ist die Methode deshalb besonders brauchbar, weil sie ermöglicht, den Dialog-Konsens auf kleine (inhaltliche oder strukturelle) Einheiten zu konzentrieren und so nach und nach eine größere, inhaltlich bedeutendere Struktur erhoben werden kann. Einer der Versuchspartner bemerkte zu der Vorgehensweise: »Es ist wie bei einem Hausbau.«

Literatur

AAMR (2002). *Mental retardation: definition, classification, and systems of supports.* Washington, DC: American Association of Mental Retardation.

Barthels, M. (1991). *Subjektive Theorien über Alkoholismus: Versuch einer verstehend-erklärenden Psychologie des Alkohols.* Münster: Aschendorff.

Bromme, R. (1996). Von den Schwierigkeiten der Suche nach dem Wissen hinter dem Können: Ursachen und Forschungsstrategien. In: V. Lippens (Hrsg.), *Forschungsproblem: Subjektive Theorien* (131–138). Köln: Sport und Buch Strauss.

Brückerhoff, A. (1982). *Vertrauen. Versuch einer phänomenologisch-idiographischen Näherung an ein Konstrukt.* Berlin (Dissertation).

Burgert, M. (1992). Indikation hinsichtlich Personmerkmalen: Möglichkeiten und Grenzen der Verfahrensadaption. In: B. Scheele (Hrsg.), *Struktur-Lege-Verfahren als Dialog-Konsens-Methodik* (128–151). Münster: Aschendorff.

Dann, H.-D. (1982). *Subjektive Theorien: Irrweg oder Forschungsprogramm?. Zwischenbilanz eines kognitiven Konstrukts. Projekt »Aggression in der Schule«. Arbeitsbericht 5.* Konstanz: Universität Konstanz.

Dann, H.-D. (1992). Variation von Lege-Strukturen zur Wissensrepräsentation. In: B. Scheele (Hrsg.), *Struktur-Lege-Verfahren als Dialog-Konsens-Methodik* (3–41). Münster: Aschendorff.

Feuser, G. (1996). »Geistigbehinderte gibt es nicht!«. Projektionen und Artefakte in der Geistigbehindertenpädagogik. In: *Geistige Behinderung 35*, 18–25.

Flick, U. (Hrsg.) (1991). *Alltagswissen über Gesundheit und Krankheit: subjektive Theorien und soziale Repräsentationen.* Heidelberg: Assanger.

Groeben, N. (1986). *Handeln, Tun, Verstehen als Einheiten einer verstehend-erklärenden Psychologie. Wissenschaftstheoretischer Überblick und Programmentwurf zur Integration von Hermeneutik und Empirismus.* Tübingen: Francke.

Groeben, N., Wahl, D., Schlee J. & Scheele, B. (1988). *Forschungsprogramm Subjektive Theorien. Eine Einführung in die Psychologie des reflexiven Subjekts.* Tübingen: Francke.

Heynen, S. (2000). *Vergewaltigt. Die Bedeutung subjektiver Theorien für Bewältigungsprozesse nach einer Vergewaltigung.* Weinheim: Juventa.

Hinz, A. (1996). »Geistige Behinderung« und die Gestaltung integrativer Lebensbereiche – Überlegungen zu Erfahrungen und Perspektiven. In: *Sonderpädagogik 16*, 144–153.

Kapp, F. (2002). *Zorn in Partnerschaften. Eine Analyse des Ärger- und Konfliktverhaltens bei zufriedenen und unzufriedenen Paaren unter Berücksichtigung Subjektiver Theorien.* Aachen: Shaker.

Kelly, G. A. (1986). *Die Psychologie der persönlichen Konstrukte.* Paderborn: Junfermann.

Kelly, G. A. (1991). *The Psychology of personal contructs. Volume One – A Theory of Personality.* Kent: Mackays of Chatham PLC.

Krech, M. (1996). *Subjektive Theorien von Angehörigen psychosozialer Gesundheitsberufe im Rehabilitationsbereich zu Einschränkungen der sozialen Intelligenz von autistischen Menschen.* Aachen: Shaker.

Kühnl, B. (2000). *Subjektive Theorien der Erziehungsberatung. Eine qualitative Studie über Angebote und Effekte der Erziehungsberatung aus der Sicht von Praktikern.* München: Herbert Utz.

Lauken, U. (1987). *Forschungsprogramm Subjektive Theorien versus Logographie alltäglichen Lebens. Beitrag zum Symposium »Subjektive Theorien auf dem Prüfstand« vom 30.04.1987 bis 03.05.1987 an der pädagogischen Hochschule Weingarten.* Institut zur Erforschung von Mensch-Umwelt-Beziehungen der Universität Oldenburg.

Leidner, M. (2001). *Wenn der Geselle den Lehrling ausbildet. Eine Analyse der pädagogischen Sinndeutungen und subjektiven Theorien nebenberuflicher Ausbilder im Bauhandwerk.* Frankfurt am Main: Peter Lang.

Lippens, V. (Hrsg.) (1996). *Forschungsproblem: Subjektive Theorien. Zur Innensicht in Lern- und Optimierungsprozessen.* Köln: Sport und Buch Strauss.

Lorey, C. (2000). *Veränderungsprozesse bei Brustkrebspatientinnen während der Rehabilitation. Subjektive Theorien und Wahrnehmungen* (qualitative Studie). Freiburg im Breisgau: Universität-Dissertation.

Obliers, R. & Vogel, G. (1992). Subjektive Autobiographie-Theorien als Indikatoren mentaler Selbstkonfiguration. In: B. Scheele (Hrsg.), *Struktur-Lege-Verfahren als Dialog-Konsens-Methodik* (296–332). Münster: Aschendorff.

Obliers R., Bitter, C., Kaerger, H., Bischofs, P. & Köhle, K. (1998). Aggregierung Subjektiver Theorien jenseits des Subjekts. Subjektive Autobiographie-Theorien von Ärztinnen und Ärzten in der Fortbildung zur psychosomatischen Grundversorgung. In: Erich H. Witte (Hrsg.), *Sozialpsychologie der Kognition: Soziale Repräsentationen, subjektive Theorien, soziale Einstellungen* (149–182). Lengerich: Pabst.

Plattner, I. E. (1988). *Handlungsleitende Kognitionen bei Störungen der unterrichtlichen Kommunikation und daraus resultierende Belastungen und Bewältigungsversuche seitens der Schüler.* Ergebnisse einer qualitativen Studie. Referat auf der Tagung »Subjektive Theorien Handlungsleitende Kognitionen« vom 14.–16.4.1988 in Mannheim. Augsburg: Universität Augsburg. Forschungsstelle für Pädag. Psychologie u. Entwicklungspsychologie.

Scheele, B. (Hrsg.) (1992). *Struktur-Lege-Verfahren als Dialog-Konsens-Methodik. Ein Zwischenfazit zur Forschungsentwicklung bei der rekonstruktiven Erhebung Subjektiver Theorien.* Münster: Aschendorff.

Scheele, B. & Groeben, N. (1988). *Dialog-Konsens-Methoden. Zur Rekonstruktion Subjektiver Theorien.* Tübingen: Francke.

Scheele, B., Groeben, N. & Christmann, U. (1992). Ein alltagssprachliches Struktur-Lege-Spiel als Flexibilisierungsversion der Dialog-Konsens-Methodik. In: B. Scheele (Hrsg.), *Struktur-Lege-Verfahren als Dialog-Konsens-Methodik* (152–195). Münster: Aschendorff.

Schmid-Furstoss, U. (1990). *Subjektive Theorien von Unselbständigkeit und Selbständigkeit bei Seniorinnen aus Lebensumwelten mit unterschiedlichen Autonomieanforderungen.* Münster: LIT.

Steinke, I. (1998). Validierung und deren Einlösung im Forschungsprogramm Subjektive Theorien. In: E. H. Witte (Hrsg.), *Sozialpsychologie der Kognition* (120–148). Lengerich: Pabst.

Stössel, A. & Scheele, B. (1992). Interindividuelle Integration Subjektiver Theorien zu Modalstrukturen. In: B. Scheele (Hrsg.), *Struktur-Lege-Verfahren als Dialog-Konsens-Methodik* (333–385). Münster: Aschendorff.

Witte, E. H. (Hrsg.) (1998). *Sozialpsychologie der Kognition: Soziale Repräsentationen, subjektive Theorien, soziale Einstellungen.* Lengerich: Pabst.

Projektive Verfahren

Projektive Verfahren als Zugang zu inneren Erlebniswelten – Entwicklung eines Erhebungsinstrumentes am Beispiel der Erschließung triangulärer Beziehungsmuster von Kindern

Jessica Ruth

1 Einleitung

Die Bedeutung von Beziehungs- und Bindungserfahrungen in ihrem Einfluss auf die Innenwelt des Kindes hat sich als vielseitiges Forschungsfeld aufgestellt. Wie erleben Säuglinge und Kleinkinder ihre Umwelt? Wie repräsentieren sie diese? Und wie lernen sie aus diesen Erfahrungen? Welchen Einfluss die Qualität der Eltern-Kind-Beziehung auf die Entwicklung emotionaler, kognitiver, reflexiver oder moralischer Fähigkeiten hat, sind aktuelle Forschungsfragen, denen sich mit ganz unterschiedlichen Methoden genähert wird. Trotz der Reichhaltigkeit an Forschungsinstrumenten können sich Forscher und Forscherinnen mit der Situation konfrontiert sehen, auf kein geeignetes Forschungsinstrumentarium für die Bearbeitung ihrer Frage zurückgreifen zu können. Der vorliegende Beitrag verfolgt daher die Intention, dem Leser die notwendigen Schritte bei der Entwicklung eines eigenen Erhebungsinstruments aufzuzeigen. Exemplarisch wird dieser Entwicklungsprozess an der Entstehung eines projektiven Verfahrens im Kontext der Erforschung der triangulären Beziehungs- und Erlebniswelt von Grundschulkindern veranschaulicht. Folgende Schritte der Verfahrensentwicklung können benannt werden: *Konkretisierung* der Forschungsfrage, *theoretische Auseinandersetzung* mit bestehenden Methoden und Verfahren, *Entwicklungsphase* (Entstehung des Verfahrens/Materials), *Erprobungsphase* (ggf. Überarbeitung des Materials), *Darlegung* der *Anwendungspraxis* (Beschreibung zum Feld und der Durchführungsregeln) sowie anschließend eine *theoretische* (methodologische) *Reflexion* und *Einordnung* des Verfahrens. Die nachfolgenden Abschnitte fassen die benannten Schritte und die Vorgehensweise zusammen.

2 Zur Verdeutlichung der Forschungsfrage

Die Entwicklung eines Erhebungsverfahrens vorzustellen, das sich als sensibler Zugang zu den Beziehungserfahrungen von Grundschulkindern mit unterschiedlichen Lernvoraussetzungen erweist, ist ein zentrales Anliegen des Beitrages. Im Unterschied zu den anderen Beiträgen in diesem Buch, welche detailliert die Anwendung bestehender Verfahren in einem bestimmten Forschungsbereich veranschaulichen, geht es im Folgenden um die Entstehung und Beschreibung eines Erhebungsinstrumentes sowie die Skizzierung seiner Anwendung. Das dem hier vorgestellten Beispiel zugrunde liegende Forschungsinteresse fragt nach den triangulären Fähigkeiten der Kinder und des Zusammenhanges dieser mit der Entwicklung der Fähigkeit zum Lernen.[1] Ohne en détail auf das Konzept der Triangulierung eingehen zu können, ist davon auszugehen, dass die Entwicklung dieser Fähigkeit mit den realen primären Beziehungserfahrungen und der Verinnerlichung dieser Erfahrungen einhergeht. Die triadische Fähigkeit der Eltern beschreiben Klitzing & Stadelmann (2011) in diesem Zusammenhang

> »als die Fähigkeit von Müttern und Vätern, ihre (zukünftigen) familialen Beziehungen zu antizipieren und zu konzeptualisieren – d. h. das Kind als Drittes bereits in ihrer Vorstellung in die eigene Beziehungswelt zu integrieren –, ohne sich selbst oder den Partner aus der Beziehung zum Kind auszuschließen (vgl. Klitzing, Simoni & Bürgin, 1999)« (ebd., 955).

Im Mittelpunkt dieses Theoriegebildes steht damit die Entwicklung einer Beziehungskompetenz, die das Kind befähigt, sich flexibel in dyadischen und triadischen Beziehungskonstellationen situations- und personenbezogen bewegen und das begleitend affektiv-emotionale Erleben regulieren zu können. In diesem Sinne wird die Entwicklung *dieser Beziehungsfähigkeit als ein positiver Prädiktor* für psychische Gesundheit und die Entfaltung anderer Entwicklungserrungenschaften (Fähigkeit zur Empathie, zur Symbolisierung und zur Perspektivität) verstanden. Damit sind in einem ersten Schritt das Forschungsgebiet und die Charakteristika der Forschungssubjekte als Ausgangspunkt der Verfahrensentwicklung umrissen. Eine Auseinandersetzung mit bestehenden Untersuchungsmethoden sowie Beobachtungen und Überlegungen, die motivierten, an der Entwicklung eines eigenen Erhebungsverfahrens zu arbeiten, ist Thema der nachfolgenden Abschnitte.

1 Näheres zur Fragestellung, zu den theoretischen Überlegungen und dem Forschungsdesign findet sich in dem Beitrag »Lernen – Lernstörung – Triangulierung. Zum Zusammenspiel von Emotion und Kognition bei Lernprozessen« (Katzenbach & Ruth, 2008, 73–76).

3 Erhebungsmethoden im Forschungsfeld der inneren (triangulären) Beziehungs- und Erlebniswelt von Kindern

Anders als die Bindungsforschung können sich Forschungsarbeiten, welche sich speziell mit dem Konzept der Triangulierung als grundlegendes für die Entwicklung der Beziehungsfähigkeit auseinandersetzen, nicht auf eine Vielzahl an erprobten Instrumenten beziehen (vgl. auch Schrenker i. d. B.). Als wissenschaftlich etablierte Verfahren sind zum einen das *Basler Triadeninterview* (vgl. Klitzing & Stadelmann, 2011) und zum anderen das *Lausanner Spiel zu Dritt* (Fivaz-Depeursinge & Corboz-Warney, 2001) zu nennen. Ein spezifisches Instrument für die Erforschung kindlicher triadischer Fähigkeiten, ähnlich wie es beispielsweise für den Bereich der Erhebung kindlicher Bindungsmerkmale auszumachen ist, liegt bisher nicht vor. Des Weiteren konnte die Beobachtung gemacht werden, dass von einer Diskrepanz zwischen dem Vorherrschen von Interview- und Befragungsmethoden und deren methodischen Ausarbeitung auszugehen ist, die sich noch verschärft, wenn es um Kinder mit *»besonderem Förderbedarf«* geht (vgl. Heinzel, 2000, 22f.). Die Überlegung, sich eher symbolbasierten bzw. projektiven Verfahren zuzuwenden, führte zur Beobachtung, dass sie in ihrer Funktion als Forschungsmethode (im deutschsprachigen Raum) nur selten thematisiert werden und der dazugehörige theoretische und methodische Diskurs noch auszustehen scheint (vgl. Wittkowski, 2011). In den Abschnitten 6.1–6.3 werden einige methodische und theoretische Überlegungen bezüglich des entwickelten projektiven Verfahrens angeführt.

Im Nachfolgenden werden Beobachtungsverfahren, Interview-Methoden, Spiel- und Geschichtenergänzungsverfahren sowie projektive Verfahren betrachtet, die allgemein bei der Erforschung der inneren (triangulären) kindlichen Beziehungs- und Erlebniswelt zum Einsatz kommen. Die Ausführungen liefern somit einen Überblick über bestehende Methoden und Verfahren im genannten Forschungsbereich und thematisieren Möglichkeiten und Grenzen – insbesondere auch im Sinne des dargelegten Forschungsinteresses.

3.1 Beobachtungsverfahren

Sowohl in sozial- und erziehungswissenschaftlich als auch in entwicklungspsychologisch orientierten Untersuchungen, die sich mit der Erforschung von kindlichen Lebenswelten und kindlichen Entwicklungsverläufen befassen, spielte und spielt die Methode der Beobachtung eine tragendende Rolle. »Beobachtungen gelten generell immer dann als Methode der Wahl, wenn komplexe Interaktionsmuster und Handlungsbezüge in dem lebensweltlichen Kontext der Akteure beschrieben werden sollen« (Mey, 2005, 164). Das Beobachten als Forschungstätigkeit kann zum einen in Bezug auf das Ausmaß der Standardisierung des Vorgehens (verdeckt vs. offen, systematisch vs. unsystematisch) oder hinsichtlich der Form der Teilnahme unterschieden (teilnehmend vs. nichtteilnehmend) und zum anderen auch entlang der Gestaltung des Forschungssettings (quasi-naturalistisch, naturalistisch, experimentell) und auch den damit verbundenen Arten der Aufzeichnung der Daten (schriftlich vs. visuell) beschrieben werden (vgl. hierzu Mey, 2005, 164; Flick, 2010, 282).

»Teilnehmende Beobachtungen eröffnen die Möglichkeit, sich Kinderwelten quasi von ›innen‹ heraus zu nähern, und alle relevant erscheinenden Vorkommnisse detailliert festzuhalten und zu analysieren« (Mey, 2005, 166). Während innerhalb der akademischen Entwicklungspsychologie die teilnehmende Beobachtung nur zögerlich zur Anwendung kam, kann sie für psychoanalytisch oder bindungstheoretisch orientierte Forschergruppen als ein zentraler Forschungszugang angesehen werden (vgl. hierzu auch den Beitrag von Kratz i. d. B.). Beispielhaft sind in diesem Zusammenhang an die frühen Arbeiten von Bowlby und Ainsworth zu denken. Sie entwickelten aus den Erfahrungen und Erkenntnissen der Beobachtungen von Mutter-Kind-Interaktionen im natürlichen Setting die *Fremde Situation*, in der unter standardisierten Laborbedingungen das Bindungsverhalten von Kindern zwischen 12 und 20 Monaten untersucht und der Bindungstypus bestimmt wird. Als ein ähnlicher Erhebungstypus im Methodenspektrum der Beobachtung ist das sogenannte *Trilogspiel* der Lausanner Forschungsgruppe zu betrachten. Davon ausgehend, dass die Familie als Dreieck beginnt, zielt ihr Untersuchungsdesign auf die Einschätzung der jeweils spezifischen Qualität des triangulären Interagierens der Familien bei der Lösung gestellter Aufgaben ab.

Welche methodischen Erkenntnisse folgen nun daraus? Studien, die mit einem standardisierten Beobachtungssetting arbeiten, zeichnen das Geschehen i. d. R. mit Hilfe von Videokameras auf. In diesen Formen der Beobachtung spielt »der teilnehmende Beobachter und seine Beziehung im und zum Feld« (Lüders, 2008, 386) eine geringere Rolle, anders als dies in den klassischen teilnehmenden Beobachtungsstudien im natürlichen Feld der Fall ist (vgl. auch Friebertshäuser, 2003, 15). Dort stellen sich das Ausbalancieren des immanenten Rollenkonfliktes und die schriftliche Dokumentation als wesentliche Herausforderungen dar. Dass Methoden der Beobachtung durch die Erweiterung und Verfeinerung der technischen Aufnahme- und Auswertungsmöglichkeiten zunehmend an Einfluss gewonnen haben, ist insgesamt wahrzunehmen. Welche Funktion ihnen zugeschrieben wird bzw. inwiefern die videografierte Beobachtung als Methode angesehen wird, beschreibt die differierenden Meinungen, die im Forschungsfeld ausfindig zu machen sind (vgl. Mey, 2005, 168 sowie den Beitrag von Buchhaupt über Videografisches Datenmaterial i. d. B.). Laut Appelsmeyer (2005) liefern sie einen erweiterten Blickwinkel auf die Gestaltung und Analyse von Interaktionen, die möglicherweise einer rein psychoanalytisch-rekonstruktiven Herangehensweise verschlossen blieben. Andererseits sei auch der vorschnelle Einsatz von technischen Hilfsmitteln zu vermeiden, da sie nicht die dichte und differenzierte Protokollierung eines teilnehmenden Beobachters ersetzen können (vgl. ebd., 136). Damit ist auf Möglichkeiten und Grenzen dieser Erhebungsform verwiesen. Auch in der Anwendung des hier beschriebenen Erhebungsverfahrens wird auf den Einsatz von technischen Hilfsmitteln in der Funktion der videografierten Dokumentation zurückgegriffen (Abschnitt 5.3., Videoprotokoll).

3.2 Interview-Formen

Als ein weiterer wichtiger Zugang zur inneren Erlebniswelt kann das Instrument des Interviews angesehen werden. Unabhängig von der Form ist ein Kennzeichen des Interviews, »dass den Interviewten ermöglicht wird, ihre subjektive Perspektive und ihre spezifischen Erfahrungen und Sichtweisen zu entfalten« (Mey, 2005, 292). Welche Besonderheiten ergeben sich bei der Befragung von Kindern, und welche Interview-Form kann dem formulierten Erkenntnisinteresse am deutlichsten gerecht werden? Dazu lassen sich folgende Erfahrungen zusammentragen:

Zum einen wird diskutiert, dass zuweilen einige Formen, wie beispielsweise offene und narrative Interviews, in der Kindheitsforschung eher vernachlässigt werden. Burkhard Fuhs (2000) schlägt in diesem Zusammenhang vor, die gängigen Standardisierungs- und Ordnungsversuche aufzugeben. Vielmehr seien die verschiedenen Formen des Interviewens mit den Varianten des kindlichen Erinnerns in Beziehung zu setzen (vgl. Fuhs, 2000, 94–100). Zum anderen wird nach den entwicklungspsychologischen Fähigkeiten der Kinder gefragt, die sie erreicht haben müssen, damit sie über ihre subjektiven Erfahrungen, Theorien und Einsichten Auskunft geben und sich »selbst zum Gegenstand der Betrachtung machen [können]« (Schorn & Mey, 2005, 295). Als ebenso entscheidend wird von Expertinnen die Gestaltung und Rahmung der Gesprächs- oder Interviewsituation angesehen – die insbesondere von »den Gesprächsgegenständen und der Art ihrer Thematisierung« abhänge (Heinzel, 2003, 401). Grundständig psychoanalytische Interviewtechniken, wie sie sich beispielsweise in der Form des Tiefeninterviews[2] ausdrücken, beruhen auf der Idee, »angemessene Anregungen für die Entfaltung der freien Phantasiefähigkeit [zu geben]« (ebd., 404). Sie orientieren sich in der Regel an psychoanalytischen Handlungsmaximen wie der Anregung zur freien Assoziation, der gleichschwebenden Aufmerksamkeit sowie dem Verstehen von Übertragungs- und Gegenübertragungsphänomenen und unterscheiden sich anhand der verwendeten Materialien und der Gestaltung des Settings. Die Anwendung psychoanalytischer Interview-Formen in Forschungskontexten und ihre Ausgestaltung hängen auch mit dem Selbstverständnis des psychoanalytisch orientierten Forschers zusammen (vgl. Leuzinger-Bohleber & Garlich, 1993). Für ihren Einsatz in sozial- und erziehungswissenschaftlichen Forschungszusammenhängen ist insgesamt zu fragen, was die psychoanalytische Verstehens- und Handlungspraxis konkret kennzeichnet. Möglicherweise kann die Abschwächung der orthodoxen psychoanalytischen Grundregel der Abstinenz hin zu einer eher als diskursiv und offen verstandenen Gesprächs- und Beobachtungshaltung, der Orientierung an alltäglichen Kommunikationsmodi, als ein aussichtsreicher Weg angesehen werden

2 In der Literatur kommen unterschiedliche Begrifflichkeiten wie psychoanalytisches Interview, themenzentriertes, szenisches oder symbolisches Interview zur Anwendung, deren gemeinsames Ziel die Erschließung manifester und latenter Sinnebenen ist (vgl. Heinzel, 2003, 404; Schorn & Mey, 2005, 293; Leuzinger-Bohleber & Garlich, 1993, 28).

(vgl. Schorn, 2000, Abs. 3). Welche Position psychoanalytischer Interview-Methodik im hier vorgestellten Verfahren vertreten wird, wird in Abschnitt 6.2 dargelegt.

Auch Erhebungsverfahren aus dem Methodenpool der Bindungsforschung »für die Altersgruppe der mittleren und späten Kindheit [umfassen] Selbsteinschätzungsinstrumente/Fragebögen und Interviewverfahren zur Erhebung des Verhaltens und Erlebens in nahen Beziehungen« (Kirchmann & Strauß, 2008, 304), die für das hier exemplarisch dargestellte Forschungsvorhaben zu unspezifisch sind.

Weiterhin einschlägig erscheinen, wie bereits angesprochen, Verfahren, die auf die Verwendung und Darstellung symbolischer Ausdrucksformen beruhen, wie dies auch für einige Instrumente aus der Bindungsforschung, den sog. Spiel- und Geschichtsergänzungsverfahren und projektive Verfahren zutrifft und die in den folgenden Abschnitten besprochen werden. Ihr gemeinsames charakteristisches Merkmal ist, dass sie Szenen sowohl im Hinblick auf das zum Einsatz kommende Material als auch in Bezug auf die Beziehung (Übertragungsszenen) zwischen Forscher und Beforschtem provozieren. Für die Konzeption einer Forschungsstudie bzw. eines solchen Verfahrens ist daher relativ unabhängig von der vertretenen Position eine Grundhaltung zu beachten, welche die emotionale Verwobenheit des Forschers mit dem Forschungsgegenstand und die »Reflexion des Beziehungsgeschehens in der Forschungsbegegnung« (Schorn, 2000, Abs. 5) als wesentliche Heraus- und Anforderung berücksichtigt.

3.3 Spiel- und Geschichtenergänzungsverfahren

Spiel- und/oder Geschichtenergänzungsverfahren scheinen für den Forschungsbereich der Beziehungs- und Erlebniswelt einschlägig zu sein. Sie »beruhen auf der Annahme, dass sich in den gespielten und erzählten Geschichten der Kinder die Bindungsrepräsentationen und damit die Verarbeitung ihrer tatsächlichen Erfahrungen mit den Bezugspersonen manifestieren« (Gloger-Tippelt, 2008, 100), um darüber einen Zugang zur inneren Erlebniswelt von Kindern in der frühen und mittleren Kindheit zu erhalten. Die vielfältigen entwicklungspsychologischen Fragestellungen, die sich mit der Erfassung der Bindungsqualität und/oder ihrem Zusammenhang zu anderen entwicklungspsychologischen Bereichen und Fähigkeiten beschäftigen, blicken auf eine gut zwanzigjährige Forschungstradition zurück, in der die Verfahren an großen Untersuchungsgruppen erprobt wurden. Als untersuchungsgegenstandssensible Verfahren und Methoden tauchen sie allerdings zumeist in den gängigen sozial- und erziehungswissenschaftlichen Methodenlehrbüchern nicht auf. Gemeint sind Verfahren wie: Separation Anxiety Test (SAT), Attachment Story Completion Task (ACST), Geschichtenergänzungsverfahren (GEV, deutsche Fassung des ACST), Attachment Doll Play Interview (ADI), Manchester Child Attachment Story Task und die MacArthur Story Stem Battery (MSSB) (vgl. Juen, 2005, 87–97; Gloger-Tippelt, 2008, 100–107; Kirchmann & Strauß, 2008, 300–303). Gemeinsam ist diesen Verfahren, dass sie mit Materialien arbeiten wie Bilder, Puppen oder Spielfiguren, die die symbolischen Ausdrucksweisen von Kindern anregen sollen: Zum einen geschieht dies über die Vorlage von Bildern und den Antworten auf spezifische Fragen[3] und zum anderen über die Methode der Geschichtenstämme, bei denen die Kinder aufgefordert werden, eine Geschichte mit Hilfe von symbolischem Spielmaterial weiterzuerzählen und zu spielen.

Das im deutschsprachigen Raum wohl bekannteste Geschichtenergänzungsverfahren ist die MacArthur Story Stem Battery[4](MSSB). Gloger-Tippelt (2008) oder Juen (2005) gehen davon aus, dass sich die verschiedenen Varianten im Hinblick auf das Material (Art der Puppen und Requisiten), die Anzahl der Familienmitglieder[5] oder aber auch die Auswahl und Reihenfolge der Geschichtenstämme unterscheiden. Methodisch und theoretisch unterfüttert werden Spiel- und Geschichtenergänzungsverfahren durch Konzepte aus der Bindungsforschung, Erfahrungen aus dem therapeutischen und klinischen Setting sowie Theorien aus der Erzähl- und Narrationsforschung. Welches Verständnis von Erzählung diesen Verfahren zugrunde liegt und inwiefern dieses die spezifische Erhebungs- und Auswertungspraxis prägt, ist nachfolgend aus zweierlei Gründen Thema. Zum einen werden methodische Merkmale der genannten Geschichtenergänzungsverfahren weiter herausgearbeitet, allgemeine Aspekte der Erzähltheorien aufgezeigt, um zum anderen auf das hier als relevant erachtetet Verständnis von Erzählung, das in Abschnitt 6.1 zusammenfassend dargestellt wird, hinzuführen.

Unabhängig von der disziplinären Perspektive wird dem Erzählen von Geschichten eine sinn- und identitätsstiftende Rolle zugewiesen (vgl. Brockmeier, 2005, 185). Vornehmlich folgen die benannten Verfahren einem Verständnis von Erzählung, welches die kognitiven Anteile hervorhebt und die diskursiven vernachlässigt. Hervorgehoben wird das Merkmal der narrativen Kohärenz, das das Geschichtenerzählen vorwiegend als eine Fähigkeit charakterisiert, »eine konflikthafte Ausgangssituation auf logisch-sequentiell bezogene und ausgeschmückte Weise bis zum Ende erzählen« zu können (Stadelmann, 2006, 36). Nach Brockmeier (2005) ist damit eine Auffassung von Kohärenz zugrunde gelegt, die sich auf Stimmigkeit, Plausibilität und Abgeschlossenheit bezieht – »es geht hier in der Regel um das Modell einer ›guten Geschichte‹ mit einem klar markierten Anfang, Mittelteil und Ende, so wie es in der Aristotelische Poetik zurückgehenden klassischen Tradition der Narratio vorgegeben ist« (ebd., 190).

3 Für dieses Vorgehen ist der SAT stellvertretend, in dem Kindern trennungstypische Szenen anhand von Bildvorlagen präsentiert werden (vgl. Gloger-Tippelt, 2008, 106).

4 Zur ausführlichen Darstellung der MSSB und ihrer Durchführung in dem Beitrag von Schrenker i. d. B. sowie Stadelmann (2006).

5 Beispielsweise divergiert die Ansicht, ob sich die Auswahl und Darstellung der Familienfiguren an der tatsächlichen Lebenssituation des Kindes orientiert. Während Schrenker (i. d. B.) plausibel darlegt, dass diese der Entfaltung der Phantasiefähigkeit der Kinder nicht dienlich ist, gehen beispielsweise Kirchmann & Strauß (2008) davon aus, dass die Lebenswelt des Kindes zu berücksichtigen ist, »um eine Identifikation mit dem Puppenkind zu fördern« (ebd., 302).

Alltagsgeschichten, aber auch Kindergeschichten müssen dieser Ontologie zufolge zwangsläufig einige Defizite aufweisen, da sie zumeist eher unstrukturiert, offen, beiläufig oder fragmentarisch sind (vgl. Brockmeier, 2005). Daher ist davon auszugehen, dass sie den aufgestellten Kohärenzkriterien in der Regel nicht entsprechen können – und dies gilt möglicherweise auch für Geschichten von Kindern mit beeinträchtigten Lern- und Beziehungserfahrungen. In diesem Zusammenhang sind die genannten Kohärenzkriterien durchaus als kritisch zu betrachten.

Da Verfahren wie die MSSB allerdings auch mit der Intention entwickelt wurden, ihre Erhebung und Auswertung an großen Untersuchungsgruppen vorzunehmen, stehen sie vor der Aufgabe, »den schwierigen Spagat zwischen qualitativ vielfältiger Information und Quantifizierbarkeit der Ergebnisse [machen zu müssen]« (Juen, 2005, 93). Ihre Orientierung an den genannten Merkmalen einer guten Geschichte ist somit auch in »ihrer methodologisch gewiss einfacheren Erfassbarkeit und messtheoretischen Operationalisierbarkeit [...] begründet« (Brockmeier, 2005, 196).

Auch die formulierten Verfahrensregeln der Erhebung können in diesem Zusammenhang betrachtet werden. Ist der Einsatz von Spielmaterialien und Geschichtenstämmen im Sinne einer kindgemäßen Gestaltung und als Brücke für das *freie Erzählen* zu verstehen (vgl. ebd., 12; sowie Schrenker i. d. B.), so lassen sich aus der bereits genannten Perspektive auch kritische Überlegungen einbringen. Die Forscherin sollte sich an den formulierten Erzählimpulsen orientieren, die Requisiten sind für jede Geschichte vorgegeben, und auch die sogenannten »prompts« zielen darauf ab, die Kinder an die Bearbeitung und die Darstellung des vorgegebenen Konfliktes zu erinnern. Als Erhebungsinstrument dient die MSSB zur Einschätzung der Bindungsqualität sowie emotionaler, moralischer und narrativer Fähigkeiten (und in gewissem Maße des Symbolspiels). Die Verwendung des Verfahrens für die Erforschung triangulärer Fähigkeiten steht allerdings noch am Anfang. Seine Anwendung in der dargelegten Form, die auf einem sehr standardisierten und festgelegten Durchführungs- und Auswertungsvorgehen basiert, hat eine Verengung der Inhalte der Geschichten sowie der Spiel-, Erzähl- und Interaktionspraxis zur Folge, die im Sinne präferierter Verfahrenskriterien für das hier skizzierte Forschungsvorhaben nicht überzeugte.[6]

3.4 Projektive Verfahren

Als Zugang zur triangulären Beziehungswelt auf der Basis psychoanalytischer Theorien erscheint schließlich der Einsatz projektiver Verfahren als aussichtsreicher Weg. Das Kennzeichen projektiver Verfahren ist in einer offenen, wenig strukturierten Vorgehensweise und Verwendung von mehrdeutigen Materialien

6 Schrenker kommt in ihrem Beitrag (i. d. B.) zu einer anderen Einschätzung und zeigt im Kontext ihres Forschungsvorhabens ausführlich die gewählte Vorgehensweise und die Möglichkeiten des Verfahrens auf.

zu sehen, die szenische Ausdrucksweisen (unmittelbar ersichtliche und verborgene Bedeutungen) fördern. Für diese Verfahrensgruppe war und ist

> »die Annahme grundlegend, dass bei einer Person, die zur Interpretation einer mehrdeutigen (zwischenmenschlichen) Situation in Gestalt einer Bildvorlage angeregt wird, eigene frühere Erlebnisse und/oder gegenwärtige bedeutsame Erlebnisinhalte bewusst oder unbewusst (d. h. vom Probanden unbemerkt) in ihre Deutung einfließen« (Wittkowski, 2011, 303).

In manifestem Verhalten, wie es sich in Erzählungen, Zeichnungen oder Spielsequenzen niederschlägt, können »Strukturen oder wesentliche Züge der Persönlichkeit zum Ausdruck kommen« (Laplanche & Pontalis, 1972, 401). Vorwiegend wurden und werden projektive Verfahren im psychoanalytischen Setting, in der psychologischen Diagnostik, Therapie und Beratung angewendet und entwickelt. Als Erhebungsinstrumente[7] in der Forschung wurden sie bisher kaum anerkannt.

Als Blütephase sind die 1930er, 40er und 50er Jahre zu sehen. Aus dieser Zeit stammen die meisten gängigen projektiven Verfahren wie beispielsweise der Thematische Apperzeptionstest (TAT), der Kinder-Apperzeptionstest (wie er als Vorlage für die Entwicklung des eigenen Verfahrens verwendet wurde), der Welt-Test, das Rohrschach-Form-Deute-Verfahren, Lüscher-Test oder der Sceno-Test (vgl. Rauchfleisch, 2005). Durch die akademische Psychologie angestoßen, die sich an den Gütekriterien der Testpsychologie orientierte, wurde ihr Einsatz und Brauchbarkeit bis in die 80er Jahre hinein zunehmend kritisch erörtert und ihre Verwendung in der Praxis sehr unterschiedlich bewertet (vgl. Schaipp & Plaum, 1995).

Projektive Verfahren als Instrumente der Forschung sind bisher kaum etabliert. »Jedenfalls fehlt bislang noch eine deutschsprachige Abhandlung über projektive Methoden, die einerseits um eine theoretische Bestimmung dieser Verfahren bemüht ist und sich gleichzeitig mit Neuentwicklungen auf diesem Gebiet auseinandersetzt« (ebd., 14). Ebenfalls fällt das diskrepante Verhältnis der Lehrbücher über psychoanalytische Verfahren und Techniken einerseits im Verhältnis zur Psychodiagnostik und der Thematisierung psychometrischer Tests andererseits auf. Und selbst in den Klassikern als auch in den aktuellen Lehrbüchern zu psychoanalytischen Verfahren oder Methoden taucht keine theoretische oder methodische Auseinandersetzung mit dem projektiven Zugang und den Verfahren auf (Friebertshäuser & Prengel, 2003; Flick, 2010; Heinzel, 2000; Mey, 2005).

Charakteristisch für den Begriff der Projektion ist zum einen, dass er im »eigentlichen psychoanalytischen Sinne eine Operation [bezeichnet], durch die das Subjekt Qualitäten, Gefühle, Wünsche, sogar »Objekte«, die es verkennt oder in sich ablehnt, aus sich ausschließt und in dem Anderen, Person oder Sache, lokalisiert« (Laplanche & Pontalis, 1973, 400). Diese Bedeutungszuschreibung kennzeichnet den Begriff der Projektion als psychische Abwehr, die insofern von Bedeutung ist, dass je nach psychischer Struktur sowohl im analytischen als auch

7 Diese Beobachtung fällt dann anders aus, wenn man die zuvor beschriebenen Spiel- und Geschichtenergänzungsverfahren zur Gruppe der projektiven Verfahren zählt. Allerdings folge ich dieser Einschätzung aus genannten Gründen nicht.

im Forschungssetting unterschiedliche Abwehrmechanismen mobilisiert werden. Allerdings sind es dann nicht nur projektive Abwehrmechanismen, die auftauchen können. Das Merkmal der projektiven Technik lässt sich verfahrensübergreifend möglicherweise am besten folgendermaßen zusammenfassen. »Das Subjekt nimmt das umgebende Milieu wahr und antwortet darauf je nach seinen eigenen Interessen, Fähigkeiten, Gewohnheiten, beständigen oder momentanen affektiven Zuständen, Erwartungen, Wünschen etc.« (ebd., 400f.). Egal ob die Anreize durch Zeichnungen, Bilder oder Geschichtenanfänge geschaffen werden, provoziert ihre Mehrdeutigkeit (lässt man sie denn zu), »dass die durch die Anreize hervorgelockten Reaktionen bei Individuen von deren Erlebniskomplex gelenkt sind« (Revers, 1973, 18). Diese Annahme begründet beispielsweise für einige Autoren den Vorteil gegenüber der Verwendung von Interview-Methoden, da das Material eine Art Distanzierung von dem Untersuchungsgegenstand ermöglicht. Andere beurteilen diesen Zusammenhang eher negativ und fassen die Methode als Täuschungsverfahren auf.

Trotz aller Vorbehalte und angesichts der bisher auch aufgezeigten Grenzen und Fehlstellen der anderen Verfahren ist das Potenzial projektiver Verfahren in seiner Mehrdeutigkeit und Offenheit sowohl in Bezug auf die Gestaltung der Geschichten als auch mit Blick auf die Beziehung zur Forscherin zu sehen, die es ermöglichen, inneres Erleben auszudrücken.

Als Vorbild für die Erarbeitung des hier vorgestellten projektiven Verfahrens und die Erstellung des Bildmaterials dient der Children's Apperception Test (vgl. Bellak & Bellak, 1954), der zehn Bildvorlagen mit unterschiedlichen Tierfiguren enthält und aus der psychoanalytisch-therapeutischen Praxis stammt. Die Durchführungshinweise, die sich auf die Handlungsmaxime der therapeutischen Praxis beziehen, wurden durchgearbeitet und verändert.

4 Das projektive Erzählverfahren: Entwicklung des Bildmaterials und Erprobung des Verfahrens

In den vorangegangenen Abschnitten wurde die für den Entwicklungsprozess eines Erhebungsinstrumentes notwendige Auseinandersetzung mit bestehenden Verfahren geführt und wurden einige Überlegungen, welche für eine theoretisch-methodologische Reflexion herangezogen werden können (Abschnitt 6), vorbereitend angeführt. Thema des nachfolgenden Abschnittes wird sein, die Phase der Materialentwicklung und der Erprobung aufzuzeigen. Erwartet der Leser eine an den Gütekriterien der Testtheorie angelehnte Erprobungsphase des Verfahrens, muss diese Erwartung an dieser Stelle enttäuscht werden. Erprobungsphase meint vor allem die konkreten Arbeiten am Material und die Erfahrungen mit der Anwendung des Verfahrens, die zu einer Durchführungs- und Anwendungspraxis geführt haben, wie sie anschließend in Abschnitt 5 zusammenfassend vorgestellt wird.

4.1 Entwicklung des Bildmaterials

Nachdem die Auseinandersetzung mit den in der Literatur anzutreffenden Verfahren zur Einschätzung triangulärer Fähigkeiten eine Lücke aufgezeigt hat, wurde das genannte projektive Verfahren des Children´s Apperception Test (kurz: C. A. T.) dahingehend betrachtet, inwiefern auf den Bildern triangulierungsspezifische Szenen und Themen enthalten sind, wie die Zeichnungen auf den Betrachter wirken und inwiefern die Durchführungsregeln mit den angestellten Überlegungen vereinbar sind. Die Mitglieder der Forschungsgruppe wurden aufgefordert, frei zu assoziieren. Die Ergebnisse dieses ersten Entwicklungsschrittes sind folgendermaßen zusammenzufassen.

Einige der Bilder enthalten Themen und Konflikte, die im Zusammenhang mit Triangulierungsprozessen als bedeutsam gesehen und teilweise bezüglich ihrer szenischen Darstellung auch übernommen wurden (so die Bilder mit dem Thema »Tauziehen« oder »Alle schlafen«). Des Weiteren zeigten sich einige von denen auf den Bildern dargestellten Tierfiguren (wie beispielsweise den Affen) irritiert, bzw. die Verwendung der Tierfiguren im dargestellten Kontext befremdete. Die in Schwarz-Weiß gezeichneten Bildern lösten ebenfalls ablehnende oder teils bedrohliche Empfindungen aus. Anderen Forscherinnen dagegen erschien die Art und Weise der szenischen Darstellung wiederum skurril (Affen trinken Kaffee). Insbesondere die Verwendung von Schwarz-weiß-Zeichnungen ist möglicherweise mit der Intention verbunden, das Konfliktreiche, teilweise eben auch Bedrohliche, in den Vordergrund zu heben, um damit stärker die Prozesse von Identifikation und Projektion anzuregen. Auf die Forscherinnen wirkte aber diese Form der Darstellung auch kalt und wenig phantasieanregend.

Daraus begründeten sich die anschließenden Entscheidungen: Es sollten neue Szenen entwickelt werden, die triangulär bedeutsame Beziehungsthemen und -konflikte umfassen; auf den Bildern sollten ausschließlich Bären abgebildet und die Bilder farbig gestaltet sein. In der Verwendung von Bärenfiguren, gegenüber der Abbildung menschlicher Protagonisten, wurde der Vorteil gesehen, dass sie in ihrem mimischen oder gestischen Ausdruck möglichst neutral gehalten werden können und auch keine eindeutigen geschlechtsspezifischen Merkmale aufweisen. Damit wird dem Anspruch gerecht, ein möglichst vieldeutiges und offenes Material einsetzen zu können, das die Identifikation der Kinder mit den Figuren erleichtert und ihren Imaginationen einen hinreichend weiten Raum eröffnet.

Es entstanden elf kolorierte Aquarellbilder, auf denen Bären in verschiedenen Beziehungskonstellationen und sozialen Situationen zu sehen sind. Diese wurden in der Forschungsgruppe immer wieder in Bezug auf die angedachten Szenen – ihre inhaltliche wie auch gestalterische Umsetzung – gemeinsam betrachtet, besprochen und ggf. verändert. Die Gruppeninterpretation wurde im Sinne einer Wirkungsanalyse geführt und protokolliert.

Darauffolgend trat der Entwicklungsprozess in eine weitere Phase ein, in der das Verfahren, d. h. das Bildmaterial und die Durchführungsweise erprobt wurden. Die allgemeinen Anmerkungen für die Durchführung bezogen sich in erster Linie auf die Idee, dem Leitgedanken qualitativ offener bzw. analytischer Interviews zu folgen und sich an bestimmten verfahrensspezifischen Hinweisen (vgl. Bellak & Bellak, 1954, 5f.) zu orientieren. Zunächst einmal wurden folgende Aspekte für die Durchführung offen formuliert: keine feste Reihenfolge der Bilder, offene Erzählaufforderung sowie eine sensible und verstehende Grundhaltung einzunehmen. Die Bilder wurden Kindern im Alter zwischen sechs und zehn Jahren vorgelegt. Sowohl die Analyse der Erzählungen als auch die Analyse des Settings, die Durchführungsweisen der Erhebung als auch die Beziehung zwischen Untersucherin und Kind wurden differenziert betrachtet und ausgewertet und mündeten mit den Überlegungen aus der theoretischen Erörterung in die Entwicklung eines Manuals zur Erhebung und Auswertung.

4.2 Die Bärenbilder

Allgemein sucht dieses projektive Erzählverfahren einen Zugang zur inneren Beziehungs- und Erlebniswelt von Kindern und zielt speziell auf die Erhebung und Einschätzung der kindlichen triangulären Konzeptbildung von Beziehungsmustern und -themen. Die fünf letztlich ausgewählten Bilder bilden triangulierungsspezifisch relevante Themen und Konflikte ab, die mit dem Eingehen und Herstellen von dyadischen und triadischen Beziehungsmodi sowie dem Erleben und Umgehen, der damit verbundenen beziehungsdynamischen Themen wie Rivalität, Ausschluss, Nähe, Distanz, phantasierte/reale Abwesenheit und Präsenz verknüpft sind. Dies zeigt sich beispielhaft an folgender Abbildung:

Abb.: »Auf dem Spielplatz«

Zu diesem Bild gibt es vornehmlich zwei einander entgegengesetzte Lesarten, die sich an dem Punkt scheiden, in dem die Qualität des Alleinseins entweder als gewollt oder als ungewollt bestimmt wird. Vielleicht kann das Bärenkind die Situation, ganz alleine zu sein, genießen und hat sie sogar selbst gewählt, um sich von Freundinnen oder vielleicht kleineren Bärenkindern abzugrenzen. Es genießt seine selbst gewählte Exklusivität und Autonomie. Auf der anderen Seite kann die Situation des Alleinseins auf dem Spielplatz als Ausschlusssituation betrachtet werden, die eine potenzielle Unverbundenheit des Bärenkindes ausdrückt.

4.3 Reflexion zur Interview- und Erzählpraxis

Zeigt der vorangegangene Abschnitt das Ergebnis der Reflexion zur Materialentstehung, -auswahl und thematischen Beschreibung, geht es im Folgenden um die Benennung schwieriger bzw. strittiger Aspekte, wie sie aus den Erfahrungen der Anwendung des projektiven Verfahrens als Forschungsinstrument abgeleitet werden können und wie sie allgemein bei der Durchführung von Interviews aufgeführt werden (vgl. Hopf, 2008, 357–360). Auch wenn es nicht möglich ist, die Interview- oder Durchführungspraxis an dieser Stelle en détail am Forschungsmaterial entlang zu analysieren bzw. diese zu zeigen, sollen problematische Aspekte bei der Durchführung, der Planung und dem Einüben in die Verfahrenstechnik kurz angerissen werden, da sie in der Entwicklung eines Verfahrens ebenfalls zu berücksichtigen sind.

Wie auch Hopf (2008) in ihrer Analyse beschreibt, sind zwei problematische Kommunikations- und Interaktionsstile im Interview insbesondere mit Kindern bei unerfahrenen Interviewerinnen gehäuft zu beobachten: Tendenz des dominierenden Kommunikationsstils (Häufung geschlossener, suggestiver und bewertender Fragen – meist unterstützend gedacht, aber nicht immer mit diesem Effekt) sowie Probleme mit den passiv-rezeptiven Anteilen des Interviews (fehlende Geduld beim Zuhören, Tendenz zur Systematisierung und Plausibilisierung des Geschehens). Des Weiteren ist – und dies hat wohl auch mit einer gewissen Voreingenommenheit gegenüber den Forschungssubjekten als auch mit den eigenen Vorstellungen, was eine Geschichte oder Erzählung kennzeichnet, zu tun – eine Angst festzustellen, dass die Kinder nicht genügend (lange und ausgeschmückte) Erzählungen produzieren. Diese Angst drückt sich nicht selten in den erwähnten Interaktions- und Kommunikationsstilen aus.

Hopf merkt an, dass »die Fähigkeit, qualitative Interviews durchzuführen, im Allgemeinen als ein selbstverständlicher und relativ unproblematischer Bestandteil der Qualifikation von Sozialwissenschaftlern angesehen [wird]« (ebd., 357). Sie hält die Orientierung an Alltagskompetenzen für unzureichend und geht davon aus, dass es nur wenige Ansätze gibt, die aufzeigen, wie forschungspraktische Qualifikationen zu schulen sind. Die Erweiterung alltagsweltlicher Verstehenskompetenzen mit Hilfe von Beratung, Supervision oder gemeinsamer Interpretationsarbeit von Forschungsmaterialen können tragendende Bausteine für den Qualifizierungsprozess qualitativer oder psychoanalytischer Befragungstechniken darstellen (vgl. Horn, Beier & Wolf, 1989; Hopf, 2008, 358).

Die eigenen Erfahrungen haben gezeigt, dass das Arbeiten in kleinen Gruppen (Projektseminaren), in denen Studierenden die Möglichkeiten gegeben wird, über einen längeren Zeitraum an einem Thema sowohl inhaltlich/theoretisch als auch forschungspraktisch (in Bezug auf Erhebung und Auswertung) zusammenzuarbeiten, einen Ort dieser Weiterqualifizierung darstellen kann. Der Umstand, dass die Erhebungssituation mit dem projektiven Verfahren per Videokamera aufgezeichnet wird, eröffnet verschiedene Facetten der Analyse und kann für die Vorbereitung und Einübung der Durchführungspraxis gut eingesetzt werden. Ist es in der analytischen Ausbildung die Lehranalyse, die vor blindem Mitagieren in Übertragungsszenen schützen soll, ist es hier die gemeinsame Gruppenarbeit am Text, Video und am Thema. Deshalb sind auch auf kollegial gegründete Arbeitsformen im Zusammenhang mit qualitativer Forschung zu verweisen. Für die Entwicklung eines Verfahrens ist es also auch unbedingt erforderlich, sich mit den Wegen der Aneignung und den verfahrensbedingten Kompetenzen auseinanderzusetzen.

5 Zur Anwendung und Durchführung des projektiven Verfahrens

Als ein weiterer wichtiger Schritt der Verfahrensentwicklung ist die konkrete Beschreibung der Anwendungs- und Durchführungspraxis zu sehen, die sich an die kritische und reflexive Auseinandersetzung mit den Theorien und den praktischen Erfahrungen aus der Erprobungsphase anschließt. Des Weiteren sind sowohl für die Durchführung des skizzierten Forschungsvorhabens im benannten Feld als auch für die Anwendung des projektiven Verfahrens folgende Aspekte zu beachten: Die gegebenen Rahmenbedingungen des Forschungsfeldes, der Weg der Akquise zum Forschungsfeld[8] sowie die spezifischen Bedingungen, die mit dem Forschungsort und der -frage verbunden sind.

8 Eigene vielfältige Forschungserfahrungen – auch in anderen Forschungsfeldern – haben den Standpunkt gefestigt, dass Transparenz, Offenheit, Kooperation und Nachvollziehbarkeit zwischen Forscher und Beforschten zu berücksichtigen sind. Sie kennzeichnen einen qualitativen Forschungsprozess, der auch forschungsethischen Maßstäben gerecht werden kann. So ist es erforderlich, das Forschungsinteresse und -vorgehen allen Beteiligten darzustellen und die Möglichkeiten zu bedenken, wie Ergebnisse an die Forschungsbeteiligten zurückfließen können. Absolut unerlässlich halte ich Forschungseinwilligungen. Auch wenn beides zusammengenommen oft den Zugang erschweren oder ggf. zu einer kleineren Untersuchungsgruppe führen kann. In der genannten Studie habe ich beispielsweise 25 Grund- und Förderschulen angeschrieben, vier Schulen konnten für die Teilnahme gewonnen werden. Dort wurde das Vorhaben allen Beteiligten ausführlich präsentiert und die Forschungsergebnisse in Form einen Berichtes den Schulen zur Verfügung gestellt.

5.1 Zur Rolle des Forschungsortes und der Beforschten

Wie angesprochen spielt allgemein bei der Zielgruppe von Grundschülerinnen und Grundschülern im Alter zwischen sechs und neun Jahren die Bereitschaft der Schulen, der Eltern und insbesondere der Kinder eine wesentliche Rolle für die Durchführung der Forschungsarbeiten. Zu berücksichtigen ist, wie sich in Gesprächen und Begegnungen im spezifisch sonderpädagogischen Feld auch gezeigt hat, dass sich beispielsweise der Kontakt mit Eltern als problematisch und schwierig darstellen kann. Ihr Verhältnis zur Institution wird als ambivalent und ihre Bereitschaft am Mitwirken eher als gering betrachtet. Gerade bei Schülerinnen und Schülern aus dem Förderschulbereich kann davon ausgegangen werden, dass ihre Erfahrungen mit dem Bildungswesen, mit unguten und konflikthaften Empfindungen verbunden sind. Sie haben Erfahrungen mit Test- und Überprüfungssituationen machen müssen, in denen erwachsene (fremde) Personen etwas von ihnen wissen wollen oder sie mit Fragen und Aufgabenstellungen konfrontieren.

Weiter ist davon auszugehen, dass die allgemeinen Prinzipien der sozialen Erwünschtheit und Angepasstheit, wie es das Verhaltens- und Regelwerk der Schule mit sich bringt, Einfluss auf die Beziehung zwischen den Forschungssubjekten nehmen kann. Für die Umsetzung eines projektiven Verfahrens – das mit der Aufforderung verbunden ist, dass die Kinder ihre Phantasien und Vorstellungen zu den Bildern sprachlich machen – ist auch zu berücksichtigen, inwiefern dieses Vorgehen von einer spezifisch geprägten schulischen Erzählpraxis beeinflusst wird. Claussen (2000), der sich unter anderem mit der tradierten Erzählpraxis in Schulen auseinandersetzt, kritisiert die unsymmetrische kommunikative Beziehung und Dominanz der Lehrkräfte als ständige Korrekturinstanz, die sich vor allem durch ein vorschnelles Eingreifen in kindliche Erzählungen ausdrückt. Außerdem sei insgesamt eine unzureichende Kultur des gemeinsamen Erzählens festzustellen. Als charakteristisch sieht er den Vorrang des schriftlichen Erzählens vor dem Mündlichen sowie die Fokussierung des Erzählens auf das Nacherzählen (vgl. ebd., 108f.). Freies Geschichtenerzählen wird weniger initiiert und meist in seiner Form des Nacherzählens gefordert.

5.2 Zur Durchführung des Verfahrens und Gestaltung des Settings

Das hier vorgestellte projektive Verfahren besteht aus fünf farbigen Bildvorlagen, die als Erzählimpulse dienen. Sie sollen die Vorstellungen und Phantasien der Kinder anregen, Geschichten über die illustrierte Bärenfamilie zu entwerfen. Anders als in den oben beschriebenen projektiven Verfahren (Abschnitt 2.4) wurde sich hier dafür entschieden, im Vorfeld keine biografischen Daten[9] zu er-

9 Für die tiefenhermeneutische Auswertung werden die biografischen Daten allerdings hinzugezogen. Das damit verbundene und dem Forschungsansatz angepasste spezifische Vorgehen wird im Auswertungsbeitrag (Ruth i. d. B.) dargelegt.

heben. Damit soll gewährleistet werden, sich dem Kind und der Situation gegenüber möglichst unbefangen zu bewegen. Außerdem ist für die Erhebung als auch für die Auswertung als relevant zu berücksichtigen, dass die Erzählungen als *zusammenhängender Entwurf* verstanden werden. Für die Auswertung hat dies zur Folge, dass die Transkription als ganzer Text zu behandeln ist. Für die Erhebung bedeutet das, dass es keine feste Reihenfolge für die Bilder gibt und die Kinder auch die Möglichkeit eröffnet bekommen, zu jedem Bild eine Geschichte zu erzählen oder eine zusammenhängende Geschichte zu allen zu erzählen.

Idealerweise findet die Untersuchung in einem störungsfreien Raum statt. Vor allem im Forschungsfeld der Schule sind mögliche Störungen durch Pausen und andere schulische Begebenheiten zu berücksichtigen. Die jeweilige Untersucherin und das Kind setzen sich am besten an einem Tisch über Ecke gegenüber. Vorbereitend ist die Kamera bereits in Position zu bringen. Außerdem ist es ratsam, die Einstellungen zu testen, damit Ton und Bild der gewünschten Qualität entsprechen.

Die Erhebung ist dann mit einer Phase des Kennenlernens einzuleiten, in denen die Untersucherin sich dem Kind vorstellt und das Forschungsinteresse erklärt. Wichtig ist das Herstellen einer offenen und wertschätzenden Atmosphäre. Im hier vorgestellten Forschungsvorhaben wurde folgende Erläuterung formuliert: »*Ich interessiere mich dafür, wie Kinder Geschichten erzählen […]. Ich nehme uns mit einer Kamera auf und wenn du möchtest, können wir uns am Ende den Film gemeinsam anschauen. […] Bevor wir anfangen, hast du noch eine Frage?*«

Für die Durchführung des projektiven Verfahrens werden dem Kind die fünf Bilder in einem Halbkreis vorgelegt und so präsentiert, dass sie gut sichtbar sind, damit es sich die einzelnen Bilder in Ruhe anschauen und die Reihenfolge selbst bestimmen kann. Dies geschieht in der Absicht, den Kindern einen möglichst offenen Rahmen zu ermöglichen und der Situation des »Abarbeitens« einzelner Bilder entgegenzuwirken. Zur Erläuterung des Vorgehens wurde folgende Formulierung gewählt: »*Schau dir die Bilder in Ruhe an, dann kannst du dir immer ein Bild aussuchen und vor dich hinlegen und eine Geschichte dazu erzählen!*« Es wird offengelassen, ob eine zusammenhängende Geschichte oder zu jedem Bild eine erzählt werden soll; falls das Kind nachfragt, sind ihm diese Optionen zu verdeutlichen: »*Du kannst dir aussuchen, ob du eine Geschichte oder viele kleinere erzählen möchtest!*« Zu vermeiden sind Formulierungen wie beispielsweise: »*Was siehst du auf dem Bild? Was ist auf dem Bild drauf?*«

Die Erzählsituation ist – anders als in den aufgeführten projektiven Verfahren oder auch Geschichtenergänzungsverfahren – im Ablauf freier gestaltet und deutlicher an den genannten Prinzipien der Offenheit, Kommunikativität und Flexibilität orientiert (s. u.). Diese Orientierung kann helfen, die auf den Bildern intendierte Mehrdeutigkeit zu unterstützen und damit die individuelle Gestaltung der Geschichten zu fördern. Anders als in den genannten Geschichtenergänzungsverfahren wird auf themenspezifische und konfliktbasierte Fragen verzichtet. Die Eingriffe in die Erzählung sollten nur dann geschehen, wenn der Redefluss abbricht und das Kind spezielle Themen anspricht. Insgesamt können daher unterstützende, spiegelnde und verständnisorientierte Fragen verwendet werden: »*Was machen die Bären? Was macht das Bärenkind? Wie könnte denn deine Geschichte weitergehen? Was passiert denn danach? Wie hast du das gemeint? Das habe ich nicht richtig verstanden, kannst du es mir genauer erklären?*«

Diese subjektiven Eindrücke der Interviewerin zur gesamten Interviewsituation werden anschließend in Form eines Postskriptums (s. u.) festgehalten. Damit ist eine Brücke zum Datenmaterial geschlagen, das bei der Anwendung des Verfahrens entsteht und die Grundlage für die anschließende tiefenhermeneutische Interpretation darstellt.

5.3 Zur Erstellung des Datenmaterials

Anders als im therapeutischen Setting wird die gesamte Erhebungssituation mit einer Kamera aufgenommen. Der Einsatz von visuellen Aufnahmegeräten innerhalb der Forschung kann zunächst generell nach zwei Positionen aufgeteilt werden. Einerseits wird der Einsatz als eine besondere Form der Beobachtung und andererseits als eine ertragreiche Form der Protokollierung verstanden. Sicherlich unabhängig davon, welche Position eingenommen wird, ist der Einsatz sowie der Vorgang im Forschungsprozess zu reflektieren. Hauptsächlich die letztgenannte Variante spielt in den aufgeführten Verfahren (Abschnitt 2) eine wesentliche Rolle. Die Erstellung des Datenmaterials und der Stellenwert der einzelnen Materialien werden im nächsten Abschnitt beschrieben.

Videoprotokoll

Die videografierte Aufzeichnung ermöglicht, die sprachlichen als auch nichtsprachlichen Äußerungen detailliert aufzunehmen. Damit wird sowohl die Erzählung als auch das Beziehungs- und Interaktionsgeschehen zwischen den Beteiligten aufgezeichnet. Loer (2010) sieht in Bezug auf die Arbeiten von Bergmann (1985), aber auch Oevermann (2000) den Vorteil in der Verwendung technischer Aufzeichnungsgeräte in der *registrierenden Konservierung* (vgl. Loer, 2010, 232). Das Videomaterial beinhaltet keine Deutungen und Beschreibungen durch den Erhebenden. »Die Selektivität der Aufzeichnungsapparaturen als eine rein technische kann somit die Sinngestalt der Praxis, deren Ton- und Bildstruktur fixiert wird, nicht verzerren« (ebd., 324). Nun mag den Leser der Rückgriff auf eine objektivierende Methodologie im Zusammenhang mit psychoanalytischen Techniken irritieren, allerdings beschreibt sie zunächst einmal am deutlichsten die funktionale Bedeutung des Einsatzes dieser Aufnahmetechnik bei der Anwendung des vorgestellten Erhebungsinstrumentes. In diesem Sinne unterstützt sie auch die Erstellung des schriftlichen Materials – nämlich des Transkripts und damit die Verschriftlichung der kindlichen Erzählungen. Die *registrierende Konservierung* erleichtert den Transkriptionsprozess insofern, als dass auch nonverbale Äußerungen mit protokoliert werden und damit bedeutsame Handlungen in Bezug auf den Umgang der Kinder mit den Bildern festgehalten werden können. Das Videomaterial ist nicht die Hauptquelle für den späteren tiefenhermeneutischen Interpretationsprozess der kindlichen Erzählungen, wohl aber kann es diesen unterstützen. Die Verwendung dieser Form der Aufnahme verweist auf den technischen Charakter, der reichhaltiges Material beinhaltet und dieses beliebig speichert, aber nicht die Wahrnehmung der Beteiligten aufzeichnet.

Damit ist eine nächste Funktion des Videoprotokolls angesprochen. Für die spätere Analyse sind auch die hergestellte Interaktionspraxis zwischen den Beteiligten und die damit verbundenen Übertragungs- und Gegenübertragungsprozesse bedeutend. Zum einen hält die jeweilige Interviewerin diese in Form des angesprochenen Postskriptums fest. Zum anderen hat sich gezeigt, dass die Betrachtung und Analyse dieser Prozesse anhand des Videos in der Gruppe außerordentlich aufschlussreich sein können. Das Videoprotokoll ergänzt und unterstützt diesen Prozess. Des Weiteren wurde die Analyse der Videoprotokolle auch als wichtiges Schulungsinstrument eingesetzt. Daran lässt sich einerseits das Wissen um Übertragungs- und Gegenübertragungsprozesse – neben der Analyse von Textmaterial – veranschaulichen und lassen sich andererseits auch praktische Verfahrensweisen im Umgang mit der Anwendung des projektiven Verfahrens aufzeigen und reflektieren. Auch Durchführungsfehler können so gründlicher analysiert werden. Die Arbeit mit Videodaten erleichtert den Transkriptionsprozess, unterstützt die Analyse und die Archivierung des Datenmaterials. Das Datenmaterial kann somit auch für (anschließende) Re- und Sekundäranalysen aufgearbeitet und nutzbar gemacht werden.

Postskriptum

Über den Verlauf der Erhebungssituation und die darin aufkommenden Gefühle, Affekte und Vorstellungen ist ein Postskriptum anzufertigen, das die Situation aus Sicht der Interviewerin beschreibt. Im Postskriptum werden Erwartungen, die man an die eigene Person hatte/hat, bestimmte Informationen über das Kind (auch solche, die bereits im Vorfeld bekannt waren) und das eigene affektive Erleben sowie subjektiv bedeutsame Wahrnehmungen zum Beziehungsgeschehen im Anschluss an die Untersuchung dokumentiert und reflektiert. Die Bedeutung und Funktion des Postskriptums ergibt sich aus der beschriebenen Annahme, dass projektive Verfahren ein übertragungsreiches Setting befördern. Auch für die Analyse ist das Verstehen des affektiven Erlebens der Untersucherin in Bezug auf die Beziehungs- und Interaktionsdynamik relevant. Das Postskriptum wird damit zu einem wichtigen Instrument bzw. zu einer wichtigen Quelle. Die aus der Beziehung zwischen Forschenden und Beforschten resultierenden Reaktionen werden als immanente Daten behandelt, die für die Einschätzung der Beziehungsqualität zwischen den Interaktions- und Kommunikationspartnern eine entscheidende Rolle spielen und in der Gruppeninterpretation erschlossen werden. Erst aus der Analyse der eigenen Beziehung zur »fremden Kultur« lassen sich bedeutungsvolle Aussagen über das Beobachtete, Gehörte, Erlebte machen (vgl. Devereux, 1967).

Das Postskriptum dient als textliche Grundlage der Darstellung von Themen und Konflikten, die auf der Beziehungsebene zwischen Untersucherin, Kind und Methode zum Ausdruck gebracht werden. Dafür ist es unabdingbar, dass Forschende direkt nach der Untersuchungssituation Notizen machen. Um sich der Verschriftlichung der eigenen Vorannahmen und Befindlichkeiten zu nähern, können folgende Fragen hilfreich sein: »*Wie war ich vorbereitet? Wie gestaltete sich der Erstkontakt? Wie habe ich die Beziehung/Interaktion erlebt? Welche Situation hat mich irritiert, überrascht, verärgert oder mir geschmeichelt?*« Durch einen assoziativen Sprachstil wird die Beziehungsdynamik zwischen den Beteiligten der späteren Interpretationsgruppe zugänglich gemacht. In Bezug auf das Postskriptum ist der Forscher in der Position eines Erzählers, der darin bemüht ist, seine Erlebnisse, Affekte und Vorstellungen sprachlich möglichst lebendig auszudrücken und sichtbar zu machen.

Transkription

Die textliche Erstellung der Erzählungen – das Transkript – ist eine wesentliche Quelle für die später vorzunehmende tiefenhermeneutische Interpretation, welche die subjektiv bedeutsamen manifesten Themen und Konflikte der Kinder zu erschließen und zu den aus der Sprache ausgeschlossenen, unbewussten, latenten Inhalten des Textes vorzudringen versucht. Neben der wörtlichen Abschrift werden längere Pausen sowie gestische bzw. mimische Ausdrucksgestalten in Anlehnung an gängige Transkriptionsregeln (siehe Auswertungsbeitrag i. d. B.) entsprechend mit aufgenommen.

6 Geschichten erzählen: Theoretische und methodische Bestimmung des projektiven Verfahrens

Für die Durchführung von Forschungsvorhaben einerseits als auch für die Entwicklung von Verfahren andererseits erweist es sich als notwendig, das eigene Verfahren methodisch-methodologisch zu reflektieren und einzuordnen. Dass insbesondere bei den projektiven Verfahren diese Auseinandersetzung als nur unzureichend angesehen wird, wurde bereits angesprochen. In den nachfolgenden Abschnitten ist es daher Ziel, diese Reflexionsschleife und eine methodologische Einordnung des projektiven Verfahrens als Erhebungsinstrument im benannten Forschungsfeld beispielhaft aufzuzeigen.

Im ersten Schritt wird die zugrunde gelegte Auffassung über das kindliche Erzählen von Geschichten, ihre Anschlüsse an die Erzähl- und Narrationsforschung im Unterschied zu den benannten Spiel- und Erzählverfahren thematisiert (6.1). Weiter gehe ich davon aus, dass das Erzählen von Geschichten zum einen über den Vorgang der Projektion in der konkreten Auseinandersetzung mit den mehrdeutigen Bildern und zum anderen durch das Übertragungsgeschehen zwischen Kind und dem jeweiligen Forscher angeregt wird. Die Bedeutung dieses Übertragungsgeschehens wurde bisher nur unzureichend in den angesprochenen Verfahren berücksichtigt. Das Forschungssetting schafft durch die Verwendung der mehrdeutigen Bilder, dem gemeinsamen Bezug der Interaktionspartner auf etwas Drittes – nämlich die Bilder – Bedingungen, die das Auftauchen von Übertragungen begünstigen. Daher werden sowohl die Bedeutung der Triangulierungstheorie im genannten Forschungssetting (Abschnitt 6.2) als auch qualitative und psychoanalytische Interview-Methoden als Bezugstheorien herangezogen und reflektiert (Abschnitt 6.3).

6.1 Geschichten erzählen

Grundsätzlich ist davon auszugehen, dass sich in den Erzählungen der Kinder Phantasien, Wünsche und Ängste sowie Konflikte ausdrücken. In Bezug auf die Kennzeichnung des Geschichtenerzählens ist die von Brockmeier (2005) vorgenommene Ansicht zu favorisieren, mit der er das Augenmerk auf die Bedeutungskonstitution und damit auf das konkrete Geschehen einer Erzählung mit ihren interaktiven Merkmalen von Synthese, Perspektive und Handlung lenkt (vgl. Brockmeier, 2005, 198). Die individuelle Zusammenfügung einzelner Elemente stiftet die Bedeutung sowie die Einzigartigkeit der Erzählung, die gewissen syntaktischen und zeitlichen Ordnungslogiken folgen kann, aber nicht muss. Die Erzählung kommt auch ohne Plotstruktur aus, so Brockmeier (vgl. ebd., 199). Brockmeier geht davon aus, dass »ein Verständnis von narrativen Praktiken als Diskurspraktiken insbesondere dazu beitragen kann, das Offene, Uneindeutige und Unvorhersehbare der menschlichen Erfahrung zu erkunden« (Brockmeier & Harré, 2001; 2005, 204). Ebenso entscheidend für die Bärengeschichten ist, welche Vorstellungen die Kinder über das Erzählen einer Geschichte haben. Diese sind in jedem Fall von ihren alltäglichen Erfahrungen in ihrer primären und sozialen Umwelt als auch von ihrem Alter und ihren individuellen Vorlieben abhängig. Beispielsweise werden diese Vorstellungen durch das gemeinsame Anschauen und Lesen von Büchern sowie gemeinsames Erzählen beispielsweise beim abendlichen Zu-Bett-gehen-Ritual geprägt, die sich sicherlich in der Art und Weise unterscheiden, ob ein Kind drei, fünf oder acht Jahre alt ist. Das bedeutet dann auch, dass die Idee davon, was eine Geschichte kennzeichnet, vielen Veränderungen unterliegt. So sind für einige Kinder »wirkliche« Geschichten nur solche, die neu, spannend und unbekannt sind (vgl. Brockmeier 2005, 194). Andere verbinden mit Geschichten Märchen oder ganz bestimmte Figuren. Auch kann man sich die Frage stellen, inwiefern die Begriffe »Geschichte« oder »Erzählung« unterschiedliche Assoziationen bei den Kindern auslösen.

Ebenfalls zu berücksichtigen ist, was unter psychoanalytischen Gesichtspunkten eine Erzählung charakterisiert. Die Erzählung ist danach durch das Eingehen auf Vergangenes und Gegenwärtiges, durch die Thematisierung eines

Konfliktes gekennzeichnet, durch einen Anfang und Ende markiert und im besten Falle erinnerungsfreundlich. Dies sind dann ähnliche Attribute, wie sie allgemein mit der Beschreibung einer »guten« Geschichte verbunden sind. Allerdings ist mit der psychoanalytischen oder entwicklungspsychoanalytischen Perspektive auch die Annahme verbunden, dass diese Eigenschaften auf eine bestimmte psychische Struktur und Reife hinweisen. Diese Zusammenhänge sollen nicht negiert werden. Dennoch geht es vielmehr darum, für die Individualität der Erzählung zu sensibilisieren. Dies erscheint insofern als bedeutungsvoll, als dass gerade Kinder mit »besonderem Förderbedarf« eingeschränkte sprachliche, emotionale oder kognitive Fertigkeiten und Fähigkeiten zugeschrieben bekommen, die im Sinne dieser Zusammenhänge auch zur einer gewissen Voreingenommenheit führen können. Für die Erhebungssituation mit einem projektiven Erzählverfahren ist daher wichtig, dass die Forschenden nicht von der Einstellung gelenkt werden, diese Kinder könnten keine »wirklichen« Erzählungen oder Geschichten produzieren.

Sowohl dem Untersuchungsgegenstand als auch dem Verfahren angemessen ist eine Haltung, die sich offen und neugierig gegenüber den Erzählungen der Kinder »über eine Bärenfamilie« zeigt. Das bedeutet auch, dass sich sowohl für die Erhebungssituation als auch für die Auswertung der Zuhörer oder Leser zunächst von den verinnerlichten und durch die Theorie bestimmten Merkmalen einer guten/oder gelungenen Geschichte zu befreien hat, um der Einzigartigkeit der Erzählung Raum zu verleihen.

6.2 Offene psychoanalytische Interview-Methodik

Kennzeichnend für die Beziehungsprozesse, wie sie sich auch im Setting des projektiven Verfahrens abspielen, sind Übertragungen, die als »Wiederbelebung assoziierter Erlebnisspuren in ganz neuen sozialen Situationen« entstehen (Ahlheim, 2000, 282). Das freie Phantasieren bzw. Assoziieren zu den Bildern ist nicht unabhängig von der Beziehung zwischen Forscherin und Kind zu denken. Phantasien, Wünsche, Ängste und emotionale Reaktionen sind grundsätzlich objektgerichtet. Es sind zum einen die Erzählungen der Kinder, die Einblicke in ihrer subjektiven Beziehungskonstellationen erlauben, und zum anderen aber auch das Interaktions- und Kommunikationsgeschehen der an der Erhebungssituation Beteiligten. Die Methodik psychoanalytischer Interviewtechniken arbeitet explizit mit dem Phänomen von Übertragungs- und Gegenübertragungsprozessen. Übertragung ist ein allgemein zu beobachtendes Phänomen, in der Interaktions- und Kommunikationspartner als Stellvertreter fungieren – ihnen werden Eigenschaften, Wünsche und Absichten zugeschrieben. Die Interaktionspartner reagieren darauf mit ihren einsozialisierten Beziehungs- und Erlebniserfahrungen – allgemein als Gegenübertragung verstanden. Auch dieser Begriff zeichnet sich durch vielseitige theorieabhängige Bedeutungsbeschreibungen aus. Die Gegenübertragung als Gefühlsreaktion auf die spezifische Beziehungs- und Interaktionsdynamik eines Gegenübers entspricht am ehesten der Bedeutung, wie sie durch die Anwendung des projektiven Verfahrens zum Ausdruck kommt (vgl. Ehlers & Holders, 2009, 72). Wie bereits dargelegt, handelt es sich nicht um ein Behandlungs-, sondern um ein Forschungssetting, in dem mit den Erzählungen oder dem Beziehungs- und Interaktionsverhalten des Kindes nicht deutend umzugehen ist. Deutungen als verbale Interventionen spielen keine Rolle. Vielmehr wird eine Orientierung an den Prinzipien qualitativer, nichtstandardisierter Interview-Führung favorisiert (vgl. Schlick i. d. B.). Die Kommunikativität meint, »daß der Forscher den Zugang zu bedeutungsstrukturierten Daten im Allgemeinen nur gewinnt, wenn er eine Kommunikationsbeziehung mit den Forschungssubjekten eingeht und dabei das kommunikative Regelsystem des Forschungssubjekts in Geltung läßt« (Hoffmann-Rien, 1980, 343, zit. nach Lamnek, 1995, 62). Das Prinzip der Flexibilität geht davon aus, dass

> »die Gestaltung des Interviews im Wesentlichen von dem Befragten abhängt. Seine Erzählungen und Einlassungen, die ihm natürlich ein erhebliches Maß an Eigenleistung abverlangen, strukturieren den Verlauf. Hierauf reagiert der Interviewer (hoffentlich) so flexibel, daß er sich an die jeweiligen spezifischen Bedingungen des Untersuchungsgegenstandes und der Situation anpassen kann und dadurch im Ablauf des Interviews eine permanente Informationserweiterung und -vertiefung eintreten kann.« (ebd., 63)

Werden die Kinder nicht explizit aufgefordert, persönliche oder autobiografische Erzählungen zu produzieren, wie dies mit der Form des narrativen oder offenen Interviews geschieht, so berührt diese Form des Zugangs über die Bilder und die Beziehung zur Forscherin dennoch einen sensiblen und behutsam zu behandelnden Beziehungs- und Erfahrungsraum, in dem sich die Forscherin an den genannten Prinzipien orientiert und grundsätzlich eine verstehende Haltung einnimmt, die für die fremden und eigenen affektiven Reaktionen offen ist. Kompetenzen und Wissensbestände einer offenen psychoanalytischen Interview-Durchführung zielen daher auf eine verstehende Haltung, die sich nicht in deutenden Interventionen ausdrückt, sondern sich in einer dem Gegenüber aufgeschlossenen sensitiven Wahrnehmungsweise ausdrückt, die die individuelle Interaktionsdynamik zwischen den Beteiligten und die damit verbundenen eigenen Reaktionen berücksichtigt. Diese Haltung ermöglicht, der Eigenheit des Anderen verstehend begegnen zu können.

6.3 Die Bedeutung der jeweiligen Referenztheorie für das projektive Verfahren

Die verschiedenen psychoanalytischen Konzepte zur psychischen und physischen Entwicklung des Kindes treffen sich in der Grundannahme, dass das menschliche Erleben und Verhalten von unbewussten Prozessen beeinflusst wird. »So finden sich Spuren des unbewusst Gewordenen in allen Alltagäußerungen, in den Szenen und Handlungssequenzen aller sozialen Beziehungen« (Ahlheim, 2000, 282). Traditionelle und auch neuere psychoanalytische Ansätze sehen diesen Entwicklungsprozess im Allgemeinen im Rahmen einer Konflikt- und Beziehungstheorie formuliert, die das kindliche Aufwachsen als ambivalenten Individuations- und Loslösungsprozess beschreibt, in dem die Qualität der zwischenmenschlichen Beziehungen und die Bewältigung von phasentypischen Entwicklungsaufgaben eine herausragende Rolle spielen.

> »Die frühe Beziehungswelt ist von großer Bedeutung für die spätere Entwicklung (Zimmermann et al., 2000), allerdings nicht, weil sie die Qualität späterer Beziehungen prägt, sondern weil sie dazu beiträgt, das Kind mit einem mentalen Verarbeitungssystem auszustatten, das wiederum die Basis zur Handlungssteuerung und zur Beziehungsgestaltung darstellt.« (Juen, 2005, 28)

Dabei ist wesentlich, dass es nicht um eine deterministische Perspektive auf Entwicklung geht, sondern um einen komplexen Prozess, in dem die sicheren Bindungs- und Beziehungserfahrungen als Schutzfaktor verstanden werden.

> »Der Prozeß der Errichtung innerer Repräsentationen der (zwischenmenschlichen) Beziehungsorganisation ist offensichtlich in den ersten drei Lebensjahren besonders vulnerabel. Die Qualität, Intensität und Stabilität der bewußten und unbewußten Organisation von Bezogenheit ist von der Qualität, Intensität und Stabilität frühkindlicher Beziehungserfahrungen abhängig.« (Reinelt, 1997, 2)

Die zugrunde gelegte Triangulierungstheorie denkt den menschlichen Entwicklungsprozess in Dreiecksbeziehungen (siehe dazu auch Fivaz-Depreusinge & Corboz-Warney, 2001; Dammasch, Katzenbach & Ruth, 2008; v. Klitzing & Stadelmann, 2011; Metzger, 2000).

Mit einem projektiven Verfahren versucht man, etwas über die subjektiven Beziehungsmuster des Kindes zu erfahren, die sich in den erzählten Geschichten manifestieren. Gleichzeitig findet dieses Erzählen selbst wieder in einer spezifischen Beziehungskonstellation statt. Die zur Analyse des Beziehungsgeschehens herangezogene Referenztheorie (hier: die Triangulierungstheorie) kommt daher zwangsläufig auf zwei Ebenen zur Anwendung: zum einen bei den Geschichten selbst, und hier wiederum in zweifacher Weise, nämlich bei der Wahl der erzählgenerierenden Impulsen durch das Bildmaterial und bei der anschließenden Auswertung der Narrative. Zum anderen kann das Beziehungsgeschehen zwischen Interviewerin und Kind im Rahmen dieser Theorie interpretiert werden. Die Fähigkeit zur Gestaltung von Beziehungen, das Einfühlen und Einlassen einerseits auf die Beziehungsangebote des Gegenübers, aber auch auf die Anforderungen, die mit dem Einsatz des projektiven Verfahrens an das Kind gestellt werden, und seine Art und Weise, damit umgehen zu können, sagen also etwas über das Vorhandensein und die Qualität seiner (triangulären) Fähigkeiten aus.

7 Methodische Reflexion

Der vorliegende Beitrag sollte den Leser in die verschiedenen Etappen des Entwicklungsprozesses eines Verfahrens zum Zugang zur inneren Erlebnis- und Beziehungswelt von Kindern mitnehmen. Die damit aufgezeigten Möglichkeiten und Grenzen dieses Forschungsbereichs werden abschließend resümierend zusammengefasst. Insgesamt können methodische und methodologische Unklarheiten identifiziert werden, insbesondere auch für die untersuchungsgegenstandssensiblen Verfahren. Diese spiegeln sich nicht selten auch schon in der unterschiedlichen Benennung der Verfahren wider. Gehören nun Instrumente wie der SAT und die MSSB zur Gruppe der halbstrukturierten Interviewverfahren, zählt man sie besser zu den semiprojektiven Spiel- und Erzählverfahren oder zur Gruppe der klinischen Tests (wie dies auch im Falle der gängigen projektiven Verfahren der Fall ist)? Als diskussionswürdig zeigt sich m. E. die Beobachtung, dass sowohl etablierte Erhebungsverfahren im genannten Forschungskontext als auch klassisch projektive Verfahren in sozial- und erziehungswissenschaftlichen Methodenlehrbüchern nur selten einen Platz finden und auch ihre methodische bzw. methodologische Auseinandersetzung eher knapp ausfällt. Für das hier vorgestellte Verfahren wurde versucht, diese Auseinandersetzung in Ansätzen aufzuzeigen.

Neben den angeklungenen Ideen zur Aneignung verfahrensspezifischer bzw. allgemeiner Beziehungs-, Kommunikations- und Interaktionskompetenzen und ihrer Reflexion im Forschungsprozess halte ich die verfahrenskritische Ansicht, wie sie beispielsweise von Klitzing formuliert wird, für die Anwendung der genannten Verfahren für äußert bedeutsam. Klitzing warnt davor, dass man aus den

> »Inhalten von Kinder-Narrativen nicht in einem Eins-zu-eins-Verhältnis auf die Repräsentationen der Kinder, und schon gar nicht auf ihre Repräsentanzen schließen kann. Zwischen dem, was das Kind darstellt, und dem, wie seine Repräsentanzenwelt organisiert ist, gibt es eine komplexe Beziehung, die in der Regel im kinderanalytischen Prozess im Einzelfall erhellt werden muss.« (Klitzing, 2002, 878)

Entscheidend für die Anwendung genannter Verfahren im umschriebenen Forschungsbereich ist eine Einsicht und Haltung, die darum weiß, dass es um *Einblicke* in die kindliche Beziehungs- und Erfahrungswelt geht und nicht um die Beschreibung einer tatsächlichen Kindheitsentwicklung.

Einen Zugang zur subjektiv bedeutsamen Beziehungsgeschichte zu erhalten, erfordert daher, rekonstruktive Erkenntnisse mit Methoden der Direktbeobachtung zu verknüpfen und sich demnach sowohl mit der Verinnerlichung äußerer Erfahrungen in seiner Bedeutung für die innere Struktur als auch mit den Bedingungen der sozialen Umwelt eines Kindes zu beschäftigen. Vor allem Einzelfallstudien über mehrere Jahre – wie diese in der Forschungslandschaft nur noch selten umgesetzt werden – wären ein ertragreicher und lohnenswerter Weg.

Literatur

Ahlheim, R. (2000). Wie entsteht eine psychoanalytische Fallstudie. In F. Heinzel (Hrsg.), *Methoden der Kindheitsforschung. Ein Überblick über Forschungszugänge zur kindlichen Perspektive* (297–294). Weinheim und Basel: Juventa.

Appelsmeyer, H. (2005). Die psychoanalytische Debatte um den »beobachteten«/»rekonstruierten« Säugling – Herausforderungen für die Methodologie der qualitativen Forschung. In: G. Mey (Hrsg.), *Handbuch Qualitative Entwicklungspsychologie* (129–150). Köln: Kölner Studien Verlag.

Bellak, L. & Bellak, S. (1954). *Der Kinder-Apperzeptions-Test.* Göttingen: Verlag für Psychologie.

Brockmeier, J. (2005). Erzählungen verstehen. In: G. Mey (Hrsg.), *Handbuch Qualitative Entwicklungspsychologie* (185–210). Köln: Kölner Studien Verlag.

Claussen, C. (2000). Mündliches Erzählen von Kindern. In: F. Heinzel (Hrsg.), *Methoden der Kindheitsforschung. Ein Überblick über Forschungszugänge zur kindlichen Perspektive* (105–116). Weinheim/Basel: Juventa.

Ehlers, W. & Holder, A. (2009). *Psychologische Grundlagen, Entwicklung und Neurobiologie. Basiswissen Psychoanalyse.* Stuttgart: Klett-Cotta.

Fivaz-Depeursinge, E. & Corboz-Warney, A. (Hrsg.) (2001). *Das primäre Dreieck: Vater, Mutter und Kind aus entwicklungstheoretisch-systemischer Sicht.* Heidelberg: Carl-Auer-Systeme.

Flick, U. (2010). *Qualitative Sozialforschung. Eine Einführung* (3. Aufl.). Reinbek bei Hamburg: Rowohlt.

Friebertshäuser, B. (2003). Feldforschung und teilnehmende Beobachtung. In: B. Friebertshäuser & A. Prengel (Hrsg.), *Handbuch Qualitative Forschungsmethoden in der Erziehungswissenschaft* (503–534). München: Juventa.

Fuhs, B. (2000). Qualitative Interviews mit Kindern. Überlegungen zu einer schwierigen Methode. In: F. Heinzel (Hrsg.), *Methoden der Kindheitsforschung. Ein Überblick über Forschungszugänge zur kindlichen Perspektive* (87–104). Weinheim/Basel: Juventa Verlag.

Gloger-Tippelt, G. (2008). Individuelle Unterschiede in der Bindung und Möglichkeiten ihrer Erhebung bei Kindern. In: L. Ahnert (Hrsg.), *Frühe Bindung. Entstehung und Entwicklung* (2. Aufl.) (82–109). München/Basel: Ernst Reinhardt.

Heinzel, F. (Hrsg.) (2000). *Methoden der Kindheitsforschung. Ein Überblick über Forschungszugänge zur kindlichen Perspektive.* Weinheim/Basel: Juventa.

Heinzel, F. (2003). Qualitative Interviews mit Kindern. In: B. Friebertshäuser & A. Prengel (Hrsg.), *Handbuch Qualitative Forschungsmethoden in der Erziehungswissenschaft* (396–413). Weinheim/München: Juventa.

Hopf, Ch. (2008). Qualitative Interviews – Ein Überblick. U. Flick, E. v. Kardorff & I. Steinke (Hrsg.), *Qualitative Forschung. Ein Handbuch* (6. Aufl.) (349–359). Reinbek bei Hamburg: Rowohlt.

Horn, K., Beier, Ch. & Wolf, M. (1983). *Krankheit, Konflikt und soziale Kontrolle. Eine empirische Untersuchung subjektiver Sinnstrukturen.* Opladen: Westdeutscher-Verlag.

Juen, F. (2005). *Das Denken über das Fühlen: Psychische Realität, reflexive Kompetenz und Problemverhalten im Vorschulalter.* Marburg: Tectum.

Katzenbach, D. & Ruth, J. (2008). Lernen – Lernstörung – Triangulierung. Zum Zusammenspiel von Emotion und Kognition bei Lernprozessen. In: F. Dammasch, D. Katzenbach & J. Ruth (Hrsg.), *Triangulierung. Lernen, Denken und Handeln aus psychoanalytischer und pädagogischer Sicht* (59–84). Frankfurt: Brandes & Apsel.

Kirchmann, H. & Strauß, B. (2008). Methoden der Erhebung von Bindungsmerkmalen. *Klinische Diagnostik und Evaluation, 1*, 293–327.

v. Klitzing, K. (2002). Frühe Entwicklung im Längsschnitt. Von der Beziehungswelt der Eltern zur Vorstellungswelt des Kindes. *Psyche, 56*, 863–887.

v. Klitzing, K. & Stadelmann, S. (2011). Das Kind in der triadischen Beziehungswelt. *Psyche, 65*, 953–972.

Lamnek, S. (1995). *Qualitative Sozialforschung. Methoden und Techniken* Band 2 (3. Aufl.). Weinheim: Beltz.

Laplanche, J. & Pontalis, J.-B. (1972). *Das Vokabular der Psychoanalyse.* Frankfurt: Suhrkamp.

Leuzinger-Bohleber, M. & Garlichs, A. (1993). *Früherziehung West-Ost. Zukunftserwartungen, Autonomieentwicklung und Beziehungsfähigkeit von Kindern und Jugendlichen.* Weinheim und München: Juventa.

Loer, Th. (2010). Videoaufzeichnung in der interpretativen Sozialforschung. *sozialersinn, 11*, 320–352.

Lüders, Ch. (2008). Beobachten im Feld und Ethnographie. In: U. Flick, E. v. Kardorff & I. Steinke (Hrsg.), *Qualitative Forschung. Ein Handbuch* (6. Aufl.) (384–401). Reinbek bei Hamburg: Rowohlt.

Metzger, H.-G. (2000). *Zwischen Dyade und Triade. Psychoanalytische Familienbeobachtungen zur Bedeutung des Vaters.* Tübingen: Edition diskord.

Mey, G. (Hrsg.) (2005). *Handbuch Qualitative Entwicklungspsychologie.* Köln: Kölner Studien Verlag.

Mey, G (2005). Forschung mit Kindern – Zur Relativität von kindangemessenen Methoden. In: Ders. (Hrsg.), *Handbuch Qualitative Entwicklungspsychologie* (151–184). Köln: Kölner Studien Verlag.

Mey, G. & Mruck, K. (Hrsg.) (2010). *Handbuch Qualitative Forschung in der Psychologie.* Wiesbaden: Verlag für Sozialwissenschaften.

Mey, G. & Mruck, K. (2010). Interviews. In: ebd. (2010). *Handbuch Qualitative Forschung in der Psychologie*, 423–433.

Reinelt, T. (Hrsg.) (1997). *Lehrbuch der Kinderpsychotherapie. Grundlagen und Methoden.* München/Basel: Ernst Reinhardt.

Revers, W. J. (1973). *Der Thematische Apperzeptionstest. [TAT] Handbuch zur Verwendung des TAT in der psychologischen Testdiagnostik* (3. Aufl.). Bern/Stuttgart/Wien: Verlag Hans Huber.

Schaipp, Ch. & Plaum, E. (1995). *»Projektive Techniken«: Unseriöse Tests oder wertvolle qualitative Methoden?* Bonn: Deutscher Psychologen Verlag.

Schorn, A. (2000). Das »themenzentrierte Interview«. Ein Verfahren zur Entschlüsselung manifester und latenter Aspekte subjektiver Wirklichkeit. (http://nbn-resolving.de/urn:¬nbn:de:0114-fqs0002236), Zugriff am 15.12.2012.

Schorn, A. & Mey, G. (2005). Das Interview in der entwicklungspsychologischen Forschung – Anwendungsmöglichkeiten, Durchführung und Besonderheiten. In: G. Mey (Hrsg.), *Handbuch Qualitative Entwicklungspsychologie* (289–320). Köln: Kölner Studien Verlag.

Stadelmann, S. (2006). Konfliktbasierte Spielnarrative von Kindergartenkindern: Zusammenhänge mit der Verhaltensregulation der Kinder und mit dem emotionalen Familienklima (http://www.freidok.uni-freiburg.de/volltexte/2819/pdf/Dissertation_Stadelmann.¬2006.pdf), Zugriff am 21.10.2012.

Wittkowski, J. (2011). Projektive Verfahren. In: F. Hornke, L. Amelang & M. Kerting u. a. (Hrsg.), *Enzyklopädie der Psychologie, Methodologie und Methoden*, Band 4 (299–369). Göttingen/Bern/Toronto: Hogrefe.

Spiel- und Erzählverfahren zur Erschließung kindlicher Erfahrungswelten

Katrin Schrenker

Im Rahmen der Erforschung psychischer Strukturen ist die innere Erlebniswelt eines Kindes besonders schwer zugänglich. Aufgrund dieser Problematik wurden vielfältige Verfahren entwickelt, die allesamt das Ziel haben, Aussagen über die psychische Struktur von Kindern treffen zu können. Neben klinischen Tests (z. B. *Strange Situation Test*, vgl. Ainsworth, 1978), Beobachtungsstudien (vgl. z. B. Metzger, 2000) und projektiven Verfahren (vgl. z. B. Ruth i. d. B.) gehören Spiel- und Erzählverfahren zu den gängigen Methoden, um kindliche Erfahrungswelten zu erschließen. Thema dieses Beitrages ist die *MacArthur Story Stem Battery*, ein Spiel- und Erzählverfahren, das in psychologischen, psychoanalytischen und erziehungswissenschaftlichen Kontexten unterschiedlich Anwendung findet. In diesem Artikel wird die methodische Handhabung der *MacArthur Story Stem Battery* ausführlich erläutert. Ebenfalls ist erklärt, worauf bei der Durchführung zu achten ist. Anhand von Transkript-Beispielen wird deutlich, wie von den erzählten und gespielten Geschichten Rückschlüsse auf die psychische Struktur von Kindern gezogen werden können und inwiefern die sog. Spielnarrative Aufschluss über die Umgangsweise der Kinder mit (familiären) Konfliktsituationen geben. Abschließend werden die Möglichkeiten zur Erhebung psychischer Strukturen reflektiert.

1 Die MacArthur Story Stem Battery

Die *MacArthur Story Stem Battery* (MSSB) ist ein halbstrukturiertes Spiel- und Erzählverfahren für Kinder ab drei Jahren.[1] Das Verfahren geht auf eine Forschungstradition zurück, in der man über die Inhalte erzählter und gespielter

1 Im Übergang vom Kleinkind- zum Vorschulalter (ab der zweiten Hälfte des dritten Lebensjahres) entwickelt sich (nach der Wahrnehmung) mit dem Gedächtnis die wichtigste Bewusstseinsfunktion; spätestens gegen Ende des dritten Lebensjahres endet die kindliche Amnesie und das Gedächtnis verknüpft Erlebnisse und Erfahrungen zu einer Lebensgeschichte (vgl. Andresen, 2002, 63, 66). Die konkreten Erlebnisse und Erfahrungen der Kinder bilden dann die Basis ihres Spiels, in das sie ihre Kenntnisse über spezifische Verhaltens- und Handlungsweisen von bestimmten Rollen (z. B. Mutter, Vater, Kind, Lehrer, Ärztin etc.) einfließen lassen. Insofern sind Spiel- und Erzählverfahren erst für Kinder ab frühestens drei Jahren geeignet.

Geschichten Zugang zur inneren Erlebniswelt des Kindes zu gewinnen versucht (vgl. Oppenheim, 2003, 147). Seit Mitte der 1980er Jahre greifen die Forscher des *MacArthur Research Network on Early Childhood Transitions* auf solche Verfahren zurück und stützen sich dabei auf bekannte Anwender der psychoanalytischen Spieltherapie wie z. B. Anna Freud (1927), Robert Waelder (1933), Erik Erikson (1950) oder Donald Winnicott (1958) (vgl. Bretherton & Oppenheim, 2003, 55). Die Anfänge der psychoanalytischen Spieltechnik mit Kindern sind insbesondere bei Melanie Klein zu suchen. Bereits in den 1920er Jahren wendete Klein eine Spieltechnik an, bei der sie Kinder mit ihren eigenen Spielsachen spielen ließ (vgl. Klein, 1962, 13f.), um so einen Zugang zu ihren internalisierten Vorstellungen und Erfahrungen zu erhalten. Aktuellere, an den Entwicklungsstand des Kindes angepasste Erhebungsinstrumente sind – neben der MSSB – aus der Bindungsforschung hervorgegangene Verfahren wie der *Attachment Story Completion Task* (ASCT) (vgl. Bretherton, Suess, Golby & Oppenheim, 2001) oder der *Separation Anxiety Test* (SAT) (vgl. Bretherton & Oppenheim, 2003, 56f.).

Nach ausgiebigen Pilottests ab 1990 und mehrjähriger Anwendung veröffentlichten Emde, Wolf & Oppenheim (2003) die MSSB in »Revealing the Inner Worlds of Young Children. The MacArthur Story Stem Battery and Parent-Child Narratives«.

Die MSSB besteht aus einem Set von Geschichtenanfängen (sog. Story Stems), die zwischenmenschliche Konfliktsituationen innerhalb, aber auch außerhalb der Familie abbilden. Nachdem die Untersucherin/der Untersucher[2] die Geschichte bis zu einem festgelegten Höhe- bzw. Wendepunkt erzählt hat, wird das Kind dazu aufgefordert, mithilfe von Familienfiguren (z. B. *Playmobil*®) und zusätzlichen Requisiten die Geschichtenanfänge erzählend und spielend zu ergänzen. Je nach Story Stem besteht die Figuren-Gruppe aus Vater, Mutter, zwei gleichgeschlechtlichen Geschwistern (abhängig vom Geschlecht des untersuchten Kindes), Oma und Freund bzw. Freundin (ebenfalls abhängig von dem Geschlecht des untersuchten Kindes). Das ältere Geschwisterkind spielt in allen Geschichten eine zentrale Rolle und soll dem untersuchten Kind als Identifikationsfigur dienen. Gloger-Tippelt und König weisen darauf hin, dass sich die o. g. Familienzusammensetzung in den bisherigen Stichproben von Kindern aus Kern- und Einelternfamilien bewährt hat; es stellte sich heraus, dass auch Kinder, die nur mit einem Elternteil aufwachsen, in ihren Geschichten den abwesenden Elternteil in die Familie integrieren. Eine exakte Abbildung der realen Familie des Kindes (z. B. tatsächliche Anzahl und Geschlecht der Geschwister) schränke zudem die für das Spiel- und Erzählverfahren nötige Distanzmöglichkeit des Kindes ein (vgl. Gloger-Tippelt & König, 2009, 76). Ein weiteres Argument für identisches Spielmaterial – unabhängig von der realen Familiensituation des untersuchten Kindes – ist die anschließende Vergleichbarkeit der Spielnarrative.

Vorgegeben durch die Realitätskonstruktionen der Story Stems übernimmt das untersuchte Kind verschiedene Rollen und bringt damit seine Vorstellungen

2 Im Folgenden der zugrunde gelegten Studie entsprechend nur noch »Untersucherin«.

über diese Rollen zum Ausdruck bzw. stellt eigene Erfahrungen seiner sozialen Beziehungswelt dar. Während des Spiels sind die Materialien, Handlungen und Situationen nur Symbole für Materialien, Handlungen und Situationen, die im Erfahrungsgedächtnis des Kindes repräsentiert sind. In der MSSB sind zwischenmenschliche Beziehungen zentraler Bestandteil des Spiels. Auf dieser Basis können Rückschlüsse auf die tatsächlichen Beziehungserfahrungen und -repräsentanzen der Kinder gezogen werden. Um den Zusammenhang zwischen Spiel und Realität zu stärken und eine Verbindung zwischen der Darstellung im Spiel und den Erfahrungen des Kindes schaffen zu können, sind die Story Stems an die Erfahrungs- und Lebenswirklichkeit der Kinder geknüpft. Die Geschichteanfänge stellen (alltägliche) Problemsituationen dar, die es zu lösen gilt. Dabei können die Kinder sowohl ihre Erwartungen an die beteiligten Personen als auch ihre Erwartungen über Ablauf und Ausgang der Handlung darstellen.

Da die Mitglieder der *Narrative Working Group* sehr unterschiedliche Schwerpunkte in ihrer Forschung gesetzt haben, umfasst die MSSB zahlreiche Themen wie z. B. Empathie, Gehorsam, prosoziales und regelkonformes Verhalten, Loyalität, Verlust, Trennung, Wiedersehen etc. Die Story Stems der MSSB sind also sehr vielseitig angelegt. Für die Forschungsgruppe sind aber nicht nur jene Schlussfolgerungen von Interesse, die bisher aus den kindlichen Narrativen über Bindungssicherheit und Beziehungserfahrungen gezogen werden konnten, sondern auch Themen wie Sprachentwicklung und narrative Kompetenz, Moralentwicklung, Rollenverständnis, Konfliktfähigkeit und Verhaltensauffälligkeiten (vgl. Bretherton & Oppenheim, 2003, 60). Der ursprüngliche Kern der MSSB bestand 1990 aus 13 Story Stems (vgl. Emde et al., 2003, 381). Da dieses Verfahren von Anfang an dazu gedacht war, themenspezifisch weiterentwickelt zu werden, umfasst die MSSB inzwischen etwa doppelt so viele Story Stems. Die Auswahl der Geschichten wird dem jeweiligen Untersuchungsinteresse angepasst. Den Rahmen für die ausgewählten themenspezifischen Kerngeschichten bilden eine Aufwärm-Episode (dem Kind wird das Vorgehen erklärt) und das freie Spiel zum Schluss (das Kind darf mit allen Figuren und Requisiten spielen). Die so gewonnenen Spielnarrative der Kinder werden auf Video aufgezeichnet und anschließend transkribiert.

2 Handhabung der MacArthur Story Stem Battery

Die Narrative sind in Präsentationsphase, Entwicklungsphase und Übergangsphase aufgeteilt: Die Präsentationsphase beginnt mit der Ausführung eines Geschichtenanfangs und endet mit der standardisierten Spielaufforderung: *»Jetzt zeig mir und erzähl mir mal, wie die Geschichte weitergeht.«* Sobald das Kind auf die Geschichte reagiert, beginnt die Entwicklungsphase, in der das Kind sein Spielnarrativ ausführt. Auch Fragen zur Geschichte oder Handlungen mit Figuren gehören zur Reaktion des Kindes und damit bereits zur Entwicklungsphase. Der Zeitrahmen dieser Phase wird notiert. Die Entwicklungsphase endet, sobald das Kind das Ende der Geschichte signalisiert oder die Untersucherin die Geschichte beendet (siehe Präsentation und Durchführung). Daraufhin beginnt die Übergangsphase zwischen zwei Narrativen, bis die Untersucherin die nächste Stammgeschichte vorstellt und damit wieder die Präsentationsphase einleitet (vgl. Robinson, Mantz-Simmons, MacFie, Emde & MacArthur Narrative Working Group, 2000; autorisierte deutsche Fassung durch Lemche, 2000). Um die Vergleichbarkeit bei der Auswertung der kindlichen Spielnarrative zu gewährleisten, sind bei der Durchführung des Verfahrens noch einige weitere Punkte mit Gewissenhaftigkeit zu beachten (vgl. Emde, Wolf & Oppenheim, 2003, 381ff.; Bretherton & Oppenheim, 2003, 64ff.).

2.1 Rahmenbedingungen

Bei der Durchführung der einzelnen Story Stems dürfen nur jene Figuren und Requisiten benutzt werden, die für die jeweilige Geschichte vorgesehen sind. Gerade im Hinblick auf größere Stichproben ist diese Einschränkung wichtig, da die Spielnarrative dadurch vergleichbar bleiben. Eine zu große Auswahl an Figuren könnte zu einer Überforderung führen, da das Spielgeschehen umso komplizierter wird, je mehr Figuren für eine Handlung in Frage kommen.

Für neu entworfene Story Stems gilt: Von Vorteil sind Requisiten, die sowohl bei Mädchen als auch bei Jungen Interesse wecken. Zu den bisherigen Story Stems gehören Requisiten, die dem Gender-gerechten Spiel entsprechen (z. B. Fußball für Jungen, Herd für Mädchen). Es sollten allerdings nicht zu viele Requisiten genutzt werden, die ablenken (z. B. nur Tisch und Topf, aber keine Teller und Besteck), damit sich das Spiel nicht im Detail verliert. Für die bereits vorhandenen Story Stems sind die Requisiten vorgegeben, aber auch in diesem Fall sind Modifizierungen möglich: Für die Studie »Vom Ich zum Du zum Wir. Perspektivenwechsel und Triangulierung in der frühen Kindheit« (Schrenker, 2012) wurde bspw. die Szene der Ausschluss-Geschichte (im MSSB-Manual »Exclusion – oedipal«) alltagsnäher gestaltet. Die Geschichte wurde gegenüber der Originalfassung insofern modifiziert, dass das Kinderzimmer durch eine Spielkiste mit *Lego*®-Steinchen gekennzeichnet war.

Requisiten, die während eines Spielnarrativs nicht gebraucht werden, sollten in einer Box auf dem Boden stehen bzw. sich außerhalb des kindlichen Blickfeldes befinden, damit das Kind nicht dazu verleitet wird, zusätzliche Figuren oder Requisiten einzubeziehen. Verlangt ein Kind dennoch zusätzliche (eigene) Spielsachen, wird es gebeten, sich den entsprechenden Gegenstand einfach vorzustellen. Weiterhin kann man auf das freie Spiel am Schluss verweisen und erklären, dass bestimmte Figuren/Sachen in der aktuellen Geschichte nicht »mitspielen«.

Damit das untersuchte Kind sich leichter in die Figuren hineinversetzen kann, haben die Kinder-Spielfiguren (älteres und jüngeres Geschwisterkind sowie Freund bzw. Freundin) das gleiche Geschlecht wie das untersuchte Kind. Das ältere Geschwisterkind der beiden Kinder-Figuren (großer Bruder bzw.

große Schwester) ist der Hauptdarsteller und dient als Identifikationsfigur, d. h. es kommt in allen Story Stems vor, wird dem untersuchten Kind aber nicht direkt als Identifikationsfigur vorgeschlagen. Interessant ist, dass die meisten Kinder sich dennoch mit dieser Hauptfigur identifizieren, auch wenn die reale Familienkonstellation anders als in den Geschichten ist: Das untersuchte Kind identifiziert sich z. B. auch dann mit dem älteren Geschwisterkind, wenn es in der realen Familie das jüngere Geschwisterkind ist. Dieses Verhalten spricht dafür, dass die Kinder die in den Story Stems abgebildete Familienkonstellation für ihre Spielnarrative eher aufgreifen als ihre reale Familienkonstellation.

Wenn mehrere Kinder an der Erhebung teilnehmen, muss die Abfolge der Geschichten immer gleich bleiben, damit sich keine Unterschiede in der Dramaturgie der vorgegebenen Inhalte ergeben können.

Bei der Positionierung der Videokamera ist darauf zu achten, dass sowohl das Kind und seine Spielhandlungen als auch die Untersucherin erfasst werden. Damit das möglich ist, sollte zuvor eine Spielfläche (z. B. ein kleiner Tisch) festgelegt werden, die nicht verlassen werden darf. Es ist empfehlenswert, eine erhöhte Spielfläche anstelle des Bodens zu nutzen, da die Fläche dann z. B. durch Tischkanten automatisch begrenzt ist – die Figuren würden hinunterfallen, wenn das Kind die Grenzen der Spielfläche überschreitet. Falls ein Kind dennoch Figuren oder Requisiten auf den Boden fallen lässt, um dort weiterzuspielen, kann es an die zuvor festgelegte Spielfläche erinnert werden. Um ein Kind von der Funktion der festgelegten Spielfläche zu überzeugen, kann die Erdanziehungskraft als Vergleich dienen.

Während der Erhebung (und darüber hinaus) ist die Haltung der Untersucherin geduldig, zugewandt, interessiert und wertfrei; v. a. nach konfliktreichen Geschichten sollte nicht gelobt werden, um das Kind nicht dazu zu veranlassen, noch dramatischere Geschichten zu produzieren.

2.2 Präsentation und Durchführung

Um das Interesse der teilnehmenden Kinder zu gewinnen und sie nicht einzuschüchtern, sollte die Erhebungsphase (durch den Umgang mit dem Kind) so natürlich wie möglich gestaltet werden, auch wenn es sich nicht um eine alltägliche Situation handelt. Das Verfahren wird deshalb als Spiel erklärt: »*Schau mal, ich habe Playmobil® mitgebracht, damit wir zusammen Geschichten spielen und erzählen können. Ich habe X Geschichten ausgesucht, von denen ich dir immer den Anfang vorspiele. Du darfst die Geschichten dann weiterspielen und -erzählen und mir sagen, wann sie zu Ende sind.*« Anschließend werden die einzelnen Spielfiguren vorgestellt (zunächst nur Oma, Mutter, Vater, älteres und jüngeres Geschwisterkind). Die Untersucherin stellt die Figuren der Reihe nach vor dem Kind auf und benennt sie dabei: »*Schau mal, das ist unsere Familie. Das hier ist die Oma, das ist die Mutter, das hier der Vater, und das ist die große Schwester, sie heißt Tina (bzw. der große Bruder, er heißt Tom)*[3], *und*

3 Die Namen der Kinder-Figuren dürfen nicht den Namen des untersuchten Kindes tragen.

das hier ist die kleine Schwester, sie heißt Lilly (bzw. der kleine Bruder, er heißt Lukas).« Das Kind soll daraufhin alle Familienmitglieder noch einmal benennen und kann dabei ggf. von der Untersucherin unterstützt werden. Das selbständige Benennen der Figuren ist wichtig, um sichergehen zu können, dass das Kind die Rollen und Namen der Figuren verstanden hat. Die Gefahr einer Verwechslung während der Präsentations- und Entwicklungsphase verringert sich dadurch.

Es folgt die Aufwärm-Episode, die dem Kind die Vorgehensweise verständlich machen soll. Die Einführungsgeschichte ist eine »Geburtstags-Geschichte«: Das ältere Geschwisterkind hat Geburtstag, die Mutter hat einen Kuchen gebacken, und Vater, Mutter, Oma sowie jüngeres Geschwisterkind wollen zusammen feiern. Durch Hilfestellung und gezielte Aufforderungen soll sich das Kind in das Verfahren einfinden können. Ziel ist es, dass das Kind mit der Untersucherin spricht, die Figuren und Requisiten bewegt, die Rolle einer oder mehrerer Figuren übernimmt und etwas sagt, dass zur Geburtstagsgeschichte passt. Erst dann wird die Aufwärm-Episode beendet.

Schließlich erzählt und spielt die Untersucherin dem Kind den standardisierten Beginn jeder Geschichte vor und erklärt beim Aufbau der Requisiten die Szene. Nach der Präsentation des Geschichtenanfangs folgt die Spielaufforderung mit den Worten *»Jetzt zeig mir und erzähl mir mal, wie die Geschichte weitergeht.«/»Zeig und erzähl mir mal, was als nächstes geschieht.«*[4] Diese Aufforderung soll das Kind dazu veranlassen, mit den Figuren und Requisiten zu spielen, Rollen zu übernehmen und ein eigenes Spielnarrativ zu entwickeln. Ein solches Spielnarrativ ist erst dann zu Ende, wenn das Kind das Ende signalisiert, indem es z. B. sagt: *»Zu Ende.«/»Das war's.«* Das Beenden einer Geschichte durch die Untersucherin ist unter folgenden Umständen erlaubt:

- wenn sich die Handlungen/Erzählungen wiederholen
- wenn das Kind ganz neue Inhalte einführt
- wenn das Kind sich nicht auf das Ende einlassen will

Um das Spielnarrativ zu einem Ende zu bringen, können folgende Fragen/Aussagen verwendet werden: »Wie endet diese Geschichte?«/»Jetzt habe ich eine Idee für eine andere Geschichte.«/»Bist du bereit für die nächste Geschichte?«. In einer solchen Situation darf die Untersucherin z. B. folgendermaßen zur nächsten Geschichte überleiten: »Die Großmutter geht jetzt nach Hause.«/»Für die nächste Geschichte brauchen wir den Fernseher.« Entfernung bestimmter Figuren: »Die Schwester spielt in der nächsten Geschichte nicht mit.«

4 In manchen Übersetzungen wird »passiert« statt »geschieht« o. ä. angegeben. Darauf sollte verzichtet werden, da das Verb »passieren« mit dramatischen Themen assoziiert werden könnte.

2.3 Regeln

Spiel- und Erzählverfahren wie die MSSB können nur dann vergleichend ausgewertet werden, wenn die Regeln während der Erhebungssituation bei allen teilnehmenden Kindern gleichermaßen berücksichtigt wurden. Die Untersucherin sollte das jeweilige Kind stets freundlich und möglichst spielerisch an die Regeln erinnern. In diesen Situationen ist es wichtig, eine gleichsam vertraute Atmosphäre zu erhalten, damit nicht der Eindruck einer rigiden Untersuchungssituation entsteht. Einwände müssen deshalb immer positiv formuliert sein und das Kind motivieren. Wenn das Kind z. B. die Geschichtenpräsentation unterbricht, wird es darauf hingewiesen, dass es die Geschichte beenden darf, nachdem die Untersucherin den Anfang erzählt hat. Diese Reihenfolge kann bspw. mit den wechselnden Spielzügen bei einem Brettspiel erklärt werden. Bringt das Kind während der Präsentationsphase eigene Inhaltsthemen ein, werden diese mit Anmerkung im Transkript notiert. Kinder stellen häufig einen Kontakt zur Untersucherin her, indem sie von eigenen Erfahrungen berichten. In dieser Situation ist es einerseits wichtig, die eigenen Inhaltsthemen als Kontaktaufnahme anzunehmen, andererseits gilt es jetzt, die Aufmerksamkeit wieder auf das Spielnarrativ zu lenken. Wenn das Kind nicht auf die Geschichtenpräsentation reagiert, sind Ermutigungen (z. B. *»Du kannst einfach erzählen, was dir einfällt.«/»Du darfst dir ausdenken, wie es weitergehen soll.«)* oder die erneute Erklärung der Ausgangssituation erlaubt. Nicht erlaubt sind hingegen Instruktionen in eine bestimmte inhaltliche Richtung.

Es kann passieren, dass das Kind nicht auf das zentrale Thema der Geschichte eingeht; in diesen Fällen können non-direktive Nachfragen gestellt werden, wie z. B.: *»Was machen sie denn jetzt?«/»Geht die Geschichte noch weiter?«*. Wenn das Kind den Konflikt nicht aufgreift, sind themenspezifische standardisierte Einwände, Nachfragen und Hinweise (sog. »prompts«) erlaubt, die für die einzelnen Story Stems festgelegt sind und von der Untersucherin wenn nötig zweimal pro Geschichte eingesetzt werden dürfen. Folgendes Beispiel mit zwei möglichen Reaktionen veranschaulicht einen solchen Fall: In der Geschichte »Drei sind einer zu viel« spielt das ältere Geschwisterkind (Identifikationsfigur) mit seinem Freund/seiner Freundin Ball, das jüngere Geschwisterkind kommt dazu und will mitspielen. Mögliche Reaktionen:

1. Das untersuchte Kind will in der Rolle der Identifikationsfigur das jüngere Geschwisterkind wegschicken. Daraufhin wendet die Untersucherin in der Rolle des jüngeren Geschwisterkindes ein: *»Aber ich bin doch dein kleiner Bruder!/deine kleine Schwester!«*.
2. Das untersuchte Kind möchte in der Rolle der Identifikationsfigur trotz des Widerspruchs durch den Freund/die Freundin, dass der kleine Bruder/die kleine Schwester mitspielt. Daraufhin wendet die Untersucherin in der Rolle des Freundes/der Freundin ein: *»Aber ich hab‹ doch gesagt, wenn du deinen kleinen Bruder/deine kleine Schwester mitspielen lässt, bin ich nicht mehr dein Freund/deine Freundin!«*.

Solche vorgegebenen »prompts« dienen dazu, dem Kind den Konflikt zu verdeutlichen, um bei der Auswertung abschätzen zu können, warum das Kind den Konflikt nicht aufgegriffen hat (z. B. Verdrängung, Vermeidung, kein Erkennen des Konflikts).

Häufig kommt es vor, dass ein Kind uneindeutige Handlungen darstellt (z. B. ist unklar, ob zwei Figuren sich streiten oder küssen) oder es nicht deutlich macht, welche der Figuren gerade spricht bzw. handelt. In diesen Situationen sind Zwischenfragen erlaubt wie: »*Was tun sie da gerade?*«/»*Wer tut das?*«/»*Wer sagt das gerade?*«. Wenn ein Kind undeutlich oder leise spricht, sollte die Untersucherin die Äußerungen des Kindes noch einmal wörtlich wiederholen oder nachfragen bzw. das Kind um eine Wiederholung bitten, um Probleme bei der Transkription und Auswertung des Videomaterials zu vermeiden.

3 Ablauf der Datenerhebung

Für die Durchführung der MSSB (vgl. auch Emde, Wolf & Oppenheim, 2003, 381ff.) gibt es mehrere in Frage kommende Settings. Zunächst muss entschieden werden, ob die Datenerhebung in einer öffentlichen Einrichtung bzw. Institution oder bei dem zu untersuchenden Kind zu Hause stattfinden soll. Grundsätzlich ist die räumliche Flexibilität des Verfahrens von Vorteil.[5] Obwohl die Erhebung im häuslichen Umfeld häufig aufgrund erhöhter Ablenkung und möglicher persönlicher Befangenheit der Teilnehmer gemieden wird, ist sie im Falle der MSSB sogar empfehlenswert: In dem für die Kinder vertrauten Umfeld ist es viel leichter, eine annähernd natürliche Spielsituation herzustellen als in einer fremden, für die Kinder möglicherweise als unnatürlich empfundenen Umgebung.[6] Wenn Mütter bzw. Väter oder Eltern im Vorfeld telefonisch über den Ablauf informiert werden, kann der erste Kontakt während des Besuches den Kindern gelten. In der o. g. Studie (Schrenker, 2012) sollten die Kinder das Gefühl haben, im Mittelpunkt zu stehen. Sie freuten sich – gelegentlich nach anfänglicher Schüchternheit – meist sehr darüber, dass die Untersucherin zu Besuch kam, um mit ihnen zu spielen, zumal sie sie bereits von einer Vorstudie aus dem Kindergarten kannten. Dadurch war die Herstellung einer Vertrauensbasis in den meisten Fällen problemlos möglich und wurde durch die Kooperation mit den Bezugspersonen unterstützt. Die Bezugspersonen müssen im Vor-

5 Robinson & Mantz-Simmons, 2003, 87: »Each setting has advantages in terms of its ambiance. Office settings permit greater control over extraneous events and distractions. Familiar home or preschool settings encourage greater relaxation and, potentially, greater freedom of expression, for the child.«

6 Zwei Erhebungen aus der o. g. Studie (»Vom Ich zum Du zum Wir«) fanden auf Wunsch der Mütter/Eltern in einem separaten Raum im Kindergarten statt. Dieses Setting erwies sich im Vergleich zu den Hausbesuchen als weniger vertrauensvoll und viel häufiger von Störungen beeinflusst.

feld dazu angehalten werden, nicht von einer Testsituation zu sprechen, sondern den Anlass als Spiel zu kommunizieren. Vor der Erhebung sollte durch Spiel oder Unterhaltung stets ein guter Kontakt zum Kind entwickelt werden:

> »It is vital that the interviewer establish good rapport with the child interviewee through playful interaction before engaging him or her in the story completion task. For shy children, this will take longer than for sociable children. When the child is brought to a university playroom by a parent or when the task is administered at home, rapport is best established in the presence of the parent, though the parent normally leaves before the story completion task begins.« (Bretherton & Oppenheim, 2003, 63)

Trotz der erhöhten Ablenkungsgefahr bietet das Kinderzimmer eine sehr natürliche Atmosphäre für ein gemeinsames Spielgeschehen; bei einem guten Kontakt zwischen Untersucherin und Kind kann letzteres in der Regel davon überzeugt werden, dass eigene Spielsachen erst am Ende einbezogen werden dürfen. Vor der Erhebung sollte das Kind selbst entscheiden können, ob die Tür offen bleibt oder geschlossen wird. Zum Spielen kann ein kleiner Kindertisch mit Stühlen genutzt werden, aber auch Kisten o. ä. auf der Sitzhöhe des Kindes können als Spielfläche dienen. Wegen der empfohlenen Positionierung der Videokamera sollten Kind und Untersucherin über Eck sitzen. Die Aufzeichnung der Spielnarrative mit einer Videokamera ist notwendig, um eine verlässliche Auswertung gewährleisten zu können.

Die Aufnahme wird dem Kind damit erklärt, dass man sich die gespielten Geschichten dann auf Video noch einmal anschauen könne. Die Kamera kann gemeinsam mit dem Kind aufgebaut werden, um das Interesse mancher Kinder für die Videokamera vor der Erhebung zu befriedigen und einen lockeren Umgang mit dem Gerät zu schaffen. In der Regel vergessen bzw. ignorieren die Kinder die Kamera während ihres Spiels. (In der beschriebenen Studie blickten nur sehr wenige Kinder zwischendurch kurz direkt in die Kamera.) Es ist wichtig, dass die Videokamera die gesamte Tischplatte mit dem Spielmaterial sowie die Mimik und Gestik des Kindes erfasst.

Um das Kind nicht zu demotivieren oder zu überfordern, macht es Sinn, den Inhalt der Geschichten dem Verlauf der Motivation und der Gewöhnung an die Situation anzupassen, d. h. die Konflikthaftigkeit der Geschichten sollte sich zur Hälfte aller Geschichten hin steigern und gegen Ende wieder abnehmen. Die Reihenfolge der Geschichten muss, wie bereits erwähnt, bei allen untersuchten Kindern einer Studie gleich bleiben. Durch das freie Spiel am Schluss, bei dem alle Spielsachen benutzt werden dürfen, wird das Kind mit einer positiven Erfahrung aus der Erhebungssituation entlassen. Ein zeitlicher Rahmen ist für die Spielnarrative nicht vorgegeben. Je nach Anzahl der Story Stems und Bereitschaft des jeweiligen Kindes kann die Erhebungsdauer stark variieren (im Falle der beschriebenen Studie zwischen 25 und 70 Minuten). Zur Auswertung der Spielnarrative stehen Codiermanuale mit vorgegebenen Inhaltsthemen zur Verfügung. Es gibt jedoch auch andere Möglichkeiten für die Auswertung von Spielnarrativen (vgl. dazu Schrenker zur Auswertung von Spiel- und Erzählverfahren i. d. B.).

4 Zur Erschließung kindlicher Erfahrungswelten: Die Material-Basis

Die folgenden Transkript-Auszüge veranschaulichen die Art des mit der MSSB gewonnenen Materials. Bei den Ausschnitten handelt es sich um Reaktionen zweier Kinder auf eine Story Stem zum Thema »Ausschluss aus der elterlichen Paarbeziehung«. Die Beispiele stammen aus der zugrunde gelegten interdisziplinären Studie »Vom Ich zum Du zum Wir. Perspektivenwechsel und Triangulierung in der frühen Kindheit« (Schrenker, 2012) und machen deutlich, inwiefern die MSSB Rückschlüsse auf kindliche Erfahrungswelten zulässt.

4.1 Zugrunde gelegte Story Stem

Die Szenerie der Ausschlussgeschichte lässt sich folgendermaßen beschreiben: Mutter und Vater sitzen auf dem Sofa und unterhalten sich. Der Vater bittet den Sohn (im Folgenden Tom), bzw. die Mutter bittet die Tochter (im Folgenden Tina)[7], in seinem/ihrem Zimmer[8]spielen zu gehen, damit sie (die Eltern) ein wenig alleine sein können. Nachdem das Kind gegangen ist, küssen sich die Eltern.

Die Ausschluss-Geschichte ist auf die wichtigsten Figuren (Vater, Mutter, Kind) reduziert, und die Identifikation mit der Hauptfigur (Tom bzw. Tina) ist dadurch gewährleistet, dass das jüngere Geschwisterkind und der Freund/die Freundin in der Geschichte nicht vorgesehen sind. Durch den Ausschluss aus der elterlichen Paarbeziehung wird der ödipale Konflikt altersentsprechend aufgegriffen. Mit dieser Szene kann zugleich Freuds Urszene phantasiert werden. Das Kind hat in der Rolle der Identifikationsfigur die Möglichkeit, sich gegen den Ausschluss zu wehren und sich mit einem Elternteil zu verbünden, sich gegen beide Elternteile aufzulehnen oder die Triade wiederherzustellen. Ebenso kann es die Eltern in Ruhe lassen und alleine in seinem Zimmer spielen gehen. Die möglichen Verhaltensweisen bilden schließlich wichtige Konzepte der ödipalen Entwicklung ab.

4.2 Transkript-Beispiele

Die folgenden Beispiele beschreiben die Reaktion zweier Kinder auf die skizzierte Ausschluss-Geschichte. Die Nennung der Figuren vor der direkten Rede oder während einer Handlung zeigt die Rollenübernahme durch das untersuchte Kind an.

7 Abhängig vom Geschlecht des untersuchten Kindes.

8 Toms Zimmer wird während der Geschichtenpräsentation als die Stelle mit der Spielkiste definiert, da es keine abgetrennten Räume gibt.

Phillip: 6,6 Jahre

Nach der Aufforderung durch den Vater (repräsentiert durch die Untersucherin), Tom solle die Eltern eine Weile alleine lassen und in seinem Zimmer spielen gehen, hält Phillip kurz inne (4 Sek.), bevor er Toms Reaktion einleitet:

Phillip: »Hm ... dann sagt der Tom:«
Tom: »Nein, aber ... ich wollte doch ebend [sic!] gerade noch nur fragen, ob ich mit der Mama schm-u-sen kann.«
Mama: »Okay, dann darfst du mit mir schmusen.«
Phillip setzt Tom bei Mama auf den Schoß.
Phillip: »Dann schmusen sie ne Weile ... und dann ... sagt die Mama:«
Mama: »Hey hast du nicht vergessen, wir müssen doch den Luka- ... den Lukas mal abholen.«
Phillip schaut die Untersucherin an.
Untersucherin: »Aber warte, guck mal, der Papa sagt:«
Untersucherin in der Rolle des Vaters: »Hier Tom, nee der Lukas, den müssen wir später erst abholen, guck mal, so lange wollen die Mama und ich noch ein bisschen Zeit füreinander haben. Kannst du jetzt bitte in dein Zimmer geh'n?«[9]
Phillip: »Aber der wollte, m, noch schmusen und dann ham die dem das erlaubt ... weil also Schmusen ist doch kein Problem, oder?«
Untersucherin: »Ja ... das stimmt. Aber die Mama und Papa wollen ja vielleicht auch mal alleine schmusen.«
Phillip lacht.
Untersucherin: »Hmm.«
Phillip: »Witzig(?).«
»Dann ham die ne Weile geschmust, und dann wollte der, m, m, Tom nich' mehr und dann, m, m, <?> der zu Papa gegangen:«
Phillip nimmt Tom von Mamas Schoß und stellt ihn vor dem Vater auf.
Tom: »Papa, komm wir spiel'n Fußball.«[...]

Nachdem die Untersucherin in der Rolle des Vaters Tom noch einmal gebeten hat, in sein Zimmer zu gehen, bewegt Phillip Tom in das Kinderzimmer. Daraufhin küssen sich Vater und Mutter wie in der Story Stem vorgesehen. Die erneute Zurechtweisung des Kindes durch die Untersucherin in der Rolle des Vaters gehört zu den erlaubten »prompts« der Ausschluss-Geschichte und soll dafür sorgen, dass Phillip den Konflikt nicht umgeht.

Phillip reagiert schließlich auf die Intimität seiner Eltern:

Phillip: »Anstatt zu sp-i-e-len[10]*, m, macht der dann nur so ne ... riesen Sauerei mit seinen ... Bauklötzchen.«*

9 Bei diesem Einwand der Untersucherin handelt es sich um einen erweiterten »prompt«.
10 Durch die Hebung auf dem »i« erhält das langgezogene Wort einen schelmischen Klang.

Untersucherin: »Uh.« […]
Phillip und die Untersucherin hantieren eine Weile mit den Lego®-Steinchen aus Toms Spielkiste, da sie nur schwer voneinander zu trennen sind.
Phillip breitet die Lego®-Steinchen um Toms Spielkiste herum aus.
Phillip: »Das wär‹ jetzt im Spiel n bisschen enger, aber … wir ham jetzt so viel (?) Platz. <?>.«
Phillip lässt die Hand über dem Tisch kreisen.
Untersucherin: »Ja … okay, und dann?«
Phillip: »Und dann kommt der Papa rein … und sagt:«
Papa kommt in Toms Zimmer.
Papa: »Tom, ich dachte du sp-i-e-lst! Ich glaub', ich seh' was, ich glaub', ich träume nur, dass ich das sehe, oder?«
Phillip: »Und dann … geht das so lange bis der merkt, der träumt g-a-r nich' … und, äh …«
Papa: »Tom, räum des jetzt gleich auf, wir müssen eh bald geh'n.«
Papa geht zurück zu Mama, die noch auf dem Sofa sitzt.
Papa zu Mama: »Tom hat ne riesen Sauerei gemacht, in seinem Zimmer mit seinen Bauklötzchen.«
Phillip: »Aber in der Zeit hatte Tom ne super Idee … der räumt des Ganze schnell wieder auf…damit die beiden des gar nich' seh'n … weil der wollte nämlich schnell seinen Bruder abholen … weil die ham ja bestimmt zusammen Spaß, oder?«
Untersucherin: »Mhm.«
Phillip: »Mit DEM dann spielen.«
Untersucherin: »Okay.«
Phillip stapelt die Lego®-Steinchen wieder übereinander. <7 Sek.>[…] Phillip legt die Lego®-Steinchen in Toms Spielkiste zurück.
Phillip: »So, und dann räumt der's wieder in seine Spielkiste.«
Tom räumt sein Spielzeug weg.
Phillip: »Dann kommen die beiden rein.«
Mama und Papa kommen zu Tom ins Zimmer. Phillip stellt die Mutter Tom gegenüber.
Mama: »Tom, wo is' die Sauerei?«
Tom: »In meiner Spielkiste.«
Phillip: »Sagt Tom.«
Phillip grinst und schaut die Untersucherin an.
Mama: »WAS, da is' doch keine Sauerei, da is' doch alles aufgeräumt. PAPA, du hast mich angelogen.«
Papa: »Nein, es stimmte, der hat's wahrscheinlich nur wieder aufgeräumt … weil er kein' Ärger bekommen wollte.«
Mama: »Aha.«

Es folgt eine Diskussion der Eltern darüber, ob Tom zur Belohnung Fernsehen schauen darf oder nicht. Schließlich endet die Geschichte damit, dass alle zusammen den kleinen Bruder Lukas abholen.

Lisa: 5,11 Jahre

Nach der Aufforderung durch die Mutter (repräsentiert durch die Untersucherin), Tina solle die Eltern ein wenig alleine lassen und in ihrem Zimmer spielen gehen, reagiert Lisa wie folgt:

Lisa: »Und dann sagt die«
Lisa nimmt Tina in die Hand und schiebt sie zu ihrer Spielkiste.
Tina: »Okay, Mama.«
Lisa: »Jetzt spielt sie mit ihren Bausteinen.«
Tina spielt mit ihren Bauklötzchen.
Tina: »Ui.«
Untersucherin: »Und guck, die Mama und der Papa küssen sich dann.«
Die Untersucherin spielt, wie Mama und Papa sich küssen. Lisa nimmt die Mutter in die Hand.
<Lisa wechselt in eine höhere Stimmlage.>
Mama zu Papa: »Aber wir müssen irgendwie noch n Ge-, Weihnachtsgeschenk für die Tina kaufen.«
Lisa: »Dann legt die, der Vater die Frau so aufn Sofa, die Mutter, und der Vater kauft schnell ein Geschenk.«
Lisa legt die Mutter auf das Sofa. Papa läuft los.
Lisa: »Und die Tina [...] schläft auch einmal und die wär‹ <?> Sofa, das wär‹ jetzt Tinas Sofa.«
Lisa nimmt die Mutter vom Sofa und legt stattdessen Tina darauf.
Untersucherin: »Mhm.«
Lisa: »Das <?> geht jetzt hier hin und ähm ... die Tina setzt sich jetzt in ihr, das Kinderzimmer oder schläft auch ...«
Lisa setzt Tina zuerst auf das Sofa und legt sie dann hin.
Lisa: »... und der Va-, die Mutter, die sitzt, die is' jetzt grad nich' dabei ...«
Lisa legt die Mutter in eine Ecke des Tisches.
Lisa: »... und der Vater kauft grad ne Pu<?> ...«
Lisa beugt den Vater über die Spielkiste und nimmt sie zusammen mit dem Vater in die Hand.
Lisa: »... und dann kommt die Mutter.«
Lisa greift nach der Mutter und schiebt sie zu Tina und dem Sofa.
Mama: »Alles Gute zum Geburtstag, Tina!«
Lisa: »Und dann kommt die Tina und sagt:«
Lisa nimmt Tina von dem Sofa herunter und stellt sie zu den Eltern.
Tina: »Huh, danke, mein Geburtstag is' das Tollste.«
Mama: »Guck mal hinter dich.«
Tina: »Huh, meine eigene Couch!«
Lisa setzt Tina auf das Sofa.
Tina: »Aber es ist auch eure Couch.«
Papa<?>: »Jetzt sei sen-, sitzen wir alle zusammen auf der Couch, okay Tina?«
Tina: »Juh-u!«
Lisa: »Und dann sitzen die zusammen auf der schönen gemütlichen Couch.«

Lisa setzt alle drei Figuren auf die Couch.
Lisa: »Und dann sagt die Tina:«
Tina: »Was habt ihr mir denn da mitgebracht?«
Mama<?>: »Das sind paar St-, Bausteine, die stellen wir mal da hin.«
Lisa schiebt die Spielkisten mit den Bausteinen neben das Sofa. Lisa lehnt sich zurück, nimmt die Hände auf den Schoß und schaut die Untersucherin an.
Lisa: »Geschichte zu Ende.«

Dieses Fallbeispiel macht deutlich, dass ein Einbringen der Untersucherin an keiner Stelle erforderlich ist. Lisa hält sich an die Rahmenbedingungen und entwickelt völlig unabhängig von der Untersucherin ein in sich geschlossenes Spielnarrativ.

5 Zur Erhebung psychischer Strukturen

Es ist eine hohe Anforderung an ein Erhebungsinstrument, unsichtbare innere Prozesse und Erfahrungswelten von Kindern zu erfassen. Die MSSB stellt dafür jedoch eine sehr gute Lösung dar. Die Kinder identifizieren sich in der Regel mit der Hauptfigur und geben mit ihren Spielnarrativen Auskunft über positive wie negative Gefühle in Bezug auf Konflikte und Beziehungen, über eigene Erfahrungen und Umgangsweisen mit alltagstypischen (Konflikt-)Situationen.

Wie eingangs beschrieben, gibt es verschiedene Verfahren, die einen Zugang zur psychischen Struktur von Kindern ermöglichen können. Die Vorteile von Spiel- und Erzählverfahren liegen sicherlich in der spielerischen Auseinandersetzung mit themenbezogenen Problemstellungen; der Umgang mit Spielsachen schafft eine schnellere Vertrauensbasis als andere Erhebungssituationen und ist deshalb für die Analyse innerer Vorstellungs- und Erfahrungswelten besonders aufschlussreich. Oft geben die Kinder in ihren Geschichten sogar selbst Hinweise auf ihre eigene Erfahrung (vgl. z. B. Schrenker, 2012, 196ff.). »Narrative vermitteln die mentale Struktur von Erfahrungen, geben Auskunft über die Rolle des Selbst oder einer Identifikationsfigur und anderer Personen in den Geschichten […]« (Gloger-Tippelt & König, 2009, 63). Neuere Untersuchungen der Gedächtnisforschung bestätigen die Existenz eines frühen »Erfahrungsgedächtnisses«, das mit sog. Ereignisrepräsentationen »gefüllt« ist, die sich auf Szenen, Personen bzw. Handelnde, Handlungsverläufe oder bestimmte Orte beziehen (vgl. Nelson, 2005; Bretherton & Mulholland, 2008, 112). Die Existenz eines solchen Erfahrungsgedächtnisses spricht aus entwicklungspsychologischer Sicht für die Methode der Spiel- und Erzählverfahren, da mehrere Alltagsszenen oft zu beziehungsspezifischen Repräsentationen verknüpft werden, wie z. B. »Mama ist für mich da, wenn es mir schlecht geht« (vgl. Gloger-Tippelt & König, 2009, 10f.), und so die Erfahrungen des Kindes mit seinen engen Bezugspersonen widerspiegeln.

Die offene Struktur des Verfahrens ermöglicht den Kindern trotz themenspezifischer Vorgaben die Entwicklung eines ganz individuellen Spielnarrativs. Die vorgegebenen Themen können auf sehr unterschiedliche Weise aufgegriffen und weiterentwickelt werden. Die darin vorkommenden Erzählungen und Handlungen lassen nicht nur Rückschlüsse darauf zu, wie die Kinder mit (psychischen) Konflikten umgehen (ob sie die Konflikte z. B. bewältigen, akzeptieren oder negieren), sondern auch über eine ganze Bandbreite anderer Entwicklungsaufgaben. Obwohl jede Story Stem einen themenspezifischen Fokus aufweist (Familienkonflikt, Peer-Konflikt, moralisches Dilemma o. ä.), kann die Anwendung und Auswertung auch im Hinblick auf andere Themen erfolgen: »This battery can either be used as a standard assessment or tailored to the needs of individual researchers/studies« (Emde, Wolf & Oppenheim, 2003, 381). Aber nicht nur die Offenheit und Vielseitigkeit der MSSB ist von Vorteil, sondern auch ihre halbstrukturierte Form, durch die die Möglichkeit des Vergleichs geschaffen wird. Bei einer teilnehmenden Beobachtung bspw. wäre ein Vergleich durch die Unterschiedlichkeit der Situationen – wenn überhaupt – deutlich erschwert. Eine teilnehmende Beobachtung oder auch eine ausgewiesene Testsituation haben ferner den Nachteil, dass ältere Vorschulkinder ihr Verhalten bereits den sozialen Normen entsprechend kontrollieren (vgl. Gloger-Tippelt & König, 2009, 53f.). Die Fiktionalität des Spiels ermutigt die Kinder hingegen eher, ihre Gefühle und Gedanken offen zu zeigen und auszusprechen, sie zu projizieren. Während Beziehungsrepräsentationen oder Erfahrungen nicht beobachtbar sind, können sie aus den Spielnarrativen geschlussfolgert werden. Die transkribierten Spielnarrative bleiben so nah wie möglich an den kindlichen Äußerungen und Handlungen und stellen damit eine aussagekräftige Materialbasis dar. Zudem ist die MSSB für Kindergarten- und Grundschulkinder nicht nur ein altersadäquates Verfahren, sondern erlaubt für die Dauer der Untersuchung den direkten und permanenten Kontakt zwischen Untersucherin und Kind. Dieser Kontakt liefert zusätzlich wichtige Informationen zum Verhalten des Kindes in neuen dyadischen Situationen.

Oftmals sind die untersuchten Kinder von den dargestellten Konflikten emotional berührt. Die Spielnarrative geben insofern Auskunft darüber, wie die Erfahrungen der Kinder mit den unterschiedlichsten Bereichen des sozialen Lebens (insbesondere mit ihren Eltern und *Peers*) mental strukturiert sind und wie diese Erfahrungen emotional bewältigt werden.

In zahlreichen Studien mit unterschiedlichen thematischen Schwerpunkten hat die MSSB bereits ihre Tauglichkeit bewiesen (vgl. u. a. Koch-Hegener, 2009, 93ff.). Die Analysen von 654 Narrativen fünfjähriger, normal entwickelter Kinder einer Längsschnitt-Zwillingsstudie haben ergeben, die MSSB-Methode »[…] provides a window into the representational world of children, their understanding of family relationships, and their views of themselves« (von Klitzing, Kelsay & Emde, 2003, 106). Da in der MSSB sowohl das Erzählte als auch das Gespielte erfasst werden, haben Kinder bei dieser Methode mehr Möglichkeiten, auf die an sie gestellte Aufgabe zu reagieren. Die Tatsache, dass Kinder die Aufgabe auf unterschiedliche Art und Weise ihrem Charakter entsprechend bearbeiten können, macht die Durchführbarkeit sicherer:

> »Um Erkenntnisse darüber zu gewinnen, wie Vorschulkinder Gegenstände und Personen in ihrer Vorstellung repräsentieren, ist die Interaktion und Beobachtung im Spiel eine gute Möglichkeit, weil das Kind darin seine Repräsentationen sprachlich und handelnd zum Ausdruck bringen kann. Die Handlungsanteile sind dabei ebenso bedeutsam wie die sprachlichen Äusserungen [sic!]«. (Bürki, 1998, 38)

Häufig lösen die Story Stems bei den Kindern Berichte über eigene Erlebnisse aus: »That the stems evoke autobiographical memories is evident from comments that many children intersperse in their narratives, such as ›My mommy does that when I fall down‹, after enacting a story in which a hurt child is comforted by the mother figure« (Bretherton & Oppenheim, 2003, 74). Zwar können Narrative phantasievoll ausgeschmückt sein, und sie sind sicherlich kein einfaches Abbild der erlebten Realität, aber die Kinder bringen ihre Bewältigungsstrategien im Zusammenhang mit Erwachsenen und Erziehungssituationen in die Forschungssituation ein (vgl. Heinzel, 2000, 25). Mithilfe ihrer Phantasie drücken Kinder auch Ängste, Wünsche oder Hoffnungen aus, die aus den realen Erfahrungen entsprungen sind. Wenn ein Kind lange überlegt, kann das ein Hinweis darauf sein, dass es eine Phantasie entwickelt, die sich deutlich von seinem Handeln in der Realität unterscheidet. Da die erhobenen Story Stems realitätsnah gestaltet sind, rekurrieren sie jedoch eher auf Alltagserfahrungen als auf eine realitätsferne Phantasiewelt. Insofern ist davon auszugehen, dass die Geschichtenanfänge der MSSB Impulse liefern, welche die Kinder so reagieren lassen, wie sie auch in realer Interaktion spontan reagieren würden. Dass die Narrative der Kinder in der Regel nicht bloß ihrer Phantasie entsprungen sind, zeigen die direkt verbalisierten Rückbezüge auf ihre eigene Erfahrungswelt. »Zumeist wird mündliches Erzählen (als Prozeß) überwiegend als sprachliche Vergegenwärtigung zurückliegender Erfahrungen […] verstanden.« (Claussen, 2000, 106).

Literatur

Ainsworth, M. D. S., Blehar, M. C., Waters, E. & Wall, S. (1978). *Patterns of Attachment. A Psychological Study of the Strange Situation.* Hillsdale/New Jersey: Erlbaum.

Andresen, H. (2002). *Interaktion, Sprache und Spiel. Zur Funktion des Rollenspiels für die Sprache im Vorschulalter.* Tübingen: Narr.

Bretherton, I., Suess, G. J., Golby, B. & Oppenheim, D. (2001). Attachment Story Completion Task. Methode zur Erfassung der Bindungsqualität im Kindergartenalter durch Geschichtenergänzung im Puppenspiel. In: G. J. Suess, H. Scheuerer-Englisch & W-K. Pfeifer (Hrsg.), *Bindungstheorie und Familiendynamik. Anwendung der Bindungstheorie in Beratung und Therapie* (83–124). Gießen: Psychosozial-Verlag.

Bretherton, I. & Oppenheim, D. (2003). The MacArthur Story Stem Battery: Development, Administration, Reliability, Validity, and Reflections about Meaning. In: R. N. Emde, D. P. Wolf & D. Oppenheim (Hrsg.), *Revealing the Inner Worlds of Young Children. The MacArthur Story Stem Battery and Parent-Child Narratives* (55–80). Oxford: Oxford University Press.

Bürki, D. (1998): Vom Symbol- zum Rollenspiel. In: B. Zollinger (Hrsg.), *Kinder im Vorschulalter: Erkenntnisse, Beobachtungen und Ideen zur Welt der Drei- bis Siebenjährigen* (11–47). Bern: Haupt Verlag.

Claussen, C. (2000): Mündliches Erzählen von Kindern. In: F. Heinzel (Hrsg.), *Methoden der Kindheitsforschung. Ein Überblick über Forschungszugänge zur kindlichen Perspektive* (105–116).Weinheim: Beltz Juventa.

Emde, R.N., Wolf, D. P. & Oppenheim D. (Hrsg.) (2003). *Revealing the Inner Worlds of Young Children. The MacArthur Story Stem Battery and Parent-Child Narratives.* Oxford: Oxford University Press.

Gloger-Tippelt, G. & König, L. (2009). *Bindung in der mittleren Kindheit. Das Geschichtenergänzungsverfahren zur Bindung 5- bis 8-jähriger Kinder (GEV-B).* Weinheim/Basel: Beltz Psychologie Verlags Union.

Heinzel, F. (2000). Methoden und Zugänge der Kindheitsforschung im Überblick. In: F. Heinzel (Hrsg.), *Methoden der Kindheitsforschung. Ein Überblick über Forschungszugänge zur kindlichen Perspektive* (21–35). Weinheim: Beltz Juventa.

Klein, M. (1962). Die psychoanalytische Spieltechnik. In: M. Klein, *Das Seelenleben des Kleinkindes und andere Beiträge zur Psychoanalyse* (12–35) (Hrsg. von H. A. Thorner). London: Klett.

Klitzing, K. von, Kelsay, K. & Emde, R. N. (2003). The Structure of 5-Year-Old Children's Play Narratives within the MacArthur Story Stem Methodology. In: R. N. Emde, D. P. Wolf & D. Oppenheim (Hrsg.), *Revealing the Inner Worlds of Young Children. The MacArthur Story Stem Battery and Parent-Child Narratives* (106–128). Oxford: Oxford University Press.

Koch-Hegener, I. N. (2009). *Erregte Beziehungen. Beziehungsschemata, Affektregulierung und Psychodynamik im Narrativ von Kindern mit ADHS-Diagnose.* Dissertation. Tübingen.

Metzger, H.-G. (2000). *Zwischen Dyade und Triade. Psychoanalytische Familienbeobachtungen zur Bedeutung des Vaters im Triangulierungsprozeß.* Tübingen: Edition diskord.

Nelson, K. (2005). Language Pathways into the Community of Minds. In: J. W. Astington & J. A. Baird (Hrsg.), *Why Language Matters for Theory of Mind* (26–49). Oxford: Oxford University Press, zit. nach Bretherton, I. & Mulholland, K. A. (2008). Internal working models in attachment relationships: Elaboration a central construct in attachment theory. In: J. Cassidy & P. R. Shaver (Hrsg.), *Handbook of Attachment: Theory, Research, and Clinical Applications* (89–114), Bd. 2. New York: Guilford Pubn.

Oppenheim, D. (2003). Children's Emotional Resolution of MSSB Narratives: Relations With Child Behavior Problems and Parental Psychological Distress. In: R. N. Emde, D. P. Wolf & D. Oppenheim (Hrsg.), *Revealing the Inner Worlds of Young Children. The MacArthur Story Stem Battery and Parent-Child Narratives* (147–162). Oxford: Oxford University Press.

Robinson J. L., Mantz-Simmons, L., MacFie, J., Emde, R. N. & MacArthur Narrative Working Group (2000). *MacArthur Narrative Coding System.* Unpublished document, University of Colorado Health Sciences Center, Denver, autorisierte deutsche Fassung durch Lemche, E. et al. (2000), Berlin/Dresden.

Schrenker, K. (2012). *Vom Ich zum Du zum Wir. Perspektivenwechsel und Triangulierung in der frühen Kindheit.* Freiburg: Centaurus.

Teilnehmende Beobachtung

Psychoanalytisch orientierte Beobachtungen in der empirischen Sozialforschung

Marian Kratz

1 Einleitung

In dem vorliegenden Beitrag wird eine psychoanalytisch orientierte Form der Teilnehmenden Beobachtung im Kontext empirischer Sozialforschung praxisbezogen vorgestellt. Dabei wird sich im Wesentlichen an den methodischen Vorgehensweisen psychoanalytischer Säuglings- und Kleinkindbeobachtungen orientiert, die ursprünglich zur Ausbildung analytischer Kinder- und Jugendlichen-Psychotherapeuten konzipiert wurden (vgl. Diem-Wille & Turner, 2009; 2012).[1]

Begonnen wird hierbei mit Ausführungen zur Methodologie, welche zu einer Skizzierung des methodischen Vorgehens überleiten. Dies folgt der Absicht, ein theoretisches Fundament zu legen, auf das bei der Gegenüberstellung von Potenzialen und Grenzen der Methode im Forschungskontext Bezug genommen werden kann. Besondere Betrachtung finden hierbei einige Überlegungen zur häufig naturalistischen Definition des Forschungsfeldes »Familiäres Setting«. Hierauf aufbauend wird die Analyse einer exemplarischen Beobachtungsszene vorgestellt. Dies erfolgt unter anderem mit dem Ziel, einige Überlegungen zum Erkenntniswert des (aktiven/reaktiven) Verhaltens von BeobachterInnen im Feld der Familie anstellen zu können. Abschließend erfährt die Methode eine kritische Würdigung, bei der es um die praktische Anwendbarkeit von psychoanalytisch orientierten Beobachtungen im Kontext empirischer Sozialforschung gehen wird.

---

1 Obwohl das Konzept der Infant Observation sowohl Erhebungs- als auch Auswertungsmanuale umfasst, wird es in diesem Bericht primär als Erhebungsmethode vorgestellt. Siehe weiterführend zur Auswertungsmethode den Beitrag von Kratz & Ruth i. d. B.

2 Infant Observation: Zur Methode und Methodologie der Säuglings- und Kleinkindforschung

2.1 (Ein-)Blick in die Methode

Die psychoanalytische Säuglings- und Kleinkindbeobachtung kann als psychoanalytisch orientierte Konzeption teilnehmender Beobachtung bezeichnet werden. Sie ergänzt die grundlagentheoretische Position des Interpretativen Paradigmas mit der Objektbeziehungstheorie des Psychoanalytischen Paradigmas und folgt dabei dem Anspruch, Aussagen über die psychischen Entwicklungen des Säuglings in der Beziehung zu seinen primären Bezugspersonen treffen zu können (vgl. u. a. Lehner & Sengschmied, 2009; Lazar, 1986; 2000). Soziales Verhalten[2], dessen Motive und Wirkung, stehen hierbei im Zentrum des Erkenntnisinteresses. Über eine emotionale und körperliche (An-)Teilnahme an Familieninteraktionen sollen diese miterlebt, deren emotionale Qualität aufgenommen und annähernd wiedergegeben werden können. Damit beabsichtigt die Methode, Prozesse des Selbst- und Fremdverstehens sozialen Verhaltens zu ermöglichen. Dieser Anspruch provoziert die Frage, was in beobachtbarem Verhalten überhaupt Ausdruck findet?

2.2 Soziales Verhalten als Ausdruck von Beziehungserfahrungen: Der Erkenntnisgegenstand

Die wohl bekannte Redewendung »Erst denken, dann reden!« zeigt, ganz gleich wie diese auch konnotiert sein mag, eine Beziehung auf: Die Beziehung vom Denken und Reden. Einprägsam lässt sich sagen, dass wir den Gedanken über das Reden Ausdruck verleihen können. Aber wie ist es eigentlich mit dem sozialen Verhalten? Welche Prozesse stehen davor bzw. sind dahinter verborgen? Oder, um sich der Frage nach Forschung und Erhebung weiter zu nähern, was findet durch das soziale Verhalten Ausdruck?

Als Lösungsvorschlag auf diese Frage bietet sich das Interpretative Paradigma an, für das »alle Interaktion ein interpretativer Prozess ist, in dem die Handelnden sich aufeinander beziehen durch sinngebende Deutung dessen, was der Andere tut oder tun könnte« (Mathes, 1976, 201, zit. nach Lamnek, 2010, 32). Bei näherer Betrachtung lässt sich aus diesem Zitat explizieren, dass in sozialem Verhalten das Selbstverständnis der handelnden Akteure enthalten ist sowie deren sinnvoller Entwurf einer Reaktion des Gegenübers auf die eigene Person und deren Aktion.[3]

2 Soziales Verhalten meint hier Verhalten in Beziehungen.

3 Darüber hinaus muss ein weiterer Bezugsrahmen, in dem sich die sinngebenden Deutungen der Interaktionspartner vollziehen, als dem sozialen Verhalten inhärent begriffen und benannt werden: Soziokulturelle Normen liefern den Interaktionspartnern Verhaltenskodexe, durch die sie sich in der Interaktion lenken bzw. beschränken lassen können.

Die psychoanalytische Objektbeziehungstheorie, die zusammengefasst die Beziehung zwischen den realen, äußeren Personen (z. B. Mutter und Vater) und deren inneren Repräsentanzen (Mutter- und Vaterrepräsentanz) beschreibt, ergänzt die Position des Interpretativen Paradigmas, indem sie einen Erklärungsansatz dafür bietet, auf welcher Grundlage ein Selbstverständnis und der Entwurf einer Reaktion des Interaktionspartners sich gestalten kann. Die psychoanalytische Theorie über »Die psychische Geburt des Menschen« (Mahler, 1993) begreift die frühen Beziehungserfahrungen des Säuglings mit seinen primären Bezugspersonen als den »Urgrund [...], auf dem sich alle späteren menschlichen Beziehungen heranbilden« (ebd., 68). Folgt man diesem Verständnis, kann festgehalten werden, dass soziales Verhalten in seinen individuellen Grundstrukturen auf den infantilen Beziehungserfahrungen beruht, die eine Erwartung an die aktuelle Beziehung bzw. Interaktion formulieren und das Verhalten mitstrukturieren. Ein verdichtetes Beispiel soll dies verdeutlichen:

> Ein Säugling, der aufgrund eines Hungergefühls unbestimmt anfängt zu weinen, leitet einen Affekt ab und beginnt einen unbewussten Dialog mit der Außenwelt. Macht der Säugling nun die kontinuierliche Erfahrung, dass mit dem Weinen die Mutter erscheint und mit ihrem Erscheinen eine Sättigung und somit Entspannung einhergeht, so kann er die Mutter als verlässlichen Repräsentant der Außenwelt positiv besetzen. Über die allmähliche Differenzierung zwischen dem Selbst und der Mutter wird der Säugling in die Welt der Objekte eingeführt (vgl. ebd., 59ff.). Mit Hilfe der Kontinuität des mütterlichen Verhaltens sammelt der Säugling Erfahrungen mit dem Interaktionsmuster der Mutter und wird bei ähnlichen Gefühlszuständen ein ähnliches Verhalten ausdrücken. Er entwickelt demnach sein eigenes Interaktionsmuster in Bezug auf das Interaktionsmuster der Mutter. Beobachtet man nun Mutter und Kind in Interaktion, die nach ihren aufeinander bezogenen Interaktionsmustern agieren, so lässt sich ein Beziehungsmuster zwischen Mutter und Kind erkennen. Beide setzen ihre Objektbeziehungen durch ihr Verhalten in Szene. Auf der Basis der Beziehungserfahrungen in der Mutter-Kind-Beziehung kann der Säugling mit Dritten in Kontakt treten und seine sinnvollen Deutungen an diese herantragen (vgl. auch Stern, 1992, 171).

Fassen wir also zusammen »dass ›jedes Individuum, das mit einem anderen in Kontakt tritt, [...] in seinem Verhalten nicht nur durch seine eigene Innerlichkeit [...], sondern auch durch die des Anderen‹ gesteuert wird« (Wander, 1935, 10, zit. nach Datler, 2009, 43) und weiter, dass die subjektive Psychodynamik (innere Zustände) und ein intersubjektiver Dialog bewusster und unbewusster Anteile (Objektbeziehungen) soziales Verhalten im Rahmen soziokultureller Normen mitgestalten.

Wer das handelnde Subjekt verstehen will, muss nach diesem Verständnis dem Anspruch folgen, dessen Perspektive einzunehmen, um »die Beziehungssituation der Subjekte zu ihren Objekten und die Interaktion der Subjekte zu verstehen« (Lorenzer, 1995, 141). Der forschende Blick auf das Verhalten Dritter muss sich demnach über das Eindenken und Einfühlen in die individuelle Objektwelt des Subjekts vollziehen.

2.3 Zur Entwicklungsgeschichte der Infant Observation

Als die Psychoanalytikerin Esther Bick in den 1950er Jahren John Bowlbys Bitte folgte, einen Ausbildungsgang für analytische Kinder- und Jugendlichen-Psychotherapeuten an der Tavistock Clinic in London zu entwickeln und zu leiten, unternahm sie den erfolgreichen Versuch, den interaktiven Prozess der psychischen Geburt von Säuglingen für die Ausbildungskandidaten erfahrbar zu machen. Sie empfand es als überaus wichtig, dass sich gerade Kinder- und Jugendlichen-Psychotherapeuten ein Verständnis der Innenwelt von Säuglingen und Kleinkindern erarbeiten (vgl. Datler, 2009, 47f.).

> »Sie sollten später in der Arbeit mit Kindern und Jugendlichen in der Lage sein, sich lebhaft vorzustellen, was ihre Kinderpatienten als Säuglinge erlebt hatten [...]. Darüber hinaus sollte es die Verstehensmöglichkeiten der Kandidaten für das nonverbale Verhalten und das Spiel des Kindes erweitern, wie auch für das Verhalten des Kindes, das weder spricht noch spielt.« (Bick, 2009, 19)

So integrierte sie Infant-Observation-Seminare in die analytischen Ausbildungsgänge und schaffte eine standardisierte Methode zum annähernden Verstehen kindlicher Innenwelten.

2.4 Infant Observation in drei Schritten

Die ForscherInnen sind im Rahmen der Infant-Observation-Seminare gefordert, Säuglinge in ihrem gewohnten Lebensraum zu beobachten. Sie sollen ihre Aufmerksamkeit pragmatisch und emotional (an-)teilnehmend auf den Säugling und all das lenken, was ihn umgibt, seinen Lebensraum gestaltet und sein inneres Erleben betreffen könnte. Auf diese Weise sollen die Ausbildungskandidaten die »[...] einmalige Gelegenheit bekommen, die Entwicklung eines Säuglings mehr oder weniger von Geburt an in seiner heimischen Umgebung und in seinen Beziehungen zu seiner unmittelbaren Familie zu beobachten und auf diesem Weg selbst herauszufinden, wie diese Beziehungen entstehen und sich entwickeln« (ebd., 19f.).

Schritt 1: Die BeobachterInnen suchen Familien mit Neugeborenen, mit denen sie bislang in keiner näheren Verbindung standen. Diese werden über den Zeitraum von einem bzw. zwei Jahren einmal wöchentlich für eine Stunde in ihrem familiären Setting beobachtet (vgl. Rustin, 2012, 13ff.). Sie sind gebeten, in der Stimmung der Situationen, im Sinne gleichschwebender Aufmerksamkeit[4], mitzuschwingen und an sie Herangetragenes weder zu sortieren noch zu bewerten. Aus einer möglichst passiven Haltung heraus sollen die Beobach-

4 Hier ist ein emotionaler Zustand gemeint, der die eigene Affektivität »so frei wie möglich funktionieren lässt und die Motivationen unterbricht, die gewöhnlich die Aufmerksamkeit lenken« (Laplanche & Pontalis, 1977, 169).

terInnen sich einerseits mit dem Feld identifizieren und dabei andererseits bewusst die Beobachterposition im Feld einhalten. Die so beobachteten Szenen sollen emotional aufgenommen werden und auf das Erleben der BeobachterInnen im Sinne von Gegenübertragungsphänomenen wirken.

Schritt 2: Im direkten Anschluss an die Beobachtungen sollen deskriptiv-narrative Erinnerungsprotokolle verfasst werden, die von Situationsbeschreibungen bestimmt und durch das eigene Erleben der Situationen ergänzt sein sollen. Theoretische Kopplungen und Interpretationen gilt es zu vermeiden. Die so aufgenommenen und erinnerten Szenen und Situationen werden durch die Verschriftlichung wiedergegeben, konserviert und somit den TeilnehmerInnen der Auswertungs- bzw. Interpretationsgruppen zugänglich gemacht.

Schritt 3: Die Erinnerungsprotokolle werden von den BeobachterInnen in regelmäßigen Sitzungen darauf hin untersucht,

> »was das Kind in den jeweiligen Situationen erlebt haben mag, wie vor diesem Hintergrund verstanden werden kann, dass sich das Kind in der beschriebenen Weise (und nicht anders) verhalten hat, welche Beziehungserfahrungen das Kind dabei gemacht haben mag und welchen Einfluss dies auf das Erleben des Kindes gehabt haben dürfte« (Datler, 2009, 49).

3 An Infant Observation orientierte Sozialforschung

Die zahlreichen Erfahrungen und daraus resultierenden Publikationen aus Infant-Observation-Seminaren geben ausreichend Anlass zu der Annahme, dass die Methode gut geeignet ist, um Aussagen über die Entwicklung des Säuglings, des Kindes und die Beziehung zu seinen Bezugspersonen treffen zu können (vgl. u. a. Köhler-Weisker, 1980; Lehner & Sengschmied, 2009). Wilfried Datler hat in diesem Zusammenhang 2008 in einem Artikel zur Anwendung von Infant Observation als Forschungsmethode darauf hingewiesen, dass es jedoch einen Unterschied macht, »ob man im Kontext von Aus- und Weiterbildungszwecken auf Bemerkenswertes stößt und darüber publiziert, oder ob man von vornherein beabsichtigt, im Kontext eines bestimmten Forschungsvorhabens mit Infant Observation zu arbeiten« (Datler, 2008, 88). Den methodischen und methodologischen Fragen, welche sich bei der Anwendung der Methode in der empirischen Sozialforschung stellen, hat sich das Forschungsprojekt »Die Entwicklung des Jungen und seine frühen Beziehungserfahrungen« der Fachhochschule Frankfurt am Main angenommen.[5]

5 Dabei orientiert es sich vor allem an den Vorarbeiten von Dammasch, Metzger, Datler und Lazar (Metzger, 2000; Datler, 2008; 2009; Lazar, 1986; 2000).

Der daraus resultierende Erkenntnisgewinn wird im Folgenden vorgestellt. Um dabei die Methodenwahl, deren Anwendung und Reflexion nachvollziehen zu können, wird das Forschungsprojekt in aller Kürze vorgestellt.

3.1 Das Forschungsprojekt

Die »Krise der Jungen« oder die »Jungen, die neuen Verlierer«, wie die defizitorientierte Perspektive auf die Beziehung zwischen der männlichen Generationenfolge und den gesellschaftlichen Anforderungen in der Allgemein- und Fachliteratur aktuell zusammengefasst wird (Rose & Schmauch, 2005; Dammasch, 2008), nimmt das Forschungsprojekt als Anlass zur detaillierten Phänomenbetrachtung. Es richtet sein Erkenntnisinteresse dabei auf die Familie, den primären Erfahrungshorizont des Jungen und die dort angenommenen bewussten und unbewussten geschlechtsspezifischen Interaktions- und Beziehungsmuster. Für die Frage nach der Methodenwahl kann festgehalten werden, »dass die Untersuchung des bewussten und unbewussten Zusammenspiels zwischen den Beziehungs- und Interaktionserfahrungen eines Kindes einerseits und die Ausbildung der inneren Welt eines Kindes andererseits [...]« (Datler, 2008, 89) im Zentrum des Forschungsinteresses liegt und die Wahl eines Aufnahmegeräts mit *besonderer Kapazität* – nämlich einer eigenen Psyche – verlangt.

3.2 Der Forschungsrahmen

Eine an Infant Observation orientierte Forschung ist durch eine zirkuläre Vorgehensweise gekennzeichnet und muss immer von Forschungsgruppen durchgeführt werden.[6] Bei der Konstellation der Interpretationsgruppen ist auf einen geschützten Rahmen und auf eine von gegenseitiger Wertschätzung und Anerkennung geprägte Atmosphäre zu achten. Diese ermöglicht den InterpretInnen ein Gefühl der Unbefangenheit, in welchem den Regeln der gleichschwebenden Aufmerksamkeit und der freien Assoziation Rechnung getragen werden kann. Zudem ist nicht zu unterschätzen, dass die Interpretationsgruppe im zirkulären Erhebungs- und Auswertungsprozess für die einzelnen BeobachterInnen und InterpretInnen auch supervidierenden und stützenden Charakter hat (hierauf wird in Kap. 3.5 explizit eingegangen). Im vorliegenden Projekt waren diese Bedingungen durch die Anbindung an Forschungsmodule der Fachhochschule Frankfurt erfüllt.

6 Siehe hierzu weiterführend Kratz & Ruth i. d. B.

3.3 Das Forschungssetting: Eine Neubestimmung

Überträgt man den methodischen Anspruch der Infant Observation, dass die Familien in ihrem familiären Setting beobachtet werden sollen, in welchem der Säugling bzw. das Kleinkind in seinem gewohnten Lebensraum agiert, auf die empirische Sozialforschung, so verleitet dies zu der Annahme, dass die beobachteten Familien auch hier in ihrem gewohnten Umfeld in Alltagssituationen agieren, und weiter, dass von einem naturalistischen Design gesprochen werden kann. Dies ist im weitesten Sinne nicht falsch, birgt jedoch die Gefahr, ein entscheidendes Potenzial der Methode zu überdecken – die Unnatürlichkeit und Fremdheit der Beobachtungssituation an sich.

Während die Familien im Kontext der analytischen Ausbildung ein bis zwei Jahre wöchentlich beobachtet werden, die BeobachterInnen quasi wie ein Familienmitglied betrachtet werden und eine *neue Natürlichkeit* sich einstellen kann, so ist im Kontext empirischer Forschung (gerade bei höheren Fallzahlen) mit weit weniger Beobachtungen und kürzeren zeitlichen Rahmungen zu rechnen. Im bereits erwähnten Forschungsprojekt wurde die Beobachtungshäufigkeit ursprünglich aus forschungspraktischen Gründen auf fünf festgelegt. Wohl wissend, dass diese Zeitspanne zur Überwindung artifizieller Momente, wie sie auch von Weinberg & Williams (1973) ausführlich beschrieben werden, nicht ausreicht. Die verschiedenen Phasen der Feldforschung, in denen sich die BeobachterInnen und Familienmitglieder einander annähern, sie sich im Feld orientieren und in ihrem Verhalten überprüfen, bevor sich schließlich eine Routine einstellt, lassen sich im Rahmen von fünf Beobachtungen nicht durcharbeiten. Diese Tatsache kann jedoch durch die Erkenntnis entschärft und produktiv genutzt werden, dass gerade durch den Umgang mit der unnatürlichen Situation der Beobachtung Objektbeziehungen in Szene gesetzt werden und sich Beziehungsentwürfe zwischen BeobachterInnen und Familienmitgliedern manifestieren. Diese sind immer auch Ausdruck der innerfamiliären Beziehungslagen und -entwürfe und erweitern den Blick in den psychosozialen Raum der Familien.

Entsprechend der Erkenntnis, dass in Forschungsprojekten sowohl der Beobachtungsverlauf als auch der Erkenntnisgewinn durch den Umgang von Familie und BeobachterInnen mit der unnatürlichen Beobachtungssituation gekennzeichnet sind, muss der Anspruch an das Forschungssetting in der empirischen Sozialforschung entsprechend definiert werden:

Bei einer, an Infant Observation orientierten, Forschung werden BeobachterInnen und Familien im ursprünglich familiären Setting in (direkter/indirekter) Interaktion beobachtet, wobei innerfamiliäre Szenen und Interaktion auf natürliche Weise zustande kommen können. Eine Beobachtung der Familie im familiären Setting muss immer auch als interaktiver Bearbeitungsprozess der Beobachtungssituation verstanden werden, dessen Aktualität in Abhängigkeit von Familie und BeobachterIn mit der Zeit verloren gehen kann.

3.4 Der Zugang zum Feld

Bei der Suche nach Familien mit Kindern im forschungsrelevanten Alter können unterschiedliche Zugänge gewählt werden. Als besonders effektiv erweist sich die Informationsstreuung einer Familiensuche im Verwandten- und Bekanntenkreis, die zu einem Schneeballeffekt führen kann. Über private Kontakte können Familien vermittelt und doch eine anzustrebende, objektive Fremdheit zwischen den Familien und den BeobachterInnen eingehalten werden. Über den Verwandten- und Bekanntenkreis lässt sich erfahrungsgemäß ein gewisses Maß an Vertrautheit und Nähe weiterleiten, das einer, wie anzunehmen ist, natürlichen Distanz, *Fremde* in den privaten Raum einzuladen, entgegenwirkt. Obwohl sich die Familien und die BeobachterInnen, die bislang in keiner näheren Verbindung gestanden haben sollten, objektiv betrachtet fremd sind, kann sich durch die Vermittlung über gemeinsam bekannte Mittelsmänner bereits eine gewisse Verbundenheit, Verbindlichkeit und Vertrautheit herstellen lassen.

Ein erstes Kennenlerntreffen vor den eigentlichen Beobachtungen, bei dem die Familie und die BeobachterInnen einander kennenlernen können und der anvisierte Forschungsrahmen inhaltlich und strukturell besprochen wird, ist empfehlenswert. Dieses sollte genau wie die eigentlichen Beobachtungen erinnert und dokumentiert werden, da es den konkreten Beginn des Erhebungsprozesses und den indirekten Einstieg ins Feld darstellt. Im Rahmen des Kennenlerntreffens gibt es für die Familie die Möglichkeit, offene Fragen zu klären und sich ein direktes Bild von den BeobachterInnen und dem angestrebten Forschungsprojekt zu machen. Vorstellung und Realität können abgeglichen werden. Die BeobachterInnen haben ihrerseits die Möglichkeit, ihre Rolle und den Forschungsrahmen, die Anzahl der Beobachtungen sowie die zeitliche Struktur zu thematisieren.

Ähnlich den Erfahrungen aus den Infant-Observation-Seminaren (vgl. Bick, 2009, 20ff.; Köhler-Weisker, 1980, 630ff.) sind die Widerstände von Eltern, sich für eine Familienbeobachtung bereit zu erklären, auch in der Sozialforschung erstaunlich gering. Gerade Mütter mit Kleinkindern und Geschwisterkindern im Säuglingsalter scheinen sich über die kontinuierlichen Besuche der BeobachterInnen regelrecht zu freuen. Insbesondere bei Einelternfamilien kann dies mit einer potenziellen Aufweichung des regressiven Milieus der Mutter- oder Vater-Kind-Beziehung zusammenhängen, welche mit der Anwesenheit eines zweiten Erwachsenen einhergehen kann (oder unbewusst erhofft wird). Von Köhler-Weisker wird zudem das »dringende Bedürfnis, von der Beobachterin etwas (mütterliche) Zuwendung zu bekommen« (1980, 631), als Motiv genannt, welches durch die mitunter beängstigende Verantwortung, Mutter zu sein, hervorgerufen werden kann. Übergeordnet lassen diese Erklärungen die Bedeutung der Beziehung zwischen Forscher und Beforschtem erkennen, die schon über die Probandenvermittlung ihren Anfang findet. Schon vor der ersten direkten Beobachtung werden Erwartungshaltungen erzeugt, Objektbeziehungen aktualisiert und der Verlauf der Beobachtungen in gewisser Weise vorstrukturiert.

3.5 Subjektivität und Erkenntnisgewinn: BeobachterInnen im Feld

Dem Rollenideal der Infant Observation, sich als »privilegierter Teilnehmer« (Bick, 2009, 21) zu begreifen, der aus einer möglichst »zurückhaltenden Position« (Datler, 2008, 87) Familiengeschehen beobachtet, um dieses so wenig wie möglich zu verzerren, begegnen im ursprünglich familiären Setting der Familie nicht selten ein oder mehrere interaktionshungrige Probanden(kinder). Diese sehen das Interesse der BeobachterInnen nur zu gerne auf einen bestimmten Gegenstand, wie etwa ein Spielangebot oder eine Unterhaltung, gerichtet. Dieser (Regel-)Fall kann zudem ergänzt werden durch Eltern, die sich den Gefühlen der Fremdheit in der Beobachtungssituation oder Gefühlen der Unsicherheit in der Beziehung zum eigenen Kind durch dringende Interaktionsangebote zu entledigen suchen. Zudem kann es, gerade bei unerfahrenen BeobachterInnen, vorkommen, dass die eigenen Impulse, aus der passiven Beobachterrolle auszubrechen, sehr heftig sind und die angestrebte Passivität herausfordern.[7] Gerade in konfliktreichen Beziehungssituationen können es die BeobachterInnen nicht selten als äußerst schwierig erleben, die beobachteten Situationen und ihre passive Anteilnahme daran auszuhalten (vgl. Lehner & Sengschmied, 2009, 131). Diese emotionalen Herausforderungen fließen bewusst oder unbewusst in die Erinnerungsprotokolle hinein, die dann durchaus Phasen der direkten Interaktion enthalten und eine eigene Erkenntnisquelle abbilden.

Zu befürchten ist dabei, dass durch das aktive und reaktive Verhalten der BeobachterInnen eine weitere Verfälschung der Situationen und eine Verengung des psychischen Spielraums einhergehen können, die eine Identifikation mit dem Kind und seinen Eltern erschwert (ebd.). Diese Befürchtung ist berechtigt, kann jedoch durch den Erfahrungswert gemildert werden, dass sich der Verlust der Passivität als Reaktion auf die Familiendynamik begreifen lässt (vgl. Rustin, 2012, 14). Um dies zu verdeutlichen, wird an dieser Stelle ein Auszug aus einem Beobachtungsprotokoll herangezogen, in welchem ein Beobachter scheinbar ohne Widerstand aus seiner passiven Rolle schlüpft.[8] Der Szene aus der fünften Familienbeobachtung gehen mehrere angespannte Interaktionen zwischen Mutter und Sohn voraus, die darin enden, dass die Mutter den Raum verlässt und den Jungen mit dem Beobachter alleine lässt. Dieser erinnert und schreibt[9]:

7 Die Spezifika der Methode, die teilweise intensiven Impulse, im Feld aktiv zu werden, zurückzuhalten, intensiviert das emotionale (Mit-)Erleben.

8 Um beschreiben zu können, was durch den offensichtlichen Rollenverlust erhoben werden konnte, sind Bezugnahmen zu den Auswertungsprozessen nötig. Denn den Prämissen Bicks entsprechend »vorwärts gewandt zu suchen, sowie rückwärts gewandt zu schauen« (Bick, 2009, 29), kann erst durch einen Rückblick erkannt werden, was eigentlich erhoben wurde. Eine ausführlichere Darstellung der tiefenhermeneutischen Auswertung dieses Protokollausschnitts findet sich in Dammasch & Kratz, 2013.

9 Der Junge in diesem Fall ist ca. drei Jahre alt und eines der ältesten Kinder in dem Projekt. Für Forschungsarbeiten, die sich mit älteren Kindern befassen, empfiehlt sich die Literatur zur Young Child Observation. Eine deutschsprachige Bibliografie findet sich in Diem-Wille & Turner, 2009.

»Mit dem offenen Edding läuft er wieder auf die Couch zu. Ich sage ihm noch, dass der Edding sehr schwer zu entfernen sei und er aufpassen müsse. Er läuft vorsichtig und hält den Edding weit von sich weg. Dann beginnt er ein paar Striche zu malen und legt den Stift weg. Nun greift er nach einem Bleistift und spitzt ihn. Ich sage ihm, dass er nicht über der Couch spitzen solle, sondern wenigstens über seinem Blatt. Er tut es. In diesem Moment kommt die Mutter aus dem Bad, sieht Dennis und schimpft. ›Warum spitzt du über dem Blatt, dass sollst du nicht, darauf willst du doch noch malen!‹ ›Ich darf das!‹, entgegnet Dennis. Ich fühle mich ertappt und unsicher.«

Dennis läuft vor den Augen des Beobachters mit einem offenen Edding auf die Couch zu. Ohne direkt in einer Interaktion gefordert zu werden, fühlt der Beobachter sich durch das scheinbar konfliktpotenzierte Verhalten indirekt zur Interaktion bzw. Sanktion eingeladen. Der Beobachter erinnerte und ergänzte in diesem Zusammenhang, dass er sich vorgestellt hatte, wie der Junge auf die Couch malen könnte und dafür großen Ärger von seiner Mutter bekäme. Es entsteht ein verhaltenswirksamer Dialog zwischen dem Beobachter und Dennis. *»Ich sage ihm noch, dass der Edding sehr schwer zu entfernen sei und er aufpassen müsse. Er läuft vorsichtig und hält den Edding weit von sich weg.«* Es ist deutlich zu sehen, wie die Ansagen des Beobachters das Verhalten des Jungen lenken. Die Frage stellt sich, warum der Beobachter seine beobachtende Rolle scheinbar so kampflos verlässt und die Szene aktiv gestaltet. Er manipuliert die Szene scheinbar ohne ersichtlichen Anlass und greift vorschnell in das angestrebte Alltagsgeschehen der Familie ein. Nachdem Dennis *ein paar Striche* gemalt hat, die auf einem Blatt gelandet sind, spitzt er einen Bleistift. Wieder greift der Beobachter scheinbar vorschnell in das Geschehen ein und gibt verhaltenswirksame Anweisungen. *»Ich sage ihm, dass er wenigstens über dem Blatt spitzen solle […]. Er tut es.«* Als die Mutter wieder aus dem Bad kommt und in Szene tritt, reagiert sie auf das vom Beobachter aktiv mitgestaltete Setting. *»Warum spitzt du über dem Blatt, dass sollst du nicht, darauf willst du doch noch malen!«* Es entsteht ein Dialog zwischen Mutter und Sohn, der mitbestimmt ist durch die Anweisung des Beobachters, die von Dennis jetzt zur Erlaubnis umformuliert wird. Der Beobachter fühlt sich *ertappt* und *unsicher. Ertappt und Unsicher* möglicherweise durch den vorwurfsvollen Situationsverlauf sowie durch die Erkenntnis, das Setting aktiv manipuliert zu haben, was nun sichtbar wird.

Es ist offensichtlich, dass das Setting an seiner (doch angestrebten) Natürlichkeit verloren hat. Zu erinnern ist jedoch, dass die Aktion des Beobachters als Ausdruck seiner Beziehung zur Interaktionsdynamik verstanden werden kann – als Gegenübertragungsreaktion auf die Interaktions- und Beziehungsmuster. Da das Wahrnehmen von Gegenübertragungsreaktionen zum Verständnis der Gesamtdynamik beiträgt (vgl. Datler, 2009, 62), wird diese hier unter Einbeziehung früherer Beobachtungsprotokolle näher betrachtet. Dabei wird deutlich, dass in dem Verhalten des Beobachters Parallelen zur Mutter-Kind-Beziehung zu erkennen sind. Interaktionen zwischen Mutter und Sohn, bei denen die Mutter mit erstaunlicher Treffsicherheit Regelverstöße des Sohnes, im Sinne einer self-fulfilling prophecy, voraussagen konnte, waren häufig zu beobachten. Abgesehen von der spannenden Frage, wie sich dieses Interaktionsmuster erklären lässt, ergibt sich aus diesem eine Parallele zwischen dem Interaktionsmuster von Mutter und Sohn und der Art und Weise, wie der Beobachter auf den Jungen blickt, sein eigenes und das Verhalten des Kindes steuert. Er reagiert in Abwesenheit der Mutter in einer Weise, die man auch von der Mutter selbst erwarten könnte. Die Szene zeigt, dass der Beobachter die Beziehungslage zwischen Mutter und Sohn in den vorangegangenen Beobachtungen nicht nur beobachtet hatte. Er hat sich mit der Rolle der Mutter identifiziert, die ihm mit dem Verlassen des Zimmers implizit die Aufsicht überlassen hat. Durch die Identifikation und der damit verbundenen Perspektivenübernahme geht der Beobachter wie die Mutter davon aus, dass der Junge die Couch beschmieren oder den Boden mit Spänen übersähen würde. Der Beobachter ist mit dem Feld identifiziert, von der fremden Familiendynamik und den Beziehungsmustern erreicht. Sein Verhalten führt aber zwangsläufig zu der Frage, warum es der Beobachter nicht bei Impulsbeschreibungen belassen hat, wie es die Methode eigentlich vorsieht? Warum haben ihn die Impulse überwältigt?

Lehner & Sengschmied schreiben hierzu, dass über den Anspruch an den Beobachter in emotional schmerzhaften und beängstigenden Situationen »selbst nicht aktiv zu werden, [...] der Schmerz und die Angst in besonders intensiver Weise spürbar werden« (2009, 132). Sie beziehen dies auf Situationen der frühen Mutter-Kind-Beziehung und sprechen von einem Zugang zu der Gefühlswelt Dritter, doch lässt sich dieser Ansatz auch auf das hier beobachtete Phänomen übertragen.

Die Aufgabe der passiven hin zur aktiven Beobachterrolle schützt den Beobachter vor dem »emotionalen Echo« (2009, 131), das die Zurückhaltung des Impulses in der Situation verstärkt hätte. Den Beobachter, der Zugang zu der Familiendynamik und den darin enthaltenen Konflikten hatte, schien dieses emotionale Echo unbewusst zu sehr zu beängstigen. Somit ist in seinem Verhalten die Qualität des Konfliktes zwischen Mutter und Sohn enthalten und erhoben. Es birgt einen eigenen Erkenntnisgewinn.

Anhand dieser Szene wird deutlich, wie neben den Familieninteraktionen die reziproken Beziehungen zwischen Beobachter, dessen Rolle und der Familie im Rahmen Infant-Observation-orientierter Beobachtung fokussiert werden können.[10] Übergeordnet kann für die Anwendung von Infant-Observation-orientierter Forschung und allgemein für die Teilnehmende Beobachtung festgehalten werden, dass das Verhalten des Beobachters nicht getrennt von seiner Beziehung zum beobachteten Feld und den darin agierenden Probanden betrachtet werden darf. Durch das Einbringen einer realen Person in das Erhebungssetting werden bewusste und unbewusste Beziehungen gestaltet, Perspektiven und Verhalten entwickelt, die sowohl Anteile der Persönlichkeitsstruktur des Beobachters sowie der Beobachteten enthalten. Über die Reflexion und Interpretation der reziproken Beziehungen können Prozesse des Selbst- und Fremdverstehens ermöglicht werden.

Ob und wie der Einblick und die Reflexion der Beziehungen zwischen Beobachter, dessen Rolle und der Familie sich vollziehen kann, hängt maßgeblich

10 Siehe hierzu auch die Methode der Work-Paper-Discussion (vgl. Datler, 2003, 247).

mit der Fähigkeit der BeobachterInnen zusammen, im Sinne einer inneren Elastizität sowohl BeobachterIn als auch mehr oder minder aktive TeilnehmerIn zu sein. Mit dieser Fähigkeit kann bei der Erinnerung, und mitunter auch im Feld, die eigene (aktive/reaktive) Interaktion aus einer dritten Perspektive betrachtet und beschrieben werden.

4 Kritische Würdigung

Die Fähigkeit, sich in die eigene oder eine fremde Person einzufühlen, subjektives Erleben empathisch nachzuempfinden und darüber ein annäherndes Verständnis[11] für die inneren Zustände und Handlungsmotive zu entwickeln, wird in der Sozialisation und durch die frühen Erfahrungen mit den primären Bezugspersonen erworben (vgl. die Erfahrungen des Säuglings in Kap. 2.2). Sie ist eine Alltagskompetenz, die in der sozialen Alltagspraxis fortlaufende Anwendung findet. Während hierdurch jedes Individuum mit einem »Aufnahmegerät mit *besonderer Kapazität* – nämlich einer eigenen Psyche« (siehe oben) ausgestattet ist und sich somit prinzipiell zur Aufnahme von Beziehungserfahrungen über die emotionale und körperliche Anteilnahme eignet, stellt die subjektive Dokumentation dieser Beziehungserfahrungen einen diffizileren Arbeitsschritt dar. Eine differenzierte Beschreibung des eigenen Erlebens verlangt von den BeobachterInnen, ihr eigenes Erleben im Rahmen deskriptiv-narrativer Erinnerungsprotokolle in adäquate Begriffe zu fassen. Diese Subsumtion von Beziehungserfahrungen unter Sprachsymbole ist ein Arbeitsschritt, der einerseits von der narrativen Kompetenz der ProtokollantInnen abhängig und andererseits mit der Bereitschaft verbunden ist, die eigene unsichere, szenische Sinnkonstruktion in Worte zu fassen, für Dritte zugänglich zu machen und dabei indirekt seine eigene Innenwelt ein Stück zu öffnen (vgl. hierzu weiterführend Metzger, 2000).

So kann an dieser Stelle festgehalten werden, dass die Anforderungen an die BeobachterInnen von der Datenaufnahme hin zur Dokumentation steigen. Diese Steigerung muss mit der Wahl der Auswertungsmethoden weiter fortgesetzt werden, deren Spektrum empfindlich eingeschränkt ist, wenn das Spezifikum der forschenden Subjektivität nicht ungenutzt bleiben soll. Allein die Methode der tiefenhermeneutischen Textinterpretation (Lorenzer, 1986) zielt auf die Analyse von *Wirkung* ab und ermöglicht eine regelgeleitete hermeneutische Annäherung an das eigene subjektives Erleben in Beziehungskontexten (vgl. Ruth & Kratz zur Tiefenhermeneutik i. d. B.).

11 Mit der Formulierung »annäherndes Verständnis« wird die unüberwindbare Distanz betont, die zwischen Erleben und Miterleben besteht. Über das emotionale und körperliche Miterleben von Beziehungserfahrungen lassen sich Bedingungen identifizieren und ein Verständnis entwickeln, die dem *ähnelt*, was der Erlebende gefühlt haben mag.

Bei allem forschungspraktischem Anspruch der Methode soll nicht unbeachtet bleiben, dass sich ForscherInnen mit der Methodenkombination psychoanalytisch orientierter Beobachtung und tiefenhermeneutischer Textinterpretation über die Arbeit am statischen Text weiterentwickeln, lernen, sich auf ihr Erleben zu konzentrieren, und Prozesse der Selbstreflexion initiieren werden. Dies ist in Bezug zu pädagogischer Professionalisierung, die sich im Wesentlichen mit der Differenz von Wissen und Handeln in der pädagogischen Praxis befasst (vgl. Datler, 2003, 241ff.), dahingehend interessant, dass sich die Forscher über die Auseinandersetzung mit dem eigenen Erleben und Handeln (so wie oben im Fall Dennis) der Ebene ihres impliziten Wissens nähern. Das Aufnehmen, Erinnern, Protokollieren und Analysieren des Beobachteten kann insgesamt als Wegbereiter für die professionelle Reflexion der praktischen Handlungsweise verstanden werden und ist daher für Forschungsarbeiten oder -module in Ausbildungs- und Studiengängen der Sozialberufe von besonderer Relevanz (vgl. Diem-Wille, 2012, 117ff.).

Für die Planung eigener Forschungsleistungen kann abschließend festgehalten werden, dass mit psychoanalytisch orientierter Forschung ein annähernder Zugang zu den latenten subjektiven Sinnebenen, die hinter dem Verhalten von Forschern und Beforschtem wirksam sind, gefunden werden kann.

Literatur

Bick, E. (1964). Notes on Infant Observation in Psychoanalytic Training. *The International Journal of Psycho-analysis, 45*, 558–566.

Bick, E. (2009). Bemerkungen zur Säuglingsbeobachtung in der psychoanalytischen Ausbildung. In: G. Diem-Wille & A. Turner (Hrsg.), *Ein-Blick in die Tiefe. Die Methode der psychoanalytischen Säuglingsbeobachtung und ihre Anwendung* (19–36). Stuttgart: Klett-Cotta.

Bürgin, D. & Klitzing, K. v. (2001). Triadische Kompetenz: Ressourcen für die psychische Entwicklung. Aus der Forschung über die Entwicklung der Eltern-Kind-Triade. In: W. Bohleber & S. Drews (Hrsg.), *Die Gegenwart der Psychoanalyse – Die Psychoanalyse der Gegenwart* (519–533). Stuttgart: Klett-Cotta.

Dammasch, F. (2008). Triangulierung und Geschlecht. Das Vaterbild in der Psychoanalyse und die Entwicklung des Jungen. In: F. Dammasch, D. Katzenbach & J. Ruth (Hrsg.), *Triangulierung. Lernen, Denken und Handeln aus psychoanalytischer und pädagogischer Sicht* (13–39). Frankfurt am Main: Brandes und Apsel.

Datler, W. (2003). Erleben, Beschreiben du Verstehen: Vom Nachdenken über Gefühle im Dienst der Entfaltung von pädagogischer Professionalität. In: M. Dörr & R. Göppel (Hrsg.), *Bildung der Gefühle. Innovation? Illusion? Intrusion?* (241–264). Gießen: Psychosozial Verlag.

Datler, W. (2008). Zweisamkeit vor Dreisamkeit? Infant Observation als Methode zur Untersuchung früher Triangulierungsprozesse. In: F. Dammasch, D. Katzenbach & J. Ruth (Hrsg.), *Triangulierung. Lernen, Denken und Handeln aus psychoanalytischer und pädagogischer Sicht* (85–109). Frankfurt am Main: Brandes und Apsel.

Datler, W. (2009). Von der akademischen Entwicklungspsychologie zur psychoanalytischen Säuglingsbeobachtung: Über Esther Bick, die Methode des Infant Observation und die Entwicklung von psychosozialen Kompetenzen. In: G. Diem-Wille & A. Turner (Hrsg.), *Ein-Blick in die Tiefe. Die Methode der psychoanalytischen Säuglingsbeobachtung und ihre Anwendung* (41–66). Stuttgart: Klett-Cotta.

Devereux, G. (Hrsg.) (1967). *Angst und Methode in den Verhaltenswissenschaften*. München: Hanser.

Diem-Wille, G. (2012). Denken und Fühlen. Die Bedeutung der inneren Welt für das pädagogische Handeln. Reflexion der pädagogischen Praxis im Work-Discussion-Seminar. In: G. Diem-Wille & A. Turner (Hrsg.), *Die Methode der psychoanalytischen Beobachtung. Über die Bedeutung von Containment, Identifikation, Abwehr und anderen Phänomenen in der psychoanalytischen Beobachtung* (117–139). Wien: Facultas Verlags- und Buchhandels AG.

Diem-Wille, G. & Turner, A. (Hrsg.) (2009). *Ein-Blicke in die Tiefe. Die Methode der psychoanalytischen Säuglingsbeobachtung und ihre Anwendungen*. Stuttgart: Klett-Cotta.

Flick, U. (Hrsg.) (2002). *Qualitative Sozialforschung*. Reinbek: Rohwolt.

Köhler-Weisker, A. (1980). Teilnehmende Beobachtung der frühen Kindheit in der psychoanalytischen Ausbildung. *Psyche, 34*, 625–651.

Lamnek, S. (Hrsg.) (2010). *Qualitative Sozialforschung* (5., überarb. Aufl.). Basel: Beltz.

Laplanche, J. & Pontalis, J. B. (Hrsg.) (1977). *Das Vokabular der Psychoanalyse, 1. Band* (3., überarb. Aufl.). Frankfurt am Main: Suhrkamp.

Lazar, R. (2000). Erforschen und Erfahren: Teilnehmende Säuglingsbeobachtung. »Empathietraining« oder empirische Forschungsmethode? *AKJP, 108*, 399–417.

Lazar, R., Lehmann, N. & Häußler, G. (1986). Die psychoanalytische Beobachtung von Babys innerhalb der Familie. In: J. Stork (Hrsg.), *Zur Psychologie und Psychopathologie des Säuglings – Neue Ergebnisse in der psychoanalytischen Reflexion* (185–211). Stuttgart: Frohmann-Holzboog.

Lehner, B. & Sengschmied, J. (2009). »Oliver wendet sich von seiner Mutter ab«. Lernerfahrungen einer Babybeobachtung. Vom Wegschauen bis zur Reflexion von bedrohlichen Erlebnisinhalten. In: G. Diem-Wille & A. Turner (Hrsg.), *Ein-Blick in die Tiefe. Die Methode der psychoanalytischen Säuglingsbeobachtung und ihre Anwendung* (41–66). Stuttgart: Klett-Cotta.

Lorenzer, A. (1986). Tiefenhermeneutische Kulturanalyse. In: H. D. König & A. Lorenzer (Hrsg.), *Kulturanalysen. Psychoanalytische Studien zur Kultur* (11–98). Frankfurt am Main: Fischer.

Lorenzer, A. (Hrsg.) (1995). *Sprachzerstörung und Rekonstruktion. Vorarbeiten zu einer Metatheorie der Psychoanalyse* (4., überarb. Aufl.). Frankfurt am Main: Suhrkamp.

Lotte Rose, L. & Schmauch, U. (Hrsg.) (2005). *Jungen – die neuen Verlierer?, Auf den Spuren eines öffentlichen Stimmungswechsels*. Königstein: Helmer.

Mahler, M. S., Pin, F. & Bergmann, A. (Hrsg.) (1993). *Die psychische Geburt des Menschen. Symbiose und Individuation*. Frankfurt am Main: Fischer.

Metzger, H. G. (Hrsg.) (2000). *Zwischen Dyade und Triade. Psychoanalytische Familienbeobachtungen zur Bedeutung des Vaters im Triangulierungsprozess*. Tübingen: Editor Diskord.

Rustin, M. (2012). In Berührung mit primitiven Ängsten. In: G. Diem-Wille & A. Turner (Hrsg.), *Die Methode der psychoanalytischen Beobachtung. Über die Bedeutung von Containment, Identifikation, Abwehr und anderen Phänomenen in der psychoanalytischen Beobachtung* (13–27). Wien: Facultas Verlags- und Buchhandels AG.

Stern, D. (Hrsg.) (1992). *Die Lebenserfahrung des Säuglings*. Stuttgart: Klett-Cotta.

Weinberg, W. & Williams, C. J. (1973). Soziale Beziehung zu devianten Personen bei der Feldforschung. In: J. Friedrichs (Hrsg.), *Teilnehmende Beobachtungen abweichenden Verhaltens* (83–108). Stuttgart: Enke.

III Auswertungsmethoden

Videografie

Videografisches Datenmaterial als Grundlage von Interaktionsanalysen – Ein Beispiel aus der Unterrichtsforschung

Felix Buchhaupt

1 Einleitung

Die technische Entwicklung der letzten 60 Jahre hat auf zahlreiche berufliche und private Aspekte des Lebens Einfluss genommen, aber auch die Entwicklung der empirischen Sozialforschung wurde durch den technischen Fortschritt stark beeinflusst. Praktisch alle aktuellen Verfahren der qualitativen bzw. rekonstruktiven Text- bzw. Interview-Interpretation beruhen darauf, dass die der Analyse zugrunde liegenden Transkripte möglichst exakte Repräsentationen des ursprünglich Gesprochenen darstellen – und dies wurde erst mit der Entwicklung von unauffälligen und einfach zu handhabenden Aufnahmegeräten möglich. Eine ähnliche Erweiterung der Möglichkeiten ergibt sich für die qualitative Sozialforschung durch die Verbreitung und Verfeinerung von (digitalen) audio-*visuellen* Aufnahmegeräten, da mit diesen eine völlig neue Datensorte erzeugt werden kann, so dass mitunter schon von einer »Video-Revolution« gesprochen wurde (vgl. z. B. Knoblauch & Schnettler, 2007, 584). So ist unmittelbar einsichtig, dass durch Videodaten neue Fragestellungen untersucht werden können, die auf anderem Wege empirisch nicht zugänglich wären. Hervorzuheben ist insbesondere die intensive und detaillierte Erforschung von Prozessen der Interaktion, wie Dinkelaker & Herrle (2009, 15) zutreffend zusammenfassen:

> »Weil Videodokumente sowohl Hörbares als auch Sichtbares konservieren und das Zusammenspiel von Ereignissen auf beiden Wahrnehmungsebenen zu erfassen in der Lage sind, können über sie tiefere Einblicke in das Interaktionsgeschehen gewonnen werden. Interaktion erweist sich auf dieser Datengrundlage als ein überaus komplexes Geschehen, in dem verbale Kommunikation mit dem stetigen Wandel von Körperhaltungen, Gesten, Gesichtsausdrücken und Blicken im Raum einhergeht und in dem jenseits des dominanten Interaktionsgeschehen [sic!] immer auch weitere Äußerungen, Ereignisse und Zustände zu beobachten sind. Die Vorstellung eines linear geordneten Ablaufs der Interaktion, wie sie sich bei der Beschränkung auf den verbalen Austausch einstellt, erweist sich vor dem Hintergrund dieser Beobachtungen als Vereinfachung. Audiovisuelle Aufnahmen ermöglichen es, die für Interaktion konsti-

> tutive Komplexität der nacheinander stattfindenden Gleichzeitigkeit unterschiedlichster visueller und auditiver Äußerungen und Ereignisse in phänomenhomologer Weise zugänglich zu machen.«

Es ist daher auch nicht verwunderlich, dass Videodaten mittlerweile in zahlreichen Forschungsfeldern erhoben werden und die Grundlage von vielfältigen (Interaktions-)Analysen darstellen. Erstaunlich ist allerdings, dass in nahezu allen entsprechenden Publikationen zunächst darüber geklagt wird, dass der Stand der methodischen und methodologischen Diskussion der zunehmenden Anwendung nicht entspricht. Daher kann auch nicht davon gesprochen werden, dass bestimmte Methoden und (diesen zugrunde liegende) Methodologien der Analyse von Videodaten existieren – stattdessen entstehen in verschiedenen Anwendungskontexten immer wieder neue Formen, die weiterentwickelt und begründet werden.

Aufgrund dieser Diskussionslage kann im Rahmen dieses Beitrags auch nicht in eine bereits vollständig entwickelte bzw. etablierte Methode der Videoanalyse eingeführt werden. Stattdessen wird eine spezifische Form der Analyse vorgestellt und am Beispiel demonstriert. Diese Form stellt keine Neuentwicklung dar, sondern greift auf verschiedene Techniken zurück, die dem (weiten) Kontext der Interaktionsanalyse entstammen. Daher werden zunächst kurz die Grundlagen dieser Methoden erläutert, die in die anschließende Beispielanalyse eingeflossen sind.

2 Übersicht der zugrunde gelegten Methoden

2.1 Ethnografie als Forschungshaltung

Das hier beschriebene Vorgehen entspricht insofern einer ethnografischen Perspektive, als ihm die nur scheinbar triviale ethnografische Frage zugrunde liegt: »What the hell is going on here?« (Geertz, zit. nach Amann & Hirschauer, 1997, 20). Auch wenn die Ethnografie häufig mit dem Erhebungsverfahren der teilnehmenden Beobachtung verbunden wird, kann man nicht davon sprechen, dass sich hinter dem Begriff der Ethnografie eine einheitliche Forschungspraxis und erst recht keine festgelegte Auswahl methodischer Vorgehensweisen verbergen. Grundlage ist stattdessen ein Erkenntnisstil, der die Ethnografie kennzeichnet: der des »Entdeckens« (ebd., 8). Dieses entdeckende Vorgehen lässt sich leicht in den »Ursprungsdisziplinen« der Ethnografie nachvollziehen, nämlich der Kulturanthropologie, die sich mit dem Verstehen und Beschreiben »fremder« Kulturen auseinandersetzt. Unter dieser Voraussetzung der eigenen Fremdheit ist es naheliegend, davon auszugehen, dass ein Verständnis der beobachtbaren Praktiken im Modus des Entdeckens stattfinden muss, da nicht auf vorhandene eigene Deutungsmuster zurückgegriffen werden kann. Bei der Übertragung eines ethnografischen Vorgehens in die eigene Kultur erscheint dieser

Erkenntnisstil dagegen nicht unmittelbar plausibel. Aber gerade die Betrachtung von scheinbar Vertrautem unter der Prämisse des Sich-fremd-Machens, der Befremdung, macht das Alltägliche zu einem aufschlussreichen Forschungsgegenstand, der zahlreiche Entdeckungen ermöglicht (vgl. Amann & Hirschauer, 1997). Denn durch diese »Attitüde der künstlichen Dummheit« (Hitzler, 1986) versucht der Forscher, auf vorhandene Erklärungen und Konstruktionen des Sozialen zu verzichten, um diese neu zu entdecken.

Wie schon angedeutet, sind die konkret einzusetzenden Methoden im Rahmen von Ethnografien nicht vorgegeben, sondern sollten sich daran orientieren, ob sie »geeignet sind, Relevanzen, Wissen und Praktiken der je Untersuchten ihrem typisch gemeinten Sinn nach zu rekonstruieren« (Hitzler, 2000, 23). Damit wird zunächst erneut verdeutlicht, dass nicht die Annahmen und Relevanzsysteme des Forschers den Referenzpunkt bilden, sondern die untersuchten Situationen, Interaktionen, Personen zur Sprache gebracht werden sollen. Das Zitat verweist aber auch darauf, dass die Empirie nicht selbsterklärend ist, sondern die Rekonstruktion einen zentralen Aspekt ethnografischer Ansätze ausmacht. Daher stehen auch grundsätzlich vorwiegend qualitative Methoden der Erhebung und auch Auswertung im Zentrum ethnografischer Forschung, wobei das Ideal in der Kombination verschiedener Verfahren besteht (vgl. ebd., 22).

Bezogen auf die Auswertung videografischer Daten ist in diesem Kontext insbesondere das von Knoblauch (2009) vorgelegte Konzept der »fokussierten Ethnografie« erwähnenswert. Dieses macht deutlich, dass eine nicht zufällige Nähe zwischen Ethnografie und Videoanalysen besteht, die zum einen darauf beruht, dass in beiden die (technisch vermittelte) Beobachtung natürlicher Situationen im Zentrum steht. Einen durchaus bedeutsamen Unterschied sieht Knoblauch aber darin, dass er der Videoanalyse in zweierlei Hinsicht einen engeren Fokus unterstellt: Während zumindest die »klassische« Ethnografie zumeist auf die Untersuchung von größeren Einheiten im Feld (Kulturen, Gemeinden, Organisationen) abzielt, hat die Videografie häufig sehr kleine/partikulare Aspekte von Interaktionen im Blick.

Eine ethnografische Studie geht häufig mit sehr langen Feldaufenthalten einher – Knoblauch spricht von etwa einem Jahr. Demgegenüber ist der Zeitraum der Datenerhebung in videografischen Studien meist kürzer und fokussierter.

Neben diesen – für die in Abschnitt 3 angeführte beispielhafte Analyse wichtigen – allgemeineren Vorbemerkungen werden im folgenden Abschnitt die methodischen Aspekte der Analyse videografischer Daten dargestellt. Ausgeklammert bleiben vollständig alle Aspekte der Datenerhebung, die im Rahmen von Videoanalysen – wie auch bei allen anderen Methoden der empirischen Sozialforschung – von großer Bedeutung sind (vgl. zu diesem Bereich z. B. Dinkelaker & Herrle, 2009).

2.2 Methodisches Vorgehen zur Analyse videografierter Interaktionen

Der zentrale Unterschied zwischen der Analyse von audiovisuellen Daten zu der von reinen Audiodaten bzw. den in Textform vorliegenden Transkripten/Beobachtungsprotokollen o. ä. ist das Vorliegen verschiedener Datenarten im Medium des Videos. Während der reine Ton bzw. die Sprache immer eine zeitliche Perspektive beinhaltet, ist das Video durch die Gleichzeitigkeit von Bild und Ton und damit durch die zusätzliche räumliche Perspektive gekennzeichnet, die im Zeitverlauf konstant bleibt. Witte & Rosenthal (2007, 12) machen dies an der Möglichkeit des Standbildes deutlich. Im Gegensatz zum ablaufenden Ton, der so wie alle Bewegungen im Raum nur in einer zeitlichen Perspektive denkbar ist, werden im Standbild alle simultanen Aspekte einer Situation deutlich, die damit ebenfalls in die Analyse einbezogen werden können. Um diesem zentralen Unterschied in der Analyse, der von Dinkelaker (2010) als »simultane Sequentialität« begrifflich gefasst wurde, methodisch gerecht werden zu können, ist die Einbeziehung mehrerer Analyseschritte unumgänglich. In diese wird nun in der Reihenfolge ihrer Anwendung eingeführt, wobei diese Reihenfolge zum einen nur für die vorliegende Untersuchung so gewählt wurde (und damit auch durchaus eine andere denkbar ist) und zum anderen in der Praxis der Analyse immer wieder zwischen den einzelnen Schritten hin- und hergesprungen wurde, wenn der Fortgang der Analyse bzw. das sich im Verlauf immer detaillierter ausbreitende Material dies erforderte. Das hier beschriebene Vorgehen orientiert sich an der von Witte & Rosenthal (2007) beschriebenen »Sequenzanalyse videografierter Interaktionen«, wobei insbesondere im Rahmen der Feinanalyse auf weitere Analysetechniken zurückgegriffen wird, die bei Dinkelaker & Herrle (2009) zu finden sind.

Analyse des (äußeren) Kontextes

Bevor mit der Analyse des konkreten Materials begonnen wird, ist es notwendig, die sozialstrukturellen Bedingungen zu explizieren, die den Rahmen der videografierten Interaktionen bilden. Im dargestellten Beispiel der Untersuchung von Interaktionen im (deutschen) schulischen Unterricht bedeutet dies, dass zunächst ein Blick auf das Bildungssystem Deutschlands, die dort herrschenden formalen/strukturellen Regelungen (Lehrpläne, Beamtenrecht, Schulpflicht) geworfen werden muss. Das Ziel dabei ist es, »Möglichkeitsräume der Interaktionspartner abzustecken und erste Hypothesen über strukturelle Regelmäßigkeiten der Auswahl von Handlungsoptionen durch die Akteure aufzuzeigen« (Witte & Rosenthal, 2007, 16).

Da in späteren Schritten großer Wert auf die kontextfreie Interpretation der Interaktion gelegt wird, muss zunächst eine kurze Klärung dieses scheinbaren Widerspruchs erfolgen: Die vorgenommene Interpretation des gesellschaftlichen Kontextes erfolgt nicht, um als Vorwissen in die anschließende Interpretation einzufließen. Die Feinanalyse muss zunächst frei sein von jedem Kontextwissen.

Allerdings ermöglicht die Kontextanalyse vorab eine Schärfung des interpretierenden Blicks, indem in Bezug auf die verfolgte Fragestellung geklärt werden kann, welche Rolle den äußeren Bedingungen zukommt bzw. welche (Handlungs-)Optionen sie ggf. systematisch ausschließen oder erschweren.

Die für das vorliegende Projekt gefundene Lösung bestand darin, dass die Analyse des Kontextes von einer Person (F. B.) alleine durchgeführt und schriftlich niedergelegt wurde. Unabhängig davon fand die Analyse des Materials in einer Interpretationsgruppe statt, die nicht über die Ergebnisse dieser vorgängigen Analyse in Kenntnis gesetzt wurde und so kontextfrei blieb.

Analyse des (inneren) Kontextes/Konfigurationsanalyse

Nachdem der gesellschaftliche Rahmen bestimmt wurde, wird nun der Fokus der Analyse verengt auf die zu analysierende Interaktion und die darin bestehenden Möglichkeitsräume, die durch vorhandene Strukturen gegeben sind. Diese sind nun aber nicht mehr unabhängig von der konkreten Situation, sondern durch die handelnden Personen (oder zumindest einem Teil von diesen) mitbestimmt. Das Ziel dieser Analyse des inneren Kontextes liegt ähnlich wie im vorherigen Schritt darin,

> »Hypothesen über die die Handlungen strukturierenden Muster [zuzulassen]. Andererseits begrenzt der von den Akteuren gewählte Handlungsraum deren Handlungsmöglichkeiten innerhalb der konkreten Interaktion, was auch die Hypothesenbildung während der Analyse begrenzt oder, anders gesprochen, erleichtert« (Witte & Rosenthal, 2007, 18).

Im vorliegenden Fall konzentrierte sich dieser Analyseschritt zunächst auf die Klärung und Interpretation einer Reihe objektiver Daten, wie z. B. die Sozialstruktur der Schulgemeinde, die Zusammensetzung der Schülerschaft (Geschlecht, sozialer Status, Migrationserfahrungen etc.), aber auch die Lehrkraft und ihre Ausbildung, Erfahrung, didaktische Orientierungen etc. All diese Daten wurden – wie auch die dem ersten Analyseschritt zugrunde liegenden – nicht aus dem videografischen Material gewonnen, sondern durch Interviews und Dokumentenanalysen. Da dieses Datenmaterial aber nicht im Fokus des Beitrags steht, wird in der Beispielanalyse nicht auf sie eingegangen.

Neben diesen Daten bilden für die videografierten Interaktionen auch die räumlichen Gegebenheiten einen wichtigen Kontext, da die Videoanalyse nicht nur auf die gesprochene Sprache zurückgreift, sondern auch räumliche Orientierungen, Bewegungen, Blickrichtungen etc. aufgreift. Für die Analyse dieses »Kontextes« wurde auf die von Dinkelaker & Herrle (2009, 64ff.) beschriebene Konfigurationsanalyse zurückgegriffen. Mit dieser werden die räumlichen Gegebenheiten der Interaktion zu einem bestimmten Zeitpunkt in den Blick genommen, während das zeitlich bedingte Interaktionsgeschehen ausgeblendet wird. »Dadurch lässt sich nachzeichnen, was als innerhalb und außerhalb des Interaktionsgeschehens behandelt wird, welche Formen der Beteiligung von den unterschiedlichen Anwesenden zu erwarten sind und auf welche Raumbereiche das Geschehen fokussiert wird« (ebd., 64). Für die Praxis der Analyse bedeutet dies, dass das Vorhandensein und die Anordnung von Möbeln/Gegenständen/ Personen überprüft und beschrieben werden; dass daran anknüpfend die daraus resultierenden Bewegungs- und Wahrnehmungsbarrieren erschlossen werden; dass die Positionierung der Personen dahingehend thematisiert wird, welche anderen Möglichkeiten bestanden hätten; und schließlich dass potenzielle Möglichkeiten der Aufmerksamkeitsausrichtung und deren (erschlossene) tatsächliche Realisierung dargestellt werden.

Im Gegensatz zum vorherigen Analyseschritt und zu den analysierten objektiven Daten fand die Analyse des inneren Kontextes innerhalb der Interpretationsgruppe statt und floss auch als innerer Kontext in die weitere Analyse ein. Dieser Unterschied ist dadurch begründet, dass es sich bei der räumlichen Konfiguration offensichtlich nicht um Bedingungen handelt, die außerhalb der (sequenziellen und simultanen) Entfaltung des Interaktionsgeschehens liegen, sondern einen Teil davon bilden und quasi quer zur zeitlichen Struktur liegen.

Sequenzielle Analyse der (simultanen) Interaktionen

Mit der sequenziellen Interpretation rückt schließlich das Interaktionsgeschehen selbst in den Fokus, weshalb dieser Schritt den zentralen (und zeitaufwändigsten) Teil der Analyse ausmacht. Auf das allgemeine Prinzip der Sequenzanalyse soll an dieser Stelle nicht weiter eingegangen werden, da dieses in den Beiträgen aus dem Bereich der Objektiven Hermeneutik bereits ausführlich dargestellt und begründet wurde. Da es sich aber um ein Verfahren handelt, das zumindest im Rahmen der Objektiven Hermeneutik vorwiegend für die Analyse rein sprachlichen Materials verwendet wird, sind einige Anpassungen notwendig. Insbesondere aus dem Bereich der ebenfalls sequenzanalytisch vorgehenden Konversationsanalyse stammen einige methodische Anregungen, die auf die Organisation von Interaktionen durch Sprache, Gesten, Blicke und körperliche Orientierungen eingehen und daher für die Analyse videografischen Materials von Bedeutung sind (vgl. z. B. Goodwin, 1981; 2000).

Während sich bei der Analyse rein textförmig vorliegenden Materials[1] die Frage stellt, welche Sequenz für die Analyse ausgewählt wird, wird dieses »Problem« bei der Analyse audiovisueller Daten durch deren schon kurz angesprochene simultane Sequenzialität vervielfacht. Denn bei diesen Daten gibt es nicht nur einen, ausschließlich zeitlich strukturierten Handlungs-/Interaktionsstrang, sondern – zumindest wenn mehr als zwei Personen anwesend sind – immer mehrere. Es muss daher entschieden werden, ob nur einer der simultan ablauf-

1 In der methodischen Literatur zu Videoanalysen wird häufig die Notwendigkeit betont, auch die Videodaten für die Analyse in einen Text zu übersetzen bzw. zu transkribieren (z. B. bei Knoblauch & Schnettler, 2007, 592). Darauf wurde nach anfänglichen Versuchen der Transkription im Rahmen des hier beschriebenen Projekts bewusst verzichtet, da gerade die nur im Video selbst sichtbare Ebene der nonverbalen Interaktion, die auch durch ausgefeilte Transkriptionssysteme nicht adäquat protokolliert werden kann, für die Beantwortung der Forschungsfragen von großem Interesse war.

enden Stränge in die Analyse einfließt oder mehrere.[2] Diese Entscheidung hängt von der verfolgten Fragestellung der Untersuchung ab, da es z. B. durchaus ausreichend sein kann, ausschließlich der »offiziellen« Kommunikation zu folgen und alle Nebenschauplätze zu vernachlässigen. Für die sequenzanalytische Auswertung audiovisueller Daten muss demnach beachtet werden, dass für eine videografierte Situation mehrere sequenzielle Analysen betrieben werden, die sich auf simultan ablaufende Interaktionen beziehen.

Der zweite zentrale Unterschied zur objektiv-hermeneutischen Sequenzanalyse liegt in der Einbeziehung nonverbaler bzw. körperlicher Aspekte der Interaktion in die Analyse. Wenn man davon ausgeht, dass Bedeutung sich nicht nur über Sprache vermittelt, sondern auch durch Gesten, Haltungen, Blicke etc., dann können und müssen diese ebenfalls in die Analyse von Kommunikation einbezogen werden, wie es z. B. von Bavelas (1994) für die Geste dargelegt wurde. Methodisch wurde dies in der vorliegenden Analyse äquivalent zur objektiv-hermeneutischen Analyse von Sprache umgesetzt: Es wurden gedankenexperimentelle und kontextfreie Lesarten von Haltungen, Mimiken etc. gebildet, deren Funktionen benannt und mit dem tatsächlichen Kontext konfrontiert. Forschungspraktisch bedeutete das, dass die zu analysierende Sequenz des Videos zunächst wiederholt ohne Ton betrachtet wurde, um die Konzentration auf das visuell Wahrnehmbare zu ermöglichen. Denn wie auch Witte & Rosenthal (2007, 19) anmerken, »gelingt es leichter, diese Daten extensiv auszulegen, als wenn sie durch den Ton begleitet werden«.

3 Beispielanalyse: »Tisch zwei ist schon fast fertig«

3.1 Kurzbeschreibung des Forschungsprojekts

Zur Demonstration der beschriebenen Methoden wird auf Material aus dem Dissertationsprojekt mit dem Arbeitstitel »Emotionen und Lernen – Die Bedeutung emotionsregulativer Prozesse im Interaktionssystem Unterricht« zurückgegriffen. Um die folgende Analyse einordnen zu können, sind einige kurze Anmerkungen zum theoretischen Hintergrund und den Forschungsfragen dieses Projekts notwendig.

2 Zumindest im Rahmen der Analyse von Unterrichtsvideos wäre es utopisch, die Möglichkeit zu verfolgen, alle simultanen Interaktionsstränge zu analysieren, daher wird diese Möglichkeit hier nicht angeführt, auch wenn sie prinzipiell vorstellbar und möglich ist.

Theoretischer Hintergrund

Insbesondere die Emotionspsychologie macht deutlich, dass eine strikte Trennung von kognitiven und emotionalen Aspekten des Denkens und Handelns nicht angemessen ist. Handlungen orientieren sich an Zielvorstellungen, und im Rahmen der Auswahl und der Optimierung dieser Ziele spielen emotionale Aspekte eine zentrale Rolle. »Emotionen regulieren demnach die Handlungen einer Person in ihren motivrelevanten Aspekten, womit sie eine äußerst komplexe Funktion in der menschlichen Tätigkeitsregulation übernehmen« (Holodynski & Friedlmeier, 2006, 41).

Es ist daher begründet davon auszugehen, dass emotionale Zustände auch für Lernprozesse eine Rolle spielen, umso mehr wenn es um institutionalisierte und damit zumeist auch soziale Formen des Lernens geht, wie sie z. B. im schulischen Unterricht angestrebt werden. Denn Emotionen haben immer auch eine Reihe kommunikativer Aspekte (körperlicher Ausdruck, Mimik, Gestik etc.), so dass weder die Ursachen noch die Wirkungen von Emotionen auf das Individuum beschränkt werden können, wie es z. B. Fridlund (1994) für den Gesichtsausdruck sehr klar herausgearbeitet hat. In der sozialen Situation des Unterrichts spielen also vielfältige Emotionen sowohl auf Seiten der SchülerInnen als auch der Lehrkräfte eine bedeutsame Rolle und wirken auf den Verlauf von Lernprozessen ein.

Forschungsfragen und -design

Auch wenn Zusammenhänge zwischen emotionalen, sozialen und kognitiven Prozessen mittlerweile unumstritten in der Theorie anerkannt werden, mangelt es an (qualitativen/rekonstruktiven) Studien, die den in den konkreten (Lern-) Situationen bestehenden Zusammenhängen nachgehen. Es fehlen Antworten z. B. auf Fragen danach, welche Rolle Emotionen in solchen Lernkontexten spielen, welche Bedeutung ihnen von den handelnden Individuen zugeschrieben werden, wie sie überhaupt kommuniziert werden bzw. ob sie überhaupt offen kommuniziert werden dürfen. Innerhalb dieses Fragenkomplexes bewegt sich die hier dargestellte Studie.

Angesiedelt ist die Studie sowohl im Bereich der allgemeinen wie auch der Sonderpädagogik, da die relevanten Prozesse zwar auch in allgemeinbildenden Schulen bzw. bei Kindern ohne amtlich attestierten besonderen Förderbedarf eine Rolle spielen. Für die Sonderpädagogik ist sie aber besonders bedeutsam, denn »bei Kindern mit Lernschwierigkeiten, mit einer Behinderung, allgemein mit individuellem Förderbedarf wird eine ›Ansprache‹ auf der Basis des Emotionalen aus Gründen der Unmittelbarkeit, des Ursprünglichen, des Basalen, der Vermittlung zu kognitiven Verarbeitungsprozessen der zunächst einzig gangbare Weg sein« (Bundschuh, 2003, 118). Neben diesem – sicherlich diskussionswürdigen – didaktischen Hinweis spielen emotionale Probleme und Verhaltensproblematiken bei Kindern mit Lernschwierigkeiten häufig auch eine bedeutende Rolle (vgl. z. B. Gasteiger-Klicpera, Klicpera & Hippler, 2001), so dass der sozial-emotionalen Ebene bei diesen Kindern in praktischer und auch theoretischer Hinsicht besondere Aufmerksamkeit gewidmet werden sollte.

Um den Forschungsfragen nachzugehen, wurden in einer (Grund-)Schulklasse über einen Zeitraum von drei Wochen mit zwei Kameras Videoaufnahmen des gesamten Schulvormittags im Klassenzimmer gemacht. Mit einer Kamera wurde dabei möglichst eine Totale des Klassenraums aufgenommen, um sowohl das Handeln der Lehrkraft als auch der SchülerInnen in den Blick zu bekommen. Die zweite Kamera war auf jeweils ein spezifisches Kind ausgerichtet, um so auch fokussierte Aufnahmen insbesondere der Mimik und Gestik zu erhalten, die in der Totalen nicht bzw. nur undeutlich zu erkennen sind. Mit diesen zwei Perspektiven wurde der Versuch unternommen, sowohl die verschiedenen sozialen Ebenen (zwischen Lehrkraft und Kindern, zwischen Kindern untereinander) als auch die subjektbezogene Ebene einzufangen und miteinander in Beziehung zu setzen. Zusätzlich wurden mit weiteren Methoden auch andere Daten erhoben, um – im Sinne der Ethnografie – ein umfassendes und mehrperspektivisches Bild zu erhalten. Dieses Material wird aber in diesem Beitrag ausgeblendet, um den Blick auf die Möglichkeiten bei der Auswertung videografischen Materials zu richten. Ebenfalls wird in der folgenden Beispielanalyse auf die Interpretation des äußeren Kontextes und der objektiven Daten verzichtet. Zudem kann die Analyse des videografischen Materials nur einen sehr begrenzten Ausschnitt der tatsächlichen Interpretationsarbeit wiedergeben, da die Darstellbarkeit der vorwiegend am Bild- bzw. Videomaterial vorgenommenen Analysen ein objektives Problem dieser Art der Forschung darstellt (vgl. Schnettler & Raab, 2008). So wird hier nur jeweils auf ausgewählte Aspekte und Szenen des Materials eingegangen, um daran die besonderen Möglichkeiten, die sich aus der Analyse der simultanen und gleichzeitig sequenziellen Interaktionen ergeben, zu veranschaulichen.

3.2 Die Analyse

Auswahl des Materials

Im Verlauf der dreiwöchigen Erhebungsphase ist eine sehr große Menge an Datenmaterial entstanden, aus dem für die sehr (zeit-)aufwändige Analyse ein sehr kleiner Teil ausgewählt werden musste. Die Auswahl geschah überwiegend aufgrund theoretischer Überlegungen, so dass zunächst Sequenzen ausgesucht wurden, von denen begründet angenommen werden konnte, dass die Kommunikation von Emotionen in ihnen eine zentrale Rolle gespielt hat. Im Fortgang der Analyse wurden dann weitere kontrastierende Sequenzen ausgewählt, um die theoretischen Schlüsse zu verfeinern. Die folgende Analyse erfolgt an einer Unterrichtssequenz, in der von einer freien Arbeitsphase in die gemeinsame Bearbeitung einer Aufgabe gewechselt wird.

Rahmung der zu interpretierenden Sequenz

Um einen inhaltlichen Rahmen für die Analyse zu bilden, erfolgt zunächst eine Beschreibung der Unterrichtssituation. Dies ist nicht Teil der eigentlichen Analyse, sondern dient ausschließlich dem besseren Verständnis.

Die Lehrerin geht zu ihrem Pult, nimmt die dort liegende Fibel und geht zurück zu dem Platz vor den Fenstern, an dem sie bereits zuvor gestanden hat. Dort steht sie einige Sekunden, sagt laut »*pscht*« und schaut in die Klasse. Der Geräuschpegel in der gesamten Klasse war bis dahin vergleichsweise hoch und wird auch danach nicht erkennbar leiser. Die Kinder blättern in ihren Fibeln hin und her, einige blättern auch nicht mehr, die meisten unterhalten sich noch mit ihren Nachbarn oder den Kindern an den jeweiligen Gruppentischen. Die Lehrerin fährt mit folgender Aussage fort: »*Soo, Pscht. Tisch eins, schaut, dass er, dass alle Kinder Seite 22 und 23 aufschlagen.*« Dabei blickt sie zunächst in die Fibel, die sie selbst geöffnet vor ihrem Körper hält, schaut dann auf in den Klassenraum und sagt weiter: »*Tisch zwei ist schon fast fertig.*«

Konfigurationsanalyse

Die in Abb.1 schematisch dargestellte räumliche Situation des Klassenzimmers bildet einen Teil des inneren Kontextes und wird nun, wie in Abschnitt 2.2 beschrieben, hinsichtlich der sichtbaren Gegenstände, der räumlichen Barrieren, der Positionierungen und der Aufmerksamkeitsrichtungen analysiert. Dabei konzentriert sich die Darstellung auf die mit der Nummer drei gekennzeichnete Zusammenstellung von Tischen, da diese auch im Fokus der folgenden Analyse steht.

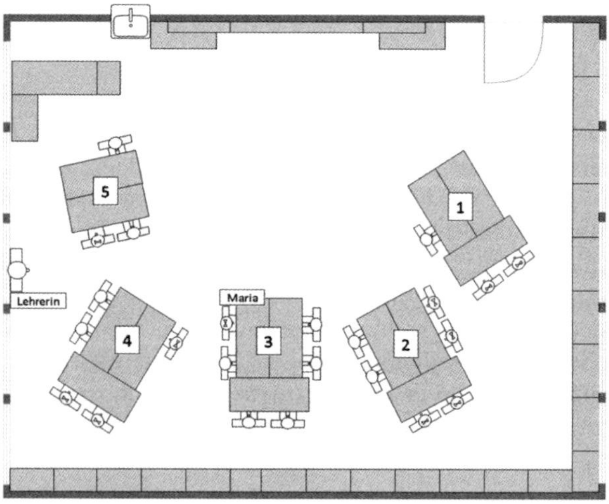

Abb. 1: Schematische Darstellung des Klassenraums

Es befinden sich insgesamt fünf Zusammenstellungen mehrerer Tische im Raum – in vier Fällen handelt es sich um drei zusammengestellte Tische, in einem Fall um zwei – sowie mehrere Einzeltische, die an der Wand vor der Tafel angeordnet sind. Es gibt innerhalb des Raumes keinerlei hohe Gegenstände/Möbel, die eine Wahrnehmungsbarriere darstellen könnten, da in einem Klassenraum[3] davon auszugehen ist, dass alle anwesenden Personen aufgrund ihrer Körpergröße über die Tische hinwegsehen. Durch die Anordnung der zusammengestellten Tische werden aber offensichtlich die Bewegungsmöglichkeiten innerhalb des Raumes eingeschränkt, lediglich ein großer Raum vor der Tafel ist frei.

Alle anwesenden Kinder sitzen an den zusammengestellten Tischen, die Anzahl der Kinder pro Tisch variiert allerdings. Betrachtet man die Verteilung der Geschlechter, so ist für die Zusammenstellung von Nummer drei auffällig, dass von den sechs Kindern, die sich an diesem Tisch befinden, lediglich eines ein Mädchen ist. Aufgrund der Gesamtanzahl von Jungs und Mädchen innerhalb der Klasse wäre eine »ausgeglichenere« Verteilung möglich. Durch die Anordnung der Tische und die Sitzpositionen der Kinder ergeben sich unterschiedliche »Möglichkeiten des Sehens«. Während von einigen Positionen aus ohne jegliche Körperdrehung der ganze Raum, inklusive Tafel, eingesehen werden kann, ist dies von anderen Sitzen aus offensichtlich nicht möglich. So kann das an der Zusammenstellung Nummer drei sitzende Mädchen (im folgenden Maria genannt) nur einen Teil der anderen Kinder sehen, ohne sich komplett umzudrehen, und auch der Blick zur Tafel ist nur durch eine Kopf- bzw. Körperdrehung möglich. Bezieht man nun auch noch die Positionierung der erwachsenen Person (Lehrerin) am Fenster mit ein, so ist für Maria ein Blickkontakt zu dieser nicht ohne Weiteres möglich, so wie auch die Lehrerin Maria nur von hinten sehen kann. Dadurch ist es für die Lehrerin nicht möglich, die Mimik von Maria zu betrachten, und auch möglicherweise vor Maria liegende Materialien können von der Position der Lehrerin im Raum aus nicht eingesehen werden. Würde die Lehrerin dagegen vor der Tafel stehen, wäre ein etwas umfassenderer Blick möglich.

Diese sehr verkürzt dargestellte Konfigurationsanalyse ermöglicht bereits Aussagen darüber, welche Möglichkeiten alleine durch die räumlichen Bedingungen gegeben und eingeschränkt werden. Zu beachten ist dabei, dass hier zwar schon Annahmen darüber aufgestellt werden können, welcher »Sinn« mit diesen Bedingungen erzeugt wird, diese aber im weiteren Verlauf der Analyse, insbesondere durch die Einbeziehung weiterer Sequenzen, überprüft werden müssen. In diesem Fall könnte man z. B. als Hypothese formulieren, dass ...

- ... mit der Anordnung der Tische zu »Gruppen« ein didaktischer Anspruch ausgedrückt wird. Dieser könnte darin liegen, den Unterricht nicht zentral

3 Im Rahmen einer vollständigen Analyse müsste die Information, dass es sich um einen Klassenraum handelt, zunächst im Sinne einer kontextfreien Interpretation ausgeblendet werden. Um die Darstellung aber auf die wesentlichen Aspekte des Visuellen zu konzentrieren, wird diese Information – ebenso wie einige weitere – vorausgesetzt.

auf die Tafel auszurichten, sondern vermehrt Gruppen- oder auch Einzelarbeit zu ermöglichen.

- ... durch die Positionierung der Lehrerin am Rand des Klassenraums der Eindruck verstärkt wird, dass die Aufmerksamkeit der Kinder nicht auf ihre Person gerichtet sein soll.
- ... durch die Positionierung der Lehrerin im Verhältnis zu den Sitzpositionen der Kinder die Kommunikation mit einigen Kindern schwerer fallen dürfte als mit anderen.

Sequenzielle Analyse der Interaktion auf unterschiedlichen Ebenen

Die weitere Analyse setzt am Ende der oben beschriebenen Szene an und konzentriert sich zunächst auf die verbalen Äußerungen der Lehrkraft.[4] Sie sagt: »*Soo, pscht. Tisch eins, schaut, dass er, dass alle Kinder Seite 22 und 23 aufschlagen.*« Mit der Äußerung »*Soo, pscht*« wird zunächst durch das »*Soo*« markiert, dass die vorhergehende Aktivität beendet wird/werden soll, um nun mit etwas Neuem anzufangen. Verstärkt wird diese Aufforderung durch das darauf folgende »*pscht*«, das offensichtlich dazu auffordern soll, die Lautstärke zu reduzieren. Dies scheint notwendig zu sein, um die nun folgende Aktivität durchführen zu können. Es handelt sich aber um eine sehr »dezente« Aufforderung, die auch sehr viel energischer hätte ausgedrückt werden können. Im Folgenden wird »*Tisch eins*« angesprochen, womit scheinbar eine Vergemeinschaftung der an diesem Tisch sitzenden Kinder gemeint ist. Es werden nicht einzelne oder alle Kinder angesprochen, sondern explizit der »*Tisch eins*«. Dieser soll nun »*schauen, dass er, dass alle Kinder Seite 22 und 23 aufschlagen*«, womit den vergemeinschafteten Kindern an dieser Tischgruppe die Aufgabe zugewiesen wird, sich selbst zu disziplinieren und die vorgegebenen Seiten aufzuschlagen. Die Aufforderung lässt sich weiter auch so verstehen, dass Tisch eins darauf achten soll, dass auch alle anderen Kinder die entsprechenden Seiten aufschlagen. Schließlich wird mit der Benennung der »*Seite 22 und 23*« vorausgesetzt, dass alle Kinder in der Lage sind, diese auch aufzuschlagen bzw. die Bedeutung der Zahlwörter – und der an die Tafel geschriebenen Ziffern – zu kennen. Aus diesen sehr kurz dargestellten Interpretationsansätzen lassen sich zumindest zwei – durchaus weitreichende – Hypothesen zur Interaktionsstruktur innerhalb der Klasse ziehen: Die Bildung von Gruppentischen dient nicht nur der didaktisch motivierten Herstellung der Möglichkeit zur gemeinsamen Bearbeitung von Aufgaben, sondern die zu einer Gruppe zusammengefassten Kinder bilden eine Einheit, die als Ganzes von der Lehrerin angesprochen werden kann. Durch die folgende Äußerung »*Tisch zwei ist schon fast fertig*« wird deutlich, dass zwischen diesen Gruppen eine Konkurrenz hergestellt wird, die sich z. B. in der Schnelligkeit der Befolgung von Aufträgen zeigt. Innerhalb der

4 Dies entspricht nicht der oben dargestellten und auch praktizierten Reihenfolge der Interpretation, in der zunächst der Ton und damit alles Sprachliche ausgeblendet wird, sondern ist einzig der besseren Darstellbarkeit geschuldet.

Gruppentische werden die Kinder also als eine Gemeinschaft angesprochen, zwischen den Gruppentischen wird dagegen Konkurrenz erzeugt. Die zweite mögliche Hypothese betrifft den Umgang mit Nichtwissen, da von der Lehrerin zunächst keine weiteren Hinweise gegeben werden, welches die »richtigen« Seiten sind, die sie mit den Zahlwörtern und Ziffern bezeichnet hat. Da es sich um vor etwa zwei Monaten eingeschulte Erstklässler handelt, ist allerdings nicht davon auszugehen, dass die Zahlwörter und Ziffern von allen Kindern sicher beherrscht werden. Aufgrund der zuvor dargestellten Positionierung der Lehrkraft und der dadurch eingeschränkten Blickmöglichkeiten dürfte es ihr aber schwerfallen, mögliche Probleme einzelner Kinder zu erkennen.

Der nun folgende Analyseschritt bezieht sich auf die Interaktion, die sich im Anschluss an diese Einführung am Tisch drei abspielt. Die fünf an diesem Tisch sitzenden Jungs blättern kurze Zeit in den vor ihnen liegenden Heften und scheinen dann die richtigen Seiten gefunden zu haben, da sie nicht mehr weiterblättern. Maria dagegen blättert mehrfach vor und zurück, schaut in das Heft des neben ihr sitzenden Jungen, sagt mehrfach »*Hä*« und blättert immer wieder in ihrem Heft. Es wird sehr schnell offensichtlich, dass sie nicht in der Lage ist, die richtigen Seiten aufzuschlagen. Aufgrund der zuvor aufgestellten Hypothese, dass die Gruppentische für sich eine Gemeinschaft darstellen sollen, wäre durchaus erwartbar gewesen, dass einer der Jungen ihr die richtigen Seiten zeigen würde, um in der Konkurrenz der Tische gegeneinander gut dazustehen. Dies ist aber (für eine lange Zeit) nicht der Fall, stattdessen zeigt der neben ihr sitzende Junge auf ihr Heft und sagt etwas (in der Aufnahme) Unverständliches zu den rechts neben ihm sitzenden Jungen. Daraufhin meldet er sich, da die Lehrerin mittlerweile die Frage gestellt hat, was man auf diesen Seiten sieht. Diese Szene macht deutlich, dass die zuvor aufgestellte Befürchtung, nicht alle Kinder könnten in der Lage sein, die richtigen Seiten aufzuschlagen, für Maria offensichtlich zutrifft. Da die Lehrerin dieses Problem von ihrer Position aus aber nicht wahrnehmen kann, ist Maria auf die Hilfe der Jungen an ihrer Tischgruppe angewiesen. Diese sind dazu aber offenbar nicht bereit, sondern es ist ganz im Gegenteil plausibel anzunehmen, dass Marias Nachbar eine spöttische Bemerkung über ihre Schwierigkeiten macht und diese Bemerkung auch mit dem auf ihr Heft deutenden Finger unterstreicht. Daraus lässt sich wiederum die Hypothese ziehen, dass die von der Lehrerin eingeführte Konkurrenzsituation zwischen den Tischgruppen von den Kindern nicht nur auf die Tischgruppen bezogen wird, sondern darüber hinaus auch zwischen den einzelnen Kindern an den Tischgruppen eine Konkurrenzsituation erzeugt wird. Denkbar ist auch, dass die bereits oben angesprochene Geschlechterkomponente an Tisch drei eine Rolle spielt, dies wäre in der weiteren Analyse an anders zusammengesetzten Tischgruppen zu überprüfen.

Im letzten hier dargestellten Schritt der Analyse wird die Perspektive der zweiten Kamera eingenommen, die direkt auf Maria gerichtet ist und sie in der Interaktion mit ihrem Tischnachbarn zeigt (siehe auch Abb. 2). Die zu analysierende Einheit wird nun weiter fokussiert auf die Situation, in der ihr Tischnachbar auf das vor ihr liegende Heft zeigt. Um die körpersprachlichen Anteile der Interaktion in den Blick zu bekommen, wurde das Video extrem verlangsamt betrachtet. Dabei zeigt sich bei genauem Betrachten, dass Marias Schultern direkt im Anschluss an die Zeigegeste des Nachbarn nach unten sacken. Die Interpretation dieses Ausdrucks legt Bedeutungen nahe wie z. B.: Ich fühle mich schlecht; ich will mich verstecken; ich habe kein Selbstbewusstsein; ich habe keine Lust. Es lässt sich daher annehmen, dass die mit der Zeigegeste und dem begleitenden Kommentar des Nachbarn einhergehende »Veröffentlichung« ihrer Schwierigkeiten für Maria eine emotionale Belastung darstellt, die sie zwar nicht sprachlich, aber in ihrer Körpersprache ausdrückt.

Abb. 2: Stillfolge des körpersprachlichen Ausdrucks

4 Abschließende Bemerkungen

Auch wenn diese Analyse damit noch keineswegs abgeschlossen ist, da nun die einzelnen Ebenen der Interpretation noch deutlicher aufeinander bezogen und mit weiteren Sequenzen verglichen werden müssten, sollte zumindest in Ansätzen deutlich geworden sein, welche Möglichkeiten sich durch Videodaten für die qualitative Sozialforschung eröffnen. Denn es mag zwar stimmen, dass die beschriebenen Analysen prinzipiell aufgrund von Beobachtungsprotokollen entsprechend geschulter BeobachterInnen möglich gewesen wären, aber nur durch das Medium Video und die sich daraus ergebende Möglichkeit der wiederholten Betrachtung einzelner Szenen können einige der für die Analyse fruchtbaren Punkte überhaupt erst in den Blick genommen werden.

Das hier vorgestellte Vorgehen, von der Analyse der gesamten Klassensituation, über die Betrachtung der Gruppeninteraktion bis zur Fokussierung auf eine einzelne Person, ist keineswegs zwingend, sondern ergibt sich aus dem dargestellten Forschungsinteresse, das auf die Verknüpfung dieser Ebenen abzielt. Es sind daher sicher auch andere Möglichkeiten der sequenziellen Betrachtung simultaner Interaktionen aufschlussreich, z. B. könnte die Interaktion an den verschiedenen Gruppentischen miteinander verglichen werden, was dann aber völlig andere Erkenntnisse ermöglichen würde. Aber auch hier gilt: Diese Möglichkeit ist weiterhin gegeben, denn das Videomaterial liegt vor und kann aus völlig anderen Perspektiven erneut analysiert werden.

Abschließend sollen zumindest einige Punkte angemerkt werden, die im Rahmen dieses Beitrags nicht thematisiert werden konnten, die aber bei der Analyse von Videodaten unbedingt beachtet werden sollten. So ist die Frage der Reaktivität der Situation (also die Veränderung der Situation durch die Kamera) eine in jeder Studie zu reflektierende Bedingung, die prinzipiell zwar in jeder Form der Datenerhebung zum Tragen kommt, im Rahmen von Videostudien aber möglicherweise besonders deutlich ist. Auch Videodaten sind keine »vollständigen« Wiedergaben der betrachteten Situation, da durch die Kameraperspektive immer nur ein begrenzter Ausschnitt aufgenommen wird. Diese Einschränkung muss bei der Planung gut bedacht werden und zudem in die Analyse der Aufnahmen einfließen. Schließlich stellt die Darstellbarkeit von Videoanalysen in herkömmlichen Formen der textförmigen Publikation ein Problem dar, das sich auch durch die Weiterentwicklung von Transkriptionsverfahren o. ä. nicht adäquat lösen lässt.

Literatur

Amann, K. & Hirschauer, S. (1997). Die Befremdung der eigenen Kultur. Ein Programm. In: S. Hirschauer & K. Amann (Hrsg.), *Die Befremdung der eigenen Kultur. Zur ethnographischen Herausforderung soziologischer Empirie* (7–52). Frankfurt: Suhrkamp.

Bavelas, J. B. (1994). Gestures as Part of Speech: Methodological Implications. *Research on Language and Social Interaction, 27*, 201–221.

Bundschuh, K. (2003). *Emotionalität, Lernen und Verhalten. Ein heilpädagogisches Lehrbuch*. Bad Heilbrunn/Obb.: Klinkhardt.

Dinkelaker, J. & Herrle, M. (2009). *Erziehungswissenschaftliche Videographie. Eine Einführung*. Wiesbaden: VS Verlag für Sozialwissenschaften.

Dinkelaker, J. (2010). Simultane Sequentialität. Zur Verschränkung von Aktivitätssträngen in Lehr-Lern-Veranstaltungen und zu ihrer Analyse. In: M. Corsten, M. Krug & C. Moritz (Hrsg.), *Videographie praktizieren. Herangehensweisen, Möglichkeiten und Grenzen* (91–118). Wiesbaden: VS Verlag für Sozialwissenschaften.

Fridlund, A. J. (1994). *Human Facial Expression. An Evolutionary View*. San Diego: Academic Press.

Gasteiger-Klicpera, B., Klicpera, C. & Hippler, K. (2001). Soziale Anpassungsschwierigkeiten bei lernbehinderten Schülern und Schülern mit speziellen Lernbeeinträchtigungen. Eine Literaturübersicht. I. Der Beitrag sozial-kognitiver und kommunikativer Kompetenzen. *Heilpädagogische Forschung, 27*, 72–87.

Goodwin, C. (1981). *Conversational Organization. Interaction Between Speakers and Hearers*. New York: Academic Press.

Goodwin, C. (2000). Action and embodiment within situated human interaction. *Journal of Pragmatics, 32*, 1489–1522.

Hitzler, R. (1986). Die Attitüde der künstlichen Dummheit. Zum Verhältnis von Soziologie und Alltag. *Sozialwissenschaftliche Informationen, 15*, 53–59.

Hitzler, R. (2000). Die Erkundung des Feldes und die Deutung der Daten. Annäherungen an die (lebensweltliche) Ethnographie. In: W. Lindner (Hrsg.), *Ethnographische Methoden in der Jugendarbeit. Zugänge, Anregungen und Praxisbeispiele* (17–31). Opladen: Leske + Budrich.

Holodynski, M. & Friedlmeier, W. (2006). *Emotionen – Entwicklung und Regulation*. Berlin, Heidelberg: Springer Medizin Verlag.

Knoblauch, H. & Schnettler, B. (2007). Videographie. Erhebung und Analyse qualitativer Videodaten. In: R. Buber & H. H. Holzmüller (Hrsg.), *Qualitative Marktforschung. Konzepte – Methoden – Analysen* (583–600). Wiesbaden: Gabler.

Knoblauch, H. (2009). Videography. Focused Ethnography and Video Analysis. In: H. Knoblauch, B. Schnettler, J. Raab & H.-G. Soeffner (Hrsg.), *Video Analysis: Methodology and Methods. Qualitative Audiovisual Data Analysis in Sociology* (2. Aufl.) (69–83). Frankfurt: Peter Lang.

Schnettler, B. & Raab, J. (2008). Interpretative Visual Analysis. Developments, State of the Art and Pending Problems. (http://www.qualitative-research.net/index.php/fqs/article/view/1149/2556), Zugriff am 16.06.2012.

Witte, N. & Rosenthal, G. (2007). Biographische Fallrekonstruktionen und Sequenzanalysen videographierter Interaktionen. Zur Verknüpfung von Daten und Methoden. *sozialersinn, 8*, 3–24.

Qualitative Inhaltsanalyse

Theorie und Praxis der Qualitativen Inhaltsanalyse

Felix Buchhaupt & Nadine Schallenkammer

1 Einleitung

Die Methode der Qualitativen Inhaltsanalyse taucht seit einigen Jahren in zahlreichen Übersichtsbänden zur Qualitativen Forschung auf, und die Einführung in die Methode von Philipp Mayring ist mittlerweile (2010a) in der 11. Auflage erschienen. Es kann daher mit einigem Recht gesagt werden, dass sich die Qualitative Inhaltsanalyse im Methodenkanon der Sozialwissenschaften etabliert hat. Wie hat sich die Entwicklung dieser Methode gestaltet? Welcher inhaltliche Anspruch wird mit der Qualitativen Inhaltsanalyse verbunden? Welche Stellung nimmt sie im wissenschaftsmethodischen Diskurs ein? Dies sind Fragen, die den Kontext dieses Textes darstellen. Im Zentrum des folgenden Textes steht allerdings die Veranschaulichung des methodischen Vorgehens anhand eines Forschungsprojektes, das am Institut für Sonderpädagogik der Goethe-Universität Frankfurt angesiedelt ist.

2 Theorie der Inhaltsanalyse

2.1 Ursprünge

Um die Ziele und das Vorgehen der Qualitativen Inhaltsanalyse verstehen zu können, ist ein Blick auf den Ursprung und die Entwicklung der Methode notwendig. Mit der zunehmenden Verbreitung der Massenmedien zu Beginn des 20. Jahrhunderts entstanden erste inhaltsanalytische Ansätze, mit denen die Auswertung großer Textmengen bewältigt werden sollten. Diese Verfahren zielten vorwiegend auf quantitativ orientierte Aussagen darüber, wie häufig bestimmte Themen angesprochen wurden, welche politischen Parteien am häufigsten genannt werden etc. Das methodische Vorgehen erschöpfte sich dabei darin, das Vorkommen festgelegter Begriffe auszuzählen, so dass eindeutige, objektivierbare Ergebnisse erzielt werden konnten. Zugrunde gelegt wurde dieser Form der Inhaltsanalyse ein an der sogenannten Lasswell-Formel orientiertes Kommunikationsmodell: Wer sagt was in welchem Kanal zu wem mit welchem Effekt? In den frühen Analysen wurde mit diesem Modell insbesondere die Annahme verbunden, aus den vorliegenden Texten ließen sich direkt die intendierten Bedeutungen der Aussagen erschließen (vgl. Titscher, Wodak, Meyer & Vetter, 1998, 74ff.).

In der Mitte des 20. Jahrhunderts entwickelte sich innerhalb der Kommunikationswissenschaften eine Kritik an dieser Form der Inhaltsanalyse, da die Objektivität der quantitativen Analysen die qualitativen Aspekte der Kommunikation vernachlässige und den Ergebnissen somit nur eine geringe Aussagekraft zugestanden werden könne (vgl. Kracauer, 1952). Aus dieser Kritik entstanden einerseits verschiedene Ansätze qualitativ orientierter Inhaltsanalysen, andererseits wurden innerhalb der Kommunikationswissenschaften auch die quantitativen Formen weiterentwickelt, die nun auf komplexere Kommunikationsmodelle zurückgreifen und ähnlich wie die Qualitative Inhaltsanalyse nicht mehr ausschließlich mit konkreten Textbestandteilen operieren, sondern vom konkreten Text abstrahieren. Anhand dieser Entwicklungsgeschichte wird deutlich, weshalb die Qualitative Inhaltsanalyse auch in ihrer aktuellen Form häufig eine Zwischenposition zwischen quantitativen und qualitativen Vorgehensweisen einnimmt, was sich auch in den angestrebten Zielen und dem methodischen Vorgehen widerspiegelt.

2.2 Ziele Qualitativer Inhaltsanalysen

Da sowohl der Begriff der Inhaltsanalyse als auch ihre Anwendungsgebiete und Fragestellungen keineswegs eindeutig sind, lassen sich auch nur bedingt allgemeine Ziele formulieren. So schreibt z. B. Knapp (2008, 20): »Ziel der Inhaltsanalyse ist, Kommunikationsinhalte, die in Form von Texten vorliegen, wissenschaftlich zu analysieren.« Und auch Mayring (2010a, 13), auf dessen Form der Qualitativen Inhaltsanalyse wir uns im Folgenden vorwiegend beziehen werden, gibt keine allgemeine Definition der Ziele, sondern benennt sechs Spezifika der Methode:

»Zusammenfassend will also Inhaltsanalyse

- *Kommunikation* analysieren.
- *fixierte* Kommunikation analysieren.
- dabei *systematisch* vorgehen.
- dabei also *regelgeleitet* vorgehen.
- dabei auch *theoriegeleitet* vorgehen.
- das Ziel verfolgen, Rückschlüsse auf *bestimmte Aspekte der Kommunikation* zu ziehen.«

Im Rahmen dieses Beitrags können wir nur kurz auf diese Punkte eingehen, allerdings werden sie auch bei Mayring selbst nur sehr knapp abgehandelt.[1] Mit der Aussage, dass Kommunikation den Gegenstand der Analyse darstellt, wird verdeutlicht, dass die Inhaltsanalyse nicht auf die Auswertung von Texten bzw. gesprochener Sprache reduziert ist, sondern prinzipiell alle Formen der Interaktion mit ihr bearbeitet werden können. So ist die Analyse von Kunstgegenständen ebenso möglich wie die Anwendung der Inhaltsanalyse auf Filme bzw. Videos (vgl. z. B. Mayring, Gläser-Zikuda & Ziegelbauer, 2005; Bickelhaupt, 2008). Dass diese Kommunikation fixiert sein muss, verweist auf die Notwendigkeit für jede Art der Forschung, dass ein – wie auch immer geartetes – Protokoll der Wirklichkeit vorliegen muss, auf das sich die Auswertung bezieht. Ein direkter Zugriff auf die Realität bleibt aus erkenntnistheoretischen Gründen ausgeschlossen, so dass es sich hierbei nicht um eine Spezifik der Inhaltsanalyse handelt, sondern um ein allgemeines Merkmal jeder Art von wissenschaftlicher Erkenntnis.

Ein besonderes Gewicht legt Mayring dagegen auf die beiden Punkte der Systematik und Regelgeleitetheit. In Abgrenzung zu »freien Interpretationen« und »impressionistischen Ausdeutungen« des Materials wird die Orientierung an einer klaren Systematik und vorab explizierten Verfahrensregeln als eine Stärke der Qualitativen Inhaltsanalyse beschrieben, durch die »jeder Analyseschritt, jede Entscheidung im Auswertungsprozess, auf eine begründete und getestete Regel zurückgeführt werden kann« (Mayring, 2010a, 49). Auch wenn diese Regelungen erst in den folgenden Abschnitten explizit dargestellt und ihre Anwendung in der beispielhaften Analyse demonstriert werden, sollen die aus unserer Sicht zentralen Vor- und Nachteile dieser Systematik bereits jetzt herausgestellt werden.

Der zentrale Vorteil liegt sicher darin, dass durch jede zusätzliche Regelung die »Freiheitsgrade« in der Auswertung eingeschränkt werden und damit die Analyse unabhängiger von der ausführenden Person wird. Damit wird ein in der quantitativen Forschung etabliertes Kriterium in die Begründung des Vorgehens der Qualitativen Inhaltsanalyse eingebracht, nämlich die Reliabilität der Analyse. Auch hier zeigt sich die Zwischenposition der Qualitativen Inhaltsanalyse zwischen den methodischen Paradigmen, da die qualitative Forschung sich eher darum bemüht, eigene Gütekriterien zu entwickeln, die für rekonstruktive Ansätze angemessen sind (vgl. z. B. Krüger, 2000, 324f. und auch Mayring, 2002, 140). Dementsprechend besteht ein zentraler Nachteil des systematischen Vorgehens im Rahmen der Qualitativen Inhaltsanalyse unserer Ansicht nach darin, dass das für qualitative Ansätze maßgebliche Prinzip der (methodischen) Offenheit nicht erfüllt werden kann (vgl. z. B. Lamnek, 2005, 21).

1 Darin zeigt sich auch ein Kennzeichen der Qualitativen Inhaltsanalyse, die sich durch eine sehr ausführliche und konkrete methodische Beschreibung von vielen anderen qualitativen Forschungsmethoden unterscheidet, dies aber nicht durch eine entsprechend ausformulierte Methodologie fundiert ist. Dies dürfte auch der Grund dafür sein, dass z. B. Reichertz (2007, 198) die Qualitative Inhaltsanalyse nicht zu den »elaborierten qualitativen Methoden« zählt.

2.3 Darstellung der Methode

Mayring (2010a, 65ff.) unterscheidet drei Grundformen der Qualitativen Inhaltsanalyse: 1) Zusammenfassung; 2) Explikation; 3) Strukturierung. Die Explikation hat das Ziel der detaillierten Betrachtung einzelner Textstellen, für die aus unserer Sicht hermeneutische Vorgehensweisen angemessener erscheinen. Die strukturierende Qualitative Inhaltsanalyse stellt ein vorwiegend deduktives Verfahren dar, das Kriterien von außen an das zu strukturierende Material heranträgt und daher im methodologischen Sinne nicht als qualitativ bezeichnet werden kann. Daher konzentrieren wir uns hier auf die (induktive) zusammenfassende Inhaltsanalyse.

Das allgemeine Vorgehen: Kategorien, Materialien, Fragestellungen

Mit der zusammenfassenden Qualitativen Inhaltsanalyse soll das Material »schrittweise auf seine Kernaussagen reduziert [werden]« (Mayring & Brunner, 2009, 674), um so einen zwar nicht mehr so detailreichen, dafür aber handhabbaren Überblick zu bekommen. Diese Kernaussagen werden in ein Kategoriensystem gebündelt, welches »das zentrale Instrument der Analyse [darstellt]« (Mayring, 2010, 49).

Auf den ersten Blick scheint die Reduzierung von Textmaterial (oder anderen Daten) auf die Kernaussagen keine besonders schwierige Aufgabe zu sein. Im Alltag ordnen wir ständig unsere Wahrnehmungen bestimmten Kategorien zu, um überhaupt handlungsfähig zu sein. So werden wir beispielsweise bei der oberflächlichen Betrachtung eines Tisches nicht so sehr auf besondere Design- und Materialeigenschaften achten, sondern ihn in die allgemeine Kategorie »Tisch« einordnen (vgl. dazu z. B. die Gestaltgesetze der visuellen Wahrnehmung, Spering & Schmidt, 2009, 30). Diese, mehr oder weniger automatisiert ablaufenden, Kategorisierungen können allerdings nicht die Grundlage wissenschaftlicher Erkenntnis darstellen, da ihnen jegliche intersubjektive Überprüfbarkeit fehlt. Der automatisierte Prozess der Zusammenfassung und Kategorisierung wird daher in der Qualitativen Inhaltsanalyse ersetzt durch systematische und explizierbare Ablaufschemata. In einem allgemeinen inhaltsanalytischen Modell stellt Mayring (2010a, 52ff.) der eigentlichen Kategorienbildung bzw. Zusammenfassung einige grundlegende Schritte voran:

Mit der *Festlegung des Materials* wird bestimmt, auf welches Datenmaterial sich die nachfolgende Analyse bezieht. Es geht dabei um die Bestimmung der für die jeweilige Untersuchung passenden Fallzahl/Stichprobengröße und deren Auswahl aus der Grundgesamtheit. Damit ist auch die Frage verbunden, welche Reichweite die Ergebnisse der Analyse haben werden, ob also Aussagen über eine bestimmte Situation getroffen werden sollen oder allgemeingültige Ergebnisse das Ziel darstellen. Dass diese Überlegungen keineswegs spezifische für die Methode der Inhaltsanalyse sind, sondern in jeder wissenschaftlichen Untersuchung eine Rolle spielen sollten, liegt aus unserer Sicht auf der Hand.

Anhand der darauf folgenden *Analyse der Entstehungssituation* werden einige Kontextinformationen zum vorliegenden Datenmaterial ermittelt, die für dessen Verständnis notwendig werden können. Im Rahmen von Interviews geht es z. B. darum, festzuhalten, wer die Interviews in welcher Situation und zu welchem Zweck durchgeführt hat. Bei Mayring bleibt allerdings offen, an welcher Stelle der Analyse diese – durchaus wichtigen – Informationen in die Analyse einfließen sollen.

Auch die Beschreibung der *formalen Charakteristika des Materials* sollte ein Grundbestandteil jeder empirischen Analyse sein und stellt daher auch kein Spezifikum der Inhaltsanalyse dar. Wenn z. B. mit Interviews gearbeitet wird, sollte dargelegt werden, in welcher Form diese aufgenommen wurden (Mitschriften, Audio- oder Videoaufnahmen etc.), ob Transkriptionen angefertigt wurden und wenn ja, welche Regeln diesen zugrunde lagen. Erst wenn diese Informationen zur Verfügung gestellt werden, kann der Leser nachvollziehen, welche Inhalte bereits bei diesem Arbeitsschritt verlorengegangen sein könnten.

Die Bestimmung der *Richtung der Analyse* muss sich anschließend am Erkenntnisinteresse der eigenen Untersuchung orientieren, d. h. es wird festgelegt, welche Aspekte der Kommunikation relevant sind: Sollen Aussagen über den emotionalen Zustand der beteiligten Personen getroffen werden, steht ausschließlich der kommunizierte Inhalt im Fokus, oder sollen die der Kommunikation zugrunde liegenden Intentionen erschlossen werden? Die Antwort auf die Frage, welche Richtung die Analyse verfolgt, hat ganz entscheidende Auswirkungen auf die Ergebnisse, wie ansatzweise auch in der Beispielanalyse gezeigt werden soll.

Ebenfalls von großer Bedeutung für die konkrete Ausgestaltung der Analyse ist – wie in allen Forschungsarbeiten – die *theoretische Differenzierung der Fragestellung*, so dass die eigene Untersuchung an bereits vorhandenes theoretisches Wissen über den zu untersuchenden Gegenstand anschließt und neue Erkenntnisse zu erwarten sind bzw. bereits vorhandenes Wissen verfeinert, ausgeweitet oder auch korrigiert wird.

Das Ablaufmodell zusammenfassender Inhaltsanalyse: Die Regeln

Wenn die allgemeinen Arbeitsschritte abgearbeitet wurden, kann die eigentliche inhaltsanalytische Arbeit am Material beginnen. Auch hierfür hat Mayring (2010a, 67ff.) ein Ablaufmodell aufgestellt, auf dessen einzelne Schritte zunächst allgemein eingegangen werden soll, um sie anschließend im Rahmen des Beispiels anzuwenden und abschließend zu diskutieren.

Als erstes gibt Mayring an, dass die zu verwendenden *Analyseeinheiten bestimmt* werden müssen. Damit ist gemeint, dass festgelegt wird, wie groß einzelne Material-/Textbestandteile mindestens sein müssen und wie groß sie maximal sein dürfen, um in eine Kategorie eingeordnet zu werden. Diese Festlegung ist allerdings, wie Mayring (ebd., 59) selbst schreibt, vor allem für quantitative Analyseschritte wichtig, da hier z. B. im Rahmen inhaltsanalytischer Häufigkeitsanalysen festgelegt werden kann, ob schon die Nennung eines einzelnen Wortes unter eine Kategorie fallen kann. Das andere Extrem wäre allerdings auch möglich, dass nämlich die Aussage eines kompletten Textes/eines ganzen Interviews zusammengefasst und einer einzigen Kategorie zugeordnet wird. Insofern macht es durchaus Sinn, sich vor dem Beginn einer Qualitativen Inhaltsanalyse Gedanken darüber zu machen, wie groß die Analyseeinheiten etwa sein dürfen. Ausschlaggebend sollte bei der Entscheidung die verfolgte Fragestellung sein, aber auch die Menge des zu analysierenden Materials spielt bei dieser Entscheidung sicher eine Rolle.

Im Anschluss wird nun mit der eigentlichen Auswertung des Materials begonnen, indem die *inhaltstragenden Textstellen paraphrasiert* werden. Das bedeutet, dass alle nichtinhaltstragenden Textbestandteile wegfallen und die verbleibenden Stellen in eine einheitliche, auf eine grammatikalische Kurzform reduzierte Form gebracht werden. Aus unserer Erfahrung ist dies insbesondere zu Beginn einer Analyse ein sehr wichtiger Arbeitsschritt, auch wenn Mayring (ebd., 69) schreibt, dass bei großen Materialmengen »die nächsten beiden Analyseschritte gleich mitvollzogen [werden]«. Denn häufig stellt sich bereits hier die für den weiteren Fortgang der Analyse zentrale Frage, wie eine Aussage zu verstehen bzw. was der zu paraphrasierende Inhalt einer Aussage ist. So schreibt z. B. Knapp (2008, 21f.) aus linguistischer Sicht: »Ein Wort hat keine Bedeutung an sich, ein Text enthält auch keinen Inhalt an sich. Deshalb kann ich einem Text auch nicht *den* Inhalt entnehmen. Je nachdem, wie die sprachlichen Äußerungen im Text verwendet werden, ändert sich der Inhalt des Textes.«

Im Anschluss an diese erste Paraphrasierung soll nun das *angestrebte Abstraktionsniveau bestimmt* und die *Paraphrase unter diesem Abstraktionsniveau generalisiert* werden. Ab hier wird nun also nicht mehr mit dem Ursprungsmaterial gearbeitet, sondern die im Rahmen der Analyse selbst erstellten Paraphrasen werden weiterverarbeitet,[2] und zwar auf eine für die Auswertung festzulegende Abstraktionsebene generalisiert. Damit ist gemeint, dass die in den Paraphrasen vorhandenen Aussagen so weit verallgemeinert bzw. vom Einzelfall abstrahiert werden, wie es für die eigene Analyse angemessen erscheint. Je abstrakter die Generalisierungen sind, desto weniger ursprünglicher Inhalt ist in ihnen erhalten – desto übersichtlicher wird aber auch das entstehende Kategoriensystem werden. Hier muss also für jede Analyse eine Entscheidung getroffen werden, die eine Abwägung zwischen diesen beiden Polen darstellt.

Anschließend finden zwei Reduktionen der entstandenen generalisierten Paraphrasen statt, nämlich in einem ersten Schritt durch die *Selektion* von als unwichtig erachteten Paraphrasen und das *Streichen bedeutungsgleicher Paraphrasen.* Aus unserer Erfahrung ist an diesem Punkt der Analyse aber noch gar nicht unbedingt abzusehen, ob eine Aussage/Paraphrase unwichtig ist oder nicht. Daher kann es sinnvoller sein, zunächst noch keine bzw. nur sehr wenige Paraphrasen aus diesem Grund zu selektieren, sondern diese beizube-

2 Dies stellt nicht per se ein Problem dar, man sollte sich dessen aber bewusst sein.

halten, bis sich ein klareres Bild des gesamten Materials herauskristallisiert hat und solche folgenschweren Entscheidungen auf einer sichereren Basis getroffen werden können.

Die zweite Reduktion besteht in der *Bündelung, Konstruktion und Integration* der verbliebenen Paraphrasen, d. h. es wird versucht, Paraphrasen mit ähnlichem Inhalt zusammenzufassen, um nicht am Ende mehrere Kategorien zu haben, die im Grunde die gleichen Aussagen repräsentieren.

Wurde auf diese Art und Weise ein Teil des Ausgangsmaterials bearbeitet – wie viel dies genau sein sollte, kann nicht allgemein gesagt werden –, werden die entstandenen Aussagen in einem *Kategoriensystem zusammengestellt* und dieses *am Ausgangsmaterial rücküberprüft.* Dabei sollte insbesondere geprüft werden, ob alle (auch jetzt noch) wichtig erscheinenden Aussagen aus dem Ursprungsmaterial im Kategoriensystem enthalten sind. Zudem sollte spätestens an dieser Stelle das erzielte Abstraktionsniveau erneut überdacht/überprüft werden: Wenn die Kategorien noch zu spezifisch sind und zu wenig vom konkreten Fall abstrahieren, wird der ganze Prozess noch einmal durchlaufen und werden die Kategorien erneut generalisiert, selektiert und gebündelt. Sind die Kategorien dagegen zu abstrakt geworden, so dass sie kaum mehr etwas aussagen (was durchaus auch passieren kann), muss der ganze Prozess ebenfalls von vorne begonnen werden.

Die Ergebnisse

In dem von Mayring angeführten allgemeinen inhaltsanalytischen Ablaufmodell schließt sich an die zusammenfassende Inhaltsanalyse die *Zusammenstellung der Ergebnisse* und die *Interpretation in Richtung der Fragestellung* an. Es erklärt sich von selbst, dass hierfür keine konkreten Ablaufmodelle bzw. Regeln mehr vorgegeben werden können. Keineswegs selbsterklärend ist allerdings, wie man sich die Interpretation der Ergebnisse in Richtung der Fragestellung überhaupt vorzustellen hat. Es liegt nach der vollständigen Durchführung der Analyse ein Kategoriensystem vor, in dem die (für die Fragestellung) wichtigen Inhalte des Ausgangsmaterials wiedergegeben werden. Sind auch quantitative Aspekte für die Fragestellung relevant, wird auch die Häufigkeit einzelner Kategorien im Material festgehalten. Wie mit diesem System allerdings weiter verfahren werden soll und welche Aussagen sich daraus ableiten lassen, stellt häufig eine schwierigere Aufgabe dar als die eigentliche Inhaltsanalyse.[3]

3 Daher ist es auch nicht verwunderlich, dass die Inhaltsanalyse von einigen Autoren nicht den Auswertungsmethoden, sondern den »sozialwissenschaftliche[n] Grundmethode[n] der Datenerhebung« (Häder, 2010, 321) zugerechnet wird – deren Ergebnisse dann die Grundlage der eigentlichen Analysen darstellen.

3 Praxis der Inhaltsanalyse am Beispiel des Projekts: Viele Systeme – Eine Leistung

Um die bisher in der Theorie dargestellten Überlegungen zur Qualitativen Inhaltsanalyse anhand von Material aus der eigenen Forschungspraxis zu konkretisieren, folgen nun einige Beispiele aus einem 2011 abgeschlossenen Forschungsprojekt des Institutes für Sonderpädagogik der Goethe-Universität in Frankfurt am Main. Zunächst wird das Projekt inhaltlich kurz vorgestellt, um anschließend Schwierigkeiten und Strategien des methodischen Vorgehens aufzuzeigen und zu hinterfragen.

Das Ziel der hier vorgestellten Evaluation bestand darin, Umsetzungsfragen und Effekte der Komplexleistung Frühförderung in Hessen anhand von Fallstudien zu dokumentieren.[4] Einerseits ging es darum, direkt umsetzbare Empfehlungen abzuleiten, andererseits sollten neue Fragestellungen und mögliche Problembereiche identifiziert werden, die ggf. in Folgeuntersuchungen vertieft, bzw. in größerer Breite bearbeitet werden können. Im Rahmen einer ersten quantitativen Erhebung[5] ergaben sich folgende Forschungsfragen, die als handlungsleitend für die hier dargestellte Evaluation galten (vgl. Institut für Kinder- und Jugendhilfe, 2010, 33):

- Welche organisatorischen und fachlichen Arbeitsprozesse haben sich in der Praxis bewährt, um die Kooperation aller Verfahrensbeteiligten anzubahnen und fortzuschreiben?
- Wie beurteilen die Eltern/Personensorge-, Anspruchsberechtigten das Angebot und die Leistung des Systems insgesamt und seine Teile?
- Wie wirken sich (leistungs-)rechtliche Bestimmungen der jeweiligen sozialgesetzlichen Bestimmungen auf die Anbahnung und interdisziplinäre Abstimmung der Komplexleistung Frühförderung aus?

3.1 Methodisches Vorgehen der Erhebung und Auswertung

Die Datenerhebung erfolgte im Rahmen von zwölf Fallstudien durch leitfadengestützte Interviews mit möglichst allen an den Fällen und damit der erbrachten Komplexleistung Frühförderung beteiligten Akteuren.[6] Um möglichst konkrete

4 Abschlussbericht zu finden unter: http://schulentwicklung.uni-frankfurt.de/web/pdfs/Fruehfoerderung.pdf.

5 Die vorliegende Untersuchung baut auf dem Zwischenbericht der ersten Erhebung des Instituts für Kinder- und Jugendhilfe im Projekt »Viele Systeme – Eine Leistung« auf.

6 Das heißt mit zehn an den jeweiligen Fällen beteiligten Pädagoginnen und Pädagogen, sieben intern angestellten und acht extern kooperierenden Therapeutinnen und Therapeuten, sieben Kinderärztinnen und -ärzten und den zwölf Eltern.

Auskünfte zu erhalten, wurden die Interviews auf den Prozessverlauf im jeweiligen Einzelfall fokussiert.

In der Regel wurde im Projekt durch nur eine Person das gesamte Material gesichtet und kategorisiert. Hatte dies den Vorteil, dass alle Erkenntnisse an einem Knotenpunkt gesammelt werden konnten, so ist nachvollziehbar, dass die Bewältigung an Masse unter Zeitdruck (die zwölf Fälle erforderten 44 Interviews, die in sechs Monaten erhoben und ausgewertet werden mussten) besondere Strategien der Anpassung aufwändiger Methoden erforderte.

Abkürzungen und ihre Folgen

Wie bereits kurz angedeutet wurde, stellt die intersubjektive Überprüfbarkeit ein zentrales Kriterium wissenschaftlicher Aussagen dar, aufgrund dessen gewährleistet werden soll, dass auch Personen, die nicht an der Auswertung beteiligt waren, diese nachvollziehen und ggf. auch kritisieren können. Nach Mayring (2002, 144f.) kann dies durch eine umfassende Verfahrensdokumentation erreicht werden. Diese Forderung steht aber der in Abschnitt 2.3 dargestellten Möglichkeit entgegen, mehrere (dokumentierbare) Analyseschritte zusammenzufassen, um so auch große Datenmengen handhabbarer zu machen – was einen unbestreitbaren Vorteil der Qualitativen Inhaltsanalyse ausmacht.

So erwies es sich im Rahmen des Projektes als unbedingt notwendig, die ausführlichen Schrittfolgen des eigentlichen Verfahrens zu verkürzen. So galt es, schon direkt beim ersten Lesen der Interviews erste Kategorien in Form von kurzen Kernaussagen zu bilden und so das Kategoriensystem Schritt für Schritt zu erarbeiten. Dazu wurde als Analyseeinheit jede für sich stehende inhaltliche Aussage – egal welcher Länge – bestimmt.

Sagte eine Therapeutin in freier Praxis, dass sie nun endlich aufgrund der neuen Gesetzeslage in die Kindergärten gehen könne, um dort zu therapieren, so ergab dies den Code: *Therapie in KiTa nun möglich*. Das gesamte Material wurde so auf alle für die Fragestellung relevanten Kernaussagen reduziert. Die Strukturierung des Materials und Kategoriensystems fand dann im Laufe des Reduktionsprozesses ganz ohne dokumentierte – und damit für andere als für die Forscherin selbst nachvollziehbare – Schrittfolgen statt. So wurden z. B. die einzelnen Kernaussagen einer jeweils nächst höheren und bezogen auf die Fragestellungen und das folgende Material *logisch erscheinenden* Abstraktionsebene zugeordnet. Im vorliegenden Beispiel war dies die *Gesetzeslage*, die u. a. das Therapieren in Kindertagesstätten seit der Einführung der Komplexleistung ermöglicht und schließlich der Bewertung *einfacher* zuzuordnen ist, im Sinne von vereinfachten Abläufen seit Einführung der Komplexleistung. Dies geschah, bis an erster Stelle die oberste Kategorie, hier die *Heilmittelverordnungen*, gesetzt werden konnte, der auch jene anderen Bewertungsebenen zugeordnet werden konnten. Ein Kategoriensystem konnte dann als Ergebnis der Analyse von Antworten auf eine Leitfrage wie folgt aussehen:

Frage: *Wie hat sich eine Frühfördermaßnahme durch die Einführung der Komplexleistung verändert?*

Kategorie: Heilmittelverordnungen

- einfacher
  - Gesetzeslage
    - Budgetentlastung (erwies sich als Fehlinformation)
    - Therapie in KiTa nun möglich
- unverändert
  - unverändert schwierig
    - Therapiehoheit
      - Sorge um Budget
      - Rezeptauflagen durch Arzt
  - unverändert einfach
    - Zugang
      - Frühförderkinder stärker betroffen
- schwieriger
  - Rezeptauflagen durch KK
    - auszufüllen eine Zumutung
    - nur Leistung »am« Kind trotz höherer Anforderung an Kooperationsleistung
    - Therapie in KiTa nun möglich – Elternarbeit?
    - Frühförderkinder stärker betroffen
      - Therapieausfall und seine Konsequenzen

Nach der ersten Erstellung eines Kategoriensystems sollte eine Rücküberprüfung am Ausgangsmaterial stattfinden, um sowohl die Kategorien zu überprüfen, aber auch um zu kontrollieren, ob sich für die schon bearbeiteten Daten mittlerweile neue Kategorisierungen ergeben haben. Nur dadurch kann sichergestellt werden, dass die Reihenfolge der Bearbeitung von Datenmaterial keine Auswirkungen auf ihre inhaltliche Auswertung/Kategorisierung hat.

Aufgrund der Notwendigkeit zur raschen Bearbeitung von viel Material konnte dieser zeitaufwändige Arbeitsschritt im Rahmen des Projektes nicht erfolgen. Daher kann das Kategorisieren bezüglich Fragestellungen und gerade auch neuen Erkenntnissen als wenig explorativ, vielmehr als linear und nicht zirkulär verstanden werden. Ergaben sich z. B. neue und unerwartete Erkenntnisse, wurden diese, auch wenn sie von der bisher erarbeiteten Abstraktionsebene abwichen, in die erarbeitete Strukturlogik eingefügt. Wenn nötig wurde der Strukturbaum dazu ergänzt, verändert und überarbeitet. Es wurde aus Zeitmangel nicht, wie zum Ende des Abschnitts 2.3 beschrieben, im Fall von notwendig neuen Abstraktionsebenen während des Bündelns, erneut von vorne begonnen und überprüft, ob alles noch passt, womit die Gesamtlogik immer wieder von Neuem hätte hinterfragt werden können.

Die Bedeutung eigener Erfahrungen in der Auswertung

Bereits in Abschnitt 2.3 haben wir darauf hingewiesen, dass die Bildung von Paraphrasen aus unserer Sicht den zentralen Auswertungsschritt darstellt, da an dieser Stelle entschieden wird, welcher Inhalt aus einer Textstelle entnommen bzw. wie diese Textstelle verstanden wird. Dass hierbei die eigene Lebenserfahrung und das erworbene Wissen eine zentrale Rolle spielt, die möglichst durch andere Sichtweisen ergänzt werden sollte, wurde im Rahmen des Projektes besonders deutlich.

Es ergab sich nämlich ein besonderer Bezug zum Forschungsfeld dadurch, dass die Forscherin in der Vergangenheit selbst in einer interdisziplinär besetzten Frühförderstelle tätig war und auch eine der als Hilfskraft beteiligten Studentinnen im Grundberuf Ergotherapeutin ist. War dieser Zugang zum Feld einerseits Voraussetzung dafür, dieses kurzzeitige Projekt überhaupt übernehmen zu können, da die Situation nur wenig inhaltliche Vorbereitung erforderte, schien dieser Erfahrungshintergrund gerade während der Analyse und Darstellung der Ergebnisse hinderlich. Eine deutliche Tendenz zur besonderen Auseinandersetzung mit der Situation interdisziplinär besetzter Frühförderstellen zeigte sich im Laufe der Analyse im Kategorienbaum anhand zusätzlicher Unterkategorien an unterschiedlichen Stellen. Zum einen schien die Interviewerin auf die in den Interviews vernommenen Nöte und Klagen dortiger Angestellter besonders genau eingegangen zu sein, zum anderen wurden diese in der Analyse und unabhängig vom eigentlichen Erkenntnisinteresse in ihrer ganzen Fülle unreflektiert aufgenommen. Gerade hier zeigte sich das im Abschnitt »Das allgemeine Vorgehen« aus Kapitel 2.3 beschriebene Phänomen des Einflusses der Analyserichtung auf die Ergebnisse, die sich in der Dominanz einer Einrichtungsform gegen das eigentliche Erkenntnisinteresse der Untersuchung richtete. Entschieden wurde sich nach der Feststellung einer Dominanz an unterschiedlichen Stellen des Kategoriensystems und der Gefahr, insgesamt im Bericht dieser Einrichtungsform mehr Raum und damit Gewicht zu verleihen, zu einem eigenen kurzen Kapitel über die besondere Situation dieser Einrichtungsform. Unverzichtbar waren diesbezügliche Hinweise des Projektleiters und die Möglichkeit, sich über das eigene Involviertsein mit anderen zu beraten. Gerade für diese auch in Abschlussarbeiten häufig anzutreffende Problematik[7] erleben wir eine begleitende Gruppe, die Raum für Kritik und Selbstreflexion bietet, als unverzichtbar.

Formen bewertender Kategorien in der Analyse

Es gibt zahlreiche Möglichkeiten, welche inhaltliche Form den Kategorisierungen im Rahmen der Auswertung gegeben wird. Neben der reinen Orientierung

7 In der Begleitung von Studienabschlussarbeiten erleben wir häufig, dass Studierende das eigene und damit schon bekannte sonderpädagogische Arbeits- und Praxisfeld aus Gründen des vereinfachten Feldzugangs und der sich gerade dort entwickelten Interessenslage für das Thema erforschen möchten.

an der Zusammenfassung von Inhalten – und damit dem Verbleib auf der vorgegebenen sprachlichen Ebene – besteht auch die Möglichkeit, bewertende Kategorien zu bilden und damit auch normative Aussagen in die Auswertung aufzunehmen. Ob diese Form der Kategorisierung sinnvoll ist, kann nur aufgrund der jeweiligen Fragestellungen entschieden werden. Da Bewertungen im Rahmen von Evaluationen häufig eine Rolle spielen, können zu dieser Form Erfahrungen aus dem Projekt dargestellt werden.

So wurden in der bereits oben dargestellten Kategorie »Heilmittelverordnungen« unter anderem bewertende Kategorien gebildet. Wurden die Interview-Partner z. B. nach ihren Erfahrungen mit den Heilmittelverordnungen seit der Einführung der Komplexleistung befragt, so wurden nach Sichtung und erster Kategorisierung des Materials die übergeordneten bewertenden Kategorien »einfacher«, »unverändert« und »schwieriger« definiert und mit Hilfe von aus dem Material entnommenen »Ankerbeispielen« erläutert:

Kategorie »Heilmittelverordnungen«	**Ankerbeispiele**
»einfacher«	»Also von daher denke ich, ist es auch für die Ärzte jetzt wirklich leichter, zu verordnen. Weil sie einfach das Gesetz da auch im Rücken haben.«
»unverändert«	»Was sich insgesamt zeigt, ist, dass Kinder von dort einfacher ein Rezept bekommen, immer schon, da sie einfach meist stärker betroffen sind.«
»schwieriger«	»Die Schikanen sind die Ausfüllerei der Rezepte und die Zeiten, die das benötigt. Dass man sich da reduziert und Begrifflichkeiten einhält, und das ist einfach Schikane. Das schikaniert die Frühförderung auch. Das ist, glaube ich das, was sich verändert hat.«

Diese Bewertungskriterien wurden zur inhaltlichen Ausdifferenzierung mit den jeweils im Text genannten und schon markierten Kernaussagen, wie z. B. *Frühförderkinder stärker betroffen*, im Kategorienbaum verbunden. Die Kategorien wurden damit am Material entwickelt, wenn auch stark beeinflusst durch die auf das Thema abzielenden Leitfragen. Wenn man einen bestimmten Text auf diese Weise von Beginn bis zum Ende durchgearbeitet hat, können – wie auch im Projekt geschehen – folgende Situationen entstehen:

- Gab es eine oder mehrere Textstellen in einem Interview zur »Heilmittelverordnung«, die alle mit der gleichen Ausprägung – z. B. *schwieriger, zu verordnen* – kategorisiert wurden, wurde dem gesamten Fall (z. B. hier einem Kinderarzt) die entsprechende Ausprägung zugeordnet.
- Gab es aber eine oder mehrere Textstellen, die nicht mit der gleichen Ausprägung kategorisiert wurden, war es naheliegend, dem gesamten Fall diejenige Ausprägung zuzuordnen, die am häufigsten zugeordnet wurde.

Es zeigte sich aber, dass sich bezogen auf die Forschungsfragen ein summarisches Urteil häufig als unangebracht erwies, die Inhalte vielmehr für sich standen. So steht die Aussage *Frühförderkinder stärker betroffen* zum einen als Aussage einer Logopädin in freier Praxis dafür, dass leichter Verordnungen ausgestellt werden, es also in der Regel einfacher für die Eltern ist, an Rezepte für Therapien durch den Kinderarzt zu gelangen. Doch die gleiche Kernaussage zum Thema *Heilmittelverordnungen* einer in einer Frühförderstelle angestellten Therapeutin stand für genau die gegenteilige Aussage. Für sie ist es mit den Verordnungen deshalb besonders schwierig, da aufgrund vieler krankheitsbedingter Therapieausfälle der von Krankheit und Behinderung besonders bedrohten Kinder Rezepte häufig ungültig werden und das Prozedere der Neuausstellung oder Änderung der Formulare für alle Beteiligten eine Zumutung darstellt. Ihr geht es also mit der gleichen Kernaussage vor allem um die Rezeptauflagen durch die Krankenkassen (dass z. B. Rezepte nach zwei Wochen Therapiepause ungültig werden), die im Fall stärker betroffener Kinder die laufende Behandlung erschweren, und nicht etwa um den prinzipiell erleichterten Zugang zu Therapiemaßnahmen aufgrund schwerer wiegender Diagnosen. Beides gehört in den jeweiligen Kontext eingebunden dargestellt und als Aussage gleichwertig betrachtet.

- Gab es gar keine Textstelle, die mit einer der Ausprägungen kategorisiert werden konnte, galt das Thema für den Fall als nicht erschließbar. Gerade da verschiedene Berufsgruppen und auch die Eltern befragt wurden, gab es Themen, die sich für manche der befragten Gruppen als irrelevant erwiesen.

3.2 Darstellung der Ergebnisse

Im Rahmen der vollzogenen Strukturierung des Materials entstand zunächst der Eindruck, dieses Vorgehen sei die eigentliche Auswertung. Als das gesamte Material durchgearbeitet und der Kategorienbaum in seiner Komplexität vollendet schien, stellte sich dann aber die auch in Abschnitt 2.3 aufgeworfene Frage, wie die eigentliche *Zusammenstellung der Ergebnisse* und die *Interpretation in Richtung der Fragestellung* überhaupt stattfinden kann?

Es ergab sich im Rahmen der letzten zwei Projektmonate die Möglichkeit, zwei Studentinnen mit in die Auswertung einzubinden, welche schon durch das Transkribieren gut in die Inhalte des Projekts eingearbeitet waren. Ihre Aufgabe war es nun, ausgesuchtes Material mit direktem Bezug zu einzelnen Fragestellungen zu lesen, ohne dabei den eigentlichen Kategorienbaum und damit dortige Zusammenhänge zu kennen. Es wurden z. B. kategorienbezogene Auszüge des Materials aus unterschiedlichen Berufsgruppen verteilt, so dass Fragen bearbeitet werden konnten wie: »Was sagen die befragten Ärzte/innen, was sagen die Therapeuten/innen zum Thema *Heilmittelverordnung*, und was heißt das möglicherweise für deren Zusammenarbeit?« oder »Was sagen Angestellte kooperierender Einrichtungen, was jene der interdisziplinär besetzten Frühförderstellen zum Thema?«

Eigene Überlegungen dazu sollten notiert werden, um sie dann in gemeinsamen Sitzungen anhand des Materials zu begründen und zu diskutieren. Hier konnte z. B. festgestellt werden, dass alle Therapeutinnen und Therapeuten eine Unterfinanzierung der Heilmittelerbringung durch die Krankenkassen bemängeln, dass in der Regel aber angestellte Therapeutinnen und Therapeuten interdisziplinär besetzter Frühförderstellen andere Mängel und Konsequenzen erleben als ihre Kolleginnen und Kollegen in freier Praxis. Warum sich die Aussagen an dieser Stelle unterscheiden und welche Zusammenhänge mit anderen Textstellen herzustellen sind, konnte in der Gruppe diskutiert werden, um die so erarbeiteten Thesen erneut am Material zu prüfen und ggf. als Schlussfolgerungen, untermauert mit Originalaussagen aus dem Material, aufzunehmen. Dieses Vorgehen scheint nur auf den ersten Blick gegen die klar vorgegebene Systematik und Regelgeleitetheit der Qualitativen Inhaltsanalyse, wie sie von Mayring (2010a) selbst für die Analyse vorgegeben werden (vgl. Abschnitt 2.2), zu verstoßen. Denn wie schon zuvor angeführt wurde, erhebt Mayring gar nicht den Anspruch, diesen Schritt der Ergebnisinterpretation innerhalb des methodisch angeleiteten Vorgehens aufzuführen – was vermutlich auch nicht möglich ist. Für die *Interpretation* und Darstellung der Ergebnisse erwies sich das gewählte Vorgehen als außerordentlich vorteilhaft, um einen (Diskussions-)Raum für bisher verborgene Zusammenhänge, für Kritik und Reflexion eigener Analyseschritte und Schlussfolgerungen zu ermöglichen.

Gerade in der Auseinandersetzung mit den Studierenden und der erneuten Auseinandersetzung mit dem Material erfüllte sich das, was die eigentlich sichtbare Leistung in Form des Projektberichts und damit den Ergebnissen der Analyse darstellte: die Übersetzung ausufernder Kategoriensysteme, die zuvor unüberschaubar schienen, in eine sinnvolle Struktur und Logik. Im Abschlussbericht konnten somit die Ergebnisse von der Fallebene abstrahiert und auf einer verallgemeinernden Ebene systematisiert dargestellt werden.

4 Kritische Auseinandersetzung mit Theorie und Praxis der Methode

4.1 Das Qualitative der Qualitativen Inhaltsanalyse

Unsere kritische Auseinandersetzung beginnt mit dem Versuch einer Annäherung an die Frage: »Wie qualitativ kann eine Inhaltsanalyse sein?« (Rosenthal, 2008, 200), die bereits in Abschnitt 2.2 kurz angeschnitten wurde. Diese Frage ist aus unserer Sicht deshalb wichtig, da durch die Namensgebung der *Qualitativen* Inhaltsanalyse und ihre Nennung in zahlreichen Handbüchern qualitativer Sozialforschung insbesondere bei forschungsmethodisch (noch) unerfahrenen Personen der Eindruck entsteht, es handele sich um eine genuin qualitative Auswertungsmethode. Dies ist insofern bemerkenswert, da Mayring (2010b, 604) mittlerweile selbst darauf hinweist, dass »der Begriff ›qualitative Inhaltsanalyse‹ nicht mehr ganz passend ist« und »der Begriff ›qualitativ orientierte kategoriengeleitete Textanalyse‹ treffender [wäre].« Der aus unserer Sicht zentrale Punkt, der gegen eine Einordnung der Qualitativen Inhaltsanalyse in den Methodenkanon qualitativer Forschung spricht, ist die Vernachlässigung der Bedeutung von Konstruktionen und der Notwendigkeit ihrer Rekonstruktion in den Sozialwissenschaften. Qualitative Forschung zeichnet sich insbesondere durch das »Erkenntnisprinzip des Verstehens« (Krüger, 2000, 324) aus, das der Notwendigkeit der Rekonstruktion geschuldet ist. Denn Handlungen und Äußerungen sind »indexikal [...], Indikatoren für Bedeutungsgehalte. Um diese zu erschließen, muss ich Interpretationsleistungen erbringen« (Bohnsack, 2008, 23). Und dieser zentrale Interpretationsschritt wird in der Qualitativen Inhaltsanalyse eben nicht thematisiert, sondern als eine quasi natürliche Kompetenz in der Anwendung der Methode vorausgesetzt. Welche Konsequenzen daraus für die Ergebnisse der Analyse folgen können, wurde in dem angeführten Beispiel in Abschnitt 3.1 schon angedeutet: Da die Interpretin über einen bestimmten eigenen Erfahrungshintergrund verfügte, hat sie bestimmten Aussagen von bestimmten Personen besonders viel Gewicht beigemessen, sie also auf eine ganz spezielle Art *verstanden*.

4.2 Die Bedeutung von Zeit für die Analyse

In den Beschreibungen der Qualitativen Inhaltsanalyse wird als ein Unterscheidungsmerkmal zu anderen Analyseverfahren immer wieder angeführt, dass sie durch »die Regelgeleitetheit und die klaren Ablaufmodelle sowie die schrittweise Materialbearbeitung [...] den Vorteil einer Auswertungsroutine [erhält], die dann auch auf größere Materialmengen anwendbar ist. Dies ist mit anderen Textanalysetechniken weniger möglich« (Mayring & Brunner, 2009, 678). Dies soll auch nicht bestritten werden, allerdings wollen wir auf zwei Implikationen dieses Merkmals der Qualitativen Inhaltsanalyse aufmerksam machen. Erstens wird hier erneut deutlich, dass die Qualitative Inhaltsanalyse keinen primär qualitativen Anspruch erhebt, da der Bezug auf Einzelfälle bzw. geringe Fallzahlen ein zentrales Merkmal qualitativer Forschung ausmacht, wie Mayring (2002, 25ff.) auch selbst anführt. Zweitens kann sowohl die Betonung dieses Vorteils wie auch der schon oben zitierte Hinweis Mayrings, dass bei großen Materialmengen die Analyseschritte verkürzt werden können, aus unserer Sicht zu einer Forschungshaltung führen, die dem Datenmaterial nicht mit der angemessenen Sorgfalt begegnet. Wie im Beispiel deutlich wurde, stehen Forschende bei der Bearbeitung ihrer Projekte aufgrund äußerer Bedingungen häufig unter Zeitdruck – dies gilt auch für die Anfertigung von Seminar- oder Abschlussarbeiten durch Studierende. Dass dann, wie im Beispiel dargestellt, weitere Abkürzungsstrategien vorgenommen werden, ist verständlich und unserer Ansicht nach auch durch die Logik und die Beschreibung der Qualitativen Inhaltsanalyse beeinflusst. Dies stellt an sich auch kein grundlegendes Problem dar, wenn die konkrete Anwendung und Anpassung der Methode dokumentiert und vor allem auch reflektiert würde. Dies findet in den entsprechenden Veröffentlichungen bekanntermaßen aber nur in Ausnahmefällen statt.

Literatur

Bickelhaupt, T. (2008). Das imaginäre Museum in der Werbung. Eine Anwendung der Qualitativen Inhaltsanalyse auf die Bildwelten des kunstgeschichtlichen Zitats in der Werbung. In: P. Mayring & M. Gläser-Zikuda (Hrsg.), *Die Praxis der Qualitativen Inhaltsanalyse* (2. Aufl.) (142–154). Weinheim: Beltz.

Bohnsack, R. (2008). *Rekonstruktive Sozialforschung. Einführung in qualitative Methoden* (7. Aufl.). Opladen, Farmington Hills: Verlag Barbara Budrich.

Häder, M. (2010). *Empirische Sozialforschung. Eine Einführung* (2. Aufl.). Wiesbaden: VS Verlag für Sozialwissenschaften.

Institut für Kinder- und Jugendhilfe (2010). *Viele Systeme – Eine Leistung. Interdisziplinär erbrachte Komplexleistung Frühförderung in Hessen. Umsetzungsschwierigkeiten und Lösungsansätze.* Mainz.

Knapp, W. (2008). Die Inhaltsanalyse aus linguistischer Sicht. In: P. Mayring & M. Gläser-Zikuda (Hrsg.), *Die Praxis der Qualitativen Inhaltsanalyse* (2. Aufl.) (20–36). Weinheim: Beltz.

Kracauer, S. (1952). The Challenge of Qualitative Content Analysis. *The Public Opinion Quarterly, 16*, 631–642.

Krüger, H.-H. (2000). Stichwort: Qualitative Forschung in der Erziehungswissenschaft. *Zeitschrift für Erziehungswissenschaft, 3*, 323–342.

Lamnek, S. (2005). *Qualitative Sozialforschung.* Lehrbuch (4. Aufl.). Weinheim, Basel: Beltz, Psychologie Verlags Union.

Mayring, P. (2002). *Einführung in die qualitative Sozialforschung. Eine Anleitung zu qualitativem Denken* (5. Aufl.). Weinheim, Basel: Beltz.

Mayring, P. (2010a). *Qualitative Inhaltsanalyse. Grundlagen und Techniken* (11. Aufl.). Weinheim, Basel: Beltz.

Mayring, P. (2010b). Qualitative Inhaltsanalyse. In: G. Mey & K. Mruck (Hrsg.), *Handbuch Qualitative Forschung in der Psychologie* (601–613). Wiesbaden: VS Verlag für Sozialwissenschaften.

Mayring, P. & Brunner, E. (2009). Qualitative Inhaltsanalyse. In R. Buber & H. H. Holzmüller (Hrsg.), *Qualitative Marktforschung. Konzepte – Methoden – Analysen* (2. Aufl.) (669–680). Wiesbaden: VS Verlag für Sozialwissenschaften.

Mayring, P., Gläser-Zikuda, M. & Ziegelbauer, S. (2005). Auswertung von Videoaufnahmen mit Hilfe der Qualitativen Inhaltsanalyse – ein Beispiel aus der Unterrichtsforschung. (www.medienpaed.com/04-1/mayring04-1.pdf), Zugriff am 15.09.2009.

Reichertz, J. (2007). Qualitative Sozialforschung – Ansprüche, Prämissen, Probleme. *Erwägen – Wissen – Ethik, 18*, 195–208.

Rosenthal, G. (2008). *Interpretative Sozialforschung. Eine Einführung* (2. Aufl.). Weinheim, München: Juventa.

Spering, M. & Schmidt, T. (2009). *Allgemeine Psychologie kompakt. Wahrnehmung, Aufmerksamkeit, Denken, Sprache.* Weinheim, Basel: Beltz, Psychologie Verlags Union.

Titscher, S., Wodak, R., Meyer, M. & Vetter, E. (1998). *Methoden der Textanalyse. Leitfaden und Überblick.* Opladen, Wiesbaden: Westdeutscher Verlag.

Objektive Hermeneutik

Grundlagen der Objektiven Hermeneutik

Hendrik Trescher

1 Allgemeines

Ziel des Beitrags ist es, die Verfahren der Objektiven Hermeneutik kurz vorzustellen. Dabei soll auf eine Nähe zur Forschungspraxis geachtet werden, indem zunächst das grundsätzliche Verständnis, auf welchem die Verfahren beruhen, dargelegt wird. Daran anschließend werden die Verfahrensregeln vorgestellt und erläutert. Anschließend wird sich mit forschungspraktischen Einschränkungen und forschungsüblichen Problematiken beschäftigt. Der Beitrag selbst wird keine konkret durchgeführte Analyse beinhalten, zumal er sich als Methodengrundlage der folgenden Beiträge versteht.[1] In den genannten Folgebeiträgen werden dann beispielhaft, in Bezug auf die je konkreten Fragestellungen anhand von empirisch erhobenem Material, entsprechende Auszüge aus den jeweiligen objektiv-hermeneutischen Analysen dargelegt. Der Beitrag soll eine kleine, komprimierte methodische Grundlegung für die Anwendungsebene der Objektiven Hermeneutik darstellen. Es handelt sich um keine methodologische Grundlegung, da dies nicht Ziel des Gesamtbandes ist und für den Rahmen eines solchen anwendungsbezogenen Bandes deutlich zu umfangreich wäre.

Innerhalb der empirischen Sozialforschung hat sich die Objektive Hermeneutik als eine gebräuchliche Methode etabliert. Nicht zuletzt lässt sich dies durch die große Zahl an durchgeführten Studien mittels der Verfahren der Objektiven Hermeneutik und an den theoretischen Auseinandersetzungen mit eben dieser ablesen (vgl. Lueger & Meyer, 2007, 175f.). Die Verfahren der Objektiven Hermeneutik sind eine in der empirischen Sozialforschung quasi universal an-

1 Diese sind: Kauz: Sonderpädagogische Beratungsprozesse im Fokus der Objektiven Hermeneutik; Uphoff: Gewinn und Grenzen der Methode der Objektiven Hermeneutik für Interaktionsanalysen im Forschungsfeld »Geistige Behinderung« und Trescher: Objektive Hermeneutik in der Anwendung – ethnografische Beobachtung und institutionelle Strukturanalyse am Beispiel des Forschungsfelds *Demenz*.

wendbare Methode, die es ermöglicht, alles, »was symbolische Bedeutung trägt« (Leber & Oevermann, 1994, 385), zu analysieren.

Zentraler Gegenstand ist für die Objektive Hermeneutik die protokollierte Wirklichkeit oder *Lebenspraxis*. Durch die objektiv-hermeneutische Analyse werden die Gesetzmäßigkeiten herausgearbeitet, nach denen lebenspraktisch Entscheidungen getroffen werden und die somit Handlungen vorausgegangen sind bzw. sich in Handlungen ausdrücken – die Gesetzmäßigkeiten einer *Lebenspraxis*. Generell wird davon ausgegangen, dass soziales Handeln regelgeleitet ist. Das bedeutet, die Sinnstrukturiertheit sozialer Handlungen und somit deren objektiver Sinn werden auf der Basis bedeutungsgenerierender Regeln erzeugt (zur theoretischen Einbettung Habermas, 1982; 1995a; 1983; 1995b).

Dabei ist allein das protokollierte soziale Geschehen Grundlage der Rekonstruktion. Insofern wird immer streng erfahrungswissenschaftlich vorgegangen. »Das Anliegen der Objektiven Hermeneutik besteht in einer methodischen Kontrolle der wissenschaftlich-empirischen Operation des Verstehens« (Wernet, 2006, 11). Diese Kontrollierbarkeit ist mit der Bedeutung der bedeutungserzeugenden Regeln verbunden. Sie sind die Basis dafür, den möglichen objektiven Sinn zu rekonstruieren. Rekonstruiert werden schließlich objektive Bedeutungsstrukturen und auf dieser Basis *latente Sinnstrukturen* der protokollierten Lebenspraxis. Latente Sinnstrukturen sind zunächst nicht unbedingt objektiv erkennbar, sondern lassen sich erst durch die Analyse objektiver Bedeutungsstrukturen erfassen – es handelt sich um die Sinnebene, die hinter dem (intentional) Ausgedrückten liegt (vgl. Hagedorn, 2008, 73). Die objektiven Bedeutungs- und latenten Sinnstrukturen protokollierter Äußerungen und die Auswirkungen dieser Strukturen auf den zu untersuchenden Fall stellen dabei den methodologischen Gegenstand der Objektiven Hermeneutik dar (Oevermann, 2002). Zentrales Merkmal der Objektiven Hermeneutik ist die sequenzielle Betrachtung des zu analysierenden Gegenstandes. Grundsätzlich ist ein Gegenstand (also ein protokolliertes soziales Geschehen)

> »als eine Sequenz von Selektionen zu sehen, die jeweils an jeder Sequenzstelle, d. h. einer Stelle des Anschließens weiterer Einzelakte oder -äußerungen unter nach gültigen Regeln möglichen sinnvollen Anschlüssen getroffen worden sind. Die Kette solcher Selektionsknoten ergibt die konkrete Struktur eines Gebildes.« (Oevermann, 1991, 270)[2]

Grundsätzlich wird in der Objektiven Hermeneutik von einem Verständnis der sozialen Wirklichkeit ausgegangen, welches diese als *textförmig* begreift.[3] Der *Text* ist also »in einer Konstitutionstheorie der sinnhaften Welt« (Wernet, 2006, 12) angesiedelt. Die Soziale Wirklichkeit wird immer über *Protokolle* übermittelt, die erst den Zugang zum Text eröffnen. Der Text ist eine räum-

2 Es sei an dieser Stelle auch darauf verwiesen, dass es sich, aufgrund der sequenziellen Analyse, um ein Verfahren handelt, welches im Vergleich zu anderen verhältnismäßig wenig Text analysiert, da es entsprechend zeit- und aufwandsintensiv ist.

3 Als »Text« wird nach Oevermann u. a. die »Klasse aller in welchem Medium auch immer protokollierten Handlungen« verstanden (Oevermann, 1979, 396; 1993a, 120). Alles, was Text ist, kann prinzipiell auch sprachlich ausgedrückt werden (Oevermann, 1993a).

lich-zeitlich-situative Momentaufnahme, und das Protokoll ist nicht mehr als eine Beschreibung dieses Textes. Dies kann, muss aber nicht sprachlich sein. Es repräsentiert somit die Textförmigkeit sozialer Wirklichkeit (vgl. Oevermann, 1986, 47). Handelt es sich beim konkreten Text zum Beispiel um ein Interview, so wären die Transkription, Tonaufnahme, Mitschrift, das Verlaufsprotokoll oder die Videoaufzeichnung mögliche Protokolle des Textes. Jede Form des Protokolls bietet verschiedene Zugänge, die unterschiedliche Vor- und Nachteile für Anwendung und Analyse mit sich bringen. Das Protokoll einer Landschaft könnte beispielsweise als Foto oder Gemälde angefertigt werden. Beide Protokolle stellen dabei lediglich Ausschnitte des Textes dar, die je nach Blickwinkel, aus dem das Protokoll entstanden ist, abhängig sind. Bei der Protokollierung muss der Versuch, eine möglichst exakte Beschreibung des Textes anzufertigen, im Vordergrund stehen; das Protokoll sollte »unselektiv total« (Oevermann, 2000, 101) sein. Damit ist gemeint, dass das Protokoll möglichst den gesamten zu analysierenden Text so detailliert wie möglich darstellen soll.

Liegt ein zu analysierendes Protokoll vor, wird als erster Schritt der Analyse der *Fall* bestimmt. Der Fall im objektiv-hermeneutischen Sinne ist letztlich der Blickwinkel der Analyse, durch den das Forschungsinteresse expliziert wird. In der Objektiven Hermeneutik wird grundsätzlich ergebnisoffen geforscht, es wird explizit keine Hypothese aufgestellt, die durch die Analyse getestet würde (vgl. Wernet, 2006, 53). Daran liegt es auch, dass der objektiv-hermeneutische Fall nicht von vornherein gegeben ist, sondern erst bestimmt werden muss. Aus einem Protokoll – sei es beispielsweise ein Interview oder ein Beobachtungsprotokoll – wird erst dadurch ein Fall, dass geklärt wird, woraufhin dieses Protokoll ausgewertet wird und in welcher theoretischen Einbettung dies geschehen soll. So kann ein Beobachtungsprotokoll über einen Ausflug eines Kindergartens beispielsweise unter dem Fokus der Arbeitsabläufe des Personals analysiert werden, es kann aber auch hinsichtlich des Verhaltens der Kinder analysiert werden. Dabei würde es sich entsprechend um zwei verschiedene Fallbestimmungen für dasselbe Protokoll handeln.

Ziel der Analyse ist die Rekonstruktion der sogenannten *Fallstruktur*. Wie bereits dargestellt, ist in der Objektiven Hermeneutik die Annahme zentral, dass Handlungsoptionen und -perspektiven durch vorhandene Regeln eröffnet werden. Bei der Rekonstruktion einer Fallstruktur geht es somit lediglich um die Offenlegung der Charakteristik der je konkret gewählten Handlungsoptionen in der je konkreten Lebenspraxis.

Somit stellt die Objektive Hermeneutik in ihrem Selbstverständnis einen Gegenentwurf zur sogenannten subsumierenden Forschung und zur sogenannten erklärenden Forschung dar. Die wissenschaftliche Operation des Verstehens (das Verständnis des Textes als regelerzeugtes Gebilde) steht im Vordergrund, nicht die wissenschaftliche Operation des Erklärens, durch die versucht wird, Gesetzmäßigkeiten zu entdecken, die auch auf die nicht untersuchten Fälle zutrifft. Der Objektiven Hermeneutik geht es nicht darum, Ergebnisse an zu Beginn aufgestellten Hypothesen zu überprüfen oder Charakteristika in ein (zuvor festgelegtes) Kategoriensystem einzuordnen. Stattdessen hat die Objektive Hermeneutik ein besonderes Konzept der Generalisierung von Forschungsergebnissen. Dabei wird davon ausgegangen, dass der »analysierte Fall immer [...] schon besonders und allgemein zugleich« (Wernet, 2006, 19) ist. »Denn in jedem Protokoll sozialer Wirklichkeit ist das Allgemeine ebenso mitprotokolliert wie das Besondere im Sinne der Besonderheit des Falls. Der konkrete Fall ist insofern schon mehr als ein Einzelfall, als er ein sinnstrukturiertes Gebilde darstellt« (ebd.). Das je Konkrete ist immer besonders, da es die Entscheidung der autonomen Lebenspraxis darstellt (es wurde sich für eine der möglichen Handlungsoptionen entschieden und nicht für die anderen). Allgemein ist der Fall schon dadurch, dass er sich unter den allgemein gültigen (bedeutungserzeugenden) Regeln gebildet hat. Nach Oevermann besteht bereits ein »Anspruch auf allgemeine Geltung und Begründbarkeit [durch die] erhebende praktische Antwort auf praktische Problemstellungen« (Oevermann, 1991, 272). Der Fall ist somit typisch hinsichtlich des Handlungsproblems und der damit zusammenhängenden Handlungskonstellation (vgl. Wernet, 2006, 19f.).

Es folgt nun ein (zusammenfassender) Überblick über die anwendungsrelevanten zentralen Begriffe, anschließend werden die Regeln der objektiv-hermeneutischen Operation dargelegt.

Begriff	**Bedeutung für die Anwendung**
Text	• Alles was sozial vermittelbar ist, ist Text (Wirklichkeit)
Protokoll	• Verdinglichungsinstanz des Textes • Ist bereits interpretativ
Fallbestimmung	• Die Fragestellung, unter der das Material untersucht werden soll
Fallstruktur (-Hypothese)	• Fallstruktur ist dynamisch (die Aufeinanderfolge getroffener Entscheidungen der Lebenspraxis) • Im Verlauf der Analyse werden Fallstrukturhypothesen herausgearbeitet. Diese sind eine Art Zwischenfazit. Sie werden im Verlauf überprüft (es wird nicht darunter subsumiert)
Lesarten[4]	• Zeigen die möglichen Entscheidungen der Lebenspraxis auf

4 Darauf wird im Folgenden noch näher eingegangen.

2 Die objektiv-hermeneutische Operation erfolgt nach fünf Regeln[5]

1. Kontextfreiheit

Mit dem Prinzip der Kontextfreiheit als Prinzip ist nicht gemeint, dass der Kontext grundsätzlich irrelevant sei. Es geht stattdessen um die bewusste Nichtberücksichtigung eines äußeren Kontextes – das Prinzip dient somit der Fokussierung auf den Text (vgl. Oevermann, 1993b, 142; 2000, 104; Garz, 1997, 539).

Die bereits analysierten Abschnitte des Protokolls stellen den inneren Kontext dar, dieser bildet sich also nach und nach heraus. Zu Beginn der Analyse ist ein innerer Kontext somit noch nicht vorhanden, er wird aber durch das Voranschreiten der Analyse immer weiter aufgebaut. Die Kontextfreiheit bedeutet nicht, dass das Verwenden dieses inneren Kontextes ausgeschlossen würde. Im Gegenteil ist die Berücksichtigung des inneren Kontextes sogar nötig, da nur so der sequenziale Charakter der Protokolle erhalten werden kann (vgl. Oevermann, 1996, 101). Lediglich der äußere Kontext wird zunächst nicht berücksichtigt, um die analytische Unterscheidung zwischen der Ebene des Situationszusammenhangs (äußerer Kontext) und der je konkreten Ebene des Protokolls (innerer Kontext) zu gewährleisten. Diese Unterscheidung ist so bedeutend, weil es das Ziel der objektiv-hermeneutischen Operation ist, einen Fall zu analysieren, indem die entsprechenden Gesetzmäßigkeiten herausgearbeitet werden. Es geht eben genau nicht darum, das Geschehene in einen Handlungskontext einzubetten, um subsumtionslogische Schließung zu vermeiden (vgl. Trescher, 2013, 40f.; Trescher & Fischer, 2013, 185).

Die Kontextfreiheit dient der Bedeutungsexplikation, um Lesarten formulieren zu können, die mögliche Handlungsoptionen der je konkreten Lebenspraxis aufzeigen (vgl. Oevermann, 1979, 381). Erst im Anschluss an die Analyse erfolgt eine Einbindung des Analysierten in den äußeren Kontext. Somit wird die Differenz zwischen der tatsächlichen und den möglichen (anderen) Handlungsoptionen der Lebenspraxis deutlich.

2. Wörtlichkeit

Dem Prinzip der Wörtlichkeit folgend, muss der protokollierte Text in seiner Wirklichkeitsgestalt, also nur das tatsächlich Protokollierte, analysiert werden.

5 Dies ist keine feststehende, numerische und kategorische Konstante, aber eine inhaltliche. Verschiedene Autoren verwenden unterschiedliche Termini und trennen unterschiedlich zwischen einzelnen Regeln – dies hat primär methodologische Gründe, die hier nicht weiter ausgeführt werden. Es sei bereits hier erwähnt, dass es sich um eine idealtypische Darstellung handelt, die so in der praktischen Umsetzung nicht immer eingehalten wird. Es sei in diesem Zusammenhang bereits jetzt auf den folgenden Abschnitt *forschungspraktische Einschränkungen* verwiesen.

Die Analyse wird durch das Wörtlichkeitsprinzip, ebenso wie durch das Prinzip der Kontextfreiheit, an den Text selbst gebunden (vgl. Oevermann, 2000, 103).

3. Sequenzialität

Beim Prinzip der Sequenzialität

> »spannt sich ein weiter Bogen von konstitutionstheoretischen Überlegungen über methodologische Implikationen bis zu methodischen Grundoperationen der Textinterpretation. Konstitutionstheoretisch verweist das Prinzip der Sequenzialität auf die von Mead und Peirce entfaltete Theorie der Entstehung des Neuen als einer Theorie der Zukunftsoffenheit der Lebenspraxis.« (Wernet, 2006, 27)

Sequenz wird die kleinstmögliche Sinneinheit eines Textes genannt. Am Beispiel einer Rede kann dies etwa nur ein »Ehm« sein, das die sprechende Person vor der Verlesung eines Textes ausspricht. Es ist entscheidend, dass auf die Analyse einer Sequenz immer die im Text darauffolgende Sequenz folgt. Die Anwendung des Sequenzialitätsprinzips ist bei schriftförmigen Protokollen, die einem zeitlichen Ablauf folgen, unproblematisch praktikabel. Bei solchen Protokollen aber, die nicht zeitlich angeordnet sind, gestaltet sich dies mitunter bedeutend schwieriger (wie etwa bei einem Foto). Es ist verboten, im gesamten Protokoll nach geeigneten Sequenzen zu suchen, es sei denn das ganze Protokoll wurde zuvor bereits analysiert.

4. Extensivität

Das Prinzip der Extensivität besagt, dass die Analyse qualitativ (alle Sequenzen ausschöpfend im Sinne der Lesartenbildung) und quantitativ (das komplette Protokoll im Detail) vollständig sein muss.[6]

5. Sparsamkeit

Das Prinzip der Sparsamkeit ist eng mit dem Prinzip der Extensivität verbunden. Während das Extensivitätsprinzip besagt, dass alle möglichen Lesarten gebildet werden müssen, schränkt das Sparsamkeitsprinzip dies insoweit ein, als dass diese nur gebildet werden dürfen, wenn sie textlich überprüfbar sind bzw. wenn sie zwingend aus dem Text rekonstruiert werden können. Letztlich dient die Sparsamkeitsregel dem Schutz vor der beliebigen Interpretation.

6 Es sei in diesem Zusammenhang bereits auf die noch folgenden *forschungspraktischen Einschränkungen* verwiesen.

3 Forschungspraktische Einschränkungen

Wie erwähnt, handelt es sich bei den oben dargelegten Regeln um eine idealtypische Darstellung. In der Forschungspraxis werden die Regeln oftmals forschungspraktischen Einschränkungen unterzogen.

Grundsätzlich ist zu sagen, dass die Prinzipien der Wörtlichkeit und der Sparsamkeit immer bestehen bleiben. Das Prinzip der Wörtlichkeit besteht immer, da es die Referenz auf den Text, also auf die Wirklichkeit selbst ist.[7] Die Sparsamkeitsregel ist zwingend notwendig, da sie die Verfahren der Objektiven Hermeneutik *zusammenhält*, und zwar insofern als dass sie vor der beliebigen Interpretation schützt.

Die Sequenzialität ist insofern variabel, als dass die Größe der zu wählenden Sequenz von Autor zu Autor variiert und mitunter auch vom Stand der bereits im Rahmen der Analyse gebildeten Fallstrukturhypothese abhängt. An diesem Beispiel wird noch einmal klar, dass es sich bei den Verfahren der Objektiven Hermeneutik um eine Kunstlehre handelt, die zwar Verfahrensregeln hat, diese aber keinen endgültigen Normativcharakter haben (es sei auf die vorangegangenen Einschränkungen verwiesen). Auch in den in diesem Band folgenden Beiträgen zeigen sich, je nach Autor, unterschiedliche Herangehensweisen in Bezug auf die Sequenzialität, was allerdings nicht nur vom Autor, sondern primär auch vom untersuchten Material abhängig ist.

Üblicherweise wird aus forschungspraktischen Gründen bei umfangreicheren Protokollen nicht das ganze Protokoll analysiert. Es werden in der Regel einzelne Passagen komplett analysiert, danach wird nach markanten Passagen im Text gesucht.[8] Und zwar solche, die der bereits bestehenden Fallstrukturhypothese am ehesten widersprechen, da diese überprüft werden soll. Oevermann beschreibt beispielsweise ein sehr enges Korsett für die Analyse von Interviews, indem er empfiehlt, nach einer Segmentierung[9] vier Passagen auszuwählen, von denen eine zwingend die Initialpassage ist (vgl. Oevermann, 2000, 97f.). Diese Einschränkung der Extensivität geschieht zum einen aus Gründen der Zeitersparnis, zum anderen muss aber auch erwähnt werden, dass sich die Analyse der Initialpassage und anderer einzelner markanter Passagen bewährt hat. Schlussendlich kann aber nicht ausgeschlossen werden, dass durch dieses Vorgehen ein *Qualitätsverlust* einhergeht, zumal die Extensivitätsregel nicht auf-

7 Die Wörtlichkeitsregel hat auch dann weiter vollkommenen Bestand, wenn nicht klar ist, was tatsächlich gesagt wurde. Diese Problematik wird im Beitrag von Uphoff i. d. B. diskutiert.

8 Wobei hier immer voranschreitend, nie im Sinne des beliebigen Suchens vorgegangen wird.

9 Eine Segmentierung teilt ein Protokoll in mehr oder weniger grobe Teile ein, die inhaltlich beschrieben werden. In der Regel wird das komplette Protokoll segmentiert, anschließend werden aus diesen Segmenten Passagen herausgenommen, welche analysiert werden. Streng genommen ist dieses Verfahren eine Verletzung der Kontextfreiheit, da Wissen herangezogen wird, welches nicht aus der Analyse des inneren Kontexts entstanden ist.

rechterhalten werden kann, da so nicht alle möglichen Lesarten über das ganze Protokoll hinweg gebildet werden können.

Zudem ist es gerade bei protokollierter Lebenswirklichkeit in Bezug auf Personen, also bei Interviews und Beobachtungsprotokollen üblich, sogenannte *Objektive Daten* zu erheben, bzw. zu gewinnen. Es handelt sich dabei um fallspezifische und in Bezug auf Personen in der Regel biografische *Eckdaten*, die (soweit vorhanden) eine Art Rahmen des Falls beschreiben (vgl. Trescher, 2013, 46f.; Scheid, 1999, 20). In der Regel sind das Geburtsdaten, Familienstand, Eckdaten über die Herkunfts- und Zeugungsfamilie(n), Daten zu Ausbildung und Beruf. Diese werden dann vor der eigentlichen Protokollanalyse analysiert – ihre Analyse gehört also zum inneren Kontext. Dies vereinfacht die Analyse dahingehend, dass viele Lesarten bei der Protokollanalyse ausgeschlossen werden können, die sonst gebildet und in der Folge geprüft werden müssten.[10]

Weitere forschungspraktische Einschränkungen sind in der Wahl der Erhebungsmethoden zu suchen. Ein Protokoll sollte zwar immer »unselektiv total« (Oevermann, 2000, 101) sein, das ist aber ein Anspruch, der nur näherungsweise erreicht werden kann, da ein Protokoll immer bereits interpretativ ist (vgl. Oevermann, 2001, 36; 1993a, 132; Trescher, 2013, 35). Allerdings bieten verschiedene Arten der Protokollierung der Wirklichkeit verschiedene Fehlerquellen. So ist es für die objektiv-hermeneutische Operation wichtig, möglichst *wirklichkeitsnahe* Protokolle zu erzeugen. So sind beispielsweise technisch vermittelte Aufzeichnungen (Tonbandaufnahmen, Videos etc.) subjektiven Aufzeichnungen (Beobachtungs- oder Verlaufsprotokolle) vorzuziehen. Technische Protokollierungen sind »semantisch unselektiv« (Oevermann, 2002, 19), während bei der Aufzeichnung durch ein interpretierendes Subjekt bedeutungsdifferente Protokolle entstehen (vgl. Trescher, 2013, 23).[11]

Zudem mahnt Oevermann an, dass die Rahmenbedingungen, unter denen Feldforschung stattfindet, idealerweise in Abhängigkeit zum Feld und zum Fall arrangiert werden sollen (vgl. Oevermann, 2002, 18). Dies trifft insbesondere auf Parameter einer Interviewsituation zu, wenn eine solche Erhebungsform gewählt wird. Nun ist es üblich, bzw. mitunter notwendig, auch im Fall der Datenerhebung forschungspraktische Einschränkungen zu machen.[12] So gibt es

10 Streng genommen stellt die Gewinnung der Objektiven Daten spätestens dann eine Verletzung der Kontextfreiheit dar, wenn diese nicht erhoben, sondern aus dem zu analysierenden Protokoll gewonnen wurden. Im Projekt *Adipositas im Kindes- und Jugendalter* (siehe Beitrag Trescher & Oevermann i. d. B.) wurde beispielsweise so vorgegangen.

11 Wobei hier auch angeführt werden muss, dass auch Aufzeichnungsgeräte interpretativ sind, und zwar insofern dass sie von einem Subjekt zu einem bestimmten Zeitpunkt an einem bestimmten Punkt platziert oder gar bewegt werden. Somit sind auch sie von einem interpretierenden Subjekt abhängig (vgl. Trescher, 2013, 22ff.). Weiterhin sind auch sie keineswegs total, zumal sie nur bestimmte Informationen aufzeichnen, aber viele eben auch weglassen. So liefert eine Tonbandaufnahme kein Bild, ein Video keine Gerüche usw. (ebd.).

12 Dass ein solches Setting erdacht wird und dann aus verschiedenen Gründen nicht eingehalten werden kann, zeigt der Beitrag »(Sonder-)pädagogische Fallakquise und ihre

äußere Faktoren, die dazu führen, dass dennoch auf Beobachtungsprotokolle zurückgegriffen werden muss (siehe hierzu Trescher zu Demenz und Trescher zum Feldzugang bei kognitiver Beeinträchtigung i. d. B.). Weiterhin kann es problematisch sein, wenn der Beginn einer Aufzeichnung in eine sich bereits vollziehende Praxis hineinfällt (siehe hierzu Uphoff i. d. B.). In diesem Fall entfällt also für die Anwendungsebene die quasi-natürlich gegebene Initialpassage, die wie oben dargelegt eine zentrale Rolle in Bezug auf die Analyse spielt.

Weiterhin ist beispielsweise bei Tonbandaufnahmen abzuwägen, gerade wenn die Forschung in einem begrenzten zeitlichen Rahmen stattfinden muss, wie viel Zeit und Aufwand in eine Transkription investiert werden kann. Dies kann sehr detailliert geschehen, so dass eine Feintranskription vollzogen wird (siehe hierzu Schlick i. d. B.). Je nach Gegenstand und Autor kommt es vor, dass eine Transkription auch etwas gröber gehalten wird. Hier wird beispielsweise auf kleinere Nuancen in der Betonung nicht mehr explizit geachtet, außerdem werden beim parallelen Sprechen zweier Personen diese in der Transkription nacheinander dargestellt.

4 Abschließendes

Schlussendlich hat sich gezeigt, dass die Verfahren der Objektiven Hermeneutik zwar feste gemeinsame Regeln haben und die objektiv-hermeneutische Operation immer nach dem Ziel der Totalität der Analyse strebt – dazu zählt allem voran die Herausarbeitung der Struktur der Ausdrucksgestalt der Wirklichkeit –, das sie jedoch immer nur näherungsweise erreichen kann. Im Laufe der Forschungsoperation müssen dabei immer mehr Fehlerquellen in Kauf genommen werden; angefangen bei der unüberbrückbaren Distanz zwischen Text und Protokoll, über die Wahl der Erhebungsform sowie die Verschriftlichung der Erhebung bis hin zu den forschungspraktischen Einschränkungen bei der Analyse. Aber genau in der Überwindung und dem souveränen und bewussten Umgang mit diesen Problematiken liegt die *Kunst.* Während die Regeln eigentlich die *Lehre* vorgeben. Somit ist auch nicht jede objektiv-hermeneutische Operation gleich aufgebaut. Die Objektive Hermeneutik ist eben eine *Kunstlehre*, die folgenden Beiträge werden dies zeigen.

Problemfelder am Beispiel der Thematik *Adipositas im Kindes- und Jugendalter*« Trescher & Oevermann i. d. B.

Literatur

Garz, D. (1997). Die Methode der Objektiven Hermeneutik. Eine anwendungsbezogenen Einführung. In: B. Friebertshäuser & A. Prengel (Hrsg.), *Handbuch qualitative Forschungsmethoden in der Erziehungswissenschaft* (535–543). München: Juventa.

Habermas, J. (1982). Der Universalitätsanspruch der Hermeneutik. In: ders., *Zur Logik der Sozialwissenschaften* (1970) (331–336). Frankfurt am Main: Suhrkamp.

Habermas, J. (1983). Rekonstruktive vs. Verstehende Sozialwissenschaften. In: ders., *Moralbewußtsein und kommunikatives Handeln* (29–52). Frankfurt am Main: Suhrkamp.

Habermas, J. (1995a). Vorlesungen zu einer sprachtheoretischen Grundlegung der Soziologie. In: ders., *Vorstudien und Ergänzungen zu einer Theorie des kommunikativen Handelns* (1970/1971) (11–126). Frankfurt am Main: Suhrkamp.

Habermas, J. (1995b). Was heißt Universalpragmatik? [1976]. In: ders, *Vorstudien und Ergänzungen zu einer Theorie des kommunikativen Handelns* (1970/1971) (353–440). Frankfurt am Main: Suhrkamp.

Hagedorn, J. (2008). *Jugendkulturen als Fluchtlinien.* Wiesbaden: VS.

Leber, M. & Oevermann, U. (1994). Möglichkeiten der Therapieverlaufs-Analyse in der Objektiven Hermeneutik. Eine exemplarische Analyse der ersten Minuten einer Fokaltherapie aus der Ulmer Textbank (»Der Student«). In: D. Garz & K. Kraimer (Hrsg.), *Die Welt als Text. Theorie, Kritik und Praxis der objektiven Hermeneutik* (1. Aufl.) (383–427). Frankfurt am Main: Suhrkamp.

Lueger, M. & Meyer, R. (2007). Objektive Hermeneutik. In: R. Buber & H. H. Holzmüller (Hrsg.), *Qualitative Marktforschung. Konzepte – Methoden – Analysen* (173–187). Wiesbaden: Gabler.

Oevermann, U. (1979). Die Methodologie einer »objektiven Hermeneutik« und ihre allgemeine forschungslogische Bedeutung in den Sozialwissenschaften. In: H.-G. Soeffner (Hrsg.), *Interpretative Verfahren in den Sozial- und Textwissenschaften* (352–434). Stuttgart: Metzler.

Oevermann, U. (1986). Kontroversen über sinnverstehende Soziologie. Einige wiederkehrende Probleme und Mißverständnisse in der Rezeption der »objektiven Hermeneutik«. In: S. Aufenanger & M. Lenssen (Hrsg.), *Handlung und Sinnstruktur. Bedeutung und Anwendung der objektiven Hermeneutik* (19–83). München: Kindt.

Oevermann, U. (1991). Genetischer Strukturalismus und das sozialwissenschaftliche Problem der Erklärung der Entstehung des Neuen. In: S. Müller-Doohm (Hrsg.), *Jenseits der Utopie. Theoretik der Gegenwart* (267–336). Frankfurt am Main: Suhrkamp.

Oevermann, U. (1993a). Die objektive Hermeneutik als unverzichtbare methodologische Grundlage für die Analyse von Subjektivität. Zugleich eine Kritik der Tiefenhermeneutik. In: T. Jung & S. Müller-Dohm (Hrsg.), *»Wirklichkeit« im Deutungsprozeß* (106–189). Frankfurt am Main: Suhrkamp.

Oevermann, U. (1993b). Struktureigenschaften supervisorischer Praxis. Exemplarische Sequenzanalyse des Sitzungsprotokolls der Supervision eines psychoanalytisch orientierten Therapie-Teams im Methodenmodell der objektiven Hermeneutik. In: B. Bardé & D. Mattke (Hrsg.), *Therapeutische Teams. Theorie – Empirie – Klinik* (141–269). Göttingen u. a.: Vandenhoeck & Ruprecht.

Oevermann, U. (1996). Becketts Endspiel als Prüfstein hermeneutischer Methodologie. Eine Interpretation mit den Verfahren der objektiven Hermeneutik. Oder: Ein objektiv-hermeneutisches Exerzitium. In: H.-D. König (Hrsg.), *Neue Versuche, Becketts »Endspiel« zu verstehen. Sozialwissenschaftliches Interpretieren nach Adorno* (93–249). Frankfurt am Main: Suhrkamp.

Oevermann, U. (2000). Die Methode der Fallrekonstruktion in der Grundlagenforschung so wie der klinischen und pädagogischen Praxis. In: K. Kraimer (Hrsg.), *Die Fallrekonstruktion. Sinnverstehen in der sozialwissenschaftlichen Forschung* (58–156). Frankfurt am Main: Suhrkamp.

Oevermann, U. (2001). *Strukturprobleme supervisorischer Praxis. Eine objektiv hermeneutische Sequenzanalyse zur Überprüfung der professionalisierungstheorie.* Frankfurt am Main: Humanities Online.

Oevermann, U. (2002). Klinische Soziologie auf der Basis der Methodologie der objektiven Hermeneutik. Manifest der objektiv hermeneutischen Sozialforschung. (http://www.agoh.de/cms/de/downloads/uebersicht/oeffentlich/oevermann/Oevermann-Ulrich-Klinische-Soziologie-auf-der-Basis-der-Methodologie-der-objektiven-Hermeneutik-Manifest-der-objektiv-hermeneutischen-Sozialforschung-%282002%29/), Zugriff am 18.02.2012.

Scheid, C. (1999). *Krankheit als Ausdrucksgestalt. Fallanalysen zur Sinnstrukturiertheit von Psychosomatosen.* Konstanz: Universitätsverlag.

Trescher, H. (2013). *Kontexte des Lebens. Lebenssituation demenziell erkrankter Menschen im Heim.* Wiesbaden: VS.

Trescher, H. & Fischer, M. (2013). Scham und Akquise. *Neue Praxis 43 (2)*, 199–210.

Wernet, A. (2006). *Einführung in die Interpretationstechnik der Objektiven Hermeneutik* (2. Aufl.). Wiesbaden: VS.

Analyse »natürlicher« Protokolle – Sonderpädagogische Beratungsprozesse im Fokus der Objektiven Hermeneutik

Olga Kauz

1 Einleitung

Die Analyse »natürlicher« Protokolle ist ein klassisches Anwendungsfeld der Objektiven Hermeneutik. Diese Aufzeichnungen von Handlungsabläufen mithilfe semantisch unselektiver technischer Geräte, z. B. Tonaufnahmen und deren anschließende sorgfältige Transkription,[1] bilden die soziale Realität, verstanden als ein sequenziell ablaufendes, sinnstrukturiertes Ereignis, in maximal unverfremdeter Weise ab.[2] Sie sind deshalb bestmöglich geeignete Protokolle, um die in einer sozialen Praxis zur Geltung kommenden allgemein gültigen Sequenzierungsregeln und deren fallspezifische Anwendung abzubilden (vgl. Oevermann, 2002, 19ff.).[3]

Im Folgenden wird der erste Teil einer Fallrekonstruktion mit der Methode der Objektiven Hermeneutik, die Analyse der Eröffnungssequenzen eines »natürlichen« Protokolls[4] einer Beratungspraxis gezeigt. Die ersten Sequenzen haben deshalb eine Brisanz, weil sie als Eröffnung der konkreten sozialen Praxis eine folgenreiche Strukturierungsfunktion haben, die im weiteren Verlauf schwer zu modifizieren ist (vgl. Oevermann, 2000, 75f.). Die folgende Darstellung orientiert sich an den fünf Prinzipien[5] der Objektiven Hermeneutik *Kon-*

---

1 Zu Techniken der Protokollierung siehe bei Schlick und bei Trescher zu Grundlagen i. d. B.

2 Das Problem der subjektiven Interpretation der technisch aufgezeichneten sozialen Wirklichkeit kann sich allerdings auch bei »natürlichen« Protokollen stellen. Dies ist immer dann der Fall, wenn Kommentare in das Protokoll eingefügt werden. Es handelt sich zumeist um Beschreibungen der Geräuschkulisse oder der visuellen Eindrücke, also um eine Überführung von akustischen und visuellen Signalen in Sprache. Die aufgenommene Wirklichkeit unterliegt damit einer Umformung durch die subjektive Wahrnehmung und ist immer schon eine Interpretation.

3 Gleichwohl gibt es vergleichsweise wenige Fallrekonstruktionen pädagogischer Praxis auf Grundlage »natürlicher« Protokolle. Das ist weniger ein methodisches als vielmehr ein strukturelles Problem: das Problem des Feldzugangs (siehe Trescher zum Problem des Feldzugangs i. d. B.; zum Problem des Zugangs zu einer Institution über Gatekeeper siehe Schallenkammer i. d. B.). Forschungsökonomisch ist es oftmals einfacher, Vertreter der Institutionen oder deren Klienten in Fragebögen oder Interviews außerhalb ihres täglichen pädagogischen Geschäfts zu Wort kommen zu lassen.

4 Siehe Trescher & Schlick i. d. B.

5 Die Darstellung hätte sich aber ebenso gut an Oevermanns System der neun Kategorien (Oevermann, 1979, 394ff.) oder z. B. der prozessualen Darstellung in fünf Schritten von Garz (2003) orientieren können. Bei allen drei erwähnten Darstellungsweisen handelt es sich lediglich um unterschiedliche Systematisierungen derselben Verfahren.

textfreiheit, *Wörtlichkeit*, *Sequenzialität*, *Extensivität* und *Sparsamkeit* (Trescher zu Grundlagen i. d. B.; Wernet, 2006) und ist vor allem als Demonstration für all diejenigen gedacht, die die Methode von ihrer praktischen Seite her kennenlernen wollen.

2 Exemplarische Analyse[6]

Das nachfolgende Analysebeispiel[7] stammt aus einer Untersuchung Sonderpädagogischer Beratungsgespräche im Rahmen von Beratungs- und Förderzentren (BFZ)[8]. Anhand von wörtlichen Protokollen der Beratungspraxis wird der strukturelle Kern des Prozessgeschehens sukzessive herausgearbeitet und gezeigt, wie unter bestimmten institutionellen Bedingungen etwas, was Beratung genannt wird, initiiert und prozessiert wird. Ihren methodologischen Rahmen hat die Untersuchung in Oevermanns Theorie sozialer Interaktion (Oevermann, 1979). Handeln im Medium der Sprache ist dialogisch, sequenziell organisiert und besteht in der Aufeinanderfolge von Sprechakten, mit denen die Sprecher nicht nur Inhalt transportieren, sondern sich aufeinander beziehen, d. h. im pragmatischen Sinne Rollen beanspruchen und anweisen und in diesem bewussten und unbewussten Entscheidungs-Prozess Beziehungen konstellieren.

2.1 Fallbestimmung und äußerer Kontext

An dieser Stelle kommt nun die Sequenzanalyse am Protokoll einer *Kollegialen Beratung* im Rahmen eines BFZ zur Anwendung. Vor Beginn jeder Analyse stehen die Fallbestimmung und die Explikation des äußeren Kontextes.

Was soll in der Analyse der Fall sein? Unser Forschungsinteresse richtet sich darauf, wie im Rahmen eines Beratungsgesprächs im institutionellen Kontext »Schule« die Berater[9] und der Klient fernab bewusster Intentionen ihre Rollen übernehmen und Aushandlungsprozesse gestalten. Unser Fall ist also die Interaktion zwischen Berater und Klient in diesem besonderen Setting.

---

6 Zur inhaltlichen Explikation der Methode der Objektiven Hermeneutik siehe Trescher i. d. B. In diesem Beitrag werden die methodischen Schritte und Prinzipien nur so weit expliziert, wie es für den Nachvollzug der Analyse erforderlich ist.

7 Exemplarische Rekonstruktionen weiterer Beratungsprotokolle siehe Overbeck & Kauz (2007), Kauz (2008) und Olde, Kauz & Katzenbach (2009).

8 Sonderpädagogische Beratungs- und Förderzentren sind in Hessen an Förderschulen angesiedelte Einrichtungen, die in der Regel mit dem Auftrag der Prävention sonderpädagogischen Förderbedarfs an Regelschulen tätig werden.

9 In diesem Artikel wird im grammatischen Sinne die männliche Form verwendet, wenn eine weibliche oder männliche Person eine spezielle Funktionsrolle ausübt.

Zum äußeren Kontext: Die Beratung[10] von Lehrerkollegen im Rahmen der *Kollegialen Beratung* ist als Ort der fallbezogenen Reflexion vorgesehen, für die vom BFZ ein bestimmtes Stundenkontingent bereitgestellt wird. Von Beratungsbedarf kann gesprochen werden, wenn die Nachfrage eines Lehrers nach Beratung zwecks Bewältigung eines konkreten, von ihm selbst und innerhalb des Kollegiums nicht zu lösenden professionellen Problems erfolgt. Die pädagogischen Kollegen können in ihrer Beratungsfunktion aufgrund der Perspektivendivergenz auf den dargestellten und weiter zu explorierenden Fall die *Blinden Flecke* des Anderen ausgleichen und dem Ratsuchenden so zu neuer Handlungssicherheit verhelfen. Es könnte also praxisbezogenes Lernen unter Anleitung von Kolleginnen und Kollegen stattfinden. Dabei ist relevant, dass nicht die Person des Beratungsnehmers im Zentrum steht, sondern dieser als Funktionsrollenträger innerhalb einer Institution zu beraten ist.

An dem vorliegenden Beratungsgespräch sind vier Personen beteiligt. Zwei Berater als Vertreter des BFZ (B1: Förderschullehrer, B2: Vertreter einer anderen pädagogischen Berufsgruppe), der zu beratende Lehrer (L) und der Hospitant. Der Klient ist ein Lehrer, der regelmäßig beraten wird, weil er eine als besonders schwierig geltende Klasse unterrichtet. Es handelt sich um eine durch die Institution Schule zugewiesene und nicht durch den Klienten selbst initiierte Beratung.

2.2 Erstes Segment

Um die latenten Sinnstrukturen möglichst zuverlässig zu erschließen, wurde die Analyse dieses Protokolls wie üblich in einer Gruppe durchgeführt. Dieses Vorgehen dient u. a. dem Prinzip der *Extensivität* und sichert eine zunächst nicht auf einen Konsens gerichtete, möglichst vielfältige und vor allem vollständige Lesartenbildung zu dem protokollierten Text. Es geht um das Erfinden von Geschichten – in denen dieser Text in verschiedenen sozialen Kontexten »als pragmatisch angemessen, sozial akzeptabel oder vernünftig gelten kann«(Oevermann, 1979, 414) – und ihre Typisierung. Im Vorfeld der Analyse ist es erforderlich, gemäß dem Prinzip der *Kontextfreiheit*, den äußeren Kontext (z. B. Texttyp und äußere Bedingungen des Zustandekommens der protokollierten sozialen Realität, hier z. B. institutioneller Kontext, Teilnehmer usw.) einerseits so genau wie möglich zu bestimmen (Darstellung des äußeren Kontextes siehe oben), andererseits das Wissen um diesen zunächst kontrolliert auszublenden, sich künstlich nichtwissend zu stellen, um dieses Wissen an der gebotenen

10 Im Rahmen einer Fallrekonstruktion wird die Bestimmung des äußeren Kontextes deutlich expliziter vorgenommen als hier dargestellt. Beim vorliegenden Fall galt es – unter Rückgriff auf wissenschaftliches Wissen – im Vorfeld die Frage zu klären, was allgemein für ein Beratungsgespräch konstitutiv ist (beispielsweise Freiwilligkeit, Settingbedingungen). Recherchiert wird u. a. in etymologischen Wörterbüchern oder Handbüchern und mehr. Hier wird die Bestimmung des äußeren Kontextes nur so weit ausgeführt, wie für das Verständnis der Analyseschritte und -ergebnisse erforderlich ist.

Stelle mit den gebildeten Lesarten, d. h. mit dem inneren Kontext zu konfrontieren.

Dem Prinzip der *Sequenzialität* folgend beginnen wir die Analyse mit einer Interaktionseinheit, die wir zuvor als Anfang bestimmt haben. Diese Interaktionseinheit beginnt an einer sowohl pragmatischen als auch inhaltlichen Zäsur: Es handelt sich um den Beginn der Bandaufnahme, mit dem in diesem Fall zugleich auch etwas Neues thematisch wird.

1 B1: So, wir ham uns lang nich mehr * gesehn[11]
2 *L: Ja.*. stimmt, ja.
3 *B1/B2 (?): (uv) (leise) etwas spät (?)

Das Ende der ersten Interaktionseinheit haben wir am Inhalt orientierend bestimmt. Mit den nachfolgenden Interakten wird ein neues Thema eröffnet (siehe 2. Segment). Die erste Interpretationseinheit umfasst drei Interakte. Sie als Ganzes zu interpretieren, würde das Prinzip der Sequenzialität verletzen. Üblicherweise würde man einen Satz, bei längeren Sätzen einen sinnvollen Satzteil und in besonderen Fällen auch ein einzelnes Wort als eine zu interpretierende Sequenz wählen.

Sequenz 1

Als erste Sequenz wählen wir den ersten Interakt von B1: »So, wir ham uns lang nich mehr * gesehn«. Schon mit dem ersten Interakt wird durch die Protagonisten eine Wahl getroffen unter verschiedenen Eröffnungsmöglichkeiten. Wir beginnen die Analyse mit der kleinsten Sinneinheit, dem Wort »so«, da dieses Adverb die Eigenschaft hat, dem nachfolgenden Satz einen bestimmten Rahmen zu geben. Diesen Rahmen wollen wir zunächst bestimmen.

Das Rahmen-Adverb »so« hat am Anfang eines Satzes im Allgemeinen eine zäsurierende Funktion. Es schließt eine vorhergehende Handlungssequenz ab und markiert den Beginn von etwas Neuem: Entweder folgt eine Zusammenfassung des Vorhergehenden oder ein neues Thema (vgl. Weinrich, 2003, 584). B1 fährt fort mit einer Feststellung: *»wir ham uns lang nich mehr * gesehn«*. Mit dem Adverb *»so«* wird hier offensichtlich ein Gesprächsbeginn markiert, mit dem anschließenden Satz ein langer Zeitraum, in dem man sich nicht mehr gesehen hat, thematisiert. Darin ist die implizite Erwartung enthalten, sich öfter zu sehen, der offenbar nicht entsprochen wurde. Dies kommt vor allem in der

---

11 Notationsregeln: .. sehr kurze Pause, d. h. merkliche Unterbrechung des Sprechflusses; ... deutliche Pause; (Pause) längere Pause, mit Sekundenangabe, jedoch mindestens 2 sec.; * gleichzeitig gesprochene Verschriftungszeilen: *Bsp.: W1: Ja, ich denk, da müsste man * noch ein bisschen genauer auch gucken, in was für einem Prozess W2: * der ist auch wiedergekommen*; ( ) Kommentare des Verschrifters; (?) fragliche Entzifferung der Bandaufnahme; (uv) unverständlicher Redeteil, ____ unterstrichen: vom Sprecher betontes Wort.

Negation *»nicht mehr«* deutlich zum Ausdruck, die auf eine zuvor bestehende Regelmäßigkeit und die damit verbundene Erwartung verweist.

In welchen sozialen Kontexten würden wir eine solche Äußerung erwarten, und welche Strukturgemeinsamkeiten haben sie? Um diese Frage zu beantworten, machen wir uns zunächst unser intuitives Regelwissen zunutze und ersinnen Geschichten, in denen diese Äußerung als wohlgeformt erscheinen würde. Anschließend fassen wir die Geschichten zu Typen zusammen und bilden die sogenannten Lesarten. Erst anschließend konfrontieren wir die Lesarten mit dem äußeren Kontext. Diesen Schritt führen wir am Ende des ersten Segments durch, da es bei diesem Protokoll am sinnvollsten erscheint. Manchmal ist es angebracht, dies bereits am Ende der ersten Sequenz zu machen. Wir fragen uns also, an welchen Kontext sich diese Interaktion logisch und wohlgeformt anschließen, was sie (aus Sicht des Agierenden) bedingen könnte. Bei dem vorliegenden Interakt handelt es sich offenkundig um eine informelle Eröffnung einer sozialen Interaktion – eine Art Untereröffnung –, denn es fehlt die Begrüßung und auch die namentliche Anrede desjenigen, der angesprochen wird. Im Sinne der *Sparsamkeit* nehmen wir an, dass zumindest eine Begrüßung, vielleicht auch die namentliche Anrede bereits erfolgt ist.[12] Denn das Fehlen einer Begrüßung wäre grob unhöflich und daher in höchstem Maße erklärungsbedürftig.

Derjenige, der ein Gespräch mit *»so«* beginnt, übernimmt die Initiative und auch die Leitung. Die Ausdrücke *»wir«* und *»uns«* sowie die Rede im Dialekt verweisen auf einen persönlichen Bezug, wie z. B. unter Bekannten oder Freunden, oder einen gemeinsamen Arbeitsvollzug.

Bei einer Begegnung zweier Freunde würde man etwa folgenden Wortlaut erwarten: »Ach Hans, wir ham uns lang nich mehr gesehn.« Gerade durch das fehlende »so« wirkt die Äußerung wohlgeformt. Wir können uns allerdings auch einen Gastgeber vorstellen, der die Tür aufmacht und noch an den Mänteln nestelt, die gerade vom Kleiderhacken gerutscht sind, was seine Aufmerksamkeit kurzzeitig fesselt. Während er die Mäntel noch versorgt, würde man den Gastgeber etwa sagen hören: »Oh, entschuldige kurz. So ... wir ham uns lang nich mehr gesehn.« Hier wäre das Rahmen-Adverb angemessen, jedoch bliebe die anschließende Bemerkung distanziert, da sie nicht emphatisch (eine Betonung wäre transkribiert) und ohne persönliche Anrede ist. Ein solch »kühler« Empfang unter Freunden wäre erklärungsbedürftig und erforderte weitere Zusatzannahmen, wie z. B. Streit o. ä., die dem Prinzip der *Sparsamkeit* zuwiderlaufen würden. Beide Geschichten lassen also einen Wortlaut erwarten, der dem protokollierten nicht entspricht. Sie würden sowohl das *Wörtlichkeitsprinzip* als auch das *Sparsamkeitsprinzip* verletzen und müssen als nicht kompatible Lesarten ausscheiden.

12 Äußerer Kontext: Wir nehmen an, dass die protokollierte soziale Praxis bereits im Vorfeld der Aufnahme eröffnet worden war, man sich also bereits begrüßt und evtl. die Tonaufnahmebedingungen geklärt hat. Professionelle sind in der Regel die ersten, die bei solchen Forschungsanfragen kontaktiert werden und einer Aufnahme zustimmen. Die Klienten können meist erst vor Ort ihre Zustimmung geben.

Zusammengefasst: In persönlichen Beziehungen würde man das Adverb »so« als Eröffnung in dieser Weise nicht erwarten. Auch im Fehlen einer persönlichen Anrede kommt eine Distanziertheit zum Ausdruck, die in privaten Beziehungen erklärungsbedürftig wäre.

- Vorstellbar wäre eine solche Äußerung bei einem Arzt, der viele Fälle betreut und einen Patienten nach einer kurzen Begrüßung zunächst mit dem Blick in die Akte empfängt, um sich selbst zu vergewissern, wer das Gegenüber ist, seit wann und warum er kommt, wann man sich zuletzt gesehen hat, und welche Vereinbarungen bisher getroffen worden sind. Diese Eröffnung würde den Status quo konstatieren. Hier könnte der Sprecher weiter fortfahren und sich nach der Befindlichkeit des Patienten oder dem Anlass, erneut vorstellig zu werden, erkundigen. Der Patient könnte aber auch direkt etwa in der Art mit seinem Anliegen beginnen: »Ja, ich war seit einem halben Jahr nicht mehr bei Ihnen. Es ging mir gut bis gestern, bis ich da wieder ein Zipperlein gekriegt habe.« (Geschichte 1)
- Denkbar wäre ein solcher Anfang auch bei turnusmäßigen Treffen wie bspw. Teambesprechungen, Direktoriums- oder Vorstandssitzungen. Der lange Zeitraum ist dann erwähnenswert, wenn in der Zwischenzeit viel passiert ist und es viel zu besprechen gibt. Der Zeitraum wäre dann die Überleitung zu der dem Umstand geschuldeten umfangreichen Tagesordnung. (Geschichte 2)
- Dabei kann ein Teamleiter mit dem Sprechakt auch ein Eingeständnis einleiten, selbst die lange Zeit, in der man sich nicht gesehen hat, verschuldet zu haben. Nachfolgend würden wir eine Erklärung bzw. eine Entschuldigung erwarten. (Geschichte 3)
- In einer psychotherapeutischen Behandlung beispielsweise, in der man sich auf beiden Seiten zur Kontinuität verpflichtet, würde der Therapeut nach den Behandlungsferien auf den Zeitraum verweisen können, um eine Brücke für den Gesprächsbeginn anzubieten. Hier wäre der Patient aufgefordert, zu berichten, wie es ihm in der Zwischenzeit ergangen ist. Jedoch erwarten wir in diesem Fall einen etwas anderen Wortlaut: »So, wir ham uns ja lang nicht (mehr) gesehn.« Mit der Modalpartikel »ja« würde der Therapeut auf das gemeinsame Vorwissen rekurrieren, auf die beiden bekannte Ferien- bzw. Urlaubszeit. Diese Nuancierung hätte der Sprecher vornehmen können. Dass er nicht auf gemeinsames Wissen verweist, ist bedeutsam. Unter Beachtung des *Wörtlichkeitsprinzips* muss diese Lesart also ausscheiden. Sie ist uns als Kontrastfolie jedoch nützlich, weil sie deutlich werden lässt, welche Nuance in dieser Äußerung fehlt, wenn sie einladend wirken soll. (Geschichte 4)
- Ein Kundendienstmitarbeiter, der an der Haustür klingelt, grüßt und sagt: »So ... wir ham uns lang nich mehr gesehn.« »Ja Gott sei Dank, das, was Sie das letzte Mal eingebaut haben, hat gehalten, aber jetzt habe ich das Problem mit der Spülmaschine«, würde die Hausfrau sagen. (Geschichte 5)
- Im Rahmen von Hilfeplanverfahren der Jugendhilfe würden wir einen solchen Gesprächsanfang erwarten, wenn ein Jugendlicher und sein Betreuer länger nicht mehr zu einem Gespräch erschienen sind. Das wäre ein Vorwurf

und in einem solchen Zwangskontext eine Disziplinierungsmaßnahme. Die beiden wären gehalten, sich zu erklären oder zu entschuldigen. (Geschichte 6)

Es würden uns noch weitere soziale Kontexte einfallen, in denen eine solche Rede sinnvoll erscheinen würde. Dies würde die Lesarten in ihrer Typik jedoch nicht mehr bereichern. Fassen wir die Geschichten also ihrem Strukturkern nach zu *Typen (Lesarten)* zusammen: Bei der Äußerung kann es sich *erstens* um eine *Feststellung* im Sinne der Selbstvergewisserung und/oder als Brücke, um an das eigentliche Thema anzuknüpfen, *zweitens* um einen *Vorwurf* im Sinne der Disziplinierung und *drittens* um ein *Schuldeingeständnis* handeln. Allen Geschichten ist eine *Asymmetrie der Interaktionsrollen* gemeinsam: Arzt – Klient, Leiter – Mitarbeiter, Fachpersonal – Privatperson.

Nachfolgend könnte entweder der Sprecher selbst oder aber sein Gegenüber fortfahren. Mit dem ersten Interakt sind bereits Einschränkungen für mögliche Anschlüsse gelegt. Es wird eine Asymmetrie erzeugt, und es bleibt abzuwarten, ob ein Gegenüber sich dieser Asymmetrie unterordnet oder das Rollenansinnen abweist.

Sequenz 2

L fühlt sich angesprochen und stimmt in die Rede von B1 hinein mit *»Ja .*. stimmt, ja.«* zu. Er bestätigt die Äußerung in dreifacher, aber einsilbiger Weise. Sein Beitrag wirkt aber resignativ, weil seine Zustimmung leiser wird (betonte und nicht betonte Rede). Für ihn ist es offenbar keine Brücke zum Anknüpfen. L geht weder auf den Zeitraum ein, noch thematisiert er etwas Neues. Damit begibt er sich zunächst in eine reaktive Position und bleibt abwartend. Wir wissen nicht, ob er sich über die lange Unterbrechung gefreut hat oder aber diese bedauert und ob er die Unterbrechung möglicherweise selbst verursacht hat. Mit der Bestätigung hat L vor allem seine Zustimmung signalisiert und eine (ihm zugewiesene) untergeordnete Rolle etabliert.

Keine der zuvor gebildeten Lesarten (Feststellung, Vorwurf, Schuldeingeständnis) kann an dieser Stelle im Interaktionsprotokoll ausgeschlossen werden. Die Interakteure sind sich einig, dass der Zeitraum seit dem letzten Wiedersehen lang war. Weder hat B1 auf eine gemeinsame Sache hingewiesen, noch macht das L. Die Interaktion könnte nach der knappen, aber bestimmten Zustimmung so weitergehen wie nach dem ersten Interakt bereits ausgeführt.

Sequenz 3

Dass L einsilbig bleibt, erklärt sich aber auch durch die Unterbrechung von B1 oder B2 (Zeile 3): *»etwas spät«*. Damit bekommt die Eröffnungssequenz die Färbung eines Vorwurfs an L oder aber eines Eingeständnisses von B1/B2, sich aus eigenem Verschulden erst etwas später als erwartet oder geplant getroffen zu haben. Denkbar wäre auch eine Referenz der Sprecher auf ein Drittes, z. B. wenn aus institutionellen Gründen ein Gespräch nicht zustande kommen konnte. Wie dem auch sei: Mit dieser Bemerkung wird auf eine Norm verwiesen, auf einen erwartbaren Zeitplan und damit auf die offizielle Einbettung des Treffens.

Wenn eine Äußerung maximalistisch ausgelegt ist, ist es geboten, den äußeren Kontext einzubeziehen. Dies hätten wir bereits nach der ersten Sequenz machen können. In Anbetracht der Kürze der Interakte und ihrer Uneindeutigkeit entschieden wir uns im Sinne der Kurslehre, das Wissen, dass es sich bei dem Protokolltext um ein kollegiales Beratungsgespräch handelt, erst an dieser Stelle einzubringen. Einer der Berater eröffnet die Sitzung mit einem unspezifischen Kommentar bezüglich einer nicht näher ausgeführten, zugrunde liegenden Vereinbarung und nicht mit einem Angebot oder einer Frage. Scheinbar gibt es ein Problem mit der Sitzungsfrequenz, das hier von einem Berater zur Sprache gebracht wird. Das ist insofern beachtenswert, als dass eigentlich der Klient ein Beratungsanliegen hat und deshalb ein Thema einbringen müsste, zumal der Termin zeitlich knapp bemessen ist. Hier scheint aber Berater 1 das Anliegen zu haben, zunächst einmal über die Terminfrequenz sprechen zu wollen.

Es handelt sich hier also um eine Eröffnung, die unmittelbar Bezug nimmt auf eine Vereinbarung im Hinblick auf das Arbeitsbündnis. Wir könnten uns fragen: In welchen Zeitabständen finden die Sitzungen statt? Sind sie von vorneherein festgelegt, falls nicht, wer meldet sich bezüglich einer Terminvereinbarung? Welche Regelverletzung hat stattgefunden? Wie verbindlich sind die Settingregeln?

Hypothese 1: Das implizite Thema der Beratung ist die Regelmäßigkeit der Sitzungen. Es könnte hier um die (Wieder-)Herstellung eines Arbeitsbündnisses gehen.

Von der Eröffnung aus gedacht, könnte man nun erwarten, dass es in den folgenden Interakten zunächst nicht um die Thematisierung eines von L eingebrachten Falles gehen wird. Auf den impliziten Vorwurf oder Selbstvorwurf von B1 und B2 könnte nun Rechtfertigung, Entschuldigung oder Gegenvorwurf folgen. Der zu beratende *Fall* scheint hier zunächst die Interaktion zwischen L und den Beratern zu sein, die im Folgenden thematisch werden könnte.

2.3 Zweites Segment

4 B2: Erst mal, möchten Sie Kaffee?
5 L: ähm
6 B2: oder n Wasser
7 L: Wasser wär mir lieber
8 B2: Ja (´)
9 L: da hätt' ich gern n Wasser
10 B1: und .. wenn n Kaffee, wollen Sie auch Milch?
11 L: äh, ich trink gar kein Kaffee * ich trink lieber n Wasser.
12 *B1: ah so. (Pause) (Geräusche – Papier, Reißverschluss, Gläser werden auf den Tisch gestellt, Flüssigkeit eingeschenkt)
13 L: (leise) Danke schön

14 B1/B2 (?): (leise, wahrscheinlich zueinander) (uv) ich trinke (uv)/ich trink jetz Wasser (Pause) (Geräusche wie oben)

Sequenz 4

Dem *inneren Kontext* folgend stellen wir einen thematischen Bruch in der Interaktion fest. An das vorhergehende Thema wird nicht angeschlossen. Ein neuer Anfang wird markiert und die vorherige Situation unerwartet abgeschlossen. Mit seinem Interakt »*Erst mal, möchten Sie Kaffee?*« macht nun auch B2 eine Eröffnung und nimmt eine Reihung (zuerst – danach) vor, die auf das vorhergehende Thema Bezug nimmt. Hier wird »*erst mal*« etwas anderes in den Vordergrund gerückt als die Frage nach der Kontinuität. Das potenzielle Thema wird zurückgestellt. Anders ausgedrückt: Bevor das erfolgt, was der Gesprächspartner erwartet, wird Kaffee gereicht. Um den Bedeutungshorizont dieser Aussage zu beleuchten, überlegen wir uns, wann Kaffee anbieten eine gängige soziale Praxis ist.

- In einer privaten Runde bieten Gastgeber Kaffee an. Das gemeinsame Kaffeetrinken trägt zu Geselligkeit bei und ist ein Zeichen der Anerkennung und Freundschaft, aber auch eine Geste der Versöhnung und Friedfertigkeit. Die äthiopische Kaffeezeremonie ist wohl die am meisten ritualisierte und formvollendete derartige soziale Praxis. (Geschichte 1)
- Beim Frisör mildert Kaffee die Spannung. Dort herrscht einerseits körpernaher Kontakt, andererseits überwindet man die lange Wartezeit mit einer Tasse Kaffee, bis die Tönung lange genug eingewirkt hat und das Ergebnis sichtbar wird. (Geschichte 2)
- Seitens eines Sachbearbeiters in der Bank ist das Angebot von Kaffee der Versuch, es dem Kunden so angenehm wie möglich zu machen, damit er sich als Kunde wertgeschätzt fühlt und kaufbereit zeigt.[13] Vor allem in Gesprächen, die einen formalen und entscheidungsorientierten Charakter haben, wird dadurch die Stimmung gelockert, eine eventuelle Übermachtsituation gemildert. (Geschichte 3)

Lesarten: Kaffeeangebot und Kaffeetrinken ist also entweder ein *Akt der Geselligkeit* oder ein Mittel, mit dem anderen (zum Zwecke von Alltagsgeschäften) eine *Sozialität* einzugehen, vielleicht eine *Reziprozität* herzustellen, und hat wie jedes Ritual einen *einheitsstiftenden* und *einbindenden* Charakter.

In Bezug auf die Über-/Unterordnungsbeziehung durch die Eröffnung von B1 wird nun die Gastgeberrolle in Anschlag gebracht. Stattdessen hätte man Getränke einfach hinstellen und L sich selbst etwas nehmen lassen können. Wenn wir diese soziale Realität anerkennen, ist die Bemühung seitens der Berater in

13 Ein Gedankenexperiment macht die Vorstellung noch eingängiger: Wo würde man das Angebot von Kaffee erwarten, in einer Praxis des Allgemeinarztes oder in einer schönheitschirurgischen Privatpraxis?

einem Beratungsgespräch, das einen formalen Charakter hat und idealerweise durch Freiwilligkeit gekennzeichnet sein sollte, erklärungsbedürftig. Zum Zwecke der Geselligkeit werden sie sich nicht getroffen haben. Entweder ist der Klient nicht freiwillig gekommen, und B2 schickt ein Befriedungsangebot vorweg, bevor es vielleicht an das schwierigere Thema geht. Oder B2 versucht, durch die versöhnende Geste die zuvor hergestellte Asymmetrie zu heilen. Möglicherweise tritt B2 zu B1 in Konkurrenz, indem er erneut eröffnet und die Interaktion zwischen B1 und L stört.

Im Rahmen einer Kollegialen Beratung müssten die Berater L eigentlich zu einem von ihm gewünschten Thema kommen lassen, zumal ein Termin zeitlich begrenzt ist. Hier wird zunächst ein Thema von B1 angeschnitten, aber durch Kaffeeanbieten die Gelegenheit abgebrochen, zu klären, worum es geht. Die Frage bleibt offen, ob durch das Kaffeeangebot hier nur ein Aufschub bewirkt wird oder ob es sich um einen Abbruch handelt.

Hypothese 2: Ein kollegiales Beratungsgespräch ist der Ort, an dem man sich professionellen Problemen im Gespräch zuwendet. Dazu gehört auch die Klärung des Arbeitsbündnisses. Hier wird jedoch zu einem alltäglichen Ritual gegriffen, um die Spannung zu mildern.

An dieser Stelle im Analyseverlauf kommen wir zu dem nächsten Arbeitsschritt und formulieren unsere – vorläufige – Fallstrukturhypothese, bei der es sich um eine Zusammenfassung bisheriger Hypothesen über den »Fall« – seine auf der Ebene der latenten Sinnstrukturen objektivierte Struktur der Besonderung (vgl. Oevermann, 1979, 413; Trescher zu Grundlagen i. d. B.) auf der Grundlage biologischer, psychologischer, ökonomischer, oder soziologischer Gesetzmäßigkeiten (vgl. Oevermann, 2000, 69) – handelt.

2.4 Fallstrukturhypothese

Mit dem ersten Interakt eröffnen die Berater, wenn auch ungeschickt, die Möglichkeit über das Arbeitsbündnis, konkreter gesagt über die Beratungsgesprächsfrequenzen und evtl. die Erwartungen an die Beratung/die Enttäuschungen darüber (im Sinne einer Bilanzierung), zu sprechen. Diese Möglichkeit konterkarieren sie sogleich selbst, indem sie in der Gastgeberrolle auftreten. Damit bewirken sie eine Resymmetrisierung der Situation, ohne jedoch einen Dialog zu eröffnen. Daher lautet unsere riskante Fallstrukturhypothese, die es im weiteren Verlauf der Fallrekonstruktion zu prüfen gilt: Die Berater verfügen über keine Routinen der Eröffnung und (so unsere weitreichende Vermutung) auch nicht der Realisierung eines Beratungsgesprächs. Das legt die misslungene Eröffnung und deren Korrektur mit einem Ritual nahe, dessen man in der professionalisierten Praxis nicht bedürfte, um ins Gespräch zu kommen. Wahrscheinlich handelt es sich um strukturelle Probleme, denen die Berater im Rahmen von BFZ unabhängig von ihrer Eignung für diese beraterische Tätigkeit unterworfen sind und welche sich auf der Handlungsebene reproduzieren.

3 Abschließende Bemerkungen

Mit der Demonstration der Analyse der vier Sequenzen des Protokolls Kollegialer Beratung konnte ein Einblick in das rekonstruktionslogische Vorgehen mit der Methode der Objektiven Hermeneutik gegeben werden. In einer Forschungsarbeit werden neben den Eingangssequenzen in der Regel auch die Schlusssequenzen des Gesprächs als auch zwei weitere Protokollstellen rekonstruiert, die nach dem Prinzip der größtmöglich erscheinenden interaktiven und inhaltlichen Kontrastivität ausgewählt werden, um die Fallstrukturhypothese am Material zu testen. Im Vorfeld der Analyse steht die Bestimmung der pragmatischen Rahmung des Datenmaterials.

Im Einzelfall zeigen sich immer allgemein typische Elemente einer Praxis als auch eine besondere Variante einer Fallstruktur. Welche fallübergreifenden typischen Elemente eine bestimmte Handlungspraxis ausmachen, kann jedoch erst durch einen Vergleich mit anderen Protokollen der gleichen Praxis zuverlässig herausgearbeitet werden. Die Methode der Objektiven Hermeneutik ermöglicht, insbesondere durch die Rekonstruktion weniger Beratungsprotokolle, das den Protokollen strukturell Gemeinsame und damit bspw. institutionell Determinierte aufzudecken. Diese Analysen sind zwar zeitaufwändig, aber, da einzelfallbezogen, akribisch und methodisch kontrolliert durchgeführt, jederzeit intersubjektiv überprüfbar. Hierin sind die Ergiebigkeit und der Vorteil dieser Methode zu sehen.

Durch die Rekonstruktion von Fällen anhand natürlicher Protokolle ergeben sich auch spezifische Probleme. Zunächst sei hier der immer wieder angeführte und auch kritisierte zeitliche Aufwand erwähnt, der sich durch die Interpretation von wörtlichen Protokollen sozialer Praxis ergibt. Soll jedoch professionalisierte bzw. professionalisierungsbedürftige Praxis zum Forschungsgegenstand gemacht werden, kommt man nicht umhin, die Interakteure in der Praxis durch die Praxis selbst »zu Wort« kommen zu lassen. Darüber hinaus erweisen sich Fallrekonstruktionen mit der Methode der Objektiven Hermeneutik als so ergiebig, dass es möglich ist, Strukturgesetzlichkeiten anhand nur weniger Einzelfälle herauszuarbeiten. Nicht immer ist aber das, was man im Material sieht, etwas ausschließlich Neues. Bestimmte Probleme können auch mithilfe von systematischen Überlegungen expliziert werden. Mit Einzelfallanalysen »natürlicher« Protokolle ist es aber erst möglich, Strukturen bzw. strukturelle Probleme sichtbar und intersubjektiv überprüfbar zu machen.

Literatur

Garz, D. (2003). Die Methode der Objektiven Hermeneutik – Eine anwendungsbezogene Einführung. In: B. Friebertshäuser & A. Prengel (Hrsg.), *Handbuch Qualitative For-*

schungsmethoden in der Erziehungswissenschaft (535–543). Weinheim, München: Juventa.

Katzenbach, D., Olde, V. & Rinck-Muhler, S. (2006). *Evaluation von Beratungs- und Förderzentren. Zwischenbericht. Unveröffentlichter Projektbericht.* (http://www.uni-frankfurt.de/fb/fb04/personen/katzenbachdieter/Projektberichte/BFZ_Evaluation.pdf), Zugriff am 28.08.2013.

Kauz, O. (2008). *»In welcher Funktion arbeiten Sie hier?« – Empirische Untersuchung zur Professionalität und Professionalisierungsbedürftigkeit der Sonderpädagogischen Beratung.* Diplomarbeit, Fachbereich Erziehungswissenschaften, Goethe-Universität, Frankfurt.

Oevermann, U. (2000). Die Methode der Fallrekonstruktion in der Grundlagenforschung sowie der klinischen und pädagogischen Praxis. In: K. Kraimer (Hrsg.), *Die Fallrekonstruktion. Sinnverstehen in der sozialwissenschaftlichen Forschung* (58–156). Frankfurt: Suhrkamp.

Oevemann, U. (2002). Klinische Soziologie auf der Basis der Methodologie der objektiven Hermeneutik – Manifest der objektiv hermeneutischen Sozialforschung. (http://www.ihsk.de/publikationen/Ulrich_Oevermann-Manifest_der_objektiv_hermeneutischen_Sozialforschung.pdf), Zugriff am 05.01.2013.

Oevermann, U., Allert, T., Konau, E. & Krambeck, J. (1979). Die Methodologie einer »objektiven Hermeneutik« und ihre allgemeine forschungslogische Bedeutung in den Sozialwissenschaften. In: H.-G. Soeffner (Hrsg.), *Interpretative Verfahren in den Sozial- und Textwissenschaften.* (352–434). Stuttgart: Metzler.

Overbeck, A. & Kauz, O. (2007). Ergebnisse empirisch-sozialwissenschaftlicher Forschung zum Handlungstyp »Beratung« im Spiegel der psychoanalytischen Praxeologie. In: M. Diouani-Streek & S. Ellinger (Hrsg.), *Beratungskonzepte in sonderpädagogischen Handlungsfeldern* (209–244). Oberhausen: Athena.

Weinrich, H. (2003). *Textgrammatik der deutschen Sprache.* Hildesheim, Zürich, New York: Olms.

Gewinn und Grenzen der Methode der Objektiven Hermeneutik für Interaktionsanalysen im Forschungsfeld »geistige Behinderung«

Gerlinde Uphoff

»Das Leben stört natürlich ständig.«[1]

1 Einleitung

In Bezug auf das Forschungsfeld »geistige Behinderung« gibt es kaum Forschungsarbeiten, in denen die Methode der Objektiven Hermeneutik angewandt wird. Diese Zurückhaltung könnte damit zusammenhängen, dass die Methode »nur« auf die Bedeutung des gesprochenen Wortes rekurriert und Texte Wort für Wort, Zeichen für Zeichen ausgelegt werden. Es drängt sich die Frage auf, inwiefern die Objektive Hermeneutik als Analysemethode zielführend ist in einem Forschungsfeld, in dem gerade die sprachliche Verständigung erschwert sein kann. Dieser Beitrag wird sich mit der Eignung der Methode beschäftigen.

Sprache ist ein Symbolsystem. Sprache zu verwenden heißt, Bedeutung zu erzeugen – deshalb kann *jedes* sprachliche Erzeugnis auf seine Bedeutung hin analysiert werden. Im Forschungsfeld »geistige Behinderung« sind Interaktionspartnerinnen nicht selten mit Verstehensproblemen konfrontiert, z. B. in der Weise, dass »Leistungsnehmerinnen« in Einrichtungen von Professionellen nicht verstanden bzw. missverstanden werden (vgl. z. B. Katzenbach & Uphoff, 2008; Uphoff, 2008). Nicht-Verstehen geht im Kontext »geistige Behinderung« auch damit einher, dass dem (Sprech-)Handeln von Menschen mit »geistiger Behinderung« Sinn abgesprochen wird. »Abweichendes Verhalten« erscheint unverständlich und deshalb als »sinn-los« (vgl. z. B. Niedecken, 1993). Oder Redebeiträge wirken irritierend, und ihre Relevanz zum Thema kann nicht wahrgenommen werden (vgl. Uphoff, 2008). Wenn nun auf Seiten der Forschung von vornherein auf das Verstehen sprachlichen Ausdrucks verzichtet würde, würde dieses Nicht-Verstehen reproduziert.

Die Objektive Hermeneutik bietet eine ausgearbeitete Methodik zu detaillierter Sinn-Rekonstruktion. Nach der Methodologie der Objektiven Hermeneutik wird grundsätzlich jedes Protokoll sozialer Wirklichkeit als sinnenthaltendes Gebilde verstanden (siehe Trescher zu Grundlagen i. d. B.). Diese beiden Fakto-

1 Heiner Müller, zit. nach Garz, 2000, 157.

ren machen die Methode gerade im Kontext »geistige Behinderung« interessant. Nach dem Textbegriff der Objektiven Hermeneutik wird nicht unterschieden zwischen Texten von mehr oder weniger Sinngehalt, oder mehr oder weniger kompetenten Sprechern. Kommunikation kann nicht von ihrem *Sinn-Gehalt* her eingeschränkt sein. *Wenn* eine Akteurin Sprache für Kommunikation nutzt, wenn sie sprechen kann, wird konsequent davon ausgegangen, dass ihre Sprechakte Sinn enthalten, der grundsätzlich rekonstruiert werden kann.[2] Die Interpreten sind lediglich mit den gleichen Verstehensproblemen wie die Praxis konfrontiert, nur dass sie den Verstehensprozess praxisentlastet, detailliert und methodisch kontrolliert vollziehen. Es brauche keine Spezialmethoden für spezielle soziale Felder, so Oevermann (vgl. Oevermann, 1981, 47). Für die Frage, *ob* die Basis des Protokolls überhaupt gesprochene Sprache sein soll, sind andere Faktoren relevant, etwa der theoretische Hintergrund, vor dem der Stellenwert der gesprochenen Sprache für ein Forschungsvorhaben eingeschätzt wird, und der Raum, den sie konkret im Feld, in erforschten Situationen einnimmt (siehe z. B. Trescher zu Demenz; Buchhaupt; Kratz i. d. B.).

Die Art und Weise der sprachlichen Kommunikation muss also grundsätzlich kein Hinderungsgrund darstellen, mit der Methode der Objektiven Hermeneutik zu arbeiten. Dennoch zeigten sich in praktischen Erfahrungen mit Interaktionsanalysen im Forschungsfeld »geistige Behinderung« Probleme bei ihrer Anwendung. In diesem Beitrag sollen Probleme gezeigt und daraufhin analysiert werden, inwiefern sie *systematisch* der Praxis der Methode geschuldet, also nicht auf subjektive, handwerkliche »Fehler« zurückzuführen sind. Dieser Analyse liegen zwei Thesen zugrunde:

1. Eine schwer verständliche Ausdrucksweise beeinflusst die Rekonstruktion einer Fallstruktur *inhaltlich*. Mit »schwer verständlich« sind Sprachverwendungen gemeint, in denen Worte und Sätze zum einen auf der lexikalischen Ebene des Ausdrucks, sozusagen akustisch schwer verständlich sind, z. B. aufgrund einer undeutlichen Aussprache. Zum anderen finden sich Sprachverwendungen, in denen der sprachliche Ausdruck auf der Ebene der Syntax grammatikalisch nicht »wohlgeformt« erscheint.
2. Die Güte einer Fallrekonstruktion wird beeinflusst durch den Umgang der Interpreten mit der Institution »Geistigbehindertsein« (Niedecken, 1993). Die Fallrekonstruktion wird verkürzt, wenn die Besonderheit der *Lebenswelt*[3] (A. Schütz) der Handelnden im Forschungsfeld sowie das eigene Wis-

2 Gesprochene Sprache erscheine allerdings im Vergleich zum geschriebenen Wort immer defizitär (vgl. Schwitalla, 2006, 13f.). Ihre »Wohlgeformtheit« (im Sinne geltender Sprach- und Handlungsregeln) dürfe daher nicht an Schriftsprache gemessen werden, sondern nur an Regeln des Sprechens in Interaktionen. Vieles, was inkorrekt oder insuffizient erscheine, habe eine »präzis zu beschreibende kommunikative Funktion« (ebd., 15). Besonderheiten gesprochener Sprache sind z. B. Tautologien, Wiederholungen, Unvollständigkeit der Sätze, Weglassen des Verbs (vgl. ebd.).

3 Lebenswelt im Sinne der »selbstverständlich gegebenen Alltagswelt« (Berger & Luckmann, 1969) als unhinterfragter Deutungshintergrund.

sen und die eigene Beziehung zum Phänomen »geistige Behinderung« nicht ausreichend wahrgenommen und reflektiert wird.[4]

2 Probleme (mit) der Methode? Zwei Thesen

Im Folgenden sollen die Thesen zu methodischen Schwierigkeiten erläutert werden. Eine schwer verständliche Ausdrucksweise (These 1) kann zum einen bereits bei der Verschriftlichung Probleme bereiten und das originale »Protokoll«, den als Ton aufgezeichneten »Text« verfälschen (siehe Wörtlichkeitsprinzip, Trescher zu Grundlagen i. d. B.). Hier findet notwendigerweise bereits Interpretation statt. Auch kann sie die Interpretation schlicht erschweren hinsichtlich eines erhöhten Zeitaufwandes bei den Versuchen, »objektive Bedeutungen« als Basis für die Interpretation zu ermitteln. Die Versuche können zudem scheitern. Das Ergebnis kann schließlich auch von Schlussfolgerungen beeinflusst werden, die aus dem sprachlichen *Ausdrucksniveau* der Sprechenden gezogen werden, z. B. aus »kindlichen« Satzstrukturen. Gebraucht ein Sprecher eine kindliche Sprache, kann dies zur Schlussfolgerung führen, dass hier jemand spricht, dem man insgesamt ein kindliches Entwicklungsniveau attestiert. Dies kann in scharfe Diskrepanz geraten zur Lebenserfahrung und emotionalen Kompetenz der betreffenden Person. Eine Erwachsene, die auf dem vermeintlichen Entwicklungsniveau eines Kindes spricht, bleibt dennoch eine Erwachsene, mit vielen Jahren an erfahrenem und verarbeitetem Leben. Die Diskrepanz an sich ist dabei nicht das Problem, wie wir noch sehen werden. Sie kann für die Analyse fruchtbar gemacht werden. Das Problem, das sich hier stellt, ist, *wie* eine »Diagnose« zum Entwicklungsstand einer Person die Interpretation beeinflusst. Eine Verengung der Interpretation findet z. B. statt, wenn eine Interaktion zu früh mit »kognitiven Defiziten« der beteiligten Personen »erklärt« wird. Das kann wiederum zur Folge haben, dass situative und institutionelle Rahmenbedingungen einer Interaktion nicht mehr angemessen beachtet werden. Dass dies vorkommen kann, ist vielleicht noch leicht einzusehen. Ebenso, dass diese Gefahr auch für andere interpretative Methoden besteht. Hier ist die Frage, ob und wenn ja inwiefern solche »Fehler« der Methodik der Objektiven Hermeneutik geschuldet sein können.

Dass die nicht ausreichend wahrgenommene und reflektierte Differenz der Lebenswelt die Anwendung der Methode beeinträchtigen könnte (These 2), mag als These überraschen. Das Erkennen und Erschließen von Sinnstrukturen besonderer oder fremder Lebenswelten ist an und für sich eine Stärke der Methode. Um ein Protokoll überhaupt verstehend lesen zu können, müssen die In-

4 Zur Reflexion der eigenen Haltung zum Phänomen »geistige Behinderung« siehe auch Schallenkammer i. d. B.

terpreten bereits ein gewisses Maß an Sprach- und Kulturkenntnis haben. Sie »beurteilen« eine Situation mit ihrer mehr oder weniger intuitiven, durch ihre Sozialisation erworbenen Deutungskompetenz.[5] Was wird wann und warum getan, und wie wird darauf reagiert? In der Sprache der Methode: Sie rekonstruieren die »objektive Bedeutung« von Sequenzen und daraus ableitbaren Optionen für sinnhafte Handlungsanschlüsse, von »pragmatischen Erfüllungsbedingungen« (z.B. Oevermann, 2000, 69). Von diesen gedankenexperimentell entworfenen Handlungsanschlüssen wird das protokollierte (Anschluss-)Handeln mehr oder weniger abweichen, das macht das Besondere aus und veranlasst zur Deutung der Differenz. Solche Differenzen sind, wie oben bereits angedeutet, höchst aufschlussreich, denn mit ihrer *Deutung* kann die Kulturspezifik und die Fallspezifik erst erschlossen werden (vgl. ebd.). Voraussetzung dafür ist, dass Interpreten mit einer gewissen »Fremdheit« dem Forschungsgegenstand gegenüber rechnen (siehe Buchhaupt i. d. B.). Wenn die Differenz der Lebenswelt nicht ausreichend reflektiert wird, können hier *normative Wertungen* die Analyse verengen. Irritationen bei der Analyse ergeben sich z. B. häufig aus der Tatsache, dass erwachsene Personen in wesentlichen Lebensbereichen *dauerhaft* von Unterstützung in einem überdurchschnittlichen Maße abhängig sind. Wenn ein »Betreuer« einem Erwachsenen gegenüber besonders fürsorglich oder gar väterlich handelt, irritiert das zunächst. Es kann für das Alltagsverständnis einer gebildeten Interpretin, die selbst mit ihrer gesellschaftlich »verordneten« Autonomie zu ringen hat (vgl. z.B. Bröckling, 2007), schnell übergriffig oder gar »paternalistisch« wirken. Die Besonderheit der Lebenswelt der »Institution Geistigbehindertsein« wahrzunehmen bedeutet, die Implikationen von Hilfsbedürftigkeit und Abhängigkeit zu reflektieren – und bei der »Beurteilung« des Handelns zu berücksichtigen. Hier wirken gesellschaftliche und individuell verinnerlichte Tendenzen der Abwehr von Bedürftigkeit und damit verbundenen Machtverhältnissen in die Analyse hinein. Die Interpreten befinden sich hier in einem Spannungsfeld, denn die Differenz kann auf der anderen Seite auch überhöht werden: Menschen mit »geistiger Behinderung« werden als so »anders« angesehen, dass sie *unterschätzt bzw. die Bedeutung dessen, was unter »geistiger Behinderung« verstanden wird, überschätzt wird*, z.B. wenn Unverständliches schlicht mit »kognitivem Defizit« erklärt wird. In beiden Fällen können sich Verstehensprobleme der Praxis in der Analyse wiederholen (Uphoff, 2008) – einer Praxis, die in eben diesem Spannungsfeld arbeitet.

Die *Wirkung* dieser Schwierigkeiten hängt eng zusammen mit zwei methodischen Regeln: der »Sparsamkeitsregel« und dem Umgang mit dem »äußeren Kontext«. Im Analyseprozess sind Entscheidungen zu fällen: Welche Lesarten für die objektive Bedeutung sind (noch) erlaubt (Sparsamkeitsregel)? An welcher Stelle soll konkretes Wissen über den Fall in die Analyse eingebracht wer-

5 Interpretation von Handeln geschieht immer unter Anwendung von impliziten Regeln der Sinnerzeugung mit unterschiedlicher Geltungsreichweite (siehe Trescher zu Grundlagen i. d. B.; vgl. Sutter, 1994, 23f.). Dieses Regelwissen ist historisch und kulturell, es ist die Basis *lebensweltspezifischer* Interpretation der »Wirklichkeit«.

den, und welche Bedeutung erhalten diese Informationen für die Interpreten (äußerer Kontext)?

Ausgangspunkt für diesen Beitrag sind Erfahrungen im Laufe von Interaktionsanalysen in Projekten zu Interaktionen im Betreuten Wohnen und in der Erwachsenenbildung für Menschen mit sogenannter geistiger Behinderung. In Abschnitt 3 werden kurz die Projekte beschrieben, aus denen das gezeigte Datenmaterial stammt. Einige der Schwierigkeiten (mit) der Methode werden dann an drei Analysebeispielen gezeigt (Abschnitt 4) und abschließend diskutiert (Abschnitt 5).

3 Zu den Projekten

Interaktionsanalysen wurden im Rahmen zweier Projekte durchgeführt. Die Datenbasis dieser Analysen sind verschriftlichte Tonaufnahmen von sprachlichen Interaktionen zwischen Betreuern bzw. Assistentinnen und Klienten bzw. Nutzerinnen im Betreuten Wohnen und zwischen Erwachsenenbildnern und Teilnehmern in der Erwachsenenbildung (zu Letzterem vgl. Uphoff, 2006; 2008). Das Gemeinsame an den Fragestellungen beider Projekte ist, welche Interaktionsstrukturen die Interaktionsteilnehmerinnen miteinander etabliert haben und wie institutionelle Strukturen hier mit hineinwirken. Der »Fall« (siehe Trescher zu Grundlagen i. d. B.) ist sozusagen die Interaktionsstruktur *zwischen* den Subjekten. Theoretischer Fokus ist die Frage nach dem Umgang mit dem Leitbild »Selbstbestimmung«. Es wird davon ausgegangen, dass eine Umsetzung dieses Leitbildes in der Praxis vor Probleme gestellt ist, die vor allem in Widersprüchen gründen, die mit dem Leitbild verbunden sind. Die Antinomie, die sich von der gesellschaftlichen bis hin zur individuellen Ebene durchzieht, besteht darin, als Institution und als individuell Handelnde in dieser Institution Selbstbestimmung zu »ermöglichen« bzw. Selbstbestimmung ermöglicht zu bekommen (vgl. Katzenbach & Uphoff, 2008).

4 Exemplarische Analysen

Im Rahmen dieses Beitrags wird nicht eine schlüssige Rekonstruktion einer Fallstruktur gezeigt, sondern werden die Schwierigkeiten dargestellt, zu dieser zu kommen. Das Augenmerk liegt auf dem Interpretationsprozess, und punktuell und exemplarisch werden Probleme aufgezeigt. In den folgenden zwei Beispielen werden daher nur einzelne Interakte analysiert und nur die für die Frage bzw. These bedeutsamen Interpretationsschritte ausführlich besprochen. Andere Interpretationsschritte, die zum Verständnis des gesamten Interpretationsverlaufs dennoch wichtig sind, werden verkürzt oder nur im Ergebnis dargestellt.[6]

4.1 Beispiel 1: Erweiterung des Verstehens oder Reproduktion von Nicht-Verstehen? Inhaltliche Grenzen

Mit den folgenden Interakten soll ein Fall gezeigt werden, bei dem die Analyse inhaltlich in eine Krise geriet. Das untersuchte Kernproblem ist hier die unterschiedliche Interpretation der Anwendung der »Sparsamkeitsregel« (siehe Trescher zu Grundlagen i. d. B.). Das Transkript ist aus einer Kurseinheit eines Kurses der Erwachsenenbildung für Menschen mit »geistiger Behinderung« zum Thema »Selbstbestimmung« (vgl. Uphoff, 2006, 101ff.). Das Transkript gibt einen Dialog der Kursleiterin (KL) mit einem Teilnehmer (P) wieder.

Interpretation Interakt 8, Vorlauf und erste Lesarten

Die problematische Stelle ist Interakt 8. Um diese Stelle und die Schwierigkeit ihrer Analyse zu verstehen, seien kurz der äußere Kontext beschrieben und die Interaktion mit den Analyseergebnissen bis dahin dargestellt (Interakte 1–8). Thema der Kurseinheit, aus der dieses Beispiel stammt, ist die Darstellung von Wahlmöglichkeiten in Bezug auf Arbeitszeiten, hier von Teilzeitarbeit. In der vorausgegangenen Kurseinheit waren mit den Teilnehmern Wochenpläne erstellt worden, bei denen die je konkreten Arbeitszeiten der Teilnehmer erfragt und auf ein gemeinsames Plakat aufgezeichnet worden waren. Die Kursleiterin (»KL«) führt nun in Interakt 1 in das neue Thema ein.

1 KL/ und jetzt heute hatt'n wer überlegt, dass wir noch mal uns son Wochenplan anschauen oder malen würden, wenn man Teil!zeit arbeitet. (atmet hörbar aus)[7]

---

6 Die Rekonstruktion aus der Erwachsenenbildung kann nachgelesen werden in Uphoff, 2006.

7 Transkriptionsregeln

.,	Satzzeichen nach Sprachmelodie, kurze Unterbrechungen
a-	abgebrochenes Wort bzw. Silbe
?	Frage, Stimme nach oben
!	Betonung
:	Dehnung (a: = aaahh)
/	unverstandenes Wort oder Silbe
/(?: xy)	xy = fragliche Entzifferung
+Text	
Text+	Text zwischen den + Zeichen ist doppelt gesprochen
–	kurze Pause
A/	Initialen des Sprechers/der Sprecherin
(Kommentar)	Kommentar der Verschrifterin

Sie bringt zum ersten Mal den Begriff »*Teilzeit*« ins Spiel. Es soll ein Modell, ein »*Wochenplan*« für Teilzeitarbeit erstellt werden.

2 P Oder wenn einer – k-krankgeschrieben ist, dann Krankmeldung oder was

Der Kursteilnehmer »P« leitet mit »*oder*« die Nennung einer Alternative ein. Diese müsste sich nach der Eröffnung der Kursleiterin auf eine Alternative zum Thema des Planes beziehen. P reagiert aber nicht auf das genannte Vorhaben der Kursleiterin, sondern auf den Begriff »*Teilzeit*«. Er scheint sich für das Thema Arbeit unter dem Gesichtspunkt zu interessieren, wann man nicht arbeiten muss. Dazu nennt er als Modell die Krankmeldung. Er antwortet damit nicht sinngemäß auf KL's Eröffnung. Für Krankheit lässt sich kein Wochenplan erstellen, und was er sagt, hat zwar mit Arbeit, aber nicht direkt etwas mit dem Thema Teilzeit zu tun. Sinnhaft aus P's Perspektive kann diese Antwort a) dann sein, wenn er lieber über etwas anderes sprechen will, z. B. über das Thema »arbeiten oder nicht arbeiten«, statt an einem neuen Plan zum Thema Teilzeit mitzuarbeiten. Um verstanden zu werden, müsste er diesen Wunsch oder Einwand aber auch explizit kommunizieren, etwa mit: »Ich würde vorher aber gerne noch/ich würde lieber darüber sprechen, wie es ist, wenn einer krankgeschrieben ist.« Er könnte b) auch einfach rückfragen wollen, *wie* das mit der Teilzeit gemeint sei: »Was wollt ihr zu Teilzeit besprechen? Meint ihr, dass man wegen Krankheit weniger arbeitet?« Hier kann vermutet werden, dass er den Begriff »*Teilzeit*« nicht (genug) verstanden hat und nachfragt, um es besser zu verstehen. Auch das kann er nicht deutlich machen, er führt die Kursleiterin nicht in seinen Gedankengang ein. Möglich wäre auch c), dass er nicht verstanden hat, dass die Kursleiterin einen Plan machen will. Als vierte Lesart d) ist möglich, dass P »Arbeit« hier anders versteht als die Gruppenleiterin. Für P geht es um Arbeit als konkrete Handlung und für KL um Arbeit im Sinne eines Arbeitsplatzes. Es sind also vier Lesarten pragmatisch möglich, und drei davon (a–c) sind mit der Unterstellung eines mehr oder weniger ausgeprägten »kognitiven Defizits« verbunden.

3 KL Mja gut, dann is er krank, das is wieder was +anderes. Aber
4 P (leise) was anderes+
5 KL wenn jemand weniger arbeitet, dann heißt das, +dass
6 P Ja+
7 KL er Teil!zeit arbeitet.

Die Kursleiterin deutet P's Interakt so, dass er nicht verstanden hat, und erklärt noch einmal, worum es ihr geht und was Teilzeit bedeutet.

8 P Ja:, (wird laut) aber w-wenn ka Arbeit da is? – Wenn ma sich Arbeit da wenn ma sich Arbeit da ma – (holt Luft) der Gruppenleiter

Jetzt wird P laut, ihn scheint tatsächlich eine andere Frage im Zusammenhang mit Arbeit zu beschäftigen, was mit seiner Auffassung von Arbeit als Handlung (Lesart (d)) zusammenhängen könnte. Er scheint sich damit durchsetzen zu wollen. Er widerspricht: »*Ja, aber*«. Dieser Anschluss wirkt auf die vorangegangene Erläuterung KL's nun nicht nur unpassend, sie ist unlogisch. Das ist eine neue Qualität und birgt besondere Schwierigkeiten für die Bildung von Lesarten. Mit *»ja, aber«* wird eine argumentative Erwiderung angekündigt, und es ist davon auszugehen, dass sie sich auf die vorangegangenen Interakte KL's bezieht: Es soll ein Plan zu Teilzeitarbeit erstellt werden, und Teilzeit wurde erklärt: *»(5; 7) wenn jemand weniger arbeitet, dann heißt das, dass er Teil!zeit arbeitet.«* Es ist ein Gegenargument innerhalb dieses Rahmens zu erwarten. P's Aussage ist als *Gegenargument* unlogisch. Weniger arbeiten ließe sich ja gerade gut damit verbinden, dass wenig oder keine Arbeit da ist. Diese Diskrepanz ist ein Anlass zur Deutung. Wogegen kann sich das Argument »wenn keine Arbeit da ist« richten? Es werden Gründe für die fehlende Logik gesucht, Gründe, die das Handeln in der Situation als sinnvoll rechtfertigen könnten, es »motivieren«. In Interaktionsanalysen wird dabei zuerst gefragt nach »spezifischen organisatorischen bzw. institutionellen Rahmenbedingungen« (Sutter, 2009, 117) und einem »fallspezifischen Beziehungsverhältnis« der Interaktionspartner (ebd.). Erst wenn hierfür keine schlüssigen Lesarten gefunden werden, kommen persönlichkeitsspezifische Besonderheiten der Sprecher in Betracht, und es kann dann eine Rede als »pathologisch« (der Sprecher weiß nicht, was er tut) oder als sinn-los (er hat nicht verstanden) erscheinen. Eine solche Stelle ist also grundsätzlich sehr aufschlussreich für die Analyse. Die Analyse kann aber auch in einen Engpass geraten, und zwar dann, wenn sich keine »pragmatischen Erfüllungsbedingungen« finden lassen außer derjenigen, dass P nicht versteht aufgrund seines kognitiven Defizits. Das soll im Folgenden ausführlich an verschiedenen Versuchen, den Interakt zu interpretieren, verdeutlicht werden. Dazu wird noch einmal vom tatsächlichen Kontext abstrahiert, und es werden *Kontexte* gesucht, in denen die Aussage sinnvoll sein *könnte*. Das ist in der Analyse der erste Schritt, um die »objektive« Bedeutung herauszuarbeiten.

Interakt 8: Hypothetische Kontexte und Vergleich mit dem tatsächlichen Kontext

Teilzeit ist etwas, das Arbeitnehmer für sich wählen, weil sie weniger arbeiten wollen. Hier wird Teilzeit als Möglichkeit angeboten und ein Gegenargument gebracht. Es muss einen äußeren Anlass geben, dass Teilzeit diskutiert wird, denn wenn einfach nur Vor- und Nachteile besprochen würden, wäre es fraglich, wieso das damit zusammengebracht wird, dass keine »*Arbeit da*« ist. Ein solcher Anlass könnte eine Betriebsversammlung sein, in der das Unternehmen mitteilt, dass es Teilzeit einführen möchte. Bekannt ist, dass das Unternehmen zu wenig Arbeit hat. Die Arbeitnehmer könnten dagegen argumentieren: »Ja, aber wenn keine Arbeit da ist, dann möchte ich auch nicht Teilzeit arbeiten, dann muss ich mir einen anderen Job suchen. Das Risiko ist mir zu groß, dass das Problem mit der fehlenden Arbeit dadurch gelöst wird, und was ist, wenn ich nach einem halben Jahr dann arbeitslos werde?«; oder: »Ja, aber wenn keine Arbeit da ist, sind wir nicht einverstanden, dass das Problem auf diese Weise auf die Arbeitnehmer abgewälzt wird.«, »Ja, aber wenn keine Arbeit da ist, könnte doch erst mal Kurzarbeit eingeführt werden, ich möchte meinen Vertrag behalten«.[8] Diese Kontextvarianten haben als Strukturmerkmal gemeinsam, dass die Sprecher vermuten, getäuscht zu werden. Mit der Arbeitszeitverkürzung werden Einspar- und Rationalisierungsmaßnahmen des Arbeitgebers verschleiert. Das ist der Grund für die Gegenrede und deren objektive Bedeutung: eine *Gegenrede gegen Täuschung*. Andere mögliche Kontexte, in denen die Äußerung sinnvoll sein könnte, konnten nicht gefunden werden. Wird nun mit dem tatsächlichen Kontext verglichen (nächster Interpretationsschritt), ist festzustellen, dass es sich nicht um eine Betriebsversammlung, sondern um eine hypothetische Frage in einem Kurs der Erwachsenenbildung handelt. Daraus ergeben sich zwei Fragen: Warum wird in einem Kurs der Erwachsenenbildung reagiert, als ob der Verdacht besteht, getäuscht zu werden? Diese Frage könnte für die Deutung des Interakts fruchtbar sein. Die zweite Frage ist, ob P eine verdächtigende »ideologiekritische« Argumentation zugetraut werden kann.

Deutung und Diskussion des Befundes, Rolle der Sparsamkeitsregel

Ob die erste Frage bezüglich eines möglichen Verdachts überhaupt zulässig ist, hängt von der Antwort auf die zweite Frage ab: Ist die Lesart, dass hier auf Täuschung reagiert wird, überhaupt möglich? Diese Einschränkung ist der »Sparsamkeitsregel« geschuldet. Aufgrund der Lesarten zu Interakt 2 *(»Oder wenn einer – k-krankgeschrieben ist, dann Krankmeldung oder was«)* wurde sie in der Interpretationsgruppe negativ beantwortet, eine solche Sinnkonstruktion sei P kognitiv nicht zuzutrauen. Das Strukturmerkmal der Verdächtigung, bezogen auf das Anliegen der Kursleiterin, würde bedeuten, dass P glaubt, zu seinem Nachteil zu etwas überredet zu werden. Er würde nicht glauben, dass hier nur hypothetisch ein Plan erstellt werden soll. Das erscheint wie gesagt zu unwahrscheinlich. Als mögliche Lesart bleibt damit nur, dass P nicht verstanden hat, worum es geht.[9] Es bleibt dabei, dass P nicht verstanden hat. Die objektive Bedeutungsstruktur seiner Rede lässt keinen anderen Schluss zu, wenn sie sich nicht aus Zusatzannahmen erklären lässt, die bereits aus dem inneren Kontext als Fallspezifik rekonstruiert wurden. Aus seiner ersten Reaktion auf die Einführung der Kursleiterin war als eine mögliche Lesart angenommen worden, dass P etwas anderes am Thema Teilzeit interessiert, dass er das aber nicht mitteilen kann. Das hilft hier als Zusatzannahme aber nicht weiter, weil damit nicht der logische Bruch erklärt werden kann. Würde man diese Lesart hier

8 Logisch wäre der Anschluss im Kontext der Betriebsversammlung auch, wenn es um die Umstellung von Teilzeitarbeit auf Vollzeitarbeit ginge, dann könnte gefragt werden, warum auf Vollzeitarbeit umgestellt werden soll, wenn keine Arbeit da ist. Es ist aber sehr unwahrscheinlich, dass es dann einen solchen Plan gäbe.

9 Eine andere Deutung lässt sich schlicht nicht damit vereinbaren, dass es sich um einen Austausch von Argumenten und dabei um eine Erwiderung handelt. Das ist die objektive Bedeutung, die erzeugt wird. Soll diese Erwiderung beim Partner ankommen, ist es notwendig, zunächst auf den Partner einzugehen. Gemäß der Sparsamkeitsregel ist davon auszugehen, dass P glaubt, das zu tun. Wenn P also glaubt, eine relevante Erwiderung vorzubringen, kann er nicht verstanden haben.

fortführen wollen, müsste man annehmen, dass P eine logische Satzkonstruktion benutzt, ohne zu wissen, was er damit sagt. Diese Annahme würde ihm ein erhebliches kognitives Defizit bescheinigen bzw. Sprachkompetenz in einem Maße absprechen, das aus dem Text heraus bisher nicht gerechtfertigt werden könnte. Das wäre eine Zusatzannahme, die die Sparsamkeitsregel ebenfalls nicht erlaubt. Die Sparsamkeitsregel lässt also weiter nur die Lesart zu, dass P nicht verstanden hat.

Alternative Deutung

Welche Lesarten nach der Sparsamkeitsregel möglich sind, hängt zuerst vom Wortlaut des Textes (Wörtlichkeitsprinzip) und dann vom bereits erschlossenen inneren Kontext ab. Im Korpus des inneren Kontextes liegt ein Potenzial unterschiedlicher Interpretationsergebnisse. Was aus dem inneren Kontext an Informationen über den Fall angereichert wurde, bestimmt, welche Zusatzannahmen in folgenden Sequenzen möglich sind. Das birgt die Gefahr, dass Phänomene zu schnell unter bereits rekonstruierte Strukturmerkmale subsumiert werden.[10] Die Bandbreite an rekonstruierten Strukturphänomenen wird so eingeschränkt. Dies ist nicht unbedingt ein Problem, das die Methode notwendig induziert – es handelt sich eher um subjektive *Fehler*, die aber möglicherweise durch das geforderte methodische Vorgehen bei diesem Datenmaterial *nahegelegt* werden.

Die Interaktionsfolge wurde in zwei verschiedenen Interpretationsgruppen eingebracht. In der ersten Gruppe blieb die Interpretation beim Nicht-Verstehen P's stehen. In der zweiten Gruppe wurde von Beginn an schon eine Lesart mehr rekonstruiert, insbesondere weil der Eingangsbeitrag der Kursleiterin intensiver ausgelegt wurde: *1) »und jetzt heute hatt'n wer überlegt, dass wir noch mal uns son Wochenplan anschauen oder malen würden, wenn man Teil!zeit arbeitet.« (atmet hörbar aus)*

Die grammatikalische Konstruktion dieser Einführung ins Thema vermittelt bei genauerer Betrachtung Unsicherheit. Die Kursleitern spricht im Konjunktiv über das, was sie geplant hat und im Begriff ist zu tun: einen Wochenplan zu erarbeiten. Das macht den Konjunktiv sinnlos, es sei denn, sie möchte mit den TN über ihr didaktisches Vorgehen verhandeln. Das ist unwahrscheinlich (Sparsamkeitsregel). Dagegen drückt sie in einfachem Präsens aus, was im Konjunktiv stehen müsste: Es soll darüber gesprochen werden, wie es wäre, wenn jemand Teilzeit arbeiten *würde*. Ergebnis der eingehenden Analyse dieser Konstruktion sind drei Lesarten:

1. KL vermeidet bewusst den Konjunktiv in Bezug auf das Thema und geht auf eine konkrete Ebene, weil sie befürchtet, dass die Teilnehmer das hypothetische Nachdenken darüber ablehnen oder kognitiv dazu nicht in der Lage sind.

10 Entweder werden *Strukturtransformationen* nicht erkannt oder *Strukturvarianten* nicht wahrgenommen.

2. Sie vermeidet die Herleitung des Themas aus eigener Abwehr den Themen Alter und Rente gegenüber. Dann müsste man ihr unterstellen, dass sie sich vorab nur ungenügend mit dem Thema auseinandergesetzt hat, was an dieser Stelle zu weit führen würde (Sparsamkeitsregel).
3. Die schematische Ausarbeitung eines Plans wird vor das eigentliche Thema geschoben. Möglich ist, dass die Kursleiterin Angst vor einem Dialog mit den Teilnehmerinnen hat. Sie hat Angst davor, im Gespräch zu erkunden, was für die Teilnehmer Teilzeitarbeit bedeuten könnte. Diese Angst könnte auch ihrer Einschätzung der kognitiven Einschränkungen der Teilnehmer entsprechend der Lesart 1) geschuldet sein. Diese Lesart schließt an vorangegangene Befunde der Interpretation an, die Bearbeitung des Themas sei durch die Kursleiterinnen selbst verzögert worden.[11]

Mit der Anschlussfrage »*(2) Oder wenn einer – k-krankgeschrieben ist, dann Krankmeldung oder was*« reagiert P auf der Sachebene zwar unpassend, er reagiert auf der Beziehungsebene aber auf eine Unsicherheit, die sich ihm mitteilt, so eine *weitere Lesart*. Es wurde für ihn nicht klar, was über den Selbstzweck der Erstellung eines Planes hinaus Ziel und Inhalt der Kursstunde sein soll. Es bleibt offen, warum über Teilzeit gesprochen werden soll, wie eine solche Regelung zustande kommen kann und warum KL dabei so vorsichtig ist. P nimmt möglicherweise Befürchtungen von KL auf der Beziehungsebene wahr und versucht, Erklärungen dafür zu finden. Da er seinen Gedankengang nicht deutlich machen kann, wird er nicht verstanden. KL erklärt den Begriff Teilzeit noch einmal. P – so im Sinne dieser »neuen« Lesart weiter – fühlt sich möglicherweise übergangen, missverstanden und unterschätzt. Dies sind also die pragmatischen Voraussetzungen für den »problematischen« Interakt 8, der *Widerspruch von P kann vor diesem Hintergrund als sinnvoll in der Situation motiviert werden. P reagiert auf der Beziehungsebene.*

Diskussion

Der innere Kontext ist in dieser Interpretationsvariante also entsprechend erweitert. Wenn man annimmt, dass P die Vorsicht der KL wahrgenommen hat, für die kein Grund erkennbar ist, wird die Lesart, dass er eine Gegenrede gegen eine vermutete Täuschung einleitet, wieder plausibel. Zudem eröffnet sich eine weitere Lesart: Mit »*Ja, aber*« wendet P sich auf der Beziehungsebene dagegen, wie er behandelt wird, und sucht mit einem Argument, sein Anliegen einzubringen. Er wurde bisher nicht verstanden. Auch hier wird zur Art und Weise, wie er das tut, ein kognitives Defizit mit als Grund angenommen. Mit dem reicheren inneren Kontext werden dennoch zwei weitere Lesarten möglich, und es kann mehr über den Fall erfahren werden.[12]

11 Die detailliert ausgeführte Interpretation ist nachzulesen in Uphoff, 2006, 101ff.
12 Die Annahme eines kognitiven Defizits steht ohnehin nicht zur Debatte, sie ist Teil der Institution, in der der Fall stattfindet. Diese »Feststellung« trägt wenig zur Frage nach der Spezifik dieses Falles bei. Im Gegenteil, sie folgt der Logik der Institution, Unverstandenes mit »geistiger Behinderung« zu erklären.

Zur Frage, warum eine zweite Option im Verlauf der einen Interpretation gegenwärtig war und in der anderen nicht, seien hier nur Hinweise gegeben. Vermutlich hat in der ersten Gruppe das Wissen aus dem äußeren Kontext, dass P ein kognitives Defizit hat, von Anfang an die Bildung von Lesarten mit beeinflusst. Das hat schließlich dazu geführt, dass zu schnell auf die scheinbar sinnlose Antwort des TN fokussiert wurde, ohne zu überlegen, *was die Frage suggeriert*. Dazu mag auch beigetragen haben, dass sich die Interpretation davor bereits sehr *langwierig* gestaltete. In der zweiten Arbeitsgruppe, die aufgefordert worden war, nach alternativen Interpretationen zu suchen, wurde bewusster auf die situativen Rahmenbedingungen und auf das Verhältnis zwischen Kursleiterinnen und Teilnehmern fokussiert. Was ist nun das Problem? Mit der ersten Analyse hat die Interpretationsgruppe das Nicht-Verstehen der Kursleiterinnen wiederholt, sie »erklärte« sich das Handeln des Teilnehmers mit dessen kognitivem Defizit und konnte damit wichtige Strukturmerkmale der Situation nicht rekonstruieren. Der Teilnehmer blieb unverstanden. Begründet wurde das mit seiner Art und Weise, sich auszudrücken, nicht etwa mit Verstehensproblemen seitens der Interpreten.

4.2 Beispiel 2: Die Arbeit am Detail und die Frage der Forschungsökonomie

Das im Folgenden gezeigte Protokoll stammt von einer Aufnahme eines Arbeitstreffens einer »Leistungsnehmerin« (LN) des Betreuten Wohnens mit ihrer »Assistentin« (A) in der Wohnung der »Leistungsnehmerin«, bei dem die Forscherin (F) anwesend war. In diesem Beispiel wird zum einen deutlich, wie *aufwändig* die Interpretation wird, wenn ein Text (überdurchschnittlich viele) Lücken und unverständliche Redeteile enthält. Zum anderen wird erneut gezeigt, wie eine frühe Diagnose zur Interaktionsstruktur die *Analyse engführen* kann. Schließlich wird die Rolle des Umgangs mit dem äußeren Kontext für die Interpretation beschrieben. Hierfür werden ausführlich die einzelnen Interpretationsschritte dargestellt, um daran genauer die Entscheidungen aufzuzeigen, die gefällt werden müssen. Das Transkript beginnt mit dem ausgewählten Interakt, es ist die Fortführung eines Gesprächs, das zur Klärung der Tonaufnahme unterbrochen werden musste.[13]

LN/sst ab./ich gsagt hab die Birgit kommt mit einer jungen, Frau do/verschwunden. – Oder sitzt er vorne auf der Bank, ich +weiß es nicht

13 Die Forscherin sah bis dahin keine Gelegenheit, wegen des Beginns der Aufnahme zu fragen (das grundsätzliche Einverständnis lag vor). Dieser Anfang zeigt ein Nebenproblem auf: In nicht formalen Interaktionssituationen, in denen es keinen definierten Anfang gibt – wie z. B. bei einem Interview oder der Aufnahme eines Beratungsgespräches, bei dem man die Formalitäten vorab regelt –, erfolgt der Beginn der Aufnahme in eine Praxis, die bereits eröffnet ist und für die keine »zweite« Eröffnung nach Beginn der Aufnahme folgt. In diesem Beispiel hat also die Frage der Aufnahme ein laufendes Gespräch unterbrochen. Das eröffnet die Frage nach einem geeigneten Beginn für die Analyse (siehe Trescher zu Grundlagen i. d. B.).

Bestimmung und Analyse der ersten zu analysierenden Sinneinheit (Sequenz)

Wenn wir uns dem ganzen ersten Interakt zuwenden, stehen wir vor der ersten Entscheidung: Welches Segment soll Basis für den ersten Schritt sein, das »Erzählen« von Geschichten, von Kontexten, in denen diese Rede sinnvoll sein könnte (vgl. Wernet, 2006, 39)? Damit wird die objektive Bedeutung der Rede erkundet, die Interpreten »lassen« ihr implizites Regelwissen »arbeiten« (ebd.). Je mehr Text wir dazu nehmen, desto mehr *innerer Kontext* ist vorhanden, desto eingegrenzter ist das, was als mögliche Kontexte gedacht werden kann. An sich gibt es dafür eine klare Orientierung: Als Sequenz gilt die »kleinstmögliche Sinneinheit eines Textes« (Trescher zu Grundlagen i. d. B.). Insofern kann hier mit »*sst ab*« begonnen werden. Die »objektive Bedeutung« dieser Äußerung ergibt sich im zweiten Schritt aus gemeinsamen Strukturmerkmalen der konstruierten Kontexte, in denen diese Äußerung sinnvoll erscheint. Mit andern Worten: Es werden *gemeinsame* pragmatische *Kontextbedingungen* für die gefundenen Kontexte herausgearbeitet. Dies sind *Lesarten* zur »objektiven«, das heißt fallunspezifischen Textbedeutung (vgl. ebd.). Hier wären das »verjagen bzw. verjagt werden« und, verbunden mit der semantischen Funktion dieser Wortart (imitative oder subjektive Interjektion, insbesondere Omnopoetika, vgl. Weinrich, 2007, 857), das Erzeugen eines lebhaften Interesses bei Zuhörern.

Zweite Sinneinheit. Klärung von Lücken: Grammatikalische Untersuchung

Die nächste Sinneinheit wäre der auf »sst ab« folgende Satzteil: LN/sst ab./ich gsagt hab die Birgit kommt mit einer jungen, Frau.

Im ganzen Satz müssen zwei unverständliche Silben geklärt werden. Nötige Ergänzungen von unverständlichen Redeteilen müssen nach grammatikalischen Regeln gesucht und hypothetisch eingesetzt werden. Das heißt, es wird sinngemäß analog zur grammatischen Konstruktion des Satzes ergänzt unter dem kleinstmöglichen Eingriff (Wörtlichkeitsprinzip; vgl. Wernet, 2006, 23). Damit wird am ehesten dem Sinn des protokollierten Texts entsprochen und die Gefahr verringert, Sinn von außerhalb an den Interakt heranzutragen. Die Gefahr ist vor allem anfangs gegeben, wenn noch nichts über den Fall erschlossen worden, also kein innerer Kontext vorhanden ist, der zusätzlich zur Grammatik Möglichkeiten eingrenzt. Insofern ist hier sorgfältig vorzugehen. Grammatikalisch betrachtet muss es sich bei der Satzkonstruktion des Satzteils »/ich gsagt hab die Birgit kommt mit einer jungen, Frau« um das Adjunkt einer Junktion handeln (vgl. Weinrich, 2007, 609). Es ist vorangestellt und verweist auf eine Satzbasis. Diese Basis (die wir noch nicht in Betracht gezogen haben) soll damit näher erklärt werden. Daher ist als nächste Sinneinheit doch der ganze Satz heranzuziehen: LN/sst ab./ich gsagt hab die Birgit kommt mit einer jungen, Frau do/verschwunden.

Das Verbindungswort, das den Sinn der Verbindung steuert (Junktor, vgl. ebd.) ist die erste unverständliche Silbe. In diesem Beispiel könnte man für deren Ersetzung intuitiv einige Junktoren ersetzen, die den Sinn unterschiedlich steuern: »als/weil/nachdem/obwohl ich gsagt hab …«. Mit einer genaueren grammatischen Analyse (die hier nicht dargestellt wird) kann die Auswahl eingeschränkt werden: Aufgrund der Fortführung mit »do/verschwunden« erscheint besonders ein »als« passend. Vor einer Entscheidung ist die zweite unverständliche Stelle zu klären. Bei dieser muss es sich um das Satz-Subjekt handeln und um das Hilfsverb zu »verschwunden«. Mögliche Ergänzungen sind: »is-er«/»is-se«/ »sind-se«. Der ganze Satz kann also lauten: »als ich gsagt hab die Birgit kommt mit einer jungen, Frau do is-er/is-se/sind-se verschwunden.«

Konstruktion von Kontexten, äußerer (tatsächlicher) Kontext und Erschließung von Kontextbedingungen

Nach diesem Vorlauf kann mit der Konstruktion von Kontexten für den ganzen Interakt begonnen werden. Es handelt sich um eine Erzählsituation. Als mögliche Kontexte für den Inhalt der Erzählung, aber auch für die aktuelle Erzählsituation selbst kommen der Besuch einer Freundin, der eine Geschichte erzählt wird, eine Party, allgemein familiärer Besuch, ein Antrittsbesuch oder auch eine Wohnungsbesichtigung zwecks Vermietung in Betracht. Bei der Explikation dieser Kontexte wird die Rolle der/des Verschwundenen thematisch und die Frage, welche Situation und welches Beziehungsgefüge erlaubt oder verlangt, dass jemand verschwindet, wenn jemand anderes kommt. Mit diesem Zusatz werden die Kontexte detaillierter und reicher an Merkmalen. Die Frage nach *gemeinsamen Kontextbedingungen* ist dann die Frage danach, was gemeinsame pragmatische Voraussetzungen, gemeinsame Sinnstrukturelemente der möglichen Kontexte, der denkbaren Interaktionssituationen für diesen Interakt sind.

Diese Anreicherung wird hier nicht ausgeführt, es sei nur das hervorstechendste gemeinsame Merkmal der gedachten Kontexte genannt: Gemeinsam ist, dass es sich im weitesten Sinn um private Kontexte handelt. Mit der Nennung des Vornamens mit dem bestimmten Artikel *»die Birgit«* wird Vertrautheit und Bekanntheit der einen Person vorausgesetzt.[14] Für die zweite benannte Person, die *»junge Frau«* wird dagegen deren Unbekanntheit markiert, ohne dass deren Rolle oder deren Funktion genannt wird. Die junge Frau kommt in eigenem Recht, ihr Kommen muss nicht legitimiert werden, wie das über die Nennung ihrer Funktion oder Rolle (als Freundin, als Partnerin, als Wohnungsinteressentin)[15] geschehen wäre und wie das in einem beruflichen Kontext zu erwarten wäre.

14 In der gesprochenen Umgangssprache werden Vornamen oft mit dem bestimmten Artikel versehen. Damit wird insofern Bekanntheit markiert, als der bestimmte Artikel allgemein auf gemeinsame Vorinformation verweist (vgl. z. B. Weinrich, 2007, 410). Nach Weinrich »erhalten aber insbesondere Vornamen in der Kombination mit dem anaphorischen Artikel« eine »Nuance der familiären Vertrautheit« (ebd., 424).

15 Man kann methodisch hier nicht von einem Fehlen der Begründung sprechen, im Gegenteil, die Abwesenheit einer Legitimation bildet einen pragmatischen Rahmen der möglichen Kontexte. Es sind solche, in denen es einer Begründung oder Legitimation nicht bedarf.

Wird jetzt als dritter Schritt mit dem *tatsächlichen Kontext* konfrontiert, muss gesagt werden, dass es sich um einen beruflichen Kontext handelt. Ein beruflicher Kontext wurde gedankenexperimentell aufgrund des Duzens von »*Birgit*«, vor allem aber deshalb ausgeschlossen, weil die *Funktion* der Dazugekommenen nicht benannt wird. Das Duzen der »*Birgit*« würde als alleiniges Indiz dafür nicht ausreichen. Wenn etwa eine neue Kollegin vorgestellt werden soll, würde ihre Rolle benannt werden: »Birgit kommt mit einer neuen Kollegin/mit einer Praktikantin/einer neuen Pflegerin.« Diese Differenz ist nun aufschlussreich für die Spezifik der Fallstruktur. Es wird eine Begründung für diese Abweichung gesucht: Welche Bedeutungsstruktur in einem beruflichen Kontext würde plausibel machen, dass die Funktion einer »neuen« Person nicht genannt zu werden braucht?

Erste »riskante« Strukturhypothese

Wird die Differenz des angenommenen und des tatsächlichen Kontextes diskutiert, geht *Wissen* ein über eine pragmatisch »richtige« oder wohlgeformte Ausformung des tatsächlichen Kontextes, der hier ein beruflicher[16] ist. Mit anderen Worten, die Kontrastfolie der Normalität, das, was als »normal« für eine solche Situation erachtet wird. Es handelt sich um intuitives Wissen aus der kulturell und historisch spezifisch geprägten sozialen Praxis, an der die Forscherin selbst teilnimmt, und um theoretisches Wissen. Damit wird die Analyse also auch beeinflusst von der Theorie, die an den Fall herangetragen wird (vgl. Oevermann, 1981, 5). Diese Einflüsse werden explizit gemacht und damit nachvollziehbar, wenn nach den Regeln der Kunst vorgegangen wird. In diesem Fall und an dieser Stelle geht es zweifellos um Wissen und Haltungen in Bezug zu »geistiger Behinderung« und zu Theorien zur Professionalität in sozialpädagogischen bzw. sonderpädagogischen Feldern. Je nachdem was als normal oder angemessen in einer solchen Situation angesehen wird, wird der Kontrast zum vorliegenden Fall anders ausfallen, die Fallspezifik zumindest einen anderen Schwerpunkt erhalten. Auch wird der Kontrast unterschiedlich bewertet werden. Im beschriebenen Fall wird der Kontrast zu Normalitätsvorstellungen dadurch deutlich, dass kein beruflicher Kontext angedacht wurde. Daraus kann ein erstes *Merkmal zur Fallstruktur* bestimmt werden. Auch wenn als Kontext kein beruflicher angedacht wurde, *kann* es trotzdem ein beruflicher Kontext sein mit folgender Spezifik: Als erste »riskante« *Strukturhypothese* kann festgehalten werden, *dass in diesem Feld nicht klar unterschieden ist, ob man privat oder beruflich miteinander zu tun hat.* Eine weitere Auffälligkeit war, dass die *Funktion* der jungen Frau nicht genannt ist, wie das in einem beruflichen Kontext erwartet werden würde. Das wiederum könnte

16 Hier wird von »beruflich« und nicht von »professionell« gesprochen, weil hier mit Letzterem der Professionsbegriff Oevermanns (1996) verbunden wird und nicht klar ist, ob diese Praxis in *diesem theoretischen Sinn* professionalisiert ist.

- erstens dann *nicht* notwendig sein, wenn die berufliche Funktion der »*Birgit*« bekannt ist und wenn mit der Rolle der »*Birgit*« auch die Rolle der »*jungen Frau*« ausreichend klar ist.
- Zweitens könnte die Rolle der »*jungen Frau*« tatsächlich nicht klar sein. Dann bekäme »N« beruflich Besuch und wüsste nicht, was es mit dieser Person auf sich hat.

Die »riskante« Strukturhypothese dazu wäre, dass NutzerInnen des Betreuten Wohnens akzeptieren, nicht umfassend informiert zu sein (immerhin handelt es sich um einen Besuch in der eigenen Wohnung), da sie sich auf ihre BetreuerInnen bzw. Assistentinnen und Assistenten verlassen. Diese Strukturhypothesen sind in der weiteren Analyse zu überprüfen – sie unterliegen der Falsifikation, bis sie sich eindeutig ein weiteres Mal reproduziert haben. Was jetzt noch einbezogen werden müsste, sind Folgerungen bezüglich des Verschwindens einer Person (sie verschwand, »als« sie erfuhr, wer kommt) sowie auch die Lesarten aus der ersten Sequenz »sst ab« (verjagen/verjagt werden bzw. Interesse wecken). Diese sind im Hinblick auf das Thema Autonomie interessant, für das Ziel des Beitrages braucht die Analyse hier aber nicht weitergeführt zu werden.

Diskussion

In dem analysierten Interakt waren zwei unscheinbare Silben zu ersetzen, und es wurde eine grammatikalische Analyse vorangestellt. Danach konnte die Analyse wie »üblich« verlaufen, der Aufwand sollte trotz der Kürzung deutlich geworden sein. Als Ergebnis sind mindestens zwei Strukturhypothesen erhoben worden, die vermutlich gar nicht auffällig geworden wären, wenn man weniger detailliert vorgegangen wäre. Gleichzeitig können hier zwei Schwierigkeiten gezeigt werden:

- Erstens wurde aus *forschungsökonomischer Sicht* viel Zeit aufgewendet (ein Vielfaches des hier Dargestellten), ohne überhaupt zu einem *Anschlussinterakt* gekommen zu sein. Das ist hier durchaus bedeutsam, da die Interaktionsstruktur im Zentrum des Falles stehen soll.[17]
- Zweitens könnte eine zu frühe Fokussierung auf die gefundenen Strukturhypothesen zur Verengung der Fallstruktur führen. Dies muss nicht der Methodologie, sondern kann auch ganz einfach ebenfalls der Forschungsökonomie geschuldet sein (das kann ich nicht abschließend beurteilen).

Erst wenn Strukturhypothesen schlüssig erarbeitet wurden, kann die Analyse weniger detailliert voranschreiten, und man sucht gezielt nach Stellen, die die

17 Es ist klar, dass die Auslegung eines einzelnen Interaktes insofern immer Bedeutung für die Interaktion hat, als damit die Ausgangsbasis für die Anschlussinterakte gelegt wird. Die kleinste soziale Handlungseinheit ist nach Oevermann aber nicht ein (Sprech-)Akt, sondern Interaktion (vgl. Garz & Kraimer, 1994, 8; Schneider, 1994, 180).

Struktur widerlegen könnten, nach Strukturwiederholungen (Reproduktionen) und Strukturveränderungen (Transformationen) (siehe Trescher zu Grundlagen i. d. B.; Oevermann, 2002, 10). Die Frage ist allerdings, wann dieser Punkt erreicht ist. Nach den Regeln der Kunstlehre muss das Material ausgedehnt ausgelegt werden, bis sich differenzierte Strukturelemente zur Interaktion rekonstruieren lassen, bzw. bis die Struktur angereichert ist und sich keine neuen Merkmale mehr finden lassen (vgl. Oevermann, 2000, 95). Damit kann ein zu frühes Fokussieren auf einzelne Strukturelemente vermieden werden. Auf jeden Fall wird aber durch die ersten normorientierten Entscheidungen ein spezifischer Blick auf das Material eröffnet. Forschungspraktisch können sich hier die Forschungsökonomie, die Dynamik des Interpretationsverlaufs, und die Dynamik in der Interpretationsgruppe durchsetzen und die aus dem Anfang noch hypothetisch rekonstruierte Struktur kann inhaltlich richtungsweisend werden. Diese Dynamik wird auch durch die *Bewertung* der (re-)konstruierten Strukturmerkmale gespeist. Meine These zum berichteten Fall ist, dass mit der Analyse des ersten Interaktes die weitere Analyse und Interpretation zu stark enggeführt wurde: Die gefundene Spezifik wurde als Mangel begriffen aufgrund von Vorstellungen zu Professionalität oder von (zu erzielender) Mündigkeit von Klienten. Warum wird hier nicht klargemacht, so hat sich die Gruppe gefragt, ob man sich in einem privaten oder beruflichen Setting befindet, und was bedeutet es, dass Klienten »nicht ausreichend« informiert sind. Was sagt das auch über die Klienten aus, dass sie sich in der Weise auf ihre Betreuerinnen verlassen, wird das so von ihnen verlangt, sind sie entsprechend sozialisiert, oder wollen sie das so? Solche Fragen mit impliziten Wertungen und das »Nicht-Vorankommen« durch eine schwierige Analyse bestimmen die Betrachtung der Folgesequenzen mit.

LN/- Oder sitzt er vorne auf der Bank, ich +weiß es nicht
A/Mm, ich hab ihn+ draußen nich gesehn. +Keine Ahnung
LN ja er sitzt, manchmal sitzt+ er och da/der annern Bank +immer
A/Mhm+, er geht oft raus, ge? un, setzt sich auf ne Bank
LN/Aber der geht immer fort und sagt net wohin, (L/, F/stimmloses auflachen)
F/Is es Ihr F- Ihr Partner Ihr Mann?, +Oder Freund oder
LN/Äh, s mei net+ f- m-m-m, mei Mann jo net mein Freund!, ja, ich bin jo net verheiratet, oh jesses na.
F/(lacht)
A/N sehr! langjähriger Freund von dir [L/ja] [Z/ja] ge? hast de jetzt bestimmt schon:
LN/naja +ich geh schon
A/30 Jahre+ ungefähr +oder über 20 Jahre
LN/So ungefähr, ja+

A greift die Interakte der LN semantisch immer in etwas veränderter Form auf, das erscheint ungewöhnlich. Vor dem Hintergrund der bisherigen Analyse kann der »Verdacht« weitergehegt werden, die Autonomie der Leistungsnehmerin werde eingeschränkt, hier, indem die Assistentin immer leicht veränderte

Deutungen anbietet. Wer hat die Deutungshoheit? Diese Frage geriet in den Fokus der Analyse. Die Ergänzungen der Assistentin wurden schließlich tendenziell als übergriffig bewertet. Als äußerer Kontext wurde bisher nur aufgeklärt, dass es sich um eine berufliche Situation im Betreuten Wohnen handelt. Mehr Wissen zum äußeren Kontext erschien nicht notwendig. Was bis zu dieser Stelle in der Interpretationsgruppe nicht gesagt wurde, ist, dass die Leistungsnehmerin sehr schwer zu verstehen war. »Übersetzen« als Assistenz bei der Kommunikation mit der Forscherin gehört für die Assistentin also hier zu ihrem Job. Wie notwendig das für die Forscherin war, kann nicht mehr nachvollzogen werden, denn der transkribierte Text ist bereits Ergebnis intensiver Verstehensbemühungen mit mehrmaligem Hören der Tonaufnahme. Wenn man diese Informationen berücksichtigt, kann die Übersetzung durch die Assistentin »freundlicher« interpretiert werden. »Übersetzen« bleibt ein Strukturmerkmal dieser Beziehung, das in der Folge genauer betrachtet werden kann. Zunächst geht es um Hilfestellung in einer fremden Situation, um Unterstützung der Selbstdarstellung der Leistungsnehmerin. Möglicherweise hat sich auch schon eine Routine des Übersetzens eingespielt. Die Fallstruktur müsste in weiterer Feinanalyse herausgearbeitet werden.

Das Ergebnis dieser detaillierten und ausführlichen Analyse ist also noch recht vage, ein großer Teil der Analysearbeit steht noch aus, und sie ist mit der Gefahr behaftet, mit einem frühen Urteil die Rekonstruktion engzuführen. Hier sind Zweifel an der Praktikabilität der Methode angebracht.

4.3 Vor-Urteile?

In einem letzten Beispiel soll noch einmal gezeigt werden, wie das Verhältnis der Interpretinnen zur »Institution Geistigbehindertsein« die Analyse engführen kann. Es stammt ebenfalls von einer Aufnahme eines Arbeitstreffens eines »Leistungsnehmers« (LN) des Betreuten Wohnens mit seinem »Assistenten« (A) in der Wohnung des »Leistungsnehmers«, bei dem die Forscherin (F) anwesend war. Zum Vorlauf: Zu Beginn des aufgenommenen Gesprächs wird ausführlich die Tonaufnahme besprochen. Der Leistungsnehmer kommentiert das Aufnahmegerät *»sieht fast wie so e Handy aus«*. Das Thema wird vom Assistenten und der Forscherin aufgegriffen. Während sie beschwichtigen will mit: Das Gerät *»kann man einfach hinlege no vergisst mer's«*, bestätigt der Leistungsnehmer noch einmal, dass *»man«* *»ruhig«* aufnehmen könne. Schließlich bietet sie an, dass der Leistungsnehmer am Ende in die Aufnahme reinhören könne:

F/Sie können auch nachher selber mal reinhören, wie sich's +anhört. Wenn Sie wollen
A/na das! is doch+ spannend, +oder? dann hörst Du Dich
LN/das könn mer machen, ja.+
A/selber! reden! *+is das nicht toll?
F/ja.+
F/ja,+ genau

LN/also ich hab hier meine Küche, (LN geht zur Küche, A und F gehen mit, dort bleiben wir stehen)

Die Stelle, die die weitere Interpretation geprägt hat, ist die Reaktion des Assistenten. Er ermutigt LN und unterstützt die Intervention der F auf eine Weise, die für die Interpretationsgruppe nur in einem Kontext mit Kindern denkbar war. Ein Kind sollte überredet werden. Nach der Konfrontation mit dem äußeren Kontext, Betreutes Wohnen Erwachsener mit »geistiger Behinderung«, entspann sich eine Diskussion um Verkindlichung und Behinderung der Autonomie des LN: Dieser hat sich souverän gezeigt, er ist mit der Aufnahme einverstanden. Warum tut A so, als ob er überredet werden soll? Noch dazu auf diese verkindlichende Weise? Diese Fragen legt der Text zwingend nahe, und sie erzeugten eine kritische Haltung dem Assistenten gegenüber – begleitet von entsprechenden Affekten. Aber nicht nur der Assistent, auch die Forscherin agiert fürsorglich. Erst beschwichtigt sie die Tatsache der Aufnahme, und dann will sie ein Geschenk machen, etwas zurückgeben: Der LN könne mal in die Aufnahme reinhören. Auch ihre Intervention gerät in Gegensatz zur »Souveränität« LN's. Dieser präsentiert, was er kann, das wird im Verlauf nochmals deutlich, als er das Thema wechselt und zum relevanten Thema übergeht: »also ich hab hier meine Küche«. Es wird also fürsorglich gehandelt, obwohl der Text keine Fürsorge nahelegt. Diese Diskrepanz ist ein Anlass zur Deutung der Fallspezifik und es liegt nahe, hier eine übertriebene Fürsorge oder auch Paternalismus zu vermuten. Dass nicht nur A, sondern auch die Forscherin fürsorglich handelte, führte aber zu einer weiteren Deutung: Möglicherweise nehmen A wie auch F eine Bedürftigkeit wahr, die LN sprachlich nicht unbedingt formuliert, und sie nehmen beide deshalb eine besonders stützende Haltung ein. Es ist eine Bedürftigkeit, wie man sie zunächst nicht erwarten würde. LN zeigt sich ja auch souverän. An dieser Stelle spielt eine Rolle, wie das äußere Kontextwissen, dass LN eine »geistige Behinderung« attestiert wird, beurteilt und einbezogen wird. Bedürftigkeit kann ausgeblendet (»LN ist doch souverän«) oder auch überschätzt werden. Diese zweite Perspektive wurde erst dadurch möglich, dass der Gedanke eines »berechtigten Grundes« für diese Art der Unterstützung reflektiert wurde – im Gegensatz zur raschen Diagnose eines übergriffigen Handelns. Dazu war notwendig, in der Gruppe über die subjektiven Haltungen zu Bedürftigkeit und über damit verbundene Vorstellungen von »geistiger Behinderung« zu reflektieren. Das veränderte die Haltung der Interpreten dem Assistenten gegenüber und erweiterte das Verstehen seiner weiteren Interventionen und der Beziehung zwischen ihm und dem Leistungsnehmer.

5 Fazit und Ausblick

Die eingangs beschriebenen Schwierigkeiten kommen in der Interpretationspraxis vor, das konnte gezeigt werden. Vor allem das ökonomische Problem kann unbestritten als Schwierigkeit betrachtet werden, die sich aus der Praxis der Methode zwingend ergibt. Auch die Gefahr systematischer Engführungen der Interpretation wurde in den Beispielen deutlich. Engführungen können nach dieser Analyse aber als *subjektive Fehler* betrachtet werden, die nicht zwingend aus der regelgerechten Anwendung der Methode hervorgehen. Dennoch kann aufgrund der vorgelegten Analysen gesagt werden, dass das methodische Vorgehen bestimmte Fehler *nahelegt*. Das konnte konkret für die Sparsamkeitsregel gezeigt werden, für das Einbringen des äußeren Kontexts wie auch für die Gefahr zu früher Bewertungen aufgrund von theoretischen und alltäglichen Normvorstellungen. Die Interpretation befindet sich hier im Spannungsfeld, Differenzen auszublenden und Differenzen zu überschätzen. Vor jeder Interpretation muss im Forschungsfeld »geistige Behinderung« daher reflektiert werden, was »geistige Behinderung« in Bezug auf die Forschungsperspektive für die Interpretinnen selbst – unter den gegebenen sozialen Verhältnissen – bedeutet. Im berichteten Fall ist das z. B. die Reflexion darüber, was es für die Interpreten heißt, als erwachsene Person in überdurchschnittlichem Maße auf Hilfe angewiesen zu sein. Wird zu sehr auf die Abweichung von Normalitätsvorstellungen fokussiert, werden vor allem diese Abweichungen rekonstruiert (Abweichung des Entwicklungsniveaus und der kognitiven Fähigkeiten, Abweichungen in Bezug auf Vorstellungen von angemessenem Handeln). Das behindert eine differenziertere Rekonstruktion des Falles über diese »gefundenen« Abweichungen hinaus.

Ein Faktor für methodenimmanente Probleme ist auch, welche *Auswirkungen* handwerkliche Fehler haben. Reichertz und Schneider bescheinigen der Objektiven Hermeneutik »mangelnde Fehlerfreundlichkeit« (Schneider, 1994, 158; vgl. Reichertz, 1994, 139). Eingeschlagene Interpretationswege könnten schwer wieder verlassen werden, Fehler hätten weitreichende Konsequenzen. Das kann durch die berichteten Analysen bestätigt werden. Mit der sehr ausgedehnten Auslegung kleiner Segmente verbindet Schneider noch ein anderes, ein methodologisches Problem. Damit könnten Interaktions-Strukturen, die sich über längere Handlungsketten erstrecken, nicht erkannt werden (vgl. Schneider, 1994, 160). Das hieße, dass ein detailliertes Analysieren auch längerer Passagen nicht unbedingt bessere Ergebnisse bringt, weil der Fokus zu sehr auf der Ebene der einzelnen Anschlüsse an einzelnen Interaktionen liegt.

Diese Einwände konstatierend muss ein Vorbehalt gegen die Anwendung der Methode in diesem Forschungsbereich aufrechterhalten werden. Es muss weiter beobachtet und untersucht werden, inwiefern Probleme systematisch sind. Nicht zuletzt ist die bloße Frage der Forschungsökonomie gerade im Zusammenhang von Qualifizierungsarbeiten in Zeiten zunehmender Ökonomisierung des Wissenschaftsbetriebes bedeutsam.

Dass es aber wichtig ist, gesprochen-sprachliche Interaktion, bei der Menschen mit »geistiger Behinderung« beteiligt sind, zu analysieren, mag mit den

Beispielen ebenfalls deutlich worden sein. Gerade anhand schwer verständlicher Redebeiträge konnten Kernprobleme der Interaktion rekonstruiert werden. Ausführlich gezeigt werden konnte das an anderer Stelle bereits in der Analyse der Kursinteraktion, aus der das erste Beispiel stammt, und in den Arbeiten von Kolleginnen (Möller, 2009, 2010; Katzenbach & Kauz, 2012). Texte von Menschen mit »geistiger Behinderung« sind nicht per se »anders«, sie befinden sich auf einem Kontinuum leichter und schwerer auszulegender Texte. Gerade dort, wo die Praxis bereits am *Verstehen* scheitert, ist eine Methode zielführend, die sprachliche Interaktion ernst nimmt, eine Methode, in der handlungsentlastet und die »Verstehensoperationen der Praxis« *umkehrend* (Oevermann, 1995, 125ff.) intensiv nach Sinn gesucht wird. Die Methode ist »unpraktisch« (ebd., 125), das macht den Kern ihrer Erschließungskraft aus. Für die Güte der Interpretation im Forschungsfeld ist die Reflexion der Deutungsmuster und affektiven Reaktionen in der Gruppe höchst einflussreich, denn mit »geistiger Behinderung« sind Phänomene verbunden, die Interpreten in ihrem eigenen Subjekt-Sein zutiefst betreffen. Vorbehaltlich der Forschungsökonomie können entsprechende Analysen dazu beitragen, Menschen mit sogenannter geistiger Behinderung als Subjekte wahrzunehmen und »behindernde« Lebensbedingungen kenntlich zu machen. Das macht sie für dieses Feld wertvoll.

Literatur

Berger, P. L. & Luckmann, T. (1969). *Die gesellschaftliche Konstruktion der Wirklichkeit. Eine Theorie der Wissenssoziologie* (unveränderter Abdruck der 5. Aufl. 1977). Frankfurt: Fischer 1980.

Bröckling, U. (1997). *Das Unternehmerische Selbst. Soziologie einer Subjektivierungsform.* Frankfurt: Suhrkamp.

Garz, D. (2000). »Das Leben stört natürlich ständig«. Qualitativ-biographische Verfahren als Methoden der Bildungsforschung. In: K. Kraimer (Hrsg.), *Die Fallrekonstruktion. Sinnverstehen in der sozialwissenschaftlichen Forschung* (157–178). Frankfurt: Suhrkamp.

Garz, D. & Kraimer, K. (1994). Die Welt als Text. Zum Projekt einer hermeneutisch-rekonstruktiven Sozialwissenschaft. In: D. Garz & K. Kraimer (Hrsg.), *Die Welt als Text. Theorie, Kritik und Praxis der objektiven Hermeneutik* (7–22). Frankfurt: Suhrkamp.

Katzenbach, D. & Kauz, O. (2012). *Lebensübergang, Lebensgestaltung und Lebensperspektiven. Ein Projekt des Alfred-Delp-Hauses zur Förderung von jungen Menschen mit sogenannter geistiger Behinderung auf dem Weg ins Erwachsenenleben. Abschlussbericht der Evaluation.* Frankfurt: unveröffentlichtes Manuskript.

Katzenbach, D. & Uphoff, G. (2008). Wer hat hier was zu sagen. Über das Paradox verordneter Autonomie. In: T. Mesdag & U. Pforr (Hrsg.), *Phänomen geistige Behinderung. Ein psychodynamischer Verstehensansatz* (69–86). Gießen: Psychosozial-Verlag.

Kluge (2002). *Etymologisches Wörterbuch der deutschen Sprache* (24., durchg. u. erw. Aufl.). Berlin, New York: Walter de Gruyter.

Niedecken, D. (1993). *Geistig Behinderte verstehen. Ein Buch für Psychologen und Eltern.* München: dtv.

Möller, N. (2009). *Zwischen normativem Anspruch und Lebensrealität: Das Leitbild »Selbstbestimmung« im Kontext des Betreuten Wohnens. Eine exemplarische Fallstu-*

die und Rekonstruktion der Lebenssituation eines Menschen mit sogenannter geistiger Behinderung bei seinem Wechsel ins Betreute Wohnen. Unveröffentlichte Diplomarbeit, Fachbereich Erziehungswissenschaften, Goethe-Universität, Frankfurt.

Möller, N. (2010). Wege in das Betreute Wohnen unter dem Leitbild Selbstbestimmung. *Behindertenpädagogik*, 49(3), 284–296.

Oevermann, U. (1981). *Fallrekonstruktionen und Strukturgeneralisierung als Beitrag der objektiven Hermeneutik zur soziologisch-strukturtheoretischen Analyse.* (http://publikationen.ub.uni-frankfurt.de/volltexte/2005/537/), Zugriff am 10.06.2012.

Oevermann, U. (1995). Die objektive Hermeneutik als unverzichtbare methodologische Grundlage für die Analyse von Subjektivität. Zugleich eine Kritik der Tiefenhermeneutik. In: T. Jung & S. Müller-Dohm (Hrsg.), *»Wirklichkeit« im Deutungsprozeß. Verstehen und Methoden in den Kultur- und Sozialwissenschaften* (2. Aufl.) (106–189). Frankfurt: Suhrkamp.

Oevermann, U. (1996). Theoretische Skizze einer revidierten Theorie professionellen Handelns. In: A. Combe & W. Helsper (Hrsg.), *Pädagogische Professionalität. Untersuchungen zum Typus pädagogischen Handelns* (5. Aufl., 2007) (70–182). Frankfurt: Suhrkamp.

Oevermann, U. (2000). Die Methode der Fallrekonstruktion in der Grundlagenforschung sowie der klinischen und pädagogischen Praxis. In: K. Kraimer (Hrsg.), *Die Fallrekonstruktion. Sinnverstehen in der sozialwissenschaftlichen Forschung* (58–156). Frankfurt: Suhrkamp.

Oevemann, U. (2002). *Klinische Soziologie auf der Basis der Methodologie der objektiven Hermeneutik – Manifest der objektiv hermeneutischen Sozialforschung.* (http://www.ihsk.de/publikationen/Ulrich_Oevermann-Manifest_der_objektiv_hermeneutischen_Sozialforschung.pdf), Zugriff am 5.11.2012.

Reichertz, J. (1994). Von Gipfeln und Tälern. Bemerkungen zu einigen Gefahren, die den objektiven Hermeneuten erwarten. In: D. Garz & K. Kraimer (Hrsg.), *Die Welt als Text. Theorie, Kritik und Praxis der objektiven Hermeneutik* (125–152). Frankfurt: Suhrkamp.

Schneider, G. (1994). Sozialwissenschaftliche Hermeneutik und »strukturale« Systemtheorie. Zu den Grenzen und Entwicklungsmöglichkeiten der »objektiven Hermeneutik«. In: D. Garz & K. Kraimer (Hrsg.), *Die Welt als Text. Theorie, Kritik und Praxis der objektiven Hermeneutik* (153–194). Frankfurt Main. Suhrkamp.

Schwitalla, J. (2006). *Gesprochenes Deutsch. Eine Einführung* (3., neu bearb. Aufl.). Berlin: Erich Schmidt Verlag.

Sutter, H. (1994). Oevermanns methodologische Grundlegung rekonstruktiver Sozialwissenschaften. Das zentrale Erklärungsproblem und dessen Lösung in den forschungspraktischen Verfahren einer strukturalen Hermeneutik. In: D. Garz & K. Kraimer (Hrsg.), *Die Welt als Text. Theorie, Kritik und Praxis der objektiven Hermeneutik* (23–72). Frankfurt: Suhrkamp.

Sutter, H. (2009). Pädagogische Interaktion. Eine hermeneutisch-rekonstruktive Fallstudie zur kommunikativen Konstruktion der Verständigungsverhältnisse in institutionellen Kontexten der Erziehung. *Sozialer Sinn. Zeitschrift für hermeneutische Sozialforschung, 10*, 99–152.

Uphoff, G. (2006). *Wenn Förderung zum Tauziehen wird. Analyse eines Kurses der Erwachsenenbildung für Menschen mit geistiger Behinderung.* Unveröffentlichte Diplomarbeit, Fachbereich Erziehungswissenschaften, Goethe-Universität, Frankfurt.

Uphoff, G. (2008). Selbstbestimmung in der Erwachsenenbildung – Beobachtungen aus einem Kursangebot. *Erwachsenenbildung und Behinderung, 19*, 22–33.

Weinrich, H. (2007). *Textgrammatik der deutschen Sprache* (4., rev. Aufl. Unter Mitarbeit von M. Thurmair, E. Breindl und E.-M. Willkop). Hildesheim, Zürich, New York: Georg Olms Verlag.

Wernet, A. (2006). *Einführung in die Interpretationstechnik der Objektiven Hermeneutik* (2. Aufl.). Opladen: Leske + Budrich.

Objektive Hermeneutik in der Anwendung – Ethnografische Beobachtung und institutionelle Strukturanalyse am Beispiel des Forschungsfelds *Demenz*

Hendrik Trescher

1 Allgemeines

Dieser Artikel behandelt die Auswertung von ethnografischen Beobachtungsprotokollen mittels der Verfahren der Objektiven Hermeneutik. Insbesondere soll dabei gezeigt werden, wie bei der Analyse von Beobachtungsprotokollen zwei Fälle gleichzeitig bearbeitet werden können. Exemplarischer Untersuchungsgegenstand soll die Erforschung intrainstitutioneller Lebensbedingungen von demenziell erkrankten Menschen sein. Dies soll hier am Beispiel der empirischen Untersuchung »Kontexte des Lebens. Lebenssituation demenziell erkrankter Menschen im Heim.« (Trescher, 2011; 2013) geschehen.[1] Die Untersuchung der Lebenssituation von Menschen mit demenzieller Erkrankung erfolgte auf zwei Ebenen. Zum einen sollte der je konkrete Umgang Einzelner mit Menschen, die demenziell erkrankt sind, untersucht werden. Zum anderen war davon auszugehen, dass Interaktionen mit demenziell erkrankten Menschen auch von dem Strukturrahmen, in welchem sie stattfinden, abhängig sind bzw. mit diesem in Wechselwirkung stehen (vgl. Trescher, 2013, 12). Es ergaben sich also zwei Forschungsfragen, nämlich

- erstens: Wie gehen Menschen situativ mit demenziell erkrankten Personen um?
- Und zweitens: Wie wirken sich die Heime und deren Strukturen auf die demenziell erkrankten Menschen aus? (ebd., 13)

Für beide Forschungsfragen bedurfte es zunächst einer Materialgrundlage.

---

1 Die Arbeit entstand in Kooperation mit dem Projekt »Lebensqualität im Pflegeheim« der Universität Wien unter der Leitung von Herrn Prof. Dr. Anton Amann, Frau Prof. Dr. Elisabeth Seidel und Herrn Prof. Dr. Wilfried Datler, unter dessen Leitung die im Nachfolgenden genannten Protokolle entstanden sind.

2 Materialgewinnung

Die Materialgewinnung ist in Bezug auf die Verfahren der Objektiven Hermeneutik besonders wichtig (vgl. Schlick i. d. B.). Bei der Auswertung von Beobachtungen muss ganz besonders darauf geachtet werden, dass diese bereits in der Erhebung dem Kriterium der *möglichst großen Kontrastivität* entsprechen – dies ist bei der Materialgrundlage *Beobachtungsprotokoll* nicht so einfach wie beispielsweise bei der Materialgrundlage *Interview*. Im hier konkreten Fall kommt die Problematik der kognitiven Einschränkung der zu beforschenden Personen hinzu. Daher wird nun kurz auf die Materialgewinnung eingegangen.

Für die beiden Forschungsfragen wurde eine Materialgrundlage benötigt, die zum einen die Strukturen in ihrer Vielfältigkeit und zum anderen primär Interaktionen demenziell erkrankter Menschen mit anderen oder untereinander darstellt. Es geht also um die Frage nach dem objektiv-hermeneutischen Protokoll.

Aufgrund der kognitiven Einschränkungen, insbesondere bei weiter vorangeschrittener Demenz, war es ratsam, sich gegen das, für die objektiv-hermeneutische Operation klassische,[2] Interview zu entscheiden.[3] Dies war schlicht damit zu begründen, dass es durchaus vorkommen kann, dass der Interviewee dem Gesprächsverlauf nicht folgen kann oder auch vergisst, dass er sich in einer Interviewsituation befindet.

In diesem Zusammenhang empfahl es sich, das nichtmaskierte[4] (ethnografische) Beobachtungsprotokoll als Erhebungsmethode zu wählen, da sie aufgrund der Flexibilität und der Möglichkeit, je situative Eindrücke aufzuzeichnen, Vorteile gegenüber anderen Erhebungsmethoden bietet.[5] Die Problematik besteht darin, dass es beim nichtmaskierten Beobachtungsprotokoll keine klare Trennung mehr zwischen Datenerhebung und Datenauswertung geben kann, weil jede Beschreibung gleichzeitig auch eine Interpretation des Geschehenen darstellt (vgl. Trescher, 2013, 23; Oevermann, 1996). Auch nichtmaskierte Beobachter sind nicht in der Lage, sich der Krisenhaftigkeit des Feldes zu entziehen, weil sie sich als Menschen (qua Status als soziales Wesen) immer in irgendeiner Weise zum Geschehen verhalten müssen (vgl. Trescher, 2013, 45). Zudem entsteht durch das beobachtende Subjekt eine starke Selektivität dessen, was auf-

2 Zumindest wenn zuvor festgelegt wurde, dass die Verfahren der Objektiven Hermeneutik als Analysemethode genutzt werden.

3 Es sei im Bezug darauf auf den Beitrag *Feldzugang bei kognitiver Beeinträchtigung*, Trescher i. d. B., verwiesen.

4 Mit nichtmaskierten Protokollen sind solche gemeint, bei denen der Beobachter im Feld als solcher zu erkennen ist. Im Vergleich dazu wäre eine maskierte Beobachtung die klassische teilnehmende Beobachtung. In diesem Fall wäre dies etwa, wenn ein Mitglied des Pflegepersonals beobachten würde. Der Begriff der Teilnehmenden Beobachtung erscheint allerdings unglücklich gewählt, zumal jeder Beobachter das zu untersuchende Feld verändert, indem er Teil von diesem ist. Somit nimmt er auch an der Sozialsituation teil, auch dann, wenn er versucht, sich möglichst unauffällig zu verhalten.

5 Näheres hierzu findet sich im Beitrag *Feldzugang bei kognitiver Beeinträchtigung*, Trescher i. d. B.

gezeichnet wird. Ein Aufzeichnungsgerät ist, zum Vergleich, auch selektiv. Diese Selektivität ist allerdings bedeutungsindifferent.

Im hier konkreten Beispiel wurden im Rahmen des Projekts Lebensqualität im Pflegeheim 96 Beobachtungsprotokolle aus zwei verschiedenen Einrichtungen erhoben. Es wurden insgesamt acht Personen jeweils zwölf Mal je eine Stunde lang von geschulten Beobachterinnen beobachtet.

Eine Beschränkung der Beobachtungsdauer auf eine Zeitstunde erscheint generell sinnvoll, weil die Merk- und Erinnerungsfähigkeit des Menschen trotz der Möglichkeit, Notizen anzufertigen, beschränkt ist; soll es schließlich zu einer für die Objektive Hermeneutik wichtigen, detaillierten, dichten Beschreibung des Geschehens kommen. Im hiesigen Beispiel wurde zusätzlich darauf geachtet, dass ein längerer Gesamt-Beobachtungszeitraum gewählt wurde, da demenziell erkrankte Menschen auch unter kurzfristigen sozial-kognitiven Beeinträchtigungen leiden können. Somit sollte sichergestellt werden, dass der demenziell erkrankte Mensch in der Interaktion mit seiner Umwelt nicht nur in einer je konkreten Situation erfasst wird. Dies war besonders wichtig, da das Verhalten demenziell erkrankter Menschen periodisch sehr wechselhaft sein kann. Weiterhin war es wichtig, dass die Beobachtungen der Einzelpersonen nicht immer am selben Wochentag und immer zu wechselnden Uhrzeiten stattfinden. Dies ermöglichte es, die Kontrastivität im Handlungsverlauf der Einzelprotokolle zu gewährleisten.

Zudem erschien es ratsam, die Beobachtungen und die im Anschluss daran erfolgende Analyse nicht von der gleichen Person durchführen zu lassen, um dem wissenschaftlichen Kriterium der *Distanz zum Feld* zu entsprechen. Dies ist darin begründet, dass die Reflexion der beobachtenden Person auch analysiert werden muss, ebenso wie die niedergeschriebene Beobachtung selbst. Da in dem hier relevanten Feld die Möglichkeit besteht, dass die beobachteten Personen in ihrer Wahrnehmungsfähigkeit eingeschränkt sind und aus diesem Grund die beobachtende Person in ihren Lebensraum einbetten, war diese Trennung besonders wichtig. Mit anderen Worten: Es besteht, insbesondere bei der Beobachtung von kognitiv eingeschränkten Menschen, eine gewisse Wahrscheinlichkeit, dass diese die Beobachtungssituation nicht aufrechterhalten (können) und mit dem Beobachter (eventuell bewusst) interagieren. Durch diese Interaktion kann aber die beobachtende Person selbst zum Teil des untersuchten Feldes werden, auch wenn das nicht deren Absicht war – somit sollte sie nicht auch die auswertende Person sein, da auch ihre Handlungen zum Gegenstand der Analyse werden können.

3 Protokollauswahl und Grundlagen

Wie dargelegt, ist die Gewinnung von stark kontrastivem Material notwendig. Die Analyse beginnt nun mit der Auswahl des Materials, zumal aus forschungspraktischen Gründen nicht der komplette Materialpool analysiert werden kann. Wie eine solche Auswahl getroffen wird, wird im Abschnitt 3.1 beispielhaft gezeigt. In Abschnitt 3.2 wird dann dargelegt, wie eine Materialgrundlage für eine Analyse von Institutionsstrukturen (die es so manifest nicht gibt) geschaffen werden kann und wie dann objektiv-hermeneutisch damit umzugehen ist.

3.1 Frage nach der Auswahl relevanter Beobachtungsprotokolle

Zur Beantwortung der ersten Forschungsfrage wurden aus dem Pool von acht Personen à zwölf Protokollen vier Personen à vier Protokolle, also insgesamt 16 Protokolle ausgewählt. Die Personen wurden entsprechend ihres, möglichst zueinander kontrastiven, Status ausgewählt, so dass in einer späteren Strukturgeneralisierung eine möglichst hohe Validität gewährleistet werden konnte. Dabei wurde darauf geachtet, dass die Menschen sich nach den folgenden Kategorien unterscheiden: Lebensalter, Geschlecht, Wohnort, geistiger Zustand bzw. Orientiertheit, körperliche Verfassung und Sozialkontakte zu Personen außerhalb der Institution. Die vier Protokolle zu den einzelnen Personen wurden je nach Voranschreiten und Ausdifferenzierung der Fallstrukturhypothese ausgewählt. Damit einhergehend wurde auch innerhalb der vier Beobachtungsprotokolle auf eine möglichst hohe Kontrastivität im Handlungsverlauf geachtet. Wichtig dabei war auch, dass jede Person von einer anderen Beobachtungsperson beobachtet wurde – so dass auch hier eine möglichst hohe Kontrastivität gewährleistet wurde.

Als einzige Einschränkung galt hierbei, dass von allen erhobenen Protokollen jeweils das erste Beobachtungsprotokoll ausgewählt werden sollte. Dies ist einerseits damit zu begründen, dass in dem ersten Protokoll Personen und Räumlichkeiten eingeführt werden, andererseits wird davon ausgegangen, dass am Beginn der Beobachtungsphase das Feld noch relativ *neutral* ist, sich Beobachter und Beobachtete also noch nicht kennengelernt haben. Des Weiteren sind die ersten Protokolle letztlich die Initialsegmente für die gesamte Beobachtungsphase. Für die gewählte Methode ist es außerordentlich wichtig, diese Segmente zu untersuchen, eröffnen sie doch das Feld (Näheres hierzu siehe Schlick i. d. B.).

3.2 Frage nach der Materialgrundlage für eine Analyse von Institutionsstrukturen

Die Materialgrundlage für eine Strukturanalyse (hier für den Fall der Institution Altenheim) ist nicht einfach gegeben und kann nicht einfach beobachtet werden. Es muss also ein Protokoll künstlich generiert werden, so kann detailliert und strukturiert geklärt werden, wie sich die Institutionsstrukturen voneinander unterscheiden.

Im hier angeführten Beispielprojekt wurde darum für die beiden untersuchten Heime jeweils ein Protokoll erzeugt. Informationen zu den Heimen wurden strukturiert zusammengefasst und in diesem Zusammenhang in folgende, für die Beantwortung der Forschungsfrage sachdienliche Kategorien unterteilt: 1) organisatorische und räumliche Struktur des Heims, 2) räumliche Struktur der Station, auf der die Menschen leben, 3) Personal (Zusammensetzung, Schichten, Zuständigkeiten, Hierarchien, Qualifikation etc.), 4) Tagesablauf auf der jeweiligen Station. Diese zusammengetragenen Daten wurden anschließend analysiert.

Da es sich dabei aber nur um ein reines Zusammentragen von Fakten handelt, sind es im Prinzip die *Objektiven Daten* (vgl. Trescher, Grundlagen i. d. B.) zu den Heimen, die hier erhoben wurden – allerdings sind diese hier sehr weit gefasst. Dementsprechend musste eine Auswertung auch faktisch erfolgen. Das heißt, dass eine Einschränkung hinsichtlich der Auswertung dahingehend gemacht werden musste, dass nur die Fakten, nicht die komplette Ausdrucksgestalt des Protokolls analysiert werden konnten. Dies lässt sich dadurch begründen, dass die Ausdrucksgestalt das Werk des Protokollerzeugers, also des Autors ist und nicht die Wirklichkeit abbildet. Ein Beispiel: In diesem künstlich erzeugten Protokoll ist festgehalten, dass auf einer Demenzstation 26 Menschen *leben*. Hier kann nicht der Terminus *leben* beispielsweise in Abgrenzung zum Begriff *wohnen* diskutiert werden. Dies wäre nur dann zulässig, wenn es sich um ein Zitat aus der Lebenspraxis handeln würde, was nicht gegeben ist. Der Terminus *leben* ist hier vom Autor zwecks der Darstellung in Textform[6] verwendet worden.

Nachdem die Erzeugung und Analyse des Heimprotokolls abgeschlossen war, wurde eine ausdifferenzierte Fallstrukturhypothese herausgearbeitet. Diese wurde dann im Zuge der Analyse der Beobachtungsprotokolle überprüft. Das heißt, dass die ausgewählten 16 Beobachtungsprotokolle (siehe Abschnitt 3.1) sowohl im Hinblick auf den Fall der jeweiligen Person als auch im Hinblick auf den Fall des jeweiligen Heims analysiert wurden.

4 Analyse der Protokolle (entlang des angeführten Beispiels)

Die Auswertung der erzeugten Protokolle hinsichtlich der Heimstrukturen gestaltete sich vergleichsweise einfach, da wie dargelegt nur faktisch analysiert werden musste. Die Auswertung der 16 Beobachtungsprotokolle war aber insofern besonders, als dass zwei Fälle (im objektiv-hermeneutischen Sinn) gleichzeitig analysiert werden mussten, nämlich a) der Fall der jeweiligen Person und deren Lebenssituation und b) der Fall des jeweiligen Heimes und dessen Strukturen; wobei hier die Fallstrukturhypothesenbildung bereits weit fortgeschritten

6 Text ist hier im herkömmlichen, nicht im objektiv-hermeneutischen Sinne gemeint.

war, da die erzeugten Protokolle über die Heime zuvor analysiert wurden (siehe Abschnitt 3.2).

Die methodische Besonderheit bestand darin, dass (ethnografische) Beobachtungsprotokolle[7] auf diesen zwei Ebenen ausgewertet werden mussten.

Das folgende Beispiel ist für diesen Artikel und seinen Zweck angepasst und soll das oben skizzierte Vorgehen veranschaulichen.

4.1 Analysebeispiel – Eine Szene aus einem Beobachtungsprotokoll

Es handelt sich bei der beobachteten Person um Herrn Hartz. Er ist 75 Jahre alt, demenziell erkrankt und lebt in einem Doppelzimmer mit einem anderen Herren auf einer Demenzstation in einem Wiener Heim. Auf dieser Station leben insgesamt 26 Personen. Herr Hartz wird regelmäßig von seiner Ehefrau dort besucht (vgl. Trescher, 2013, 27, 136).[8]

Frau Hartz ist gerade damit beschäftigt, ihrem Mann Kaffee zu geben.

Es ist zunächst unklar, was mit »Kaffee geben« genau gemeint ist. Es kann das »Hinstellen« des Kaffees gemeint sein, dagegen spräche allerdings das »beschäftigt«, da dies keine längere Beschäftigung darstellt. Also muss es sich hier um eine »Nahrungsanreichung« handeln. Das Wort »beschäftigt« unterstellt bereits eine Anstrengung, da man sich nur mit einer gewissen Intensität mit etwas beschäftigen kann. Es ist davon auszugehen, dass Herr Hartz sitzt, denn sonst würde man jemandem so oder so keinen »Kaffee geben«.

Sie hält eine große weiße Tasse in der rechten Hand und führt sie immer wieder zu seinen Lippen. In ihrer linken Hand hält sie einen Waschlappen, ...

Nun wird klar, dass Frau Hartz rechts neben ihrem Mann sitzt, denn sonst müsste sie die Arme überkreuzen. Dass sie einen Waschlappen in der Hand hält, sagt aus, dass sie erwartet, dass sie kleckern werden. Gleichzeitig ist der Waschlappen ein Symbol. Er ist ein Symbol der Reinheit, denn mit ihm wird eine Unreinheit beseitigt. Es wird deutlich, dass sie vorhat, oder zumindest in Betracht zieht, Herrn Hartz damit abzuputzen, denn es ist nicht anzunehmen, dass sie den Waschlappen in der Hand hält, um damit die Tasse oder den Tisch abzuwischen; dafür würde sie wohl eher ein Wischtuch nehmen. Herr Hartz wird somit (halb-)öffentlich als unrein dargestellt, da der Waschlappen wohl für alle sichtbar ist; seine Frau ist diejenige, die ihn reinigt. Es muss angenom-

---

7 In diesem Zusammenhang sei auch erwähnt, dass das objektiv-hermeneutische Prinzip der Wörtlichkeit unter Umständen insofern gebeugt werden muss, als dass hier mitunter mit einem angenommenen Wort, welches das Protokoll also so nicht enthält, verfahren werden kann; nämlich dann, wenn es sich um einen annehmbaren Tippfehler handelt. Dies geht aber nur dann, wenn begründet davon auszugehen ist, dass dem so ist. Beispielsweise fand sich in einem Protokoll, das der Autor ausgewertet hat, der Satz: *Sie schloss die Lieder ihrer Augen.* Hier wurde aus forschungspraktischen Gründen davon ausgegangen, dass es sich um *Augenlider* und nicht *-lieder* handelt.

8 Diese Objektiven Daten dienen hier nur der Hinführung, bzw. dem Verständnis der folgenden Szene. In der Arbeit selbst werden diese analysiert.

men werden, dass Herr Hartz (zumindest temporär) nicht mehr selbständig trinken kann.

... den sie unter das Kinn bzw. die Tasse hält, wenn sie Herrn Hartz trinken lässt.

Herr Hartz ist passiv, Frau Hartz lässt ihn trinken; sie gewährt es ihm. Sie bestimmt also, wann er trinkt und wann nicht, sie handelt auf kein erkennbares Zeichen von ihm hin.

Herr Hartz versucht immer wieder, den Kopf wegzudrehen und der Tasse auszuweichen, wenn ihm seine Frau wieder einen Schluck einflößen will.

Es scheint, als könne sich Herr Hartz verbal nicht äußern. Dass seine Frau versucht, ihm gegen seinen Willen den Kaffee »einzuflößen«, zeigt, dass er zumindest in dieser Situation nicht allein trinken kann. Ob dies so ist, weil seine Frau ihn nicht lässt, oder ob es ihm motorisch nicht mehr möglich ist, kann hier nicht gesagt werden. Indem die Beobachterin das Wort »einflößen« wählt, nimmt sie bereits eine Wertung vor. Sie skizziert Herrn Hartz als Opfer des *Machtspiels* seiner Frau. Der Schluss ist sicherlich nicht von der Hand zu weisen, dennoch verlässt die Beobachterin die Ebene der Beschreibung. Letztlich bleibt festzuhalten, dass Frau Hartz Herrn Hartz Kaffee anreicht.

Sie begleitet ihr Tun mit den Worten: »Aber geh, das ist ja nur mehr ein Schlucki«.

»Aber geh« ist eigentlich eine Aufforderung zu gehen, höchstwahrscheinlich ist hier aber mit »aber geh« eine unbestimmte Aufforderung aus dem österreichischen Sprachgebrauch gemeint; im hochdeutschen Sprachraum würde man wohl anstelle dessen »Ach, komm schon« oder etwas dieser Art verwenden. Das Wort »Schlucki« ist eine Verniedlichungsform des Wortes »Schluck« für Kinder. Sie spricht also mit ihm wie mit einem kleinen Kind. Er wird infantilisiert.

Komm mach's Munderl auf.

Ebenso ist »Munderl« eine Verniedlichungsform, die eigentlich auf einen kleinen Mund hinweist. Man sagt »Munderl« (in Österreich; in Deutschland wohl eher »Mündchen« oder »Mündlein«) nur über und zu Kindern, wie etwa in einem Märchen. So zum Beispiel heißt es in *Die sieben Raben* von Ludwig Bechstein: »Ja, das ist unser Schwesterchen, ja, das ist es! Solche Haare hatte es, und solch ein Mündlein hatte es [...].« (Bechstein, 1971, 134). Es handelt sich also um eine Infantilisierung, weil man in der routinemäßigen Lebenspraxis so nur mit oder von (kleinen) Kindern spricht.

Ja so ist's brav. Gut machst du das.

»Brav« ist eine Beurteilung, die jemand anderem einen geringeren Status zuweist. Frau Hartz richtet also über ihren Mann und bewertet sein Verhalten öffentlich. Gleiches gilt für das Lob: »Gut machst du das.« »Brav« ist eine erneute Infantilisierung, da »brav« eine Erfüllung von Hörigkeit von Kindern gegenüber Erwachsenen ist. »Brav« können sonst nur noch Haustiere sein. Soldaten können zum Beispiel nicht »brav« sein, weil sie keine Kinder sind, auch wenn sie ihrem Vorgesetzten ein hohes Maß an Hörigkeit entgegenbringen. Auch das »Gut machst du das« ist eine Infantilisierung, da es einen Rückbezug auf die Handlung der Getränkanreichung ist. Eine solche findet nur bei sehr kleinen Kindern statt. Dementsprechend ist ein Lob für das Trinken, bzw. das Lob für das Trinken nachdem das Getränk angereicht wurde, eine Infantilisierung, da es sich hier um eine Alltagsfähigkeit noch dazu unter Assistenz handelt.

Komm, gluck.

»[G]luck gluck« ist wieder eine Infantilisierung. Die Imitation bzw. die übertriebene Darstellung von (Körper-)Geräuschen wird in der routinemäßigen Lebenspraxis nur gegenüber Kindern verwandt (etwa wenn eine Mutter zu ihrem Kind sagt: *Dann fahren wir mit dem Auto – brumm brumm*). In einer sehr verkindlichenden Form werden diese Äußerungen auch als Synonym für den jeweilig zu beschreibenden Gegenstand verwandt. (Dann würde die Mutter, um bei selbigem Beispiel zu bleiben, sagen: *Dann fahren wir mit dem Brumm Brumm.)* Genauso steht »gluck« hier für »trinken«.

Herr Hartz dreht seinen Kopf rechts und links, ist jedoch chancenlos. Teilweise versucht er auch mit der Hand, die Tasse abzuwehren, indem er den Arm seiner Frau wegdrückt.

Es ist anzunehmen, dass Herr Hartz seinen Kopf nach rechts und nach links dreht, alles andere ergäbe keinen Sinn. Es bleibt festzuhalten, dass deutlich wird, dass Herr Hartz sich dem Zwang des Trinken-Müssens zu widersetzen versucht, letztlich aber scheitert. Mit »chancenlos« interpretiert die Beobachterin die Lage für ihn. Es ist also davon auszugehen, dass Frau Hartz ihrem Mann physisch eindeutig überlegen ist.

Daraufhin nimmt jedoch Frau Hartz ihre andere Hand zur Hilfe und drückt seine Hand auf die Sessellehne.

Sie setzt sich letztendlich physisch durch. Ihre physische Überlegenheit wird nun deutlich. Es handelt sich bei ihrem Tun um einen körperlichen Übergriff ihrem Mann gegenüber.

Während sie ihr Tun kommentiert, blickt sie mich immer wieder an und schüttelt dabei den Kopf.

- *Lesart 1:* Mit der Kommentierung des Tuns durch Frau Hartz sind die oben getätigten, von der Beobachterin verschriftlichten Aussagen gemeint.
- *Lesart 2:* Frau Hartz kommentiert, zusätzlich zu den obigen Aussagen, für die Beobachterin ihr Tun.

In beiden Fällen sucht sie nun Zustimmung bei der Beobachterin, allerdings gibt sie auch durch das an die Beobachterin gerichtete Kopfschütteln eine klare Bewertung der Situation ab. Kopfschütteln vermittelt in unserer Kultur eine ablehnende Haltung (oder Missbilligung) bzw. auch ein klares Nein; sie bewertet damit das Verhalten ihres Mannes (negativ). Die öffentliche Bewertung des Verhaltens ihres Mannes ist eine Entwürdigung seiner Person. Im Falle, dass Lesart 2 zutrifft und hier noch eine zusätzliche Explikation ihres Verhaltens vorgenommen wird, würde diese Entwürdigung noch verstärkt.

Dann beginnt sie wieder von vorne, bis die Tasse endlich leer ist.

Die Beschreibung ist nun annehmbar vom Mitleid der Beobachterin mit der Situation des Herrn Hartz geprägt. Das »wieder« unterstreicht das »von vorne«, welches der Beschreibung genüge getan hätte. Das »endlich« ist als herbeigesehntes »endlich« und nicht als »endlich«, welches als solches ein Ende markiert (wie zum Beispiel, wenn es am Schluss eines Textes heißt: *endlich gilt es zu erwähnen*), zu verstehen. Als Beschreibung wäre es überflüssig, da bereits »bis die Tasse leer ist« eine hinreichende Schilderung darstellt. Sachlich ist also festzuhalten, dass Frau Hartz ihr bisheriges Tun fortführt.

In diesem Moment kommt ein ausländischer Pfleger (ich vermute, er ist Inder) mit einem Wagen und bietet Herrn Hartz noch einen Kaffee an.

Der Pfleger wahrt die Autonomie des Herrn Hartz, indem er ihn anspricht und nicht dessen Frau, obwohl sie *normal* ist (also nicht *dement* und nicht *Bewohnerin* ist und daher auch diejenige ist, der eine grundsätzliche Zurechnungsfähigkeit zugeschrieben wird) und sie die ganze Zeit versucht, sein Verhalten zu bestimmen.

Während Frau Hartz den Kopf schüttelt, dreht sich ihr Mann mit dem Kopf zu dem Pfleger und sagt mit tiefer und deutlicher Stimme »ja«.

Frau Hartz will ihren Mann endgültig, auch nach außen hin, bevormunden. Doch Herr Hartz nimmt den Kaffee an. Damit macht er zum einen deutlich, dass er selbst entscheiden kann. Zum anderen wird aber klar, dass er ihn annimmt, obwohl er sich zuvor dem Kaffeetrinken verweigerte. Somit besteht die Möglichkeit, dass die Verweigerung ausschließlich der Fütterung durch seine Frau galt und/oder, dass er den Kaffee um des Pflegers Willen annimmt. Es ist möglich, dass er damit dem Pfleger einen Gefallen tun möchte, der Pfleger also gemäß des Zweckes seiner Tätigkeit im Sinne des vorherrschenden medizinischen Leitbildes der Institution erfolgreich war. Die Versorgung mit Nahrung wird hier als eine der primären Aufgaben des Pflegers angesehen. Davon ist auszugehen, wenn es sich beim Kaffee, wie in Altenheimen üblich, um entkoffeinierten Kaffee handelt, es sich in diesem Fall also um eine Flüssigkeitszufuhr und nicht um einen Flüssigkeitsentzug handelt, welcher durch das Koffein im *normalen* Kaffee verursacht wird. Der Pfleger sorgt also dafür, dass Herr Hartz sich in die ihm zugedachte Rolle als Empfänger von Hilfe begibt.

Daraufhin reicht der Pfleger ihm eine volle Tasse. Frau Hartz nimmt ihrem Mann sogleich die Tasse aus der Hand und stellt sie auf den Tisch.

Der Pfleger folgt dem Wunsch des Bewohners, nicht dem der Ehefrau. Er akzeptiert ihre stellvertretende Antwort also nicht, sondern handelt entsprechend der Antwort des Herrn Hartz. Er macht damit deutlich, dass er die autonome Entscheidung des Herrn Hartz akzeptiert und den Bevormundungsversuch durch die Ehefrau zumindest nicht unterstützt. Dabei ist es (für den zu untersuchenden Fall) nebensächlich, ob er dies aus Eigeninteresse, wie oben ausgeführt, tut. Herr Hartz wird als mündige Person behandelt, dies sei hier noch einmal herausgestellt.

Außerdem gibt der Pfleger ihm die Tasse in die Hand. Offensichtlich kann Herr Hartz also eine Tasse Kaffee zumindest halten, ohne ihren Inhalt zu verschütten. Wenn der Pfleger davon ausginge, dass Herr Hartz das nicht könnte, würde er die Tasse wohl auf den Tisch stellen oder seiner Frau geben. Diese Tatsache rückt allerdings die *Flüssigkeitsanreichung* durch Frau Hartz in ein anderes Licht. Es besteht nun durchaus begründet der Verdacht, dass Herr

Hartz selbst trinken kann. In diesem Falle wäre das Verhalten der Frau Hartz ein Akt der Schikane. Sie würde ihm Defizite auferlegen und diese öffentlich machen, obwohl er diese gar nicht hat.

Die Tatsache, dass Frau Hartz die Tasse nicht direkt aus den Händen des Pflegers entgegennimmt, bzw. nicht schon verhindert, dass Herr Hartz sie nimmt, zeigt, dass die Interaktion zwischen dem Pfleger und Herrn Hartz gelungen ist. Der Pfleger hat Herrn Hartz, wie dargestellt, die Autonomie über das Kaffeetrinken zugebilligt, somit kann Frau Hartz in diese Interaktion nicht mehr eingreifen, da nun die Übergabe des Kaffees ein Akt unter Mündigen ist. In dem Moment, wo Herr Hartz allerdings die Tasse in der Hand hat, hat er diese in die Paarbeziehung mit eingebracht, und hier spricht Frau Hartz ihm nun die Mündigkeit wieder ab, indem sie ihm die Tasse aus der Hand nimmt und auf den Tisch stellt.[9]

4.2 Fallstrukturhypothese zum Fall *(Kurzfassung)*

Es ist festzuhalten, dass Herr Hartz durch seine Frau infantilisiert wird. Darüber hinaus bevormundet sie ihn. Zudem sei die kurze Passage erwähnt, in der sie ihn physisch unterdrückt. Alles in allem ist davon auszugehen, dass die Ehe der Eheleute Hartz nicht mehr intakt ist. Dies ist auch bereits durch die räumliche Trennung gegeben (vgl. Trescher, 2013, 173, 182f.).

Im weiteren Verlauf war es nun wichtig, zu prüfen, ob Herr Hartz Verhaltensweisen wie Infantilisierungen und andere Demütigungen, die er hier erfährt, auch durch andere Personen erfährt oder ob dies primär ein Einzelphänomen der Ehe der Eheleute Hartz ist.

4.3 Fallstrukturhypothese zum Heim *(Kurzfassung)*

Im Falle des Pflegers, welcher Herrn Hartz die Tasse Kaffee anbietet, wird deutlich, dass das Personal die Entscheidung des Bewohners zumindest im Einzelfall über die des Angehörigen stellt. Dies deutet darauf hin, dass dem Bewohner, bzw. den Bewohnern, insoweit eine Autonomie zugebilligt wird, als dass ihm, bzw. ihnen, innerhalb des institutionell vorgegebenen Rahmens Entscheidungsfreiheiten gelassen werden, auch wenn diese klein sind.

Das Personal wahrt insoweit die Einheit des Paares der Eheleute Hartz, indem es sich aus den privaten Diskrepanzen von Herrn und Frau Hartz heraushält. So interveniert das Personal auch nicht, als Herr Hartz ob seines Zustandes von seiner Frau gedemütigt wird. Dies ermöglicht zwar auch die Wahrung der Intimität des Paares, das seine Probleme so unter sich ausmacht, dennoch ist das Heim auch ein teilöffentlicher Raum. Hier wird die Problematik deut-

9 Im Original findet sich die Analyse hier: Trescher, 2013, 137ff. Die hier gezogenen Fallstrukturhypothesen sind nicht Teil oben genannter Schrift, zumal es sich bei der Darstellung hier um eine exemplarische Analyse handelt. Im Original ist die Fallstrukturhypothese weiter fortgeschritten.

lich, dass Herr Hartz kein Einzelzimmer, also keinen privaten Rückzugsraum hat, somit kann die Intimität des Herrn Hartz bzw. der Eheleute Hartz gar nicht gewährleistet werden (vgl. Trescher, 2013, 173f.). Es zeigt sich also ein antinomisches Verhältnis zwischen der *Obhut* des Heimes einerseits, welche vorgibt, dass Herrn Hartz aufgrund seiner demenziellen Erkrankung durch das Heim Schutz (auch vor Übergriffen seiner Frau) zusteht, und andererseits der Würdeerhaltung des Herrn Hartz durch die Wahrung des Paares (und dessen Achtung durch das Heim), welches seine Konflikte selbst austrägt.

Zudem ist in diesem Zusammenhang die Wechselwirkung zwischen Frau Hartz (als annehmbaren Vormund des Herrn Hartz) und den Heimstrukturen, welche primär Fürsorgestrukturen für ihn sind, zu reflektieren. Es besteht also ein gewisses Abhängigkeitsverhältnis zwischen Frau Hartz und dem Heim, da Frau Hartz schlussendlich die Kundin des Heims ist.

5 Abschließende Bemerkungen

Schlussendlich kann gesagt werden, dass sich die Methode in ihrer hier dargestellten Anwendungsform bewährt hat. Die Durchführung der Bearbeitung beider Fälle zugleich war im hier angeführten Beispiel kein großes Problem. Sicherlich war hier vorteilhaft, dass die beiden Fälle eng beieinander lagen, d. h. die Heimstrukturen und das Verhalten von Einzelpersonen nicht immer klar voneinander zu trennen sind, insbesondere dann nicht, wenn es sich um Interaktionen des Personals mit den demenziell erkrankten Bewohnern handelt. Weiterhin kontextuiert der Handlungsrahmen Altenheim die Geschehnisse der direkten Kommunikation der auftretenden Akteure untereinander.

In der Beispieluntersuchung liegt die Besonderheit darin, dass obwohl im Generieren der Fallstrukturhypothese zwischen den beiden zu untersuchenden Fällen getrennt werden muss, bei der Sequenzanalyse des Protokolls selbst, zumindest in der Darstellung, *zunächst* nicht zwischen den beiden Fällen unterschieden wird. Dies wäre enorm aufwändig in der Darstellung, außerdem wäre es mitunter redundant, da die beiden Fälle eng miteinander verwoben sind. Eine Trennung der beiden Fälle war erst im Abfassen der erneuten Fallstrukturhypothese möglich. Schlussendlich hat sich dieses Vorgehen bewährt. Dies zeigen die doch detailreich gewonnenen Ergebnisse der hier exemplarisch zitierten Untersuchung (Trescher, 2011; 2013; 2014).

Allgemein gesprochen bietet die Analyse von Beobachtungsprotokollen die Möglichkeit, die oftmals aus forschungsökonomischen Gesichtspunkten stattfindende Segmentierung der Protokolle weitgehend zu umgehen. Dies liegt zum einen am Umfang der zu erhebenden Einheiten (Protokollierungszeit = eine Stunde), also der entstehenden Textmenge. Es entsteht weniger Text als zum Beispiel bei der Verschriftlichung eines vergleichbar langen Interviews. Zum anderen ist die Analyse von beschriebener Lebenswirklichkeit in der Regel *tech-*

nisch einfacher bzw. schneller zu analysieren als zum Beispiel direkte Rede (gerade dann, wenn in irgendeiner Art und Weise auf den Sprecher rückgeschlossen werden soll, wenn dieser also Teil des Falls ist). Andererseits muss hier auch auf mehrere Beobachtungsprotokolle zurückgegriffen werden, zumal diese eben nicht eine so hohe Informationsdichte aufweisen wie die direkte Rede. Im hier vorliegenden Beispiel musste dies allerdings, wie dargelegt, ob des anzunehmenden Zustandes der demenziell erkrankten Menschen ohnehin getan werden.[10] Somit muss schlussendlich gesagt werden, dass die objektiv-hermeneutische Textanalyse, wie auch in anderen Anwendungsbereichen, eine (verhältnismäßig, im Vergleich zu anderen Methoden der qualitativen Sozialforschung) zeitaufwändige Methode ist. An dieser Stelle sei auch erwähnt, dass das hier zwecks der Darstellung gewählte Beispiel ein im Ergebnis relativ ergiebiges Exempel ist. Hinzu kommt hier der hohe Aufwand, der durch die Materialerhebung entsteht. Allerdings konnten auch sehr genaue, methodologisch begründbare Ergebnisse erzielt werden. Die Strukturanalyse, aber auch die Auswertung von Beobachtungsprotokollen mittels Objektiver Hermeneutik sind im Ergebnis sehr ergiebig. Die Auswertung von Beobachtungen sollte, das wurde dargelegt, gut geplant und organisiert sein. Der methodische Nachteil, den die Beobachtungen haben, nämlich den der Protokollierung durch ein verstehendes Subjekt, kann wie ausgeführt durch ein entsprechendes (umfangreiches) Setting näherungsweise ausgeglichen werden. Darin liegt ein bedeutender, weil steuerbarer, Vorteil gegenüber anderen Erhebungsmethoden, der oft verkannt wird. So bietet beispielsweise ein Interview auch immer nur einen subjektiven Zugang auf die Lebenspraxis. Nämlich den subjektiven Zugang der interviewten Person – und wenn das Subjekt der Person nicht Teil des Falls ist, ist der Zugang zur Lebenswirklichkeit auch in diesem Fall ein rein sekundärer. Selbstverständlich besteht auch hier die (theoretische) Möglichkeit, ein Setting zu wählen, welches einen breiteren Zugang ermöglicht (üblicherweise werden mehrere, entlang der Fallstruktur möglichst kontrastive, Interviews geführt). Allerdings ist dies nicht so leicht durchführbar wie durch geschulte Beobachterinnen. Das heißt, dass Beobachtungen als Erhebungsmethoden für die Auswertung mittels Objektiver Hermeneutik keineswegs generell als *zweite Wahl* zu bezeichnen sind. Dies mag auf eine reine Primärbeforschung zutreffen. Sie sind in der sekundären Beforschung, nämlich überall dort, wo keine direkte Beforschung möglich ist, aufgrund der Vorteile in der Planung des Settings und des *Blicks von außen* zu bevorzugen.[11] Darum wurde beispielsweise im hier vorliegenden Beispiel von der Sekundärbefragung von Pflegekräften oder Angehörigen abgesehen.

10 Es sei hier noch einmal erwähnt, dass das Protokoll zunächst als solches zu behandeln ist (wie hier auch geschehen). Nur wenn sich deutliche erkennbare Abweichungen feststellen lassen, ist die Darstellungsweise des Protokolls zu reflektieren.

11 Wobei die Auswahl der Erhebungsmethode von vielen Faktoren abhängt. So muss die Entscheidung nach der Erhebungsmethode insbesondere auch in Abhängigkeit zu Fragestellung, Feldzugang und Machbarkeit getroffen werden.

Literatur

Bechstein, L. (1971). *Deutsches Märchenbuch*. München: Winkler.

Oevermann, U. (1996). Theoretische Skizze einer revidierenden Theorie des professionalisierten Handelns. In: A. Combe & W. Helsper (Hrsg.), *Pädagogische Professionalität. Untersuchungen zum Typus pädagogischen Handelns* (1. Aufl.) (91–172). Frankfurt am Main: Suhrkamp.

Trescher, H. (2011). *Kontexte des Lebens. Lebenssituation demenziell erkrankter Menschen im Heim.* (Anhangsband). Frankfurt am Main.

Trescher, H. (2013). *Kontexte des Lebens. Lebenssituation demenziell erkrankter Menschen im Heim.* Wiesbaden: VS.

Trescher, H. (2014). Demenz als Hospitalisierungseffekt? Demenz als sonderpädagogische Herausforderung! *Behindertenpädagogik.*

Tiefenhermeneutik

Tiefenhermeneutik als Interpretationsmethode psychoanalytischer Sozial- und Kulturforschung

Marian Kratz & Jessica Ruth

1 Einleitung

Mit dem vorliegenden Beitrag wird die Idee verfolgt, wenn auch eine unvollständige, aber dennoch zusammenfassende Darstellung zur Tiefenhermeneutik vorzulegen. Sie soll Anregungspunkte liefern, die Möglichkeiten und Grenzen der Interpretationsmethode im Kontext eigener Arbeiten angemessen beschreiben und reflektieren zu können. Ihre theoretische und methodische Rahmung als Methode psychoanalytischer Sozial- und Kulturforschung ist wissenschaftsgeschichtlich vor dem Hintergrund der Auseinandersetzung zwischen Psychoanalyse und Kritischer Theorie zu betrachten, die vor allem durch die zweite Generation der Frankfurter Schule neue Impulse erhalten hat.

Sie führt die Frage nach dem kritischen und emanzipatorischen Charakter der Psychoanalyse fort, diskutiert ihren Wissenschaftsstatus sowie ihr Verhältnis zur Sozialwissenschaft und -philosophie und formuliert den Erkenntnisgegenstand und -vorgang psychoanalytischer Sozialforschung aus. Zentrale Figur ist vor allem Alfred Lorenzer, der die Psychoanalyse vor diesem Hintergrund als Sprach-, Symbol- und Sozialisationstheorie entworfen und ihre Anwendung auf die Analyse von Texten – außerhalb des analytischen Settings – erprobt und als tiefenhermeneutische Kulturanalyse begründet hat.

2 Erste (Ein-)Blicke in die Methode

Die tiefenhermeneutische Analyse ist eine sozialwissenschaftliche Interpretationsmethode, die sich mit dem *Verstehen des Unbewussten* befasst. Sie unterstellt eine *Doppelbödigkeit* sozialer Handlungen, ein *Wechselspiel bewusster* und *unbewusster Sinnebenen,* die hinter menschlichen Ausdrucksformen wirksam sind. Dieses Wechselspiel, das den Bildungs- und Sozialisationsprozess des Einzelnen von Beginn an kennzeichnet, stellt ein wichtiges Theoriegerüst für die tiefenhermeneutische Analyse dar.

Grundgedanke ist, dass die inneren Szenen (vor- und unbewusste Phantasien, Wünsche und Ängste) in realen Szenen (Interaktionen) sozial hergestellt werden. Sie bilden als subjektive innere Struktur die Voraussetzung dafür, wie äußere Szenen (Ausdrucksformen) verstanden und gestaltet werden, ohne dass sie unmittelbar sprachlich fassbar wären (vgl. Abschnitt 4.1). Das bedeutet, dass die gebildeten inneren Szenen, die die lebensgeschichtlichen Erfahrungen beinhalten, zugleich auch Lebensentwurf sind und damit Modelle für zukünftiges Handeln darstellen (vgl. Lorenzer, 1981; 1983; 1986; Klein, 2004; König, 2001; Würker, 2007).

In Lorenzers Kritischer Theorie der Subjekte, in der er von einer unauflöslichen Verschränkung von Subjektivität und sozialer Ordnung ausgeht, zielt er zum einen zentral darauf ab, den einzelnen Individuierungsprozess zu erklären, und zum anderen darauf, darzulegen, wie das Ziel der psychoanalytischen Erkenntnis erreicht werden kann – das Ziel nämlich, den »Spuren sozialer Ordnung im Individuum« und deren Verarbeitung als »subjektive Niederschläge« nachzugehen (Lorenzer, 2006, 133). Menschliche Interaktion und Beziehungserfahrungen hinterlassen Spuren, die sich in sogenannten Interaktionsformen niederschlagen. Diese Interaktionsformen werden als Resultate gelebter Beziehungen und Erfahrung in jeder menschlichen Interaktion aktiviert und reinszeniert. Zudem gehen die Vertreter der Methode der Tiefenhermeneutik davon aus, dass »[soziale] Verhaltensformeln, innere Muster des zwischenmenschlichen Zusammenspiels und der Auseinandersetzung mit der Realität – Interaktionsformen menschlicher Lebenspraxis –« (Lorenzer, 1981, 171) in Sprache und damit auch in jeglichen Textformen (Texte, Bilder & Filme) zu Tage treten.

Es geht in Psychoanalyse und Kulturanalyse zusammenfassend um das *Verstehen der Doppelbödigkeit* sozialer Handlungsabläufe (König, 2001), um das *Sprachlich-Machen verborgener* und *latenter Inhalte* und um das *Sinnverstehen subjektiver Lebensentwürfe* (vgl. Lorenzer, 1986, 27; König, 2001; Klein, 2004; 2011).

> »Tiefenhermeneutische Interpretation kultureller Objektivationen hat als kritisches sozialwissenschaftliches Verfahren [...] die Ebene der Sprache als ›Zeichensystem‹, als Glasperlenspiel von Bedeutungen, bei denen das Bezeichnete vom System der Bezeichnungen bestimmt wird und ›strukturalistisch‹ allein interessiert, zu überschreiten. Der lebenspraktisch wichtige *latente Sinn* unterhalb der Sprachstruktur soll herausgearbeitet werden.« (Lorenzer, 1981, 171)

Wie dieses Vorgehen methodisch auszuformulieren ist und wie das psychoanalytische Methodeninventar forschungspraktisch anwendbar ist, wird im fünften Abschnitt des Beitrages ausführlicher vorgestellt.

3 Zur Entwicklungsgeschichte der Tiefenhermeneutik

Die Entwicklung der Methode der Tiefenhermeneutik ist im Zusammenhang verschiedener Arbeitsschwerpunkte von Lorenzer zu sehen (vgl. Belgrad, Görlich, König & Schmid Noerr, 1987; König, 1993; Görlich & Walter, 2005; Busch, 2001). Ein Arbeitsschwerpunkt umfasste die Aufklärung einer *naiven* Anwendung der Psychoanalyse auf andere Praxis- und Forschungsfelder (vgl. Lorenzer, 1972; 1974; 1981). Dabei folgte Lorenzer dem Anspruch, eine bruchlose Übertragung von psychoanalytischen Theoriebausteinen zu vermeiden. Soziales Handeln, wie es sich in Texten niederschlägt, sollte nicht unreflektiert unter psychoanalytischen Theoriebausteinen versammelt werden, da dies die Gefahr beinhaltete, den Autor oder Protagonist des Textes voreilig zu pathologisieren. Die Analyse von Texten soll auf eine methodologisch und methodisch aufgeklärte Weise im Sinne des jeweiligen Forschungsfeldes vorgenommen werden (vgl. Lorenzer, 2006, 173; König, 1993, 191f.). Dabei sind die Fragen nach dem Kennzeichen des psychoanalytischen Erkenntnisgegenstandes sowie die Formulierung von Persönlichkeits- und Triebtheorien und die Beschreibung des (frühkindlichen) Bildungs- und Sozialisationsprozesses von zentraler Bedeutung. Zusammengefasst geht es um die Frage, »wie die Welt in den Menschen komme und was dieser daraus und damit mache« (Klein, 2011, 1) (vgl. Kap. 4).

Zudem stellte sich Lorenzer nicht nur der Aufgabe, den Gegenstand der psychoanalytischen Erkenntnis zu beleuchten, sondern auch das psychoanalytische Verfahren und damit die Methode einer umfassenden Reflexion zu unterziehen (vgl. Lorenzer, 1995). Wie ist der Wissenschaftsstatus der Psychoanalyse zu beschreiben? Was kennzeichnet das psychoanalytische Vorgehen – was genau macht der Analytiker eigentlich im therapeutischen Setting? Dabei beschreibt er den Wissenschaftsstatus der Psychoanalyse im Wesentlichen unter den Stichworten Dialog, Sprachspiel und symbolischer Interaktion. In diesem Zusammenhang – und für die Methode der Tiefenhermeneutik ausschlaggebend – entwirft er das Konzept des *szenischen Verstehens* (vgl. Abschnitt 5.1).

Das spezifische Projekt einer tiefenhermeneutischen Kulturanalyse entsteht schließlich aus Lorenzers Unternehmungen, das szenische Verstehen an literarischen Werken zu erproben und dieses Vorgehen explizit von dem bis dahin vorhandenen Vorgehen psychoanalytischer Literaturinterpretationen abzugrenzen (vgl. Lorenzer, 1981; 1986; 2006). Die tiefenhermeneutische Kulturanalyse in der Tradition von Lorenzer und in Weiterführung durch Vertreter dieses Ansatzes stellt sich als sozialwissenschaftliche Methode dar, welche auf analytische, methodologisch reflektierte Weise den narrativen Gehalt von Texten und Filmen untersucht (vgl. König, 2001). Was die gegenwärtige Situation betrifft, ist zu erkennen, dass sich »die *tiefenhermeneutische Kulturanalyse* zunehmend für eine qualitative Erforschung von Lebenswelten und Kulturpraxen [öffnet]« (Klein, 2004, 622) (vgl. Abschnitt 5.2).

4 Erkenntnisgegenstand tiefenhermeneutischer Analysen

Lorenzers Wissenschaftsverständnis der Psychoanalyse ist gekennzeichnet von dem Gedanken, die Zusammengehörigkeit von Naturwissenschaft und Sozialwissenschaft zu betonen. Natur und Sinn sowie Leiblichkeit und Sozialität sind von Beginn an auf antagonistische Weise miteinander verbunden. Für die psychoanalytische Theoriebildung hat dies zur Folge, ihre Konzepte und Begrifflichkeiten vor dem Hintergrund dieses Verständnisses zu betrachten und diese in der genannten Doppelperspektive neu zu bestimmen (vgl. Görlich & Walter, 2005, 130).

Im folgenden Abschnitt werden die Bausteine menschlicher Entwicklung aufgezeigt, um damit die verschiedenen Stufen der Interaktionsformen, die erfahrenen *Szenen des Miteinanders*, die als Grundlage für das Fühlen, Denken und Handeln verstanden werden, vorzustellen. Dazu wird in die zentralen Begrifflichkeiten Lorenzers Symboltheorie eingeführt, da diese eine wichtige Grundlage für das Verständnis psychoanalytischen bzw. szenischen Verstehens von Beziehungs- und Interaktionserfahrungen darstellen (vgl. hierzu Abschnitt 5).

Grundzüge Lorenzers Sozialisationstheorie – Zur Struktur der menschlichen Persönlichkeit

Lorenzers sozialisationstheoretische Perspektive auf kindliches Aufwachsen und auf die Bedeutung früher Beziehungserfahrungen für die Entwicklung der Persönlichkeit betrachtet Entwicklungs- und Reifungsprozesse immer in der genannten Doppelperspektive von Leiblichkeit und Sozialität. Der Sozialisationsprozess des Einzelnen bewegt sich im Spannungsfeld von Individuum und Gesellschaft, von Selbst und Umwelt, von individueller Lebenspraxis und kultureller Ordnung. Lorenzer hat diesen Zusammenhang in seinem Theorieansatz einer materialistischen Sozialisationstheorie konsequent ausformuliert. Demnach beginnt der Sozialisationsprozess nicht erst mit dem Hineingeboren-Werden des Säuglings in das bedeutsame Sozialisationsgefüge Familie, sondern bereits intrauterin stellt sich eine Beziehung zwischen Mutter und Embryo her, die durch zweierlei gekennzeichnet ist: Sie ist die Basis für die Bildung einer einzigartigen Interaktionspraxis, und sie vermittelt bereits intrauterin die sozialkulturell präformierten Verhaltens- und Denkmuster (vgl. Leithäuser & Volmerg, 1988; Lorenzer, 1972).

Bildung leibsymbolischer Interaktionsformen (Unbewusstes/Trieb/Es)

Folgen wir Lorenzer, so entfaltet sich die Bildung der Persönlichkeit von Beginn an als ein *interaktives Wechselspiel* zwischen den eigenen lustvollen und unlustvollen Bedürfnissen und der Bearbeitung und Beantwortung dieser durch die

Umwelt, wobei von entscheidender Bedeutung ist, »daß es zwei Qualitäten dieses Zusammenspiels gibt: befriedigende und unbefriedigend-versagende, beschädigende« (Lorenzer, 1986, 44). Die Grundstruktur der Persönlichkeit ist das Es, das sich im Wechselspiel zwischen Embryo und Mutter ausformt und von Beginn an als geschichtlich und kulturell bestimmt angesehen werden kann. »Eine eingespielte Befriedigungsweise legt die Wiederholung der Interaktion in eben der Form nahe, die sich als erfolgreich bewährt hat. [...] Der Trieb als das Ensemble aller Bestrebungen, Befriedigung zu erlangen, wird so zum Gefüge bestimmter Interaktionsformen« (ebd.).

Der Säugling ist schon als Embryo in ein körperliches Zusammenspiel eingebunden, in dem sich die Spuren des leiblichen Austausches von Befriedung und Nicht-Befriedigung in die innere Natur einschreiben.

> »Das Fundament der Persönlichkeit bilden soziale Erfahrungen, die in einem quasi anthropoiden, nämlich intrauterinen vorsprachlichen Status erworben werden. Vorsprachlich, ja nichtsprachlich insofern, als diese Erfahrungen ein eigenes, von späteren sprachorientierten Phasen abweichendes Sinnsystem bilden. Unbewußt im buchstäblichen Sinn, d. h.: vor jeder bewußten Erfahrung gebildet. Dennoch aber als soziale Erfahrung gewonnen und in bewußten Lebensentwürfen wirksam.« (Lorenzer, 2006, 142f.)

Ausgangspunkt der menschlichen Entwicklung sind damit in erster Linie nicht Sprachsymbole, sondern *bestimmte Interaktionsformen,*[1] die das unbewusste Grundmodell für die späteren Handlungsentwürfe darstellen (vgl. Klein, 2004, 625; König, 1993, 193f.).

Bildung sinn-symbolischer Interaktionsformen (das Vorbewusste)

Auf der nächsten Erfahrungsebene differenzieren sich postnatal die gebildeten Interaktionsformen weiter aus. Durch die primäre Trennung von der Mutter (Hinzutreten der väterlichen Figur) wächst der Erfahrungsraum, in dem das Zusammenspiel zwischen Signalen und Bedürfnissen des einen durch das Wahrnehmen und Beantworten des anderen weiter entfaltet wird, doch verbleiben die »hergestellten Interaktionsformen noch auf der Organisationsebene des Unbewußten« (König, 1993, 194). Dies gilt auch zunächst noch für die zunehmend wachsenden Erfahrungsmöglichkeiten mit der gegenständlichen Welt. Erst wenn die Eigenmächtigkeit im Umgang mit der gegenständlichen Welt wächst, wenn sich der Säugling zunehmend kreativ und aktiv mit den Personen und Gegenständen seiner Umwelt auseinandersetzt, vollzieht sich der Übergang zur nächsten Symbolform. Diese wird als *sinn-symbolische Interaktionsform* beschrieben, die auf die zwei Stufen der Ich-Bildung (vorbewusst und schließlich bewusst) verweist. Sinn-symbolische Interaktionsformen tauchen im kindlichen Spiel auf, in dem es mit den Gegenständen umgeht, ihnen Merkmale (Laute, Geräusche) und Bedeutungen gibt. Dieses Umgehen zeichnet sich schließlich

1 Klein (2004; 2011) verwendet in ihren Arbeiten den Begriff der »leibsymbolischen Interaktionsformen«.

auch zunehmend dadurch aus, dass das Kind Erleben in Szenen darstellt und sich darin die Verarbeitung von Erfahrungen ausdrückt (vgl. König, 1993, 194f.; Klein, 2004, 652). Eines der wohl bekanntesten Fallbeispiele ist das Spiel von Freuds Enkel mit der Garnrolle, der mit dem Fortrollen und Heranziehen dieser das Kommen und Gehen der Mutter im Spiel szenisch ausdrückt (vgl. Lorenzer, 1983, 106). Sinn-symbolische Interaktionsformen »gestalten Übergangsräume (Winnicott, 1974), in denen Innen und Außen, Realität und Phantasie in kreativer, selbstschöpferischer Weise verknüpft werden« (Klein, 2011, 2). Vergegenwärtigt man sich beispielsweise zu Beginn der Sprachentwicklung den individuellen Sprachcode des Kindes, wird augenscheinlich, wie Erleben und Wunsch und die vielfältigen Bedeutungen/Situationen, die damit verbunden sind, oft mit nur einem Wort ausgedrückt werden können (vgl. Klein, 2004, 625). So kann das Wort »Mama« je nach mimischer/gestischer Ausgestaltung, Intonation und Situation Vielfältiges bedeuten.

Bildung sprachsymbolischer Interaktionsformen (das Bewusste)

Mit zunehmendem Fortschreiten der Sprachentwicklung erweitert das Kind seinen Wortschatz, und die Zuordnung der Worte bezüglich ihrer inhaltlichen Bedeutung wird eindeutiger. Auf der Stufe der *sprachsymbolischen Interaktionsformen* wird die zweite Stufe der Ich-Bildung erreicht (vgl. König, 1993; 1995; Lorenzer, 1983). »Probehandeln im Kopf, Reflexion der Lebenspraxis und eine Einbindung in größere Zusammenhänge wird möglich« (Klein, 2004, 625). Allerdings ist mit dem Zuwachs an Fähigkeiten auch wiederum eine Beschränkung auszumachen: Erleben und Verhalten stehen unabhängig vom Alter in einem Spannungsverhältnis zwischen individuellen Impulsen und Bedürfnissen und den mit Sprache verbundenen Praxisanweisungen der kulturellen Ordnung. Die Persönlichkeitsstruktur bzw. die gebildete Lebenspraxis ist daher das Resultat der Bearbeitung dieser Grundkonfliktbegebenheiten: zum einen zwischen den Interaktionsformen, zum anderen zwischen Individuum und Gesellschaft. Ist die Differenz zwischen den beiden Systemen zu groß, kommt es zu *unbefriedigenden* Konfliktlösungen, die sich als *Desymbolisierungen* niederschlagen.

> »Die Systematisierung der Verhaltenspräsenz im Sprachsystem schenkt uns gerade durch die Distanz von der Situationsgebundenheit die Möglichkeit von Planung und Reflexion. Sie reglementiert aber auch das Verhalten. Genauer, sie macht schon die Verhaltensentwürfe kontrollierbar, wobei die schärfste Form von Kontrolle darin besteht, die Entwürfe, die Erinnerungsspuren sozial anstößigen Handelns zu verdrängen, das heißt, ihnen den Zugang zum Sprachspiel, zum Probehandeln auszuschneiden. Die anstößigen Praxisformeln werden dann desymbolisiert.« (Lorenzer, 1983, 108)

Nichterwünschte und verpönte Wünsche, Bedürfnisse und Impulse werden aus der Sprache ausgeschlossen, bleiben unbewusst allerdings virulent und werden in Beziehung mit anderen Personen (als Stellvertreter früherer Interaktionspartner) aktualisiert und reinszeniert (vgl. Klein, 2004; 2011; Lorenzer, 1983). Der Theorie- und Interpretationsansatz der Tiefenhermeneutik schließt an diese Überlegungen an. Spielt die Analyse und Bearbeitung der szenischen Symbolisierung von Interaktionsformen, wie sie sich im analytischen Setting in der Beziehung zum Analytiker zeigen, eine zentrale Rolle, verfolgt die tiefenhermeneutische Interpretation die Entschlüsselung dieser Symbolformen im Text.

5 Die tiefenhermeneutische Analyse – Verfahrensweise und ihre Anwendung

Aus Lorenzers Versuch einer Metatheorie der Psychoanalyse (1974; 1986; 1995), dem Versuch einer Selbsterklärung der psychoanalytischen Praxis, wie wir sie bereits dargestellt haben, entspringt sein Konzept einer »anwendbaren Psychoanalyse« (1986, 20) über die Analytiker-Patienten-Beziehung hinaus (vgl. Abschnitte 3 und 4). Dabei überarbeitet und definiert Lorenzer das Instrument des »szenischen Verstehens« (Lorenzer, 1995, 138ff.) als hermeneutischen Zugang zur inneren Erlebniswelt des Subjekts.

Bei der tiefenhermeneutischen Analyse geht es »um Sinn-Verstehen und Sinn-Begreifen, nicht um Erklären« (Lorenzer, 1986, 61). Die Interpretation bezieht sich auf das Verstehen der leibsymbolischen, sinn-symbolischen und sprachsymbolischen Interaktionsformen, wie sie sich sowohl in *natürlichen Texten* (wie Interviews, Gruppendiskussionen, Beobachtungsprotokollen und Videoaufnahmen) als auch in *künstlichen Texten* (Literatur, Film und anderen Kunstwerken) darstellen (vgl. König, 1993; 2001; Klein, 2004; 2011). Im Wesentlichen zeichnet sich ihr verstehender Zugang durch ein spezifisches Verständnis der Leser-Text-Beziehung aus, das nach der Wirkung des Textes auf den Leser fragt (vgl. Lorenzer, 1986, 62f.; 2006, 174f.). Es geht um die Analyse des widerspruchsvollen Verhältnisses von manifestem und latentem Sinn (Doppelbödigkeit), also darum, was der Text offenkundig mit dem Leser macht und was dabei »verschwiegenermaßen« (Lorenzer, 2006, 175) im Text enthalten ist. Klein sieht das methodische Vorgehen der Tiefenhermeneutik daher mit dem Begriff der *Wirkungsanalyse* am deutlichsten charakterisiert (vgl. Klein, 2004, 627).

Die manifeste Ebene bildet dabei das sprachlich Fassbare, die sozialen und anerkannten Verhaltensregeln und Vorstellungen. Die latente Ebene berührt hingegen das aus der Sprache ausgeschlossene, die verpönte, verdrängte und anstößige Schicht der Subjekte.

> »Dazwischen, hin- und hergerissen, mal nach der einen und mal nach der anderen Seite strebend, liegen die sinn-symbolischen Interaktionsformen [...]. In Texten können wir sie in Wortbildern, Metaphern, Sprichwörtern, in szenisch arrangierten Anekdoten in bestimmten Arten des Witzes finden, aber auch in den hervorgerufenen Vorstellungsbildern bei den Lesenden.« (ebd.)

5.1 Zum Konzept des szenischen Verstehens

Für den hermeneutischen Zugang zu den latenten Ebenen menschlicher Ausdrucksformen unterscheidet Lorenzer drei Ebenen des Verstehens: das logische, das psychologische und das szenische Verstehen.

In der therapeutischen Beziehung erfasst der Analytiker die offensichtlichen Erzählungen des Patienten mithilfe des logischen Verstehens. Dadurch werden überindividuelle Sprachsymbole (Worte) erfasst. Über das psychologische Verstehen werden die Erzählungen des Patienten als adressierte Mitteilungen verstanden. Die Sprachsymbole werden auf Kontexte und Beziehungen bezogen und bekommen Bedeutung. Das szenische Verstehen geht nun der Frage nach dem Sinn dieser Mitteilungen und deren Wirkung auf das eigene Erleben nach. Es fragt »warum die Mitteilung so und nicht anders geäußert wurde und verfolgt das Ziel, auch unbewusste Dimensionen der biografischen Erzählung zu erschließen« (Morgenroth, 2010, 55). Es geht beim szenischen Verstehen also um die Art und Weise der Mitteilung und die Frage nach deren zugrunde liegendem Motiv bzw. Sinn.

Die Aufgabe eines deutenden Forschers, der mit dem Konzept des szenischen Verstehens arbeitet, liegt nun darin, »sich im Rahmen einer Dynamik von Beteiligung und Distanz auf das Übertragungsangebot eines Textes (Bildes oder Filmes) einzulassen« (Gerner, 2011, 99). Es geht um ein Erschließen tieferer Sinnebenen, um ein Verstehen der *inneren Szenen* (vgl. Abschnitt 4.1). Das Verstehen innerer Szenen »ist gleichbedeutend mit der Fähigkeit, die Beziehungssituation der Subjekte zu ihren Objekten und die Interaktionen der Subjekte zu verstehen« (Lorenzer, 1995, 141). Während in der psychoanalytischen Praxis Erzählungen des Patienten gesammelt werden, dabei die zu grundlegende Szene gesucht wird, bis sich ein Evidenzerleben einstellt, ist es in der Forschung ein hermeneutischer Zirkel, eine Sammlung von Lesarten und sich erweiternder Textverständnisse, die einen Zugang zu den latenten Sinnebenen von Texten, Bildern und Filmen ermöglichen. Findet sich eine Szene, die mehreren ähnlichen Situationen als Motiv sinngebend zur Verfügung steht, erhält sie die Qualität der Prägnanz (vgl. ebd., 162). Im Sinne qualitativer Forschung erhält dieses prägnante Motiv solange den Anspruch eines dem Verstehen zuträglichen, bis daran möglicherweise neue Lesarten entfaltet werden können oder sich die Interpretation widerlegen lässt. Wie dieses Vorgehen in der praktischen Anwendung aussehen kann, wird im folgenden Abschnitt in Form eines Methodenmanuals beschrieben.

5.2 Das psychoanalytische Methodeninventar und dessen praktische Anwendung: Ein Manual zur Tiefenhermeneutik

Bevor wir die wichtigsten Arbeitsschritte einer tiefenhermeneutischen Gruppeninterpretation darstellen, werden zentrale Begriffe dieses Vorgehens erläutert:

Übertragung-Gegenübertragung: Unter dem Begriff der Übertragung werden allgemein die Aktualisierungen und Reinszenierungen früher Beziehungserfahrungen des Analysanden an der Person des Analytikers verstanden. Als Gegenübertragung können die »unbewusste Reaktionen des Analytikers auf die Person des Analysanden und ganz besonders auf dessen Übertragungen« (Laplanche & Pontalis, 1977, 164) begriffen werden. Im Zusammenwirken dieser beiden Dynamiken entsteht die szenische Struktur des Beziehungsgefüges, die der Analytiker versucht dem Patienten zugänglich zu machen. Auch bei der Interpretation von Texten spielen diese Prozesse eine bedeutsame Rolle. »Auch hier gilt es, die eigene *szenische Teilnahme* am Text zu erfassen, um darüber verborgene, unbewusste Entwürfe aufzudecken und dem Kollektiv zugänglich zu machen« (Klein, 2004, 628).

Freie Assoziation: Der Begriff der freien Assoziation beschreibt eine Methode, bei der ohne Aussonderung, Zensur und bewusstes Nachdenken alles gesagt wird, was dem Analysanden in den Sinn kommt. Der kulturelle Zwang der Angemessenheit wird hierbei übersprungen (vgl. auch Laplanche & Pontalis, 1977).

Irritation: Der Begriff Irritation hebt darauf ab, dass bestimmte Interaktionsszenen befremden, »weil sie Lesarten widersprechen, die sich im Zuge eines routinisierten Textverstehens aufdrängen« (König, 2000, 563).

Affekte: Das Wahrnehmen und Ausdrücken von Affekten eröffnet den Weg für die Formulierung von Gegenübertragungsgefühlen. Die Wirkung des Textes kann in Worte gefasst werden. Zu fragen ist: »Mit welchen Gefühlen, auch Körperempfindungen, Phantasien, Gedanken und Handlungsimpulsen reagieren wir auf das zu interpretierende Material?« (Klein, 2005, 629).

Arbeitsschritte der tiefenhermeneutischen Gruppeninterpretation – Das Methodenmanual

Alle folgenden Ausführungen orientieren sich im Wesentlichen an den Anwendungsvorschlägen Königs (2000, 562ff.), die eng mit der Kontroverse zwischen Lorenzers Tiefenhermeneutik und Oevermanns Objektiver Hermeneutik (vgl. Trescher i. d. B.) verbunden sind und sich mit der Tragfähigkeit des Konzepts des szenischen Verstehens befassen. Sie sind um eigene Spezifizierungen der Autoren ergänzt, wobei dem Anliegen dieses Bandes Rechnung getragen wird, eine möglichst detaillierte und anwendungsfreundliche Methode der Tiefenhermeneutik zu vermitteln. Weitere lohnenswerte Anwendungsvorschläge finden sich bei Trunkenpolz, Datler, Funder & Hover-Reisner (2009, 330–351).

- Regel 1: Der Text wird als Drama verstanden, wobei *Drama* als Oberbegriff für Texte mit verteilten Rollen steht. Der Text wird so lebhaft gelesen, dass bei den Interpreten Bilder und Szenen entstehen können.
- Regel 2: Diese inneren Bilder und Szenen üben Wirkung auf das Erleben der Interpreten aus. Dieses innere Erleben, die unbewussten und daher nicht kontrollierbaren psychischen Reaktionen, die durch das Übertragungsangebot des Textes auf den psychischen Apparat der Interpreten wirken, stellen den Zugang zu den latenten Sinnebenen her.

- Regel 3: Das affektive Verstehen (das unbewusste Reagieren auf das unbewusst Mitgeteilte) wird dadurch nutzbar gemacht, indem den Regeln der *gleichschwebenden Aufmerksamkeit* und der *freien Assoziation* entsprochen wird. Dadurch kann der unbewussten Sinnebene, in noch verschlüsselter Form, Gehör verliehen werden.
- Regel 4: Was frei assoziiert wird, wird zum Fokus des Interesses erhoben, und das dort irritierende als Einstiegsluke zu den latenten Bedeutungen und Sinngebilden genutzt.
- Regel 5: Es wird in der Gruppe interpretiert. Diese soll nicht intellektuell, sondern affektiv erlebend und verstehend auf den Text reagieren. Da Affekte individuell eingefärbt sind, entstehen verschiedene Lesarten, die sich sowohl decken als auch konkurrieren können. Der Umgang mit den Textszenen, den Lesarten und deren Handhabung/Wirkung innerhalb der Gruppe werden dokumentiert und als eigene Erkenntnisquelle verstanden.
- Regel 6: Während sich in der analytisch-therapeutischen Praxis der Patient unter der verstehenden Mithilfe des Therapeuten verändert, ist es bei der Tiefenhermeneutik der Interpret, der sich am widerständigen Text entwickelt und sein Verständnis über den Textinhalt entfaltet. Der Text an sich ist unveränderbar. In Forschungstagebüchern oder Diskussionsprotokollen werden alle Einfälle, Eindrücke, Ideen und Phantasien konserviert.
- Regel 7: Die aus der subjektiven Erfahrung mit dem Text entstandenen Lesarten werden mit anderen, ähnlichen in Verbindung gebracht.[2] Diese werden solange auf ihre Verbindung hin untersucht und miteinander verglichen, »bis sie sich zu einer, das Ganze erhellenden szenischen Konfiguration zusammenfügen« (König, 2000, 565). In Anlehnung an Devereux' Formulierung des Evidenzerlebens in der therapeutischen Praxis (vgl. Lorenzer, 1995, 155) lässt sich dieses »Ganze Erhellende« in der Tiefenhermeneutik auch als gruppenübergreifendes Evidenzerlebnis beschreiben.
- Regel 8: Der bis hierhin beschriebene Interpretationsprozess kann als »erstes Feld eines hermeneutischen Verstehensprozesses« (König, 2000, 565) zusammengefasst werden.
- Regeln 9: Das zweite Feld stellt das theoretische Begreifen der Fallrekonstruktion (des ersten Feldes) dar. Das Neue, was nicht manifest erschlossen ist, wird typisiert und auf einen angemessenen Begriff gebracht.
- Regel 10: Die abschließende Verschriftlichung stellt das dritte hermeneutische Feld der tiefenhermeneutischen Interpretation dar. Aus den Aufzeichnungen der Lesartkonstruktion und Diskussion wird ein Text produziert, der den Leser von der Interpretation des Textes zu überzeugen versucht und den Forschungsprozess selbstkritisch reflektiert.

2 An dieser Stelle sei an die Parallelität zum therapeutischen Vorgehen erinnert, bei dem es die drei Situationen: die aktuelle, die infantile und die Übertragungssituation sind, die auf ihren Zusammenhang, ihr Einheitliches untersucht werden (vgl. Lorenzer, 1995, 141).

6 Kritische Würdigung

Wir haben die Tiefenhermeneutik als Sprach-, Symbol- und Sozialisationstheorie bis hierhin zusammenfassend dargestellt. Dabei ist der Leser auf die Potenziale und die Grenzen der Methode für eigene Forschungsarbeiten aufmerksam gemacht worden. Im Sinne einer selbstkritischen Reflektion des Geschriebenen wird an dieser Stelle die Bedeutung der Gruppe, als unabdingbarer Anwendungsrahmen der Methode, abschließend diskutiert.

Da die Tiefenhermeneutik als Wirkungsanalyse auf das Wahrnehmen und Verstehen von Affekten zielt und dabei das Subjektive des Forschenden im Fokus steht, kann die Methode nicht in Einzelanwendung genutzt werden. Ist es in der psychoanalytischen Praxis der Analytiker, der das szenische Verstehen ohne Gruppe anwenden kann, so ist dessen Lehranalyse im Rahmen der psychoanalytischen Ausbildung als Pendant zur Gruppe zu verstehen.

Im Sinne einer subjektiven Entzerrung und einer möglichst vielfältigen Perspektivensammlung in Forschungsarbeiten stellt sich die Gruppe als bedeutsames Forschungs- und Kontrollinstrument dar. Mit ihrer Hilfe können Lesarten ergänzt, erweitert und unter Bezugnahme des Textangebotes korrigiert werden. Dadurch sollen die Deutungsmöglichkeiten von Szenen erweitert und die Distanz zwischen dem Horizont des inszenierenden Subjektes und dem Horizont der Deutenden verringert werden. Da die Verringerung dieser Distanz sehr zeitintensiv und nicht linear und bruchlos erfolgen kann, bedeutet dies forschungspraktisch, dass eine verlässliche Gruppe gefunden werden muss, die sich über einen längeren Zeitraum und mit der Bereitschaft zum Changieren zwischen Selbstreflexion und Fremdverstehen anbieten kann. Gut eignen sich daher Forschungsgruppen (z. B. Kolloquien oder Arbeitsgruppen), in denen die Verlässlichkeit eines Gruppenrahmens reziproken Nutzen bringt.

Erfahrungsgemäß ist es bei der Bildung geeigneter Gruppen wichtig, einen geschützten, von gegenseitiger Wertschätzung geprägten Raum zu schaffen, in welchem die Regeln der *freien Assoziation* und der *gleichschwebenden Aufmerksamkeit* anwendbar werden.

Abschließend kann bilanziert werden, dass die Methode der Tiefenhermeneutik aufgrund ihres emotionalen, mentalen und zeitlichen Aufwandes vor allem für vertiefende Einzelfallbetrachtungen geeignet ist. Zur forschungspraktischen Anwendung und zum Einblick in Forschungsarbeiten, bei denen die Methode praxisbezogen angewandt wurde, empfehlen sich weiterführend die Beiträge von Kratz & Ruth i. d. B. sowie die Forschungsarbeiten von und um Wilfried Datler insgesamt. Eine kommentierte Bibliografie deutschsprachiger Veröffentlichungen findet sich bei Diem-Wille und Turner (2009, 233–253).

Literatur

Belgrad, J., Görlich, B., König, H.-D. & Schmid Noerr, G. (Hrsg.) (1987). *Zur Idee einer psychoanalytischen Sozialforschung. Dimensionen des szenischen Verstehens*. Frankfurt am Main: Fischer.

Buchholz, M. B. & Gödde, G. (Hrsg.) (2005). *Das Unbewusste in den aktuellen Diskursen. Anschlüsse Band II*. Gießen: Psychosozial.

Busch, H.-J. (2001). Die Anwendung der Psychoanalytischen Methode in der Sozialforschung Teil 1 »Psychoanalytisch orientierte Sozialforschung als Interpretation kultureller Objektivationen. *Psychoanalyse – Texte zur Sozialforschung, 8*, 21–37.

Busch, H.-J., Leuzinger-Bohleber, M. & Prokop, U. (Hrsg.) (2003). *Sprache, Sinn und Unbewußtes. Zum 80. Geburtstag von Alfred Lorenzer*. Tübingen: edition diskord.

Diem-Wille, G. & Turner, A. (Hrsg.) (2009). *Ein-Blicke in die Tiefe. Die Methode der psychoanalytischen Säuglingsbeobachtung und ihre Anwendungen*. Stuttgart: Klett-Cotta.

Gerner, S. (2011). *Trennung und Transformation. Biografische Bildungs- und familiäre Wandlungsprozesse im Kontext von Migration, Scheidung und Adoleszenz*. Marburg: Tectum.

Glaser, E., Klika, D. & Prengel, A. (Hrsg.) (2004). *Handbuch Gender und Erziehungswissenschaft*. Bad Heilbronn/Obb.: Julius Klinkhardt.

Görlich, B. & Walter, R. (2005). Das Unbewusste in der Perspektive der Kritischen Theorie: Horkheimer, Adorno, Lorenzer. In: M. B. Buchholz & G. Gödde (Hrsg.), *Das Unbewusste in den aktuellen Diskursen, Band II* (117–136). Gießen: Psychosozial.

Jung, T. & Müller-Doom, S. (Hrsg.) (1993). *»Wirklichkeit« im Deutungsprozess. Verstehen und Methoden in den Kultur- und Sozialwissenschaften*. Frankfurt am Main: Suhrkamp.

Klein, R. (2004). Tiefenhermeneutische Zugänge. In: E. Glaser, D. Klika & A. Prengel (Hrsg.), *Handbuch Gender und Erziehungswissenschaft* (622–635). Bad Heilbronn/Obb.: Julius Klinkhardt.

Klein, R. (2011). Tiefenhermeneutische Analyse. (http://www.fallarchiv.uni-kassel.de/wp-content/uploads/2011/06/klein_tiefenhermeneutik.pdf), Zugriff am 12.10.2012.

König, H.-D. (1993). Die Methode der tiefenhermeneutischen Kultursoziologie. In: T. Jung. & S. Müller-Doom (Hrsg.), *»Wirklichkeit« im Deutungsprozess. Verstehen und Methoden in den Kultur- und Sozialwissenschaften* (190–222). Frankfurt am Main: Suhrkamp.

König, H.-D. (2000). Tiefenhermeneutik. In: U. Flick, E. von Kardorff & I. Steinke (Hrsg.), *Qualitative Forschung. Ein Handbuch* (556–569). Reinbek bei Hamburg: Rowohlt.

König, H.-D. (2001). Ein Neonazi in Auschwitz. Psychoanalytische Rekonstruktion exemplarischer Szenen aus einem Dokumentarfilm über Rechtsextremismus. *Forum qualitative Sozialforschung/Qualitative Social Research*, Vol. 2, Nr. 3. (http://nbn-resolving.de/urn:nbn:de:0114-fqs0103109), Zugriff am 12.10.2012.

König, H.-D. (2011). Liebe, Tod und Hass. Eine tiefenhermeneutische Rekonstruktion des Films Kirschblüten von Doris Dörrie. *Psychosozial, 126*, 93–124.

Laplanche, J. & Pontalis, J. B. (Hrsg.) (1977). *Das Vokabular der Psychoanalyse* (3., überarb. Aufl.). Frankfurt am Main: Suhrkamp.

Leithäuser, T. & Volmerg, B. (1988). *Psychoanalyse in der Sozialforschung. Eine Einführung*. Opladen: Westdeutscher-Verlag.

Lorenzer, A. (1972). *Zur Begründung einer materialistischen Sozialisationstheorie*. Frankfurt am Main: Suhrkamp.

Lorenzer, A. (1974). *Die Wahrheit der psychoanalytischen Erkenntnis. Ein historisch-materialistischer Entwurf*. Frankfurt am Main: Suhrkamp.

Lorenzer, A. (1981). Möglichkeit qualitativer Inhaltsanalyse: Tiefenhermeneutische Interpretation zwischen Ideologiekritik und Psychoanalyse. *Das Argument. Zeitschrift für Philosophie und Sozialwissenschaften, 23*, 170–196.

Lorenzer, A. (1983). Sprache, Lebenspraxis und szenisches Verstehen in der psychoanalytischen Therapie. *Psyche*, *37*, 2, 97–115.

Lorenzer, A. (1986). Tiefenhermeneutische Kulturanalyse. In: H.-D. König & A. Lorenzer (Hrsg.), *Kulturanalysen. Psychoanalytische Studien zur Kultur* (11–98). Frankfurt am Main: Fischer.

Lorenzer, A. (1995). *Sprachzerstörung und Rekonstruktion* (4. Aufl.). Frankfurt am Main: Suhrkamp.

Lorenzer, A. (2006). Die Geschichtlichkeit menschlicher Lebensentwürfe. In: U. Prokop & B. Görlich (Hrsg.), *Szenisches Verstehen. Zur Erkenntnis des Unbewußten/von Alfred Lorenzer. Kulturanalyse Band I* (131–148). Marburg: Tectum.

Morgenroth, C. (2010). *Die Dritte Chance. Therapie und Gesundung von jugendlichen Drogenabhängigen.* Wiesbaden: VS Verlag für Sozialwissenschaften.

Prokop, U. & Görlich, B. (Hrsg.) (2006). *Szenisches Verstehen. Zur Erkenntnis des Unbewußten/von Alfred Lorenzer. Kulturanalyse Band I.* Marburg: Tectum.

Trunkenpolz, K., Datler, W., Funder, A. & Hover-Reisner, N. (2009). Von der Infant Observation zur Altersforschung: Die psychoanalytische Methode des Beobachtens nach dem Tavistock-Konzept im Kontext von Forschung. *Zeitschrift für Individualpsychologie, 3,* 330–351.

Würker, A. (2007). *Lehrerbildung und Szenisches Verstehen. Professionalisierung durch psychoanalytisch orientierte Selbstreflexion.* Hohengehren: Schneider.

Tiefenhermeneutische Analyse kindlicher Erzählungen

Jessica Ruth

1 Einleitung

Die Darlegung eines Verfahrensweges zur tiefenhermeneutischen Analyse kindlicher Erzählungen ist Ziel des vorliegenden Beitrages. Die Erzählungen sind durch die Konfrontation der Kinder mit dem projektiven Erzählverfahren mit Bärenbildern entstanden, das im Erhebungsbeitrag vorgestellt wurde (vgl. Beitrag zum projektiven Erzählverfahren i. d. B.). Für das Datenmaterial, das für die Interpretation herangezogen wird, ist daher spezifisch, dass es sich um kindliche Narrationen über eine fiktive Bärenfamilie handelt, welche die Kinder vor dem Hintergrund ihrer eigenen familiären und sozialen Beziehungserfahrungen entwerfen. Die besondere Erhebungsform sowie der spezifische Interpretationsgegenstand, der sich zum einen auf die manifesten und latenten Beziehungsthemen und -konzepte bezieht, welche die Kinder in den Geschichten präsentieren, und damit zum anderen auch nach den realen Kindern fragt, verlangt nach Veränderungen im Interpretationsvorgehen. Über das Erkennen, Entschlüsseln und schließlich das Verstehen der lebensgeschichtlich relevanten Szenen wird der Weg eingeschlagen, diese auf der Basis spezifischer theoretischer Vorannahmen zu reflektieren, um einen Weg zum Verständnis ihrer triangulären Beziehungs- und Erlebniswelt zu erhalten. Es gilt die Tiefenhermeneutik als Forschungsinstrument zu umreißen (Abschnitt 2), um damit auf methodische Anpassungen im Sinne des Forschungsgegenstandes einzugehen und die daraus abgeleiteten Schritte und Interpretationsregeln (Abschnitt 3) vorzustellen. Daran anschließend wird der Interpretationsprozess exemplarisch an der Analyse einer Bärengeschichte (Abschnitt 4) dargestellt, um die spezielle tiefenhermeneutische Interpretationspraxis phantasierter kindlicher Erzählungen ausweisen zu können.

2 Tiefenhermeneutik als Forschungsmethode

Die Tiefenhermeneutik als sozialwissenschaftliche Forschungsmethode ist Thema des nachfolgenden Abschnittes. Ausgehend von dem grundsätzlichen Gedanken der Tiefenhermeneutischen Kulturanalyse werden unterschiedliche Perspektiven auf ihr Eigentümliches und ihr Spezifisches (Abschnitte 2.1 und 2.2) zur Diskussion gestellt und die allgemeinen Merkmale des tiefenhermeneutischen Interpretationsprozesses herausgearbeitet.

2.1 Grundsätzliche Gedanken zur Tiefenhermeneutischen Kulturanalyse

Die bedeutenden theoretischen und methodischen Arbeiten zur Tiefenhermeneutik, wie sie vor allem durch Lorenzer (1986) repräsentiert sind, wurden bereits zusammenfassend im einführenden Beitrag (siehe Kratz & Ruth i. d. B.) thematisiert. Dabei ging Lorenzer von einem Wissenschaftsverständnis der »Psychoanalyse als eine interpretative Wissenschaft [aus], deren Gegenstand Erlebnisfiguren bilden, die in ihrer sozialen, lebensgeschichtlichen und ›geschichtlichen Fülle‹ ins Blickfeld geraten (Lorenzer, 1977)« (Straub, 1999, 281). Als »Analyseinstrument für ästhetische Produktionen aus Literatur, Film und Kunst« (Klein, 2004, 622) startete Lorenzer das Projekt der Entwicklung Tiefenhermeneutischer Kulturanalysen.[1] Demzufolge ist darin ein charakteristisches Merkmal, aber auch eine Differenz zu anderen psychoanalytischen Interpretationsverfahren zu benennen. Die Tiefenhermeneutische Kulturanalyse im Sinne von Lorenzer widmet sich »kulturellen und sozialen Phänomenen, aber sie tut dies auf dem Wege einer ›indirekten‹ Sozialforschung, die mit bereits vorher fertigen Texten und nicht deren Erzeugern umgeht« (Busch, 2001, 204).[2] Daraus lässt sich ein zweites Kennzeichen dieser Methode ableiten. Anders als Verfahren, die ihren Interpretationsgegenstand im Forschungsprozess erzeugen – in dem in der Regel über die direkte Beziehung zwischen Beforschten und Forscherinnen ein Text hergestellt wird –, widmet sich die Tiefenhermeneutische Kulturanalyse bereits fertigen Texten. Die Interpretation kindlicher Erzählungen dagegen geschieht entlang produzierter und schließlich transkribierter Texte, wie sie in der spezifisch geregelten Forschungssituation heraus entstanden sind (vgl. Ruth i. d. B., Abschnitt 6). Neben der Tiefenhermeneutischen Kulturanalyse gehören beispielsweise zu den psychoanalytisch orientierten Methoden das *Gruppendiskussionsverfahren*, das *szenische Interview*, das *Züricher Modell* oder das Vorgehen der *Ethnopsychoanalyse* (vgl. Busch, 2001). Allen Verfahren ist gemein, dass sie sowohl das Erhebungs- als auch das Auswertungsvorgehen explizit ausweisen und den jeweiligen Stellenwert der einzelnen Instrumente innerhalb der Gesamtkonzeption klären.[3]

1 Einen Überblick über die Forschungsarbeiten in diesem Bereich gibt Klein im zitierten Aufsatz (2004, 623f.).

2 König (1993) trifft die Unterscheidung, indem er von natürlichen Texten (Transkriptionen oder Protokolle), die aus verschiedenen Erhebungssettings heraus entstanden sein können, und von künstlichen Protokollen (literarischer Text, Film und andere Kunstwerke) spricht.

3 Dies kann im vorliegenden Fall nur über Verweise zum Beitrag über das projektive Erzählverfahren geschehen. Eine ausführliche Darstellung zur Klärung ihres Verhältnisses in Bezug auf die gesamte methodische Konzeption kann an dieser Stelle nicht erfolgen.

Die Darstellung und Beurteilung genannter Methoden fällt je nach wissenschaftsmethodischem Standpunkt verschieden aus. So nimmt beispielsweise Busch (2001) die kritische Würdigung der Verfahren hinsichtlich der Frage vor, inwiefern sie dem Projekt einer psychoanalytisch orientierten Sozialforschung gerecht werden können.[4] Unabhängig davon ist es möglich, die genannten Verfahren bezüglich ihres Anliegens und Vorgehens zu ordnen oder zu systematisieren. Dies könnte man erstens entlang der getroffenen Unterscheidung einer »direkten« bzw. »indirekten« Forschung tun. Zweitens wäre es möglich zu fragen, inwiefern sie sich eher auf Forschung im klinisch-therapeutischen Bereich oder auf außerklinische Fragestellungen beziehen bzw. sich einem psychosozialen Ansatz verpflichtet sehen, der sich stärker an den psychoanalytischen Grundmaximen des Heilens und Forschens orientiert. Ein dritter Weg, sich mit den vorliegenden verschiedenen Verfahren psychoanalytischer Verstehenspraxis auseinanderzusetzen, ist, sich diesen über den jeweiligen Forschungskontext bzw. ihren jeweiligen Erkenntnisgegenstand zu nähern: Geht es um die Erschließung sozialer und kultureller Phänomene, wie sie in natürlichen[5] als auch künstlichen Texten zur Sprache kommen, oder um das Verstehen einer subjektiven Struktur und das Aufschlüsseln latenter und manifester Sinnstrukturen der Lebenspraxis einer realen Person. Ist mit dieser künstlichen Trennung ein zulässiges Unterscheidungskriterium getroffen?

> »Identität wie Kultur sind nach diesem Modell ein Symbolsystem, das in dialektischer Auseinandersetzung des Einzelnen mit dem Kollektiv zu begreifen ist. Die Spannung dazwischen [...] macht den Motor der Persönlichkeits- und Kulturentwicklung aus und ist demzufolge auch verantwortlich für (Selbst-)Bildungsprozesse und Transformationen sozialer Ordnung.« (Klein, 2010, 267)

Auch wenn aus theoretischer Perspektive die eben genannte Unterscheidung ein wenig sperrig wirkt, erachte ich sie dennoch als für die hier zu zeigende praktische Anwendung tiefenhermeneutischer Analysen zu bedenken.

Klein (2004; 2010) zeigt zusammenfassend auf, dass sich die Anwendung der Tiefenhermeneutik in der Analyse von Lebenswelten und Kulturpraxen geöffnet, sich in pädagogischen und methodisch-didaktischen Forschungskontexten, in mediensoziologischen Themengebieten, in sozial- und gruppenpädagogischen Diskussionen sowie in biografie- und kulturanalytischen Forschungsfeldern etabliert

4 Die theoretische und methodische Abgrenzung zwischen Tiefenhermeneutischer Kulturanalyse und psychoanalytisch orientierter Sozialforschung wird nicht von allen Vertretern geteilt (vgl. Straub, 1999, 288). Busch (2001), der diese Trennung favorisiert, sieht das Vorhaben einer psychoanalytisch orientierten Sozialforschung realisiert, wenn das Austarieren zwischen sozialwissenschaftlicher und psychoanalytischer Professionalisierung praktisch gelingt (vgl. ebd., 210).

5 Klein (2010) spricht in diesem Fall von »ko-konstruktiven Interaktionsprodukten«. Damit kennzeichnet sie diese als Forschungsmaterialien einer direkten qualitativen Sozialforschung, die sich aus der Interaktions- und Beziehungspraxis der an der Forschungssituation Beteiligten ergeben (vgl. ebd., 270). Die besondere Berücksichtigung der »Forschungssituation als Ort einer gemeinsamen Praxis und Beziehung von Forscher und Teilnehmern, in der die Lebensentwürfe der Beteiligten ausgehandelt werden«, ist ein tragendes Merkmal ethnopsychoanalytischer Herangehensweisen (Kerschgens, 2007, 243).

habe und aktuell mehr Aufmerksamkeit erlange (vgl. Klein, 2010, 204). Das hier exemplarisch aufgezeigte Forschungsanliegen liegt im Bereich erziehungswissenschaftlich-pädagogischer Lern- und psychoanalytischer Entwicklungsforschung. Es verfolgt das Ziel der Analyse manifester Beziehungsthemen von Kindern sowie ihrer unbewussten internalisierten Beziehungserfahrungen, fragt behutsam nach ihren lebensweltlichen Zusammenhängen und versucht insgesamt das Spannungsfeld von Schule, Gesellschaft und Familie in den Blick zu nehmen.

2.2 Zum Erkenntnisgegenstand und den Kennzeichen der Tiefenhermeneutik

In der (Re-)Konstruktion von Bedeutungen bzw. in dem Verstehen manifester und latenter Sinnstrukturen, wie sie sich in der Interaktion und in der Sprache darstellen, ist der kleinste gemeinsame Nenner qualitativer Interpretationsmethoden zu sehen. Als manifester Sinn wird dabei allgemein das dem Zuhörer oder Beobachter leicht Zugängliche und den Handlungsakteuren sich bewusst Darstellende verstanden (vgl. Kerschgens, 2007; Fahrenberg, 2003). Als dem Gegenüber als etwas, das nicht vordergründig, auf den ersten Blick zu sehen und zu verstehen ist, sondern das sich in Sprache, Interaktion und Handlung auf einer tieferliegenden Bedeutungsebene abspielt, wird das Latente aufgefasst.

> »Latente Bedeutungen und Zusammenhänge kann es geben: in den Konnotationen von Wörtern, in den Textelementen, in den Strukturen von Themen und Texten, in den Beziehungen zwischen Text, Kontext und Benutzer, in gesellschaftlichen Bedingungen oder Abhängigkeiten der Textentstehung usw.« (Fahrenberg, 2003, 3)

Ist darin ihre Gemeinsamkeit zu sehen, unterscheiden sich die Interpretationsverfahren natürlich in ihrer Vorgehensweise und ihrer methodologischen Definition des Latenten.[6] »Die Enträtselung der unbewußten Bedeutungen ist das Leitmaterial der psychoanalytischen Kulturanalyse. Deshalb nennen wir sie Tiefenhermeneutik« (Lorenzer, 1986, 27). Dass sich ihre Verstehenspraxis auf den »Einbezug des Unbewussten als bedeutungsvolle Kategorie« (Klein, 2010, 263) richtet, ist daher ein zentrales Kennzeichen, das unabhängig von ihrer sonstigen Beurteilung auf allgemeine Gültigkeit trifft. Dazu kurz einige zusammenfassende Bemerkungen:

Wurde bereits im vorherigen Abschnitt auf die nachvollziehbare Verfahrensunterscheidung hingewiesen, in der beispielsweise Busch (2001) klar dafür plädiert, zwischen einer »indirekten« und »direkten Sozialforschung« zu trennen, ist die Tiefenhermeneutik als Kulturanalyse – und das unterscheide sie maßgeblich von den anderen genannten psychoanalytischen Verfahren – als ein ausschließlich textnahes »apersonales Interpretationsverfahren« zu charakterisieren, das es für Busch nur eingeschränkt zu Übertragungs- und Gegenübertragungsgefühlen im eigentlichen psychoanalytischen Sinne bringen kann.

---

6 Aus psychoanalytischer Perspektive lassen sich zwei Bedeutungen von latent benennen: »latent im Sinne von momentan nicht bewusst (nicht erinnerlich) und latent im Sinn von dynamisch-verdrängt-unbewusst« (Fahrenberg, 2003, Abs. 4).

»Bei allem Bemühen, die Eigentümlichkeiten psychoanalytischen Vorgehens auch im sozialen Feld zu berücksichtigen und zu wahren, ist doch eine grundsätzliche Umkehrung einer zentralen psychoanalytischen Beziehungsqualität nahezu unumgänglich. Die Psychoanalyse ist in ihrem Kern eine ärztliche Heilbehandlung, um die ein an seelischen Symptomen leidender Patient nachsucht. Hierfür gibt es nicht die Spur eines Äquivalents auf dem Gebiet der Sozialforschung.« (ebd., 221)

Busch nimmt bei der Diskussion zu den Möglichkeiten und Grenzen der Anwendung der Tiefenhermeneutik eine zu beachtende Position ein. Diese Position ist für seine weiteren Ausführungen zum Verfahren der Tiefenhermeneutik wesentlich, in der er sich ebenfalls auf die »äußerst scharfe und pointierte Kritik Oevermanns bezieht« (ebd., 223), auf die ich hier nicht ausführlich eingehen kann.

Während Busch ausführt, dass die Schwierigkeiten des Methodentransfers noch nicht ausreichend in den Forschungsansätzen erkannt seien, geht Klein davon aus, dass sich die tiefenhermeneutische Kulturanalyse als ein Forschungsverfahren darstellt, »das eine gelingende Rekonstruktion des manifest-latenten Sinngehalts soziokultureller Lebenspraxis und psychosozialer Erfahrungen anstrebt« (Klein, 2010, 263). Diesen Überlegungen anschließend ist sie als »kritisch-hermeneutisches Verfahren – egal, in welcher Variante und in welchem Kontext dieses Verfahren angewandt wird [...] an die normative Idee einer individuellen Praxis gebunden, die von Unlust und Leid niemals restlos, aber stets ein Stück weit befreit werden kann« (Straub, 1999, 298). Tiefenhermeneutik ist als Theorie, Methode und Methodologie zu verstehen, die an der »Subjektivität des Interpreten nicht vorbeiblickt [...] und nach dem Interpreten als einem individuellen, seine Gefühle, Vorstellungen und Handlungen reflektierenden Subjekt [verlangt]« (ebd., 279f.). *Die Festigkeit des Forschungsmaterials, die Intersubjektivität als Erkenntnisinstrument, das spezifische Text-Leser-Verhältnis* sowie das damit verbundene Konzept des *szenischen Verstehens* charakterisieren die tiefenhermeneutische Verstehenspraxis, die Thema des nächsten Abschnitts sein wird.

Tiefenhermeneutische Verstehenspraxis

»Die Tiefenhermeneutik [richtet] ihr Augenmerk auf die im psychoanalytischen Sinne unbewusste Sinn- und Erlebnisstruktur« (Kerschgens, 2007, 1), in der Terminologie Lorenzers geht es um »szenische Anordnungen oder Arrangements«, die sich im analytisch-therapeutischen Setting in ihren drei Grundsituationen darstellen (Lorenzer, 1985, 140f.; vgl. auch Kratz & Ruth i. d. B.). Um das Verstehen dieser Szenen, die aufgrund des direkten Anbietens einer Übertragungsbeziehung auch hervorgebracht werden, geht es in diesem Setting. Auch die tiefenhermeneutische Textinterpretation ist mit dem Auftauchen von Szenen auf unterschiedlichen Ebenen im Forschungsprozess konfrontiert.[7]

7 Auf welchen Ebenen sich in der vorliegenden Konzeption des tiefenhermeneutischen Vorgehens sogenannte Szenen bzw. szenische Arrangements mit ihren manifesten und latenten Anteilen zeigen, wird im nächsten Abschnitt behandelt.

Das jeweilige Interpretationsmaterial, das sowohl in protokollierter, transkribierter oder videografierter Form vorliegen kann, entsteht je nach Forschungskontext in spezifisch geregelten Forschungssituationen. Außerdem ist davon auszugehen, dass im Forschungsprozess weitere Textsorten und Aufzeichnungen entstehen, die aufeinander bezogen werden. Dabei handele es sich um »kontinuierliche introspektive Notizen der forschenden Personen, logisch-psychologische Schlussfolgerungen, assoziativ-szenische Interpretationen, vervollständigt durch die Protokolle der begleitenden tiefenhermeneutischen Forschungsgruppe« (Klein, 2010, 268).

Im Gegensatz zum therapeutischen Setting und seinen eigenen Merkmalen zeichneten sich Forschungsprodukte und literarische Texte durch ihre Festigkeit, Dauerhaftigkeit und Handhabbarkeit aus (vgl. Lorenzer, 1986, 87; Straub, 1999, 288).

> »Die kulturanalytische Interpretation in der Gruppe läßt jeden zusehen. [...] Die analytische Situation verträgt keinen Dritten. Die Interpretation in der Gruppe kann mitverfolgt werden. Sie vereinigt durch ihren öffentlichen Charakter zudem Analyse und kasuistische Diskussion; jeder wird Zeuge der Interpretation des anderen, kann die Triftigkeit der Interpretation nachprüfen und muß solche Nachprüfungen sich selbst gefallen lassen.« (Lorenzer, 1986, 87)

Das Spezifikum der tiefenhermeneutischen Textinterpretation ist nach Lorenzer ein Text-Leser-Verhältnis, in dem sich die Leseerfahrung und das Textverstehen der Rezipienten ändern (vgl. Straub, 1999, 288).

> »Das Interesse der tiefenhermeneutischen Methode ist daher nicht die diskursive, sondern die bildliche und szenische Entschlüsselung von Texten. [...] – und zwar auf der Ebene des Verhältnisses von Text und Leser. [...] Die Aufgabe des deutenden Lesers ist es analog dazu, sich im Rahmen einer Dynamik von Beteiligung und Distanz auf das Übertragungsangebot des Textes einzulassen.« (Gerner, 2011, 99)

Für die Interpretation von natürlichen und künstlichen Texten bedient sich die tiefenhermeneutische Verstehenspraxis einer »zirkulierenden Trias miteinander verknüpfter Verstehensmodi« (Klein, 2010, 268), dem logischen, psychologischen und szenischen Verstehen (vgl. Kratz & Ruth i. d. B.).

In der Definition nach Lorenzer wendet sich das szenische Verstehen »der *Interaktion der Subjekte mit ihrer Mitwelt und Umwelt* zu. ›Sinn‹ interessiert dieses Verstehen nicht als ein von den Subjekten abgelöstes Objektives: die Vorgänge des Subjektes erfaßt es einzig mit Blick auf die Verwirklichung des Subjektes in seiner Mitwelt- und Umwelt-Beziehung« (Lorenzer, 1985, 141). Es beschäftigt sich »mit den Vorstellungen des Subjektes, und zwar so, daß es die Vorstellung als Realisierung von Beziehungen, als Inszenierungen der Interaktionsmuster ansieht« (ebd., 142). Das szenische Verstehen, das im therapeutischen Setting an spezifische Bedingungen und einen Auftrag gebunden ist, behält im Forschungskontext dennoch seine zentralen Merkmale bei.

Tiefenhermeneutische Interpretation fragt danach, wie der Text auf den Leser wirkt. Allerdings ist hervorzuheben, dass es nicht um die Leserinnen oder Interpretinnen selbst geht.

> »Wenngleich also Sinn und Bedeutung eines Textes davon abhängen, was das aktive Subjekt im Rezeptionsvorgang mit dem Text macht, kann der Leser mit dem Text,

möchte er diesen als ein sinn- und bedeutungsstrukturierendes Gebilde erfassen, doch nicht alles anstellen, was ihm gerade einfällt. [...] Texte können Deutungen und Interpretationen Widerstand entgegenbringen; sie lassen sich nicht beliebig auslegen und auffassen.« (Straub, 1999, 290)

3 Methodische Überlegungen zur tiefenhermeneutischen Interpretation kindlicher Erzählungen

Der Rückgriff auf die Tiefenhermeneutik als wertvolle Erkenntnismethode begründet sich neben der Ansicht, diese als ein für den Forschungsgegenstand geeignetes Interpretationsinstrument anzusehen, auch in ihrer theoretischen Fundierung. Lorenzers »frühe interaktionstheoretische Erweiterung der Psychoanalyse aus den 70er Jahren nimmt hellsichtig moderne Konzepte vorweg und lässt sich umstandslos [...]« mit den gegenwärtig relevanten entwicklungspsychologischen und psychoanalytischen Theorien des dargelegten Forschungsgegenstandes verknüpfen (vgl. Ruth i. d. B., Abschnitt 5.1). Die Übertragung der Methode auf einen Forschungsgegenstand verlangt, dieses Vorgehen kritisch zu reflektieren. Ebenso, wie sich die psychoanalytischen Begrifflichkeiten, die aus der klinischen, therapeutischen Praxis entwickelt wurden, nicht einfach auf die Kultur und die Analyse komplexer sozialer oder gesellschaftlicher Zusammenhänge anwenden lassen, weil es dabei um ein anderes Forschungsfeld geht, ist es für das tiefenhermeneutische Verstehen kindlicher Erzählungen notwendig, das Vorgehen bezüglich seiner Angemessenheit zu hinterfragen und die veränderte Vorgehensweise offenzulegen. Im Sinne des auch von Klein (2010) dargelegten Verständnisses der Anwendung der Tiefenhermeneutik als Forschungsmethode bezieht sich die damit verbundene Interpretationspraxis einerseits auf primäre Erhebungsdokumente, aber andererseits auf solche, die aus dem Auswertungs- und Interpretationsprozess heraus entstanden sind. In dem vorliegenden Fall ist der bedeutsame Gegenstand der tiefenhermeneutischen Interpretation die transkribierte kindliche Erzählung über eine Bärenfamilie.

3.1 Zur Anpassung an den Forschungsgegenstand

Das ursprüngliche Anliegen Tiefenhermeneutischer Kulturanalysen bezieht »sich nicht auf die (reale) Personen, die die auszulegenden Texte produziert haben oder in ihnen vorkommen, sondern auf textuell vermittelte, soziokulturelle und psychische Phänomene, die für Menschen von Interesse sind« (Straub, 1999, 289). Da allerdings die kindlichen Narrationen nicht als faszinierende kulturelle Objektivationen interessieren, die ein mehr oder weniger breites Publikum in ihren Bann schlagen, um damit möglicherweise etwas über die gesellschaftlichen Zusammenhänge auszusagen, in denen sie stattfinden, wurden methodische Änderungen vorgenommen. Im Falle der kindlichen Narrationen liegt das Forschungsinteresse tatsächlich darin, etwas über die realen einzelnen Kinder herauszufinden, die »Autorinnen« der Erzählungen sind (vgl. Ruth i. d. B., Abschnitt 5.1). Bei tiefenhermeneutischen Interpretationen von Literatur, Filmen, Bildern oder Architektur liegt der Fokus des Interesses ganz explizit nicht auf der Lebensgeschichte der Autorinnen. Die Lebensgeschichte bleibt für die Rezipientinnen zunächst unsichtbar und ist auch für die Analyse der im Werk inszenierten akzeptierten und verpönten Interaktionsentwürfe zu vernachlässigen. Bei narrativen oder biografischen Interviews ist diese Lebensgeschichte expliziter Gegenstand des Interviews (vgl. Gerner, 2011, 88). Alle lebensbiografischen Daten, die die Interviewte für relevant hält, wird sie selber auf die erzählgenerierende offene Eingangsfrage einbringen.

Im Fall der kindlichen Erzählungen über eine fiktive Bärenfamilie liegt wieder ein anderer Fall vor: Es interessieren die Autorinnen und Autoren der Geschichten, ihre in den Geschichten entworfenen manifesten und latenten Beziehungsthemen und -muster, die sie vor dem Hintergrund ihrer familiären und sozialen Lebenspraxis entwerfen, über die sie nicht explizit aufgefordert werden, zu berichten. Damit ist eine wichtige Differenz zu den im Allgemeinen in der Literatur besprochenen Forschungsdokumenten, die für tiefenhermeneutische Analysen herangezogenen werden, herausgestellt. Aufgrund des Forschungsinteresses, welches die Fähigkeit der Kinder nachzuspüren sucht, sich Beziehungskonstellationen vorzustellen und diese mit ihren realen Bedingungen des Aufwachsens in Verbindung zu bringen und damit weniger in der Art und Weise zu beschreiben ist, wie diese als literarische Produktionen auf ihre Zuhörerinnen wirken, findet die tiefenhermeneutische Interpretation vor dem Hintergrund einiger soziodemografischer Eckdaten der jeweiligen Kinder statt. Diese werden in einem separat geführten qualitativen Elterninterview bzw. im Gespräch mit den professionell Tätigen erhoben. Damit wurde versucht, methodisch folgende Überlegungen zu realisieren. Der Hintergrund der realen und materiellen Lebenswelten und -bedingungen der Kinder soll es den Interpretinnen leichter machen, nicht zu sehr die Wirkung der Kindergeschichte auf ihr eigenes Erleben zu interpretieren, sondern eine zumindest steckbriefartige Vorstellung ihrer Familienkonstellationen zu haben, innerhalb derer die Kinder ihre Phantasien entwickeln, um sich sensibel den lebensgeschichtlich transportierten Konflikten und Themen zu nähern. Da dies auch immer mit der Gefahr der Voreingenommenheit aufgrund der Kenntnisse der kindlichen Lebensverhältnisse verbunden ist, ist es wichtig, diese Kenntnisse erst einmal auf ein Minimum zu reduzieren und zweitens diesen Schritt auch immer wieder zum Gegenstand der selbstkritischen Reflexion zu machen.

3.2 Arbeitsschritte des tiefenhermeneutischen Interpretationsprozesses

Tiefenhermeneutische Interpretation findet – und das ist grundlegend – immer in einer Gruppe statt und kann im Rahmen einer Forschungsarbeit in der in den nachfolgenden Unterkapiteln beschriebenen Vorgehensweise durchgeführt werden. Im Sinne der von König eingeführten konzeptionellen Beschreibung der mehrfach auftauchenden Interaktionsszene greift auch Gerner die Bedeutung und Funktion der Gruppe wie folgt auf: Als Korrektiv übernimmt sie für die Forscherin eine wichtige Supervisionsfunktion; zugleich ist sie aber auch als Bühne zu verstehen, in der sich Übertragungsdynamiken entwickeln. »Die relevanten szenischen Ebenen sind in diesem Kontext, die im Text genannten sozialen Szenen, das Text-Leser-Verhältnis, die Forschungsbeziehung und die Übertragungsprozesse in der Interpretationsgruppe« (Gerner, 2011, 101).

Die Formulierung von Arbeitsschritten unterstützt die Organisation des Interpretationsprozesses, wie er sich aus der Erfahrung der Autorin mit dem Material in unterschiedlichen Interpretationsgruppen als gegenstandsangemessen und sinnvoll herausgeschält hat. In der Regel kann sich die Vorgehensweise an dem Punkt unterscheiden, ob eine Gruppenleiterin eingesetzt wird, die den Verlauf der Interpretationssitzung moderiert oder eben nicht. Als schwierig hat sich in diesem Zusammenhang erwiesen, dass die Gruppenleiterin auch den Interpretationsprozess protokolliert. Diese Funktion sollte dann ggf. von einem anderen Gruppenmitglied übernommen werden. Aus den bisherigen Erfahrungen ist meines Erachtens für Forschungsarbeiten eine Vorgehensweise empfehlenswert, die die Forscherin aus der Funktion des Gruppenleiters in dem Sinne entlastet, als dass diese dem Auftrag nachkommt, das Übertragungs-/Gegenübertragungsgeschehen in der Gruppe im Blick zu haben, diese zu verstehen und »vorsichtige Deutungen« an diese zurückzugeben. Vielmehr ist die Forscherin in ihrer Funktion zu sehen, den Gesprächsablauf behutsam zu moderieren sowie Erfahrungen aus dem Erhebungs- und Forschungsprozess einzubringen. Um die in der Gruppe auftauchenden Szenen, das Übertragungsgeschehen bzw. den gesamten Interpretationsprozess festzuhalten, ist eine Audioaufnahme hilfreich. In diesem Fall müssen sich die Forscherinnen auch mit der Frage auseinandersetzen, inwiefern sie die aufgenommene Interpretationspraxis auch transkribieren, »um das gesamte Netz der Perspektiven- und Gegenübertragungsdynamik innerhalb der ›Interpretationsgemeinschaft‹ (Leithäuser & Volmerg, 1988) erfassen zu können« (Klein, 2010, 274). Die Audioaufnahme des Interpretationsprozesses wird auch durch Notizen der Forscherin, die diese in einem Forschungstagebuch festhält, das als wichtige Begleitquelle anzusehen ist, ergänzt.

Im vorliegenden Interpretationsvorgehen wurde sich schließlich dafür entschieden, die Audioaufnahmen nicht zu transkribieren, sondern sie als Unterstützung für die Protokollierung des Interpretationsgeschehens zu nutzen. In Kombination mit den begleitenden Notizen ist es ebenso möglich, die verschiedenen Interpretationslinien zum Text- und zum Videomaterial als auch zur szenischen Struktur, wie sie sich in der Gruppe darstellt, zusammenfassend zu protokollieren.

Das Forschungstagebuch ist eine bedeutsame Dokumentationsform, in der die Forscherin all ihre Überlegungen, Assoziationen, Irritationen, theoretische wie fallbezogene Ideen festhalten kann. Dies gilt laut Klein (2010) für alle Phasen des Forschungsprozesses und somit für Erhebung, Erstellung des Materials sowie Auswertung (vgl. ebd., 271).

Die nachfolgend aufgeführten Arbeitsschritte sind nicht als starres Regelwerk aufzufassen. Die Formulierung von einzelnen Arbeitsschritten ist allerdings neben der erwähnten Gegenstandsangemessenheit insofern als hilfreich zu betrachten, als dass diese ermöglichen, das Material in verschiedene Interpretationsgruppen einbringen zu können. Der skizzierte Interpretationsweg kann als eine Orientierungs- und Strukturierungshilfe angesehen werden. Morgenroth sieht die »Schaffung eines Interpretationsrahmens« aus ähnlichen Gründen als notwendig an. Der Interpretationsrahmen liefert auch für nicht erfahrene Forscherinnen eine mögliche Teilnahme, und er unterstützt den Interpretationsprozess bei Forschungsmaterialien, »die häufig emotionale Reaktionen in den Bearbeiter/innen auslösen, deren Stärke wir zunächst unterschätzt haben« (Morgenroth, 2010, 48).

Da der tiefenhermeneutische Prozess in seinem Kern mit dem Instrument des szenischen Verstehens und im Gegensatz zu anderen Interpretationsverfahren in hohem Maße auf ein *assoziatives* und *nachspürendes Verstehen*, ein sich *emotionales Einlassen* auf den Text und auf die erzählten Geschichten verlangt, ist es – wie gezeigt – ebenso erforderlich, einen besonderen Blick darauf zu werfen, wie dieser Prozess zu gestalten ist. »[Starke] emotionale Stellungnahmen für die Interpretationsgruppe als eine subjektive Reaktion auf den Fall verstehbar zu machen und nicht als eine Wahrheit über den Fall misszuverstehen, ist einer der komplexesten Arbeitsschritte [...]« (ebd., 56). Die entworfenen Interpretationsregeln, wie sie angesprochen und im Folgenden näher ausgeführt werden, versuchen diesem Anspruch gerecht zu werden.

Präsentation der Forschungsmaterialien

Der Interpretationsprozess beginnt mit der Sichtung der Forschungsmaterialien als vorbereitender Schritt für die tiefenhermeneutische Textinterpretation der kindlichen Erzählungen. Aus dem Erhebungsprozess hervorgegangen sind: das Videoprotokoll zur Erhebungssituation, das Postskriptum, der transkribierte Text sowie die aus dem Interview mit Eltern oder mit anderen relevanten Bezugspersonen herausgefilterten soziodemografischen Daten zum Kind. Bevor die Interpretinnen in die Analyse des Materials einsteigen, stellt die Forscherin die verschiedenen genannten Forschungsquellen dar. Allen an der Interpretation Beteiligten wird somit das erhobene Datenmaterial und der zu interpretierende Fall vorgestellt. Bei diesem Schritt geht es in erster Linie darum, sich mit dem Fall und den Daten vertraut zu machen.

Ein möglicher Zugang zur Beziehungsgestaltung: Gegenübertragungsgefühle in der Videoanalyse

Von der gesamten Erhebungssituation liegt ein Videoprotokoll vor, das zum einen den Transkriptionsprozess unterstützt (vgl. Ruth i. d. B., Abschnitt 6.3) und zum anderen auch für die Interpretation des Falles herangezogen wird. Das Videoprotokoll ist nicht als Hauptquelle des tiefenhermeneutischen Interpretationsprozesses anzusehen. Dennoch ermöglicht das Videoprotokoll einen wichtigen Zugang zur Beziehungsgestaltung zwischen Kind und Forscherin. Dieser unterstützt das Verstehen der Übertragungs-Gegenübertragungs-Dynamik sowie der präsentierten Interaktionsmuster, die sowohl in Bezug auf die Beziehung als auch in Bezug auf die Gestaltung des Settings betrachtet werden können. »Die Dynamik der Forschungsbeziehung [kann] auf diese Weise als Ebene der Abbildung von für den Forschungskontext relevanten sozialen Szenen systematisch mit einbezogen [werden]« (Gerner, 2011, 100).

Jeder einzelne in der Gruppe wird zum Beobachter der Untersuchungssituation und ist aufgefordert, sich Notizen zum körperlichen und affektiven Ausdruck und zur verbalen als auch nonverbalen Kommunikation zu machen. Die Erfahrungen in den verschiedenen Interpretationsgruppen haben gezeigt, dass die Betrachtung des Videos zunächst zu ganz anderen affektiven Reaktionen bei den Interpretinnen als die Konfrontation mit dem Text führen kann. Die assoziative Herangehensweise ist auch durch leitende Fragen geprägt: *Was fällt mir auf? Was berührt mich? Wie erlebe ich die Beziehung zwischen den Interaktionspartnern?* Bei diesem Arbeitsschritt geht es nicht darum, zu einer abschließenden Deutung über die Beziehungsqualität der Beteiligten zu kommen, sondern die gesammelten Beobachtungen und Überlegungen sollen in den nachstehenden Interpretationsprozess einfließen. Das Videoprotokoll stellt einerseits eine weitere Irritationsquelle dar, die es im weiteren Verlauf gilt, systematisch einzubeziehen. Andererseits erlaubt der Rückbezug auf diese Form, sich zunächst auch deutlicher auf die Interpretationsebene des logischen Verstehens zu beziehen – und der Frage nachzugehen, wie miteinander gesprochen und interagiert wird. In Verbindung mit dem Postskriptum – in denen die Forscherin ihr Empfinden und ihre emotionale Beteiligung festhält – ermöglicht der Zugang über das Video eben auch eine szenische Teilhabe, die Einblicke in die Interaktionsdynamik der Forschungssubjekte und damit in das Übertragungs- und Gegenübertragungsgeschehen eröffnet. »Übertragungs-/Gegenübertragungsanalyse bedeutet, das sich interaktiv-szenisch entspinnende Wechselspiel wahrzunehmen, ernst zu nehmen und vor allem unsere eigene Brille zu überprüfen, mit der wir an die Angelegenheit herangehen« (Klein, 2010, 271).

Textinterpretation

In einem nächsten Arbeitsschritt widmet sich die Gruppe der eigentlichen Textinterpretation und damit dem Transkript. Das methodische Handeln behält dabei seine charakteristischen Besonderheiten der tiefenhermeneutischen Textinterpretation bei. Die Interpretinnengruppe muss sich offen und sensibel für die Reaktionen und Einstellungen in Bezug auf die im Text inszenierte und die eigene Lebenspraxis zeigen. Dieser Prozess ist durch das Zulassen von Affekten, Assoziationen und Irritationen gekennzeichnet und geht mit der subjektiv erlebten szenisch-bildhaften Entschlüsselung des Textmaterials einher. Irritationen treten, so wie Klein (2010) es formuliert hat, in den drei Verstehensmodi im gesamten Forschungsprozess auf (vgl. ebd., 272). Es handelt sich um »Widersprüche oder Leerstellen« beim *psychologischen Verstehen*. Diese stellen sich beispielsweise ein, wenn das Erhebungsvorgehen von dem beschriebenen Rahmen stark abweicht. Die damit verbundenen Widersprüche werden daher nicht einfach als fehlerhafte Durchführung verstanden und beiseite gelegt, sondern als Ausdruck eben dieser Forschungssituation und -beziehung. Auch das Fehlen von Daten oder Aufzeichnungen kann irritieren. Inwiefern es zu dem Fehlen gekommen ist, wird ebenfalls in den Interpretationsprozess mit einbezogenen (vgl. hierzu auch Kratz i. d. B.). Irritationen auf der Ebene des *logischen Verstehens* zeigen sich bei der Textinterpretation möglicherweise dann, wenn ein Kind in seiner Geschichte einmal vom dem kleinen Bären und »seiner Schwester« und ein anderes Mal von »ihrer Schwester« spricht. Auf der Ebene des *psychologischen Verstehens* stellen sich Irritationen als »komische oder verwirrende Gefühle« ein, und beim *szenischen Verstehen* tauchen sie als Empfindung auf, »in eine merkwürdige Inszenierung oder ein seltsames Drama verstrickt zu sein« (Klein, 2010, 272) dar. Die einzelnen Schritte der Textinterpretation der kindlichen Erzählungen sind nachfolgend aufgeführt.

Aktualisierung der Szenen

In der Gruppe wird das Transkript in verteilten Rollen (ggf. auch mehrfach) laut vorgelesen. Das gemeinsame Lesen erleichtert den Zugang zum Erzählten und bedeutet, den Text in der Interpretationsgruppe in »Szene zu setzen«.

Alltagssprachliche Nacherzählung: Nacherleben, übersetzen und zusammenfassen

Die Interpretation des Textmaterials kann nun an jeder beliebigen Stelle in der Erzählung einsetzen. Über das affektive Erleben und die damit verbundenen Fragen: *Was fällt mir auf? Wie wirkt der Text? Was irritiert?* steigt die Gruppe in den Interpretationsprozess ein und nähert sich dem Gelesenen bzw. Gehörten über das Mittel der alltagssprachlichen Nacherzählung der jeweiligen Szene oder Geschichte. Das Übersetzen in die eigene alltagssprachliche Ausdruckform hat zum Ziel, den anderen die eigene Lesart mitzuteilen. Es handelt sich dabei nicht um eine Inhaltsangabe, sondern um das Sprachlich-Machen des Verstandenen auf der Basis der eigenen emotionalen Reaktionen. So entfalten sich in der Diskussion unterschiedliche Lesarten zu den einzelnen Bärengeschichten, bzw. die Interpretinnen greifen auf unterschiedliche Szenen oder Geschichten in der Erzählung zurück. Die gegensätzlichen Befindlichkeiten, die der Text und das Video auslösen, können auch als bedeutsame Irritationsquelle angesehen werden. Diese kann einen ersten Ansatzpunkt für die latente Thematik der Erzählung liefern.

Die verschiedenen Lesarten, Themen, Assoziationen und Bilder, die von den einzelnen Interpretinnen eingebracht werden, gemeinsam zu bündeln und zu verdichten, ist eine wichtige Aufgabe im Interpretationsprozess. Die Gruppenleiterin kann hierbei eine moderierende Funktion einnehmen, indem sie die verschiedenen Interpretationslinien immer wieder in den Gruppenprozess einbringt. Außerdem ist es als bedeutsam anzusehen, dass die Interpretinnen innerhalb ihrer Diskussion aushandeln, welche Geschichte oder Interaktionsszene ihnen als »Schlüsselszene« dient. Von dieser Szene ausgehend werden die Überlegungen weiter entfaltet, konträre und vergleichbare Szenen gesucht, um sich damit weiter den Themen und Konflikten der Geschichten anzunähern. Über das Wahrnehmen, Anerkennen und Verstehen der sich ergebenden Interaktionsdynamik zwischen Gruppe und Text, Gruppe und Film und dem Zulassen des subjektiven Erlebens wird ein Weg eröffnet, der es der Interpretinnengruppe möglich macht, zu erfassen, was sich zwischen den Protagonisten in den Erzählungen abspielt und wie es ihnen ergeht. Manifeste Beziehungsthemen und -konzepte werden dadurch aufgedeckt. In dieser schrittweisen Rekonstruktion, dem Sprachlich-Machen und dem Nacherleben und Einfühlen der auftauchenden Szenen ist ein Weg zum Verständnis der manifest-latenten Konfliktdynamik der Erzählung gelegt.

Szenisches Verstehen

Die »Enträtselung« der szenischen Struktur des Textes geschieht dann weiter über das szenische Verstehen. Dies ist mit der Frage verbunden, »warum gerade an diesem Punkt so und nicht anders gesprochen wird und verfolgt verstärkt das Ziel, auch die unbewusste Dimension [...] zu erschließen« (Morgenroth, 2010, 55). Das bedeutet für die Aufdeckung einer tieferliegenden Struktur der kindlichen Erzählung, dass sich die Interpretinnengruppe weiter mit den Interaktionsszenen der Protagonistinnen in den Geschichten, der Art und Weise, wie darüber berichtet wird, beschäftigt. Dabei werden die verschiedenen als »Schlüsselszenen« identifizierten Textstellen, die sich als inkonsistent erwiesen haben, immer wieder aufgegriffen und miteinander verglichen. Entgegengesetzte Deutungen und Hypothesen müssen zugelassen werden – d. h. die entworfenen Beziehungsthemen und die Dramaturgie der einzelnen Szenen werden kontinuierlich miteinander verglichen und in Beziehung gesetzt. Auch die spezifischen Szenen, die im Video in Bezug auf die Forschungsbeziehung identifiziert wurden, und solche Szenen, die sich in der Gruppe abspielten, werden systematisch weiter in die Diskussion mit einbezogenen. »Ausgegrenzte Gruppeninhalte legen bspw. Spuren zu nichtartikulierten, nichtintegrierten Praxen, denn die je spezifische Gestalt der gemeinsamen Abwehr gewisser Themenbereiche spielgelt die Art und Weise der manifest-latenten Konfliktdynamik des Forschungskontextes wider« (Klein, 2010, 274). Außerdem wird die szenische Struktur der Erzählung an dieser Stelle des Interpretationsprozesses auch mehr und mehr vor dem Hintergrund der soziodemografischen Daten des Kindes weiter entschlüsselt. Wenn das Durcharbeiten der Erzählung mehrere Sitzungen in Anspruch nimmt, ist es vorteilhaft, bedeutsame Interpretationslinien und Deutungsversuche aus dem Protokoll zu Beginn der Sitzung der Gruppen zusammenfassend darzustellen. Die Bearbeitung der Protokolle spielt eine gewichtige Rolle im gesamten Auswertungsprozess.

Tiefenhermeneutisches Verstehen

Das generelle Kennzeichen des tiefenhermeneutischen Verstehensprozesses, das in der Aufdeckung einer Unbewussten Sinndimension zu verstehen ist, bedeutet im Fall der kindlichen Erzählungen, sich ihren lebensgeschichtlich relevanten Beziehungsthemen und -konzepten anzunähern, wie sie sich im Text, in der Beziehung zur Forscherin und in der Gruppe zeigen.

»Die Interpretationsgruppe wird durch die Übertragungen zum Sprachrohr, zur Bühne, zum Forum der [Kinder, Ersetz. durch die Autorin], die für ihre lebensgeschichtlichen [Beziehungserfahrungen, Ersetz. durch die Autorin] keine Sprache mehr haben oder noch niemals eine vollständige Sprache besaßen« (Morgenroth, 2011, 56). Außerdem beinhaltet die tiefenhermeneutische Verstehenspraxis, ihre Interpretationen und Deutungen an eine theoretische Perspektive anzuschließen.

> »In einer komplettierenden Deutung werden sukzessive die Schlüsselszenen im Text mit den Schlüsselszenen des gesamten Auswertungsprozesses verknüpft. [...] Einsichten, Deutungen und Positionen, abstrakte Erklärungen und theoretische Fundierungen werden im Laufe der Auswertung verworfen, verändert und wieder herangezogen. Wichtig ist es, sich möglichst lange mit der Entscheidung für eine abschließenden Deutung zurückzuhalten [...].« (Klein, 2010, 275)

Im genannten Forschungsanliegen werden die Interpretationsergebnisse und Überlegungen schrittweise vor dem Hintergrund der angesprochenen entwicklungs- und sozialisationstheoretischen Perspektive – insbesondere der Triangulierungstheorie – weiterentwickelt.

3.3 Zusammenfassung der Ergebnisse – Formulierung von Beziehungsthemen und -mustern

Der spezifische Analyseschritt, die kindlichen Narrationen begrifflich-konzeptionell dahingehend zu fassen, welche Beziehungsthemen und -konstrukte in Bezug auf jedes einzelne Bild von den Kindern entworfen werden, geschieht auf der Grundlage der Interpretationsprotokolle. Vor dem Hintergrund der dem Forschungskontext zugrunde liegenden Triangulierungstheorie werden Beziehungsthemen, die mit dyadischen und triadischen Themen in Verbindung gebracht werden können, abgeleitet und als ein dominierendes (Beziehungs-) Thema der jeweiligen Geschichte formuliert. Gleichzeitig werden die von den Kindern in ihren Erzählungen entworfenen (intrapsychischen) Beziehungskonzepte theoriegeleitet bestimmt und benannt. Diese begrifflich-konzeptionelle Klärung geschieht zum einen in der Intention, möglicherweise diese Ergebnisse bei der Analyse einer größeren Fallzahl vergleichend heranziehen zu können, um sie anderen begrifflichen Kategorisierungen gegenüberstellen zu können. Zum anderen können sie auch in die zusammenfassende Falldarstellung einfließen.

4 Exemplarische Analyse

Bei der nachfolgenden exemplarischen Analyse handelt es sich nicht um eine zusammenfassende Darstellung des Interpretationsprozesses oder eine detaillierte Zusammenschau eines Falles. Ziel ist es, vor dem Hintergrund des Interpretationsmaterials – den fiktiven kindlichen Erzählungen – das Spezifische des tiefenhermeneutischen Interpretationszugangs zu veranschaulichen und diesen nicht in seinen einzelnen Schritten und seiner Vollständigkeit vorzustellen. Die Interpretation bezieht sich hauptsächlich auf die Erzählung eines achtjährigen Mädchens namens Linda zu einem der fünf vorgelegten Bärenbilder.[8] Sind einzelne Forschungsmaterialien und -dokumente in der Gruppe vorgestellt, beginnt die Gruppe in der Regel mit dem Anschauen des Videos.

4.1 Affektives Erleben der Interpretinnen zum Video

Die Gruppe steigt thematisch über die aktuelle Forschungsbeziehung in die Diskussion ein. Bei einigen Interpretinnen löst die Haltung der Interviewerin Empörung aus. Sie bleibe abseits, stelle keine Nähe zu dem Mädchen her, markiere klar die Rolle einer fremden Erwachsenen und begleite Linda nicht in ihren Narrationen. Sie sitze mit aufgestütztem Arm schräg neben Linda, stelle wenig Blickkontakt her. Sowohl ihre Mimik als auch ihre Gestik drückten keine Zugewandtheit aus.

Linda wird als schüchtern und angespannt erlebt. Eine Interpretin hat das Bild eines kleinen anmutig, aber auch irgendwie kränklich aussehenden Mädchens vor Augen, das gerade so über den Tisch schauen kann. Sie mache auf sie einen verängstigten Eindruck. Auch die Interviewerin schreibt in ihrem Postskriptum, dass Linda auf sie *»schüchtern und verkrampft wirke«*.[9] Eine andere Interpretin assoziiert weniger Angst. Sie habe das Gefühl, dass das Mädchen sehr unter Druck stehe und den Erwartungen entsprechen möchte.

Der kurze Ausschnitt wirft Themen, Irritationen und Fragen auf, die im weiteren Interpretationsprozess weiterverfolgt werden müssen. Was sagen uns die Szenen zwischen Interviewerin und Kind? Wie hängt das Verhalten der Interviewerinnen mit dem spezifisch geregelten Erhebungssetting zusammen und wie mit den Beziehungserfahrungen von Linda? Für das Erhebungsvorgehen wurde vorgesehen, nur minimal in die Erzählungen einzugreifen und den Kindern offen zu begegnen. Das Verhalten der Interviewerin löst allerdings enorme Irritationen bei den Interpretinnen aus. Ist ihr Vorgehen und Verhalten als Verfahrensfehler zu werten? Oder was sagt es uns über die Beziehungsgestaltung zwi-

8 Es handelt sich um das Bild »Auf dem Spielplatz«, welches im Erhebungsbeitrag aufgeführt ist (vgl. Ruth i. d. B.).

9 Die kursiven Textstellen machen kenntlich, dass es sich entweder um direkte Aussagen aus den Forschungsmaterialien (Erzählung, Postskriptum, Notizen) handelt oder um direkte Aussagen aus Dokumenten, die aus dem Interpretations- und Auswertungsprozess stammen (Interpretationsprotokolle).

schen Linda und ihr? Auffallend ist jedenfalls ihre distanzierte und weniger offene Haltung, die als Ausdruck dieser spezifischen Forschungsbeziehung angesehen werden muss. Durch das Betrachten des Videos ist eine besondere Teilhabe an der Interaktionsdynamik gegeben. Es werden Übertragungsgefühle in der Gruppe ausgelöst, denen im weiteren Verlauf nachgegangen werden muss. Die Interpretinnengruppe empfindet jedenfalls Unverständnis für die Haltung der Interviewerin, die distanziert ist und Linda »*irgendwie alleine lässt*«. Inwiefern diese Gefühle auch etwas über Lindas habitualisierte und internalisierte Beziehungserfahrungen aussagen, muss im Weiteren immer wieder aufgegriffen werden.

4.2 Einstieg in die Textinterpretation über Assoziationen und Irritationen

Nachdem die Gruppe Lindas sehr ausführliche und lange Geschichten gemeinsam gelesen hat, werden erste Empfindungen geäußert. Eine Interpretin greift ihr gegensätzliches Gefühl auf. Sei sie beim Anschauen von dem verängstigten Mädchen eher berührt gewesen und verärgert über die kühle Haltung der Interviewerin, empfinde sie Linda als Geschichtenerzählerin ganz anders. Sie erlebe eine kompetente und lebhafte Erzählerin. Eine andere Interpretin bestätigt diesen Eindruck, dennoch habe sie auch das Gefühl, ihr sagen zu wollen, »*mal durchzuatmen, eine Pause zu machen*«. Linda wirke sehr konzentriert und auch getrieben von dem Bedürfnis, die Erzählung nicht abbrechen lassen zu wollen. Der Zugang sowohl über den Text als auch über das Video führt zu unterschiedlichen emotionalen Reaktionen bei den Interpretinnen und fungiert somit als Irritationsquelle, die wiederum wichtige Hinweise für die tieferliegende latente Thematik der Erzählung liefern kann.

Auch bei der Herstellung des Transkripts tauchen Bilder und Gedanken auf. So berichtet eine Interpretin, dass sie bei der Transkription teilweise »*äußerst genervt*« gewesen sei und das Gefühl hatte, dass sich die Geschichten immer wieder wiederholten. Andererseits habe sie auch angesichts der sich wiederholenden Thematik des »*Alleine seins Traurigkeit empfunden*«.

Die Zusammenschau der Interpretationslinien macht an dieser Stelle deutlich, dass beim Anschauen des Videos andere Szenen in der Gruppe auftauchen als beim Lesen des Transkripts. Des Weiteren wird an dieser Stelle auch eine Parallele deutlich. So wird das Empfinden, das sich während der Transkription einstellte, von einer anderen Interpretin aufgegriffen und bestätigt. Der Bär in der Geschichte sei »*immer wieder alleine, einsam, keiner möchte mit ihm spielen*«. Dieses wiederkehrende Erzählmuster löse Ablehnung aus, und sie habe sich schon sehr früh gefragt, ob Linda etwas »*Neues entwickeln werde.*«

Die ersten Einstiege in die Textinterpretation lassen zwei Lesarten erscheinen. Auf einige Interpretinnen wirken Lindas Erzählungen thematisch einseitig. Die Interviewerin schreibt dazu sogar in ihrem Postskriptum, dass die »*Geschichten auf sie zeitweise chaotisch gewirkt haben und dass Linda an einigen Stellen zu keinem Ende gefunden hätte*«. Andere Gruppenmitglieder werfen dagegen ein, dass sie sich zeitweise »*über den kleinen Bären, dem immer wieder etwas einfällt und dann doch noch etwas anders unternimmt oder spielt, amüsiert hätten*«.

Die Gruppe einigt sich, in die Textinterpretation der Geschichte[10] zum ersten Bild »Auf dem Spielplatz« (Z. 10–33) einzusteigen. Als erste Schlüsselszene gilt der nachfolgende Ausschnitt (Z. 10–33) aus der Erzählung.

Linda: Dann des
I: Ja
Linda: Also ein Bär war auf dem Spielplatz, und der wollte Sand spielen, und dann dann wollte er einen Kuchen backen, aber dann wollte er aber rutschen, er wollte alles beides gleich machen, da hat er sich entschieden, dass er erst das macht und dann das
I: Und zwar? In welcher Reihenfolge?
Linda: Und zwar dann hat er zuerst Sand gespielt, und dann ist er rutschen gegangen, und dann wollte der aber noch dazu schaukeln gehen und Sand spielen gleichzeitig, aber das konnte der nicht. Dann war er zuerst geschaukelt, dann ist er gerutscht, gerutscht, und dann ist er, hat er wieder da gespielt
I: Aha
Linda: Und dann wollte er Versteck spielen, aber da hatte er keine Jungs da
I: Mhm
Linda: Und deswegen kon- war er ganz alleine und konnte nicht spielen, doch dann musste er alleine spielen
I: Was meinst du, wie geht's dem?
Linda: Schlecht
I: Schlecht?
Linda: Ja?
I: Ja

10 Transkriptionsregel:
Regeln der Interpunktion: Fragezeichen (hoch endende Stimmführung); Punkt (abgeschlossener Gedanke); Komma (kurzes Zögern, Gedanke wird jedoch fortgesetzt); Semikolon (abgebrochener Gedanke).
Die Regeln der Groß- und Kleinschreibung werden berücksichtigt. Abkürzungen werden ausgeschrieben. Lautliche Äußerungen wie »äh«, »oha«, »hm« werden in die Transkription mit aufgenommen.
Nichtverbale Äußerungen (spielt mit den Fingern) und andere wichtig erscheinende Kommentare (wird leiser, lacht) werden in Klammern notiert. Auch Sprechpausen werden kenntlich gemacht. Grundsätzlich aber nur dann, wenn sie deutlich auffallen: (max. 10 sec. /), (mehr als 15 sec. //), (über 20 sec. ///). Gravierende Eingriffe oder Störungen oder Geschehnisse während der Erzählung [eine Person betritt den Raum] sind in eckiger Klammer zu vermerken.
Die in den Erzählungen der Kinder stattfindenden Dialoge der Protagonistinnen werden kenntlich gemacht: »Komm lass uns zusammen ein Buch anschauen.« Ansonsten gilt: Eindeutige Verwechselungen/Versprecher werden wortwörtlich mitgeschrieben; Wortabbrüche: Fußba-; gleichzeitiges Sprechen, ins Wort fallen: +und dann sind die [...]; nicht verstandenes bzw. vermutetes Wort (?Schaufel).

Linda: Dass niemand mit ihm spielen konnte
I: Mhm (nickt)
Linda: Dass er kein Freund hatte/und deswegen hat er die-/Dann hat er sich irgendwas an Spiel ausgedacht, das er alleine spielen konnte und dann, dann hat er gedacht, er backt Kuchen und dann so spiel Sand bauen, ne Burg bauen, und dann hat's doch geklappt, endlich hat's doch Spaß gemacht
I: Aaah

Alltagssprachlich gefasst, entwickelt Linda die Geschichte eines Bären, der gerne viele unterschiedliche Sachen spielt, auch ein wenig aufgeregt ist, wie er sich denn entscheiden soll, der die Erfahrung kennt, keine Spielpartner zu haben, aber dem es gelingt, sich immer wieder etwas Neues einfallen zu lassen, um sich zu beschäftigen. Auch die Interpretinnen gehen auf das Thema des Bildes ein. Auf einige wirkt die Grundstimmung des Bildes *»eher depressiv, unheimlich, düster und nur schwer auszuhalten«* – so dass sie einen starken Impuls verspüren, sich andere (Eltern oder Freunde) dazu zu phantasieren. An diesem Punkt des Interpretationsprozesses lässt sich das für den tiefenhermeneutischen Suchprozess charakteristische Vorgehen aufzeigen: Erstens kann die angesprochene Lesart, dass das Thema des »Alleinseins« einen bedeutsamen Stellwert einnimmt, sowohl innerhalb der Geschichte, aber auch durch die Entscheidung, dieses als erstes Bild auszuwählen, unterstrichen werden. Das »Alleinsein« ist als ein manifestes Thema in ihrer Geschichte zu identifizieren, das auch in den anderen Geschichten immer wieder zum Ausdruck gebracht wird. Allerdings ist die Lesart zu verwerfen, dass es sich in ihrer Geschichte um starre wiederkehrende Erzählmuster handelt und der Bär in der Situation des Alleinseins gefangen ist. Vielmehr wird deutlich, dass der Bär in der Geschichte doch immer wieder eine kreative Idee hat, wie er mit den Erfahrungen umgehen kann. Zweitens kann man das Thema der Geschichte auch in Verbindung mit der aktuellen Forschungsbeziehung sehen und somit das entfaltete Interaktionsmuster in der Geschichte in Beziehung zur Interaktion mit der Interviewerin setzen. Linda gelingt es, sowohl die durch das Setting ausgelöste Anforderung als auch ihr emotionales Befinden im Kontakt mit der Interviewerin sprachlich zu machen und ihre fehlende Spiel- und Kommunikationsbereitschaft zu kritisieren. Der kleine Bär muss alleine spielen, »und deswegen kon- war er ganz alleine und konnte nicht spielen, doch dann musste er alleine spielen«, und damit geht es ihm schlecht. Linda inszeniert sowohl auf der Ebene der Geschichten als auch in Beziehung mit der Untersucherin ihren inneren Konflikt. Dass die Lust am Spielen und das Gestalten von Spielsituationen ein dominierendes Thema ist, um mit den Gefühlen des Alleinseins und den Anforderungen umzugehen, stellt Linda auch in weiteren Szenen ihrer Geschichten immer wieder ausschmückend dar. Offen bleibt dabei aber, wie es zu diesem Alleinsein kommt bzw. welcher Konflikt oder welches Erleben sich hinter dieser Thematik untergründig verbirgt.

Einen wichtigen Hinweis liefert dabei die in der Gruppe zu Beginn wahrgenommene Verärgerung und Empörung, die ebenfalls aufgezeigt hat, dass Linda unter Druck steht und mit dem Gefühl, Anforderungen oder Leistungen gerecht zu werden, auch alleingelassen wird. Die Frage ist also nicht, ob Linda im Kontakt mit einer anderen Interviewerin ein anderes Beziehungsmuster oder andere Geschichten entwickelt hätte, sondern was uns diese Übertragungs-Gegenübertragungs-Dynamik über ihre habitualisierten und internalisierten Beziehungserfahrungen verrät.

Die anfänglich in der Gruppe auftauchende Empörung könnte möglicherweise Lindas nicht artikulierte Wut ausdrücken, in ihren Bemühungen nicht gesehen oder angemessen unterstützt zu werden. Eine Beziehungserfahrung, die sie möglicherweise in ihren Geschichten und in der Beziehung mit der Forscherin inszeniert. Auch wenn der Bär kreativ und mit immer neuen Ideen auf die Situationen, in denen er sich befindet, reagiert und sich zu helfen weiß, gerät er doch auch immer wieder in solche, die traurig oder nachdenklich machen und zugleich auch deprimieren. Dies wird im weiteren Verlauf der Geschichte deutlich, wenn der Bär, der mit Freude die Burg gebaut hat, erfahren muss, dass es auf einmal dunkel wird, »und es kam Regen vom Himmel, da mussten die wieder nach Hause [...] und dann hat er geguckt wegen seiner Sandburg, und dann ist die kaputt gegangen diese Burg«. Linda verleiht ihrer emotionalen Erfahrung mit Hilfe einer veräußerlichten Naturbeschreibung Ausdruck. In Bezug auf die Beziehung zur Interviewerin sehen das die Interpretinnen als Ausdruck, dass sie unter Stress steht, die Erwartungen erfüllen möchte, aber letztlich der Wunsch, die Interviewerin zu begeistern, erfolglos bleibt. Sowohl die Inszenierung der einstürzenden Burg als auch die distanzierte Haltung der Interviewerin, die sich im Postskript an keiner Stelle von den Erzählungen beeindruckt zeigt, unterstreichen diese Lesart. Der Bär baut, türmt auf, lässt sich noch mehr einfallen, doch alles steht in der Gefahr, nicht zu genügen und den Leistungen nicht zu entsprechen. Als erste vorsichtige Deutung entwickelt die Gruppe die Idee, dass sich auf der latenten Ebene der Geschichte ein Beziehungs- und Leistungskonflikt ausdrückt, der schließlich vor dem Hintergrund der biografischen Daten und ihren Imaginationen weiter ausbuchstabiert werden muss, was an dieser Stelle aber nicht weiter geschehen soll.

5 Schlussbemerkung

Die Darlegung einer tiefenhermeneutischen Verstehenspraxis zur Erschließung kindlicher Beziehungsthemen und -konzepte, wie sie sich in fiktiven kindlichen Erzählungen darstellen, sowie der exemplarische Ausschnitt eines tiefenhermeneutischen Interpretationsprozesses eben dieser Erzählungen haben möglicherweise grundlegende Überlegungen zur Tiefenhermeneutik und der Notwendigkeit der Anpassung an den Forschungsgegenstand aufzeigen können. Dabei behält sie grundsätzlich ihre spezifischen Merkmale, nämlich die Intersubjektivität als Erkenntnisinstrument, das damit verbundene besondere Text-Leser-Verhältnis sowie das Konzept des szenischen Verstehens bei. Das spezifische

Vorgehen, das nach der Wirkung des Forschungsmaterials auf die Interpretinnengruppe fragt, wurde im vorliegenden Beitrag, aber auch in Bezug auf die Möglichkeiten und Schwierigkeiten des Methodentransfers hin betrachtet. Dabei konnten folgende Aspekte aufgedeckt werden. Zum einen erschien es als erforderlich, den Forschungsgegenstand – der nach den Beziehungserfahrungen und damit auch nach den realen Kindern fragt – herauszustellen und die damit zusammenhängende veränderte Vorgehensweise zu thematisieren. Zum anderen wurde der erweiterte Zugang der Videoanalyse sowohl als Irritationsquelle als auch als Mittel zur Annäherung an das Verstehen der Beziehungsgestaltung im Forschungssetting und die sich präsentierende Übertragungs-Gegenübertragungs-Dynamik thematisiert und methodisch reflektiert. Die theoretische wie methodische Reflexion bei der Anwendung und Übertragung von Methoden auf einen speziellen Forschungsgegenstand ist eine zentrale, auch in der Literatur immer wieder benannte Vorgehensweise. Sie ist ein wichtiger Schritt im Sinne des angesprochenen Methodentransfers, in dem es nicht darum geht, die psychoanalytische Behandlungsmaxime in einem sozial-, erziehungswissenschaftlich oder entwicklungspsychologischen Forschungsfeld »eins zu eins« zu übertragen, sondern die Anwendung psychoanalytischer Methoden und Theorien kritisch-konstruktiv und dem Forschungsgegenstand angemessen sensibel und behutsam zu beleuchten.

Literatur

Busch, H.-J. (2001). Die Anwendung der Psychoanalytischen Methode in der Sozialforschung Teil II »Wege direkter psychoanalytisch orientierter Sozialforschung« und »Psychoanalytisch orientierte Ansätze des Verstehens fremder Kulturen«. *Psychoanalyse – Texte zur Sozialforschung, 9*, 203–232.

Fahrenberg, J. (2003). Interpretationsmethodik in Psychologie und Sozialwissenschaften – neues Feld oder vergessene Tradition? (http://www.qualitative-research.net/index.php/fqs/article/view/722/1562), Zugriff am 23.04.2013.

Gerner, S. (2011). *Trennung und Transformation. Biografische Bildungs- und familiäre Wandlungsprozesse im Kontext von Migration, Scheidung und Adoleszenz*. Marburg: Tectum.

Kerschgens, A. (2007). Manifester und latenter Sinn in der ethnohermeneutischen Forschung. Rekonstruktion eines Familiengesprächs. *Psychoanalyse – Texte zur Sozialforschung, 2*, 242–265.

Klein, R. (2004). Tiefenhermeneutische Zugänge. In: E. Glaser, D. Klika & A. Prengel (Hrsg.), *Handbuch Gender und Erziehungswissenschaft* (622–635). Bad Heilbronn/Obb.: Julius Klinkhardt.

Klein, R. (2010). Tiefenhermeneutische Analysen. In: B. Friebertshäuser, A. Langer & A. Prengel (Hrsg.), *Handbuch Qualitative Forschungsmethoden in der Erziehungswissenschaft* (3., voll. überarb. Aufl.) (263-279). Weinheim und München: Juventa.

König, H.-D. (1993). Die Methode der tiefenhermeneutischen Kultursoziologie. In: T. Jung & S. Müller-Doom (Hrsg.), *»Wirklichkeit« im Deutungsprozess. Verstehen und Methoden in den Kultur- und Sozialwissenschaften* (190–222). Frankfurt am Main: Suhrkamp.

Lorenzer, A. (1985). *Sprachzerstörung und Rekonstruktion* (3. Aufl.). Frankfurt am Main: Suhrkamp.

Lorenzer, A. (1986). Tiefenhermeneutische Kulturanalyse. In: H.-D. König & A. Lorenzer (Hrsg.), *Kulturanalysen. Psychoanalytische Studien zur Kultur* (11–98). Frankfurt am Main: Fischer.

Morgenroth, C. (2010). *Die Dritte Chance. Therapie und Gesundung von jugendlichen Drogenabhängigen.* Wiesbaden: VS Verlag für Sozialwissenschaften.

Straub, J. (1999). *Handlung, Interpretation, Kritik. Grundzüge einer textwissenschaftlichen Handlungs- und Kulturpsychologie.* Berlin/New York: de Gruyter.

Zur Auswertung von Spiel- und Erzählverfahren

Katrin Schrenker

1 Einleitung

Spiel- und Erzählverfahren produzieren vielschichtiges Material, für dessen Auswertung es verschiedene Methoden gibt. Welche Methode für eine Studie zielführend ist, muss je nach Forschungsfrage und Forschungsgegenstand entschieden werden. Auch eine Kombination mehrerer Methoden im Sinne einer Methoden-Triangulation oder mit unterschiedlicher Gewichtung der einzelnen Auswertungsmethoden ist möglich.

In diesem Beitrag werden zunächst verschiedene Möglichkeiten der Auswertung vorgestellt. Schließlich wird am Beispiel der *MacArthur Story Stem Battery* ein mehrstufiges qualitatives Auswertungsschema vorgeschlagen, das der Individualität der kindlichen Erzählungen gerecht werden soll und differenzierte Analysen ermöglicht. Dabei kommen verschiedene Verfahren der qualitativen Forschung zum Einsatz, die Anhand von Fallbeispielen veranschaulicht werden. Zuletzt reflektiert die Autorin die Kombination mehrerer Methoden zur Auswertung von Spiel- und Erzählverfahren.

2 Auswertungsmethoden für Spiel- und Erzählverfahren

Spiel- und Erzählverfahren lassen Rückschlüsse auf die psychische Struktur von Kindern zu und können sowohl quantitativ als auch qualitativ ausgewertet werden. Wie detailliert die Analysen ausfallen, hängt nicht zuletzt von der Auswertungsmethode ab. Im Folgenden werden sechs verschiedene Methoden zur Organisation und Auswertung des Materials vorgeschlagen.

2.1 Codiersysteme

Häufig wird das aus Spiel- und Erzählverfahren bzw. Geschichtenergänzungsverfahren stammende Material mithilfe von Codiersystemen ausgewertet. Solche Codiersysteme erfassen bestimmte Inhaltsthemen, bspw. Beziehungsthemen wie Konkurrenz, Eifersucht, Aggression u. a. Auch Emotionen, Verhaltens- und Darstellungsweisen werden mit Codes belegt, die angeben, wodurch sich die erzählten und gespielten Geschichten der Kinder auszeichnen (vgl. Robinson, Mantz-Simmons, MacFie, Emde & MacArthur Narrative Working Group, 2000, autorisierte deutsche Fassung durch Lemche, 2000; sowie Robinson & Mantz-Simmons, 2003, 81–91). Auch für die *MacArthur Story Stem Battery* (MSSB; vgl. ausführlich Schrenker zur Erschließung kindlicher Erfahrungswelten i. d. B.) gibt es solche Codiersysteme, wie z. B. das *MacArthur Narrative Coding System* (MNCS).[1] Codiersysteme wie das MNCS haben den Vorteil, effektiv zahlreiche Themen erfassen zu können, die in den kindlichen Spielnarrativen (= erzählte und gespielte Geschichten) vorkommen. Insbesondere bei großen Stichproben kann das Codiersystem für einen zusammenfassenden Überblick über das Material sorgen. Allerdings werden die Themen dabei nur oberflächlich erfasst und quantifiziert. Gleichzeitig beinhalten die Codes bereits eine Wertung im Sinne positiver oder negativer Inhaltsthemen; sie geben z. B. vor, welche elterlichen Repräsentationen als positive oder negative Darstellungen zu werten sind (vgl. z. B. Robinson et al., 2000, 13).

2.2 Reaktionsketten

Neben der Codierung gibt es eine Reihe weiterer Möglichkeiten, Spielnarrative auszuwerten und zu organisieren: Anhand der Reaktion des untersuchten Kindes auf den vorgegebenen Geschichtenanfang können Reaktionsketten erstellt werden, die die Reaktion des Kindes unter einem bestimmten Themenaspekt (je nach Forschungsinteresse) zusammenfassen. Reaktionsketten geben einen schematischen Überblick über den interaktiven Ablauf auf Spiel- und Metaebene. Es wird deutlich, welche Figuren mit welchen Handlungen in das Spielnarrativ einbezogen sind und welche Interaktion ggf. zwischen dem Kind und dem Untersucher/der Untersucherin stattfindet. Besonders hervorgehoben werden Handlungen, die thematisch für die zugrunde gelegte Forschungsfrage von Bedeutung sind. Reaktionsketten erfassen die wichtigsten Höhe- und Wendepunkte innerhalb des Spielnarrativs und zeigen z. B. wiederkehrende Handlungsmuster oder Konfliktlösungsstrategien an. Der Vorteil solcher Übersichtsketten ist die schnelle Vergleichbarkeit des Handlungsverlaufs von Spielnarrativen unterschiedlicher Kinder zur gleichen Story Stem. Ferner können Reaktionsketten bereits nach der ersten Sichtung des Materials erstellt werden. Der Nachteil besteht in den begrenzten Interpretationsmöglichkeiten, so dass sich eine Kombination mit anderen Methoden empfiehlt.

1 Weitere Codiersysteme vgl. Bretherton & Oppenheim, 2003, 67ff.

2.3 Entwicklung themenspezifischer Kategoriensysteme

Spiel- und Erzählverfahren wie die MSSB lassen sich nicht nur themenspezifisch weiterentwickeln und je nach Forschungsinteresse um neue Story Stems erweitern, auch für die Auswertung kann ein eigenes Kategoriensystem entwickelt werden, das die für die Forschungsfrage wichtigsten thematischen Schwerpunkte bündelt. »Kategorie bedeutet hier nichts anderes als einen Begriff, ein Label, das vom Bearbeiter der Texte definiert wird, d. h. ein Wort, mehrere Wörter oder eine [sic!] Kurzsatz, die nicht notwendigerweise auch im Text vorkommen müssen« (Kuckartz, 2010, 58f.). Ähnlich wie bei den vorgegebenen Codiersystemen können Spielnarrative so u. a. nach An- oder Abwesenheit von Inhaltsthemen verglichen werden, mit dem Unterschied, dass die Kategorien des selbst entwickelten Systems auf die Forschungsfrage zugeschnitten sind. Unterschiede gibt es vor allem bei der Erstellung solcher Systeme: Möglich sind rein deduktive, rein induktive Vorgehensweisen oder Mischformen. Bei der Mischform werden sowohl aus der Theorie abgeleitete Annahmen als auch aus dem Material hervorgehende unvorhergesehene Aspekte berücksichtigt.[2] Ein solches Vorgehen sei im Folgenden erläutert. In Anlehnung an Becker & Geer (1993, 139–166) sowie Glaser & Strauss (1998) beschreiben Kelle & Kluge (2010, 58) die Codierung qualitativer Daten folgendermaßen:

> »Die Kodierung beginnt mit der Zuordnung von Textsegmenten zu Kategorien, die der Interpret ad hoc entwickelt, wobei zeilenweise vorgegangen wird und jedes in den Daten auftauchende Ereignis so vielen Codierkategorien wie möglich zugeordnet wird. Gleichzeitig soll jedes neu kodierte Ereignis mit jenen Ereignissen verglichen werden, die bereits kodiert wurden, um auf diese Weise die ›Eigenschaften‹ der Kategorien bzw. ihre Subkategorien anhand des Datenmaterials zu entwickeln.«

Ähnlich wie bei der Entwicklung unterschiedlicher Lesarten in der Objektiven Hermeneutik werden bei der Codierung qualitativer Daten zeilen- oder sequenzweise so viele in Frage kommende Kategorien wie möglichen gebildet. Die Kategorienbildung kann durch thematische Codierung (vgl. Kuckartz, 2010, 61, 84ff.) im Sinne einer explorierenden, organisierenden Vorgehensweise erfolgen:

> »Ein Text wird intensiv bearbeitet, wichtige Textstellen werden angestrichen und Bemerkungen an den Rand geschrieben. Hier werden im Grunde *explorative Hinweisschilder* gesetzt, was eine völlig andere Arbeitsweise darstellt als das Codieren im Sinne der quantitativen Inhaltsanalyse, an das Maßstäbe von Reliabilität und Validität herangetragen werden müssen.« (ebd., 60)

Hopf, Rieker & Sanden-Marcus (1995) haben diese Methodik in ihrer Studie über Familie und Rechtsextremismus angewendet und ausführlich beschrieben. Bei der Frage nach dem Zusammenhang zwischen Rechtsextremismus und Erfahrungen aus Kindheit und Jugend stützen sich Hopf und ihre Mitarbeiter auf die Bindungstheorie und unterlegen ihre Methodik mit breitem theoretischen Vorwissen; ein Teil ihrer Auswertungskategorien ist also theoriegeleitet und wird durch Kategorien ergänzt, die aus dem Material heraus entstanden sind:

2 Vgl. dazu Gloger-Tippelt & König (2009, 67) zur Entwicklung eines neuen Auswertungssystems zum GEV-B.

Die zuvor festgelegte Kategorie »Einstellung zum Nationalsozialismus« wurde bspw. erst durch die Antworten der Interviewten anhand des Materials ausdifferenziert. Die Kategorien dienen zunächst lediglich als Hinweise auf bestimmte Themen im Text und markieren besonders bedeutsame Textpassagen; im Gegensatz zu den Codiersystemen für die quantitative Auswertung sind sie also nicht zentraler Bestandteil der Auswertung, sondern strukturieren das Material für die weitere Analyse.

»Resümierend lässt sich feststellen, dass sich das thematische Codieren in der von Hopf u. a. ausgearbeiteten Form sehr gut für Material eignet, das theoriebezogen mit einem Leitfaden erhoben wurde. Es ist also besonders adäquat für strukturierte Formen qualitativer Forschung« (Kuckartz, 2010, 91). Das thematische Codieren eignet sich deshalb auch für halbstrukturierte Spiel- und Erzählverfahren, da die Spielnarrative so der Fragestellung entsprechend ausgewertet werden können; theoretisches Codieren stellt damit eine Alternative zu den vorgegebenen Codiersystemen dar. Während bei der quantitativen Auswertung mithilfe eines Codiersystems auf ein bereits bestehendes System mit vorgegebenen Kategorien zurückgegriffen wird, geht es bei der qualitativen Auswertung darum, die Kategorien deduktiv aus der Fragestellung bzw. den zugrunde gelegten Theorien abzuleiten und schließlich induktiv aus dem Material heraus zu entwickeln. Kuckartz weist darauf hin, dass »die Gleichsetzung von qualitativer Methodik mit induktiver Kategorienbildung und quantitativer Methodik mit deduktiver Kategorienbildung [...] zu kurz [greift], da man es auch in der qualitativen Forschung meist mit Mischformen zu tun hat« (ebd., 62). Die Auswertungsmethode sollte stets an die Forschungsfrage angepasst werden und nicht umgekehrt. Vorgegebene Codiersysteme haben deshalb den Nachteil, dass sie möglicherweise bestimmte Inhaltsthemen der Spielnarrative nicht erfassen, die für die Beantwortung der Forschungsfrage bedeutsam wären.

Wichtig für ein themenspezifisch entwickeltes Kategoriensystem ist die Überprüfung durch eine Interpretationsgruppe: Ähnlich wie bei der Entwicklung unterschiedlicher Lesarten in der Objektiven Hermeneutik, die sukzessive ausgeschlossen werden, sollte das Kategoriensystem dahingehend überprüft werden, ob auch andere Interpreten einer bestimmten Sequenz die vorgeschlagene Kategorie zuordnen würden. Nach ausreichend Distanz zum Material kann auch durch den Interpreten selbst eine erneute Kategorienbildung vorgenommen werden.

2.4 Sequenzielle Analyse

Die sequenzielle Analyse von Spielnarrativen ist eine der aufwändigsten Auswertungsmethoden, lässt dafür aber auch sehr umfangreiche und detaillierte Schlussfolgerungen zu. Voraussetzung für eine solche Analyse ist die Interpretation in einer Gruppe, vorzugsweise mit Interpreten, die genügend Distanz zum Material mitbringen. Die Grundlagen der Sequenzanalyse im klassischen Sinne der Objektiven Hermeneutik sind in anderen Beiträgen in diesem Band nachzulesen (vgl. Trescher, Schlick, Kauz und Uphoff zur Objektiven Hermeneutik

i. d. B.). An dieser Stelle sei auf eine weniger verbreitete Form der sequenziellen Analyse hingewiesen, die sich für die Auswertung von Spielnarrativen eignet: die *narrative Analyse*. Ziel der narrativen Analyse ist die Erschließung des subjektiven Sinns; die narrativen Daten werden dabei als Lebenskonstruktionen verstanden, die aus Alltagswissen und -erfahrungen hervorgehen.

Wattanasuwan, Buber & Meyer weisen darauf hin, dass bei der narrativen Analyse die Geschichte selbst das Untersuchungsobjekt ist. Sie beziehen sich auf Polkinghorne (1995) und Riessman (1993), indem sie den Zweck der narrativen Analyse damit beschreiben, »herauszufinden, wie die Befragten den Ereignissen und Aktionen in ihrem Leben Sinn zuschreiben« (Wattanasuwan, Buber & Meyer, 2009, 367). Zwar handelt es sich bei den Spielnarrativen um fiktive Handlungen und damit nicht um ein direktes, textförmiges Abbild der sozialen Wirklichkeit, allerdings wird der Bezug zur eigenen Erfahrungswelt der Kinder durch die fiktiven Geschichten ausgedrückt. Grundsätzlich kann »die Analyse der Erzählung [...] auch unter Betrachtung ihrer Einbettung in soziale Prozesse geschehen« (ebd., 368). Der reale, soziale Familienkontext des erzählenden Kindes kann bei der Analyse also mit in den Blick genommen werden. Nach der (chronologischen) Segmentierung von Analyseeinheiten wird zunächst die sprachliche und interpretative Analyse der einzelnen Einheiten vorgenommen. Erst danach werden die Sequenzen noch einmal im Gesamtkontext der Geschichte betrachtet und Transkript mit Audio- und Videoaufzeichnung zusammengebracht. Die Analyse sollte möglichst wiederholt und von verschiedenen Personen (bestenfalls mit unterschiedlichem Kenntnisstand des Themas) erfolgen.

2.5 Themenspezifische Expertenanalyse

Die themenspezifische Expertenanalyse ist eine weitere Möglichkeit, Spielnarrative auszuwerten. Sie eignet sich besonders als unterstützende Methode, die vorangegangene Auswertungsschritte ergänzt. Genau wie bei der Entwicklung eines themenspezifischen Kategoriensystems werden die Experten danach ausgewählt, welchen Beitrag sie zur Beantwortung der Forschungsfrage leisten können. Unabhängig von evtl. bereits vollzogenen Auswertungsschritten sichten die Experten das Material (Videos und/oder Transkripte) und nehmen bspw. eine tiefenhermeneutische Analyse vor. Bereits existierende Analysen können mit der Einschätzung der Experten verglichen und ggf. ergänzt werden. Durch eine tiefenhermeneutische Interpretation soll nicht nur der manifeste, sondern auch der latente Sinn des Textes aufgedeckt werden (zur Anwendung psychoanalytischer Textinterpretation in der Kindheitsforschung vgl. Leuzinger-Bohleber & Garlichs, 2010, 653–672).

Geschichtenergänzungsverfahren wie die MSSB stimulieren bei den teilnehmenden Kindern Erinnerungen an eigene Erfahrungen und können so auch Unbewusstes wieder an die Oberfläche bringen. Da es sich bei den Spielnarrativen um fiktive Geschichten handelt und Kinder ihre Interaktion mit dem Untersucher/der Untersucherin noch nicht so bewusst steuern, wie das Erwachsene tun würden, ist von einem hohen latenten Sinngehalt (z. B. Wünsche, Träume, Ängste) auszugehen. Durch die Fiktionalität sinkt ferner die Hemmschwelle, bestimmte Themen darzustellen. Insofern ist davon auszugehen, dass unbewusste Inhalte näher an der Oberfläche des Gespielten und Erzählten liegen, als dies z. B. bei einem Interview der Fall wäre. Häufig sind inkonsistente Textstellen ein zuverlässiger Hinweis für latenten Sinngehalt (deshalb ist auch die Überprüfung der narrativen Kohärenz in den Geschichten der Kinder von Bedeutung; Brüche in der narrativen Kohärenz, wie z. B. die Einführung eines neuen Themas, können auf eine Vermeidungshaltung dem Konflikt gegenüber hinweisen).

Der Interpretationsprozess folgt dem *szenischen Verstehen* (vgl. u. a. Lorenzer, 2006). Durch die Assoziationen und Irritationen, die das Material hervorruft, »[...] gewinnen sie [die Interpreten; K. S.] Zugang zu Lesarten, welche das routinisierte Textverstehen unterlaufen« (König, 2007, 557). Die Loslösung vom Alltagsverständnis ist unabdingbar damit verbunden. Mehr zu den Grundlagen der Tiefenhermeneutik und weitere Methodenbeispiele sind in Beiträgen von Ruth und Kratz in diesem Band nachzulesen. Es ist von Vorteil, Analysen um den Erfahrungsschatz von Experten anzureichern, allerdings ist diese Methode in ihrer Ausführlichkeit nur bei kleinen Stichproben realistisch.

Erfahrungsgestützte Analyse

Auch die erfahrungsgestützte Analyse bietet sich als eine unterstützende Auswertungsmethode an, durch die eine bereits bestehende Analyse eines Spielnarrativs mit der realen Lebenswirklichkeit des Kindes abgeglichen werden kann. Erfahrungsgestützt meint einerseits die Erfahrung, die der Untersucher/die Untersucherin mit dem Kind während der Erhebungssituation macht, welche Eindrücke er von der Familiensituation hat (sofern die Erhebung bei den Kindern zu Hause stattfindet) sowie andererseits Beziehungs- und Lebenserfahrungen des Kindes. Um diese Informationen zu erhalten, sind allerdings weitere Erhebungsmethoden nötig, wie z. B. Gedächtnisprotokolle und Leitfadeninterviews mit einer oder mehreren Bezugspersonen. Daraus gewonnene zusätzliche Informationen ermöglichen einen Vergleich der fiktiven Darstellungen des untersuchten Kindes mit seinen realen Lebensumständen. Dieser Vergleich lässt Aussagen über den Phantasiegehalt der Spielnarrative zu sowie eine Einschätzung darüber, wie sehr bestimmte Inhaltsthemen tatsächlich in der Lebenswirklichkeit des Kindes verankert sind. Eindrücke des Untersuchers/der Untersucherin können bspw. in Gedächtnisprotokollen festgehalten werden, die allerdings unmittelbar nach der Erhebungssituation erstellt werden sollten, da es sonst zu Erinnerungslücken oder Verwechslungen verschiedener Erhebungssituationen kommen kann. Kommen diese Protokolle bei der Auswertung unterstützend zum Einsatz, muss unbedingt die Subjektivität der Inhalte berücksichtigt werden. Die Protokolle können lediglich Unklarheiten über die familiäre Situation beseitigen oder Aussagen aus den Spielnarrativen oder Interviews untermauern.

Für Informationen der Bezugspersonen über Beziehungs- und Lebenserfahrungen des Kindes empfiehlt sich ein Leitfadeninterview. Die halbstrukturierte Form mit Leitfragen schafft einerseits die Möglichkeit des Vergleichs, andererseits lässt der narrative Charakter des Interviews genügend Freiheit zur individuellen Beantwortung. Da die Reihenfolge der Fragen bei einem teil-strukturierten Interview (vgl. Reinders, 2005, 99f.) nicht zwingend eingehalten werden muss, können die Fragen dem Gesprächsverlauf angepasst und so eine natürlichere Gesprächssituation geschaffen werden. Die Interviewten erzählen dadurch meist freier und offener. Die Fragen des Interviews können – wenn nötig – ähnlich dem themenzentrierten Interview (vgl. ebd., 127) auf der Basis von Theorien und Forschungsergebnissen entwickelt werden, die für die Forschungsfrage interessant sind. Leitfadeninterviews mit Bezugspersonen liefern Informationen über mögliche aktuelle und vergangene[3] Beeinflussungsfaktoren des kindlichen Verhaltens.

Sowohl Gedächtnisprotokolle als auch Leitfadeninterviews können inhaltsanalytisch ausgewertet werden (vgl. Mayring, 2008, 58ff. sowie Buchhaupt & Schallenkammer i. d. B.). Die Auswertungskategorien sind durch den Interview-Leitfaden vorgegeben und können ggf. durch zusätzliche Themen ergänzt werden. »Diese Technik lässt sich als schrittweise Zusammenfassung und Reduktion der Interviewtranskripte charakterisieren« (Schmidt, 2010, 477). Die Aussagen der Bezugspersonen und die Hinweise aus den Gedächtnisprotokollen können auf die Spielnarrative rückbezogen werden und ein Bild über die Familiensituation vermitteln.

3 Von der Methoden-Triangulation zum Fallschema

Wie aus der Beschreibung der einzelnen Auswertungsmethoden hervorgeht, ist nicht jede Methode per se dazu geeignet, Spielnarrative detailliert zu erfassen. Insbesondere die themenspezifische Expertenanalyse und die erfahrungsgestützte Analyse bieten sich als Kombinationsmethoden an. Auswertungsmethoden können kombiniert werden, um reichhaltigere Ergebnisse und eine bessere Absicherung zu erhalten.[4] Flick schlägt in Anlehnung an Fielding & Fielding (1986) für die Triangulation qualitativer Methoden Kombinationen vor, »[...] die ei-

3 Vgl. Reinders, 2005, 167: »Aufgrund des Prinzips der Prozesshaftigkeit sollten im Leitfaden nicht nur Fragen nach der aktuellen Situation, sondern auch in Richtung vergangener Erfahrungen etc. enthalten sein.«

4 Vgl. Flick, 2001, 98 zur *Triangulation in Fallstudien:* »Hildenbrand (2005) beschreibt für seinen Ansatz der fallrekonstruktiven Forschung, wie er Familien als Fälle untersucht und dabei zunächst Beobachtungsprotokolle erstellt, die dann durch familiengeschichtliche Gespräche, Genogramm- und Dokumentenanalysen ergänzt werden.«

nerseits das – Alltags-, Experten- oder biographische – Wissen von Untersuchungsteilnehmern fokussieren mit Methoden, die auf das beobachtbare – individuelle oder interaktive – Handeln der Untersuchten orientieren« (Flick, 2011, 18). Flick führt dazu weiter aus:

> »Die Triangulation verschiedener qualitativer Methoden macht dann Sinn, wenn die kombinierten methodischen Zugänge unterschiedliche Perspektiven eröffnen bspw. Wissen und Handeln –, eine neue Dimension einführen – bspw. Gruppeninteraktion vs. Einzelinterview –, auf unterschiedlichen Ebenen ansetzen – bspw. Dokumenten- oder Bildanalyse vs. verbale Daten, wenn also der erwartbare Erkenntnisgewinn systematisch erweitert ist gegenüber der Einzelmethode.« (ebd., 49)

Um die klassische Form der Methoden-Triangulation, wie sie ursprünglich von Denzin vorgeschlagen wurde (1970, 300ff.), handelt es sich streng genommen nur dann, wenn alle Auswertungsmethoden gleichwertig nebeneinander stehen. Flick bietet hingegen eine offenere Definition an: »In der Sozialforschung wird mit dem Begriff ›Triangulation‹ die Betrachtung eines Forschungsgegenstandes von (mindestens) zwei Punkten aus bezeichnet. In der Regel wird dies durch die Verwendung verschiedener methodischer Zugänge realisiert« (Flick, 2007, 309). Die Anwendung der verschiedenen Methoden dient nicht primär der gegenseitigen Validierung, sondern der »umfassendere[n] Gegenstandsabbildung« (Flick, 2011, 18).

Es folgt die Beschreibung eines Forschungsprojektes, dessen umfangreiche Forschungsfrage die Kombination mehrerer Auswertungsmethoden bei der Auswertung von MSSB-basierten Spielnarrativen erforderte.

3.1 Kurzbeschreibung des Forschungsprojektes

Für das interdisziplinäre Forschungsprojekt »Vom Ich zum Du zum Wir. Perspektivenwechsel und Triangulierung in der frühen Kindheit« (Schrenker, 2012) war die Analyse hinsichtlich bloßer An- oder Abwesenheit diverser Inhaltsthemen in den Spielnarrativen der Kinder nicht zielführend. Der Studie lag die Frage zugrunde, welchen Einfluss das Familienmodell und die damit einhergehenden frühen Beziehungserfahrungen einerseits auf die Entwicklung pragmatischer Fähigkeiten und andererseits auf die Triangulierungsfähigkeit[5] haben. Der zweite Teil der Fragestellung sollte mithilfe der MSSB beantwortet werden. Der Einfluss früher Beziehungserfahrungen auf den Triangulierungsprozess wurde in den mit der MSSB erhobenen Spielnarrativen deutlich. Insgesamt haben 16 Kinder jeweils 8 Geschichten der MSSB weitergespielt und -erzählt. Daraus ist sehr umfangreiches Datenmaterial entstanden, das einer sorgfältigen Aufbereitung und Auswertung bedurfte.

Statt einer quantifizierenden Auswertung von Inhaltsthemen mithilfe eines Codiersystems wurde ein mehrstufiges Auswertungsverfahren angewendet, das im Folgenden näher erläutert wird. Nur durch die ausführliche Analyse der für

5 Die Triangulierungsfähigkeit beschreibt die Fähigkeit, Beziehungskonstellationen zu verinnerlichen und intrapsychische Beziehungsrepräsentanzen zu bilden.

die Fragestellung relevanten Aspekte konnten detaillierte Fallanalysen (zu einer ausgewählten Geschichte der MSSB) entstehen. Bei der Wahl der Auswertungsmethoden traf die quantitative (feste und stabile) auf die qualitative (reichhaltige und differenzierte) Forschung: »Wenn quantitative Beschreibungen an Differenziertheit einbüßen, so verlieren sie an Wirklichkeitsnähe und Lebendigkeit. Aus dem Schaubild und der Tabelle kann man nicht das wirkliche Geschehen rekonstruieren, viel weniger als aus einer qualitativen Beschreibung« (Heinze, 2001, 25).

3.2 Das Fallschema

Während des ersten Interpretationsdurchlaufs zeigte sich, dass alle Spielnarrative der Kinder gleichermaßen bestimmte Aspekte aufweisen, die mit verschiedenen Auswertungsmethoden erfasst werden können. Für die Auswertung der Spielnarrative wurden deshalb mehrere Methoden in ein Fallschema zusammengefasst. Die folgende Tabelle zeigt, in welchem Zusammenhang die einzelnen Auswertungsschritte mit dem Fallschema[6] stehen.

Tab. 1: Übersicht: Mehrstufiges Auswertungsverfahren und Bezug zum Fallschema

	Auswertungsschritt	Fallschema
1.	Aufbereitung der Daten: Basis für die Auswertung	
2.	Reaktionskette	→ Überblick über den Spielablauf
3.	Entwicklung eines Kategoriensystems	→ Bündelung thematischer Schwerpunkte → Strukturierung der Inhalte des Fallschemas
4.	Sequenzielle Analyse	→ Zusammenfassung und Interpretation
5.	Auswertung der Leitfadeninterviews und Gedächtnisprotokolle	→ Darstellung der Familiensituation
6.	Expertenvalidierung durch tiefenhermeneutische Interpretation	→ Überprüfung der Fallanalysen (v. a. hinsichtlich der eingeschätzten Triangulierungsfähigkeit)

Nach der *Aufbereitung der Daten* 1) durch Transkription von Spiel- und Sprechhandlungen gibt die *Reaktionskette* 2) – wie eingangs beschrieben – einen schematischen Überblick über das Spielgeschehen und über die Interaktion zwischen Untersucherin und Kind auf der Metaebene. Das Hauptaugenmerk lag in diesem Fall dem Forschungsinteresse entsprechend auf dyadischen und triadischen Konstellationen, die in der Reaktionskette besonders hervorgehoben wurden.

6 Das Fallschema ist eine verkürzte Form des Fallschemas aus Schrenker, 2012, 168ff.

Die *Entwicklung eines Kategoriensystems* 3) schaffte die Basis für die Interpretation. Mithilfe des Textverarbeitungsprogramms MAXQDA konnten kontextgebundene Textsegmente verglichen und verknüpft werden, um z. B. Muster in den Handlungsstrategien der Kinder erkennen zu können.[7] Ebenso wurden die für die Interpretation besonders wichtigen Textstellen und wiederkehrende Themen hervorgehoben.

Die *sequenzielle Analyse* 4) war der aufwändigste Auswertungsschritt, dessen Ergebnisse den ausführlichsten Teil der Fallanalysen ausmachen.[8] In der Zusammenfassung und Interpretation erfolgte auch eine erste Einschätzung der Triangulierungsfähigkeit, die für die Fragestellung der Studie von besonderer Bedeutung war. In diesem Zusammenhang spielte die Frage nach den Elternrepräsentanzen eine Rolle, d. h. wie stellt das Kind die Beziehung zwischen Eltern und Kind in seinen Spielnarrativen dar? Auch der Kontakt zwischen Kind und Untersucherin blieb bei der Einschätzung nicht unberücksichtigt: Sucht das Kind z. B. die Aufmerksamkeit der Untersucherin, oder scheut es den Dialog? Wechselt das Kind zwischen Spiel- und Metaebene und bezieht die Untersucherin mit ein, oder kann es sich nur auf eine Ebene konzentrieren?

Informationen zur Familiensituation und damit zur realen Erfahrungswelt des Kindes konnten durch die *Gedächtnisprotokolle und Leitfadeninterviews* 5) mit den Müttern der Kinder gewonnen werden. Der Zusammenfassung und Interpretation steht in den Fallanalysen die Beschreibung der Familiensituation gegenüber; die Geschichteninhalte konnten dadurch mit der realen Erfahrungswelt des Kindes abgeglichen werden.

Die *Expertenvalidierung* 6) diente als unterstützende Methode, um insbesondere die Einschätzung der Triangulierungsfähigkeit durch erfahrene Psychoanalytiker zu überprüfen.

Durch die Kombination dieser Methoden konnten tiefenhermeneutische Profile erstellt werden, die der Vielschichtigkeit des Materials gerecht werden. Da die Erhebungs- und Auswertungsmethoden unterschiedlich gewichtet waren, kann nicht von klassischer Methoden-Triangulation gesprochen werden.

7 Möglichkeiten zur Aufbereitung von Datenmaterial vgl. jeweils praktische Hinweise zu MAXQDA in Kuckartz, 2010.

8 Die sequenziellen Analysen führten u. a. zu einer gesonderten Einschätzung der Kinder hinsichtlich ihrer Bevorzugung dyadischer oder triadischer Beziehungsmuster. Als unerwartetes Ergebnis ist deshalb der Abschnitt »Reaktionsmuster« später in das Fallschema eingefügt worden.

4 Ein Auswertungsbeispiel zur MacArthur Story Stem Battery

Im Folgenden werden die in Tabelle 1 zusammengefassten Auswertungsschritte näher erläutert und mit Beispielen veranschaulicht; lediglich die Reaktionskette wird dabei ausgelassen, da eine Gegenüberstellung einer Handlungs- und Inhaltsübersicht zu einem vollständigen Transkript an dieser Stelle nicht möglich ist.

4.1 Aufbereitung der Daten (Transkription)

Die Besonderheit bei der Transkription von Daten, die mit der MSSB gewonnen wurden, ist der Zusammenhang von Bild- und Tonaufzeichnung. Bei der Planung einer Studie, in der ein Spiel- und Erzählverfahren als Methode zugrunde gelegt wird, muss daher mit erhöhtem Arbeitsaufwand in der Phase der Transkription gerechnet werden. Zusätzlich zu der Aufnahme der sprachlichen Monologe und Dialoge ist die Videoaufzeichnung der Handlungen auf der Spielebene sowie auf der Metaebene (z. B. Kontakt zwischen Kind und Untersucherin) unerlässlich. Für die genaue Nachvollziehbarkeit paralleler Spiel- und Sprechhandlungen sind wortwörtliche Transkripte unabdingbar. Es müssen also sowohl die sprachlichen Äußerungen von Kind und Untersucherin als auch die dazugehörigen Spielhandlungen transkribiert werden. Gemäß der *literarischen Umschrift*[9] werden sprachliche Äußerungen möglichst naturgetreu (Dialekt, Umgangssprache, ungenaues Sprechen etc.) wiedergegeben. Emotionale Reaktionen sowie Mimik, Gestik und Stimmlage werden vermerkt, wenn sie für die Auswertung relevant sind. Von Bedeutung kann z. B. die Anpassung oder der Widerspruch des Gesichtsausdrucks des untersuchten Kindes zum dargestellten Gefühl einer Figur sein. Bei Bedarf kann das Videomaterial zur nachträglichen exakteren Analyse, bspw. des Gesichtsausdrucks, herangezogen werden.

Generell dienen Transkripte »[...] als stabiler Referenztext innerhalb der Forschung und in der Veröffentlichung von Studien als exemplarischer, zitierfähiger Beleg« (Langer, 2010, 516). Im Falle der MSSB setzt ein Transkript jeweils nach der Spielaufforderung durch die Untersucherin ein, sobald das Kind die Figuren bewegt oder zu erzählen beginnt. Falls das Kind vor der Spielaufforderung themenrelevante Verhaltensweisen zeigt oder sich themenrelevant äußert, wird dies ebenfalls notiert. Die Länge der Spielnarrative wird mit Anfangs- und Endzeiten in Minuten und Sekunden angegeben. Für die Transkriptionsregeln machen z. B. Gloger-Tippelt & König (2009, 78ff.) im Zusammenhang mit dem Geschichtenergänzungsverfahren zur Bindung fünf-

9 Langer, 2010, 519: »Bei der *literarischen Umschrift* werden diese Besonderheiten [Auslassungen, Angleichung von Lauten etc.; K. S.] berücksichtigt. Dialektsprachliches wird im gebräuchlichen Alphabet wiedergegeben (›... dann kam dann der Tach ...‹).«

bis achtjähriger Kinder (GEV-B) einen guten Vorschlag, der sich in ähnlicher Weise auch auf die MSSB anwenden lässt (vgl. Schrenker, 2012, 174):

Tab. 2: Transkriptionsregeln

Transkriptionsregeln
<?> = unverständliches Wort
[...] = unverständliche Passage
(?) = akustisch oder inhaltlich unsicher
z. B. K(M<?>) = Sprecher unklar
... = kurze Pause in wörtlicher Rede
<Zeit> = Pause von mehr als drei Sekunden
<Text> = Anmerkungen
Kursiv = (Spiel)Handlung
BETONT = betont gesprochen
G-e-d-e-h-n-t = gedehnt gesprochen
/= paralleles Sprechen
//= Unterbrechung der wörtlichen Rede des Sprechers
Wort- = abgebrochenes Wort
»... bzw. ...« = Fortsetzung zusammenhängender wörtlicher Rede (folgt)
Mhm, Mm u. ä. = zustimmend, wenn nicht anders vermerkt

4.2 Entwicklung eines Kategoriensystems für die MSSB

Wie bereits im Unterkapitel zur Entwicklung themenspezifischer Kategoriensysteme erläutert, sind rein deduktive, rein induktive Vorgehensweisen oder Mischformen möglich. Das im Folgenden beispielhaft beschriebene Kategoriensystem für die Auswertung der Spielnarrative in der hier beschriebenen Studie entstand aus einer Mischform, d. h. Vorwissen und empirisches Datenmaterial wurden miteinander verknüpft: Die Kategorien wurden einerseits deduktiv aus den zugrunde gelegten Theorien gebildet und andererseits aus dem empirischen Material heraus entwickelt. Die Entwicklung des Kategoriensystems konnte damit sowohl theoriebasierend als auch offen gegenüber dem empirischen Material vorgenommen werden. Der erste Schritt bestand aus dem Herantragen theoretisch relevanter Konzepte an das Material (wie z. B. die Ausprägung von Dyaden und Triaden im Text), der zweite Schritt aus der Entwicklung neuer

Kategorien aus dem Material heraus, deren Vorkommen anschließend in allen anderen Spielnarrativen überprüft wurde. Das so entwickelte Kategoriensystem diente als Basis für die Inhalte des Fallschemas. Es umfasst Hauptkategorien sowie Subkategorien erster und zweiter Stufe.[10]

Unter die Hauptkategorie *Interaktionscodierungen* fallen z. B. alle erfassbaren dyadischen und triadischen Situationen auf Spiel- und Metaebene, d. h. sowohl der Kontakt zwischen Kind und Untersucherin als auch die Handlungen zwischen den Spielfiguren. Diese Kategorie war für die Untermauerung der zugrunde gelegten Triangulierungstheorien mit konkreten Beispielen besonders bedeutsam. Mit den entsprechenden Textstellen konnte das Ineinandergreifen oder die Unterscheidung dyadischer und triadischer Konstellationen und Familiensituationen deutlich gemacht werden. Die Kategorie *Perspektivenwechsel* bezeichnet eine weitere Hauptkategorie, in die ausschließlich Handlungen des untersuchten Kindes fallen. Dazugehörige Subkategorien sind z. B. Mentalisierung (das Kind verbalisiert Vermutungen/Theorien über Gedanken, Gefühle, Bedürfnisse etc. der im Spiel vorkommenden Figuren), Gestik (das Kind führt eine Gestik aus, die das Handeln einer Figur unterstützt/unterstreicht), Mimik (das Kind passt seine Mimik der Rede oder dem Gefühl einer Figur an), Stimmlage (das Kind passt seine Stimmlage einer Figur an oder drückt mit der Stimmlage einer Situation angepasste Gefühle aus, z. B. Enttäuschung), Beachtung der Zuhörerperspektive (das Kind unterscheidet zwischen Meta- und Spielebene und erklärt der Untersucherin z. B. seine Spielhandlungen selbstständig, d. h. nicht als Antwort auf eine Frage der Untersucherin). Die Hauptkategorie *Elternrepräsentanzen* umfasst mit ihren zahlreichen Subkategorien (z. B. Autorität, Empathie, Zurückweisung, Streit, Versorgung, Wertschätzung, Zuneigung) alle verinnerlichten Bilder der Familienbeziehungen zwischen dem Kind und seinen Eltern (= Beziehungsrepräsentanzen) sowie die Repräsentanzen der dargestellten Elternrollen. Diese Kategorie ist ein gutes Beispiel für die Kombination deduktiver und induktiver Kategorienbildung: Während die Relevanz der Elternrepräsentanzen für die Entwicklung der Triangulierungsfähigkeit theoretisch begründet werden kann, wurden die tatsächlich vorkommenden Elternrepräsentanzen aus den Spielnarrativen heraus entwickelt. Ein weiteres Beispiel für eine Hauptkategorie ist die *Eigene Erfahrung*; diese Kategorie stützt die Validität der MSSB, da sie jene Textstellen markiert, in denen die untersuchten Kinder ausgehend von den Story Stems einen expliziten Bezug zu ihrer eigenen Erfahrungswelt herstellen.

4.3 Sequenzielle Analyse von Spielnarrativen: Beispiele zur MSSB

Nach der Entwicklung des Kategoriensystems erfolgte die sequenzielle Analyse, für die die codierten Textstellen in der ersten Phase der Analyse die Grundlage

10 Zur Beschreibung des gesamten Kategoriensystems vgl. Schrenker, 2012, 177ff.

bildeten. Die folgenden drei Sequenzen[11] geben ein Beispiel für die sprachliche und interpretative Analyse. Bei den Auszügen aus dem beschriebenen Spielnarrativ handelt es sich um die Reaktion eines Kindes auf die Ausschluss-Geschichte: Mutter und Vater sitzen auf dem Sofa und unterhalten sich. Die Mutter bittet die Tochter (im Folgenden Tina), auf ihrem Zimmer spielen zu gehen, damit sie (die Eltern) ein wenig alleine sein können. Nachdem Tina gegangen ist, küssen sich die Eltern. Das untersuchte Kind (genannt Meike) reagiert auf die Aufforderung durch die Mutter-Figur folgendermaßen:

Sequenz 1:
Tina[12]*: O-k-a-y.*
Tina geht in ihr Zimmer.

Nach der Aufforderung durch die Mutter geht Tina in ihr Zimmer. Meike transportiert das Gefühl der Enttäuschung verbal, indem sie das *O-k-a-y* gedehnt spricht und am Ende ihre Stimme senkt. Sie wirkt unzufrieden darüber, dass Tina nicht bei den Eltern bleiben darf, protestiert aber zunächst nicht. Da Tina nicht explizit die Tür schließt, bleibt eine räumliche Nähe zu den Eltern bestehen.

Sequenz 2:
Nachdem die Untersucherin den Kuss der Eltern mit Mutter- und Vaterfigur dargestellt hat, fordert sie Meike auf, die Geschichte weiterzuerzählen und -zuspielen:
Meike: Hmm.
Tina: Ma-m-i, ich hab' Hunger!
Meike stellt Tina wieder vor den Eltern auf.
Mutter (dem Durchführungsmanual entsprechend repräsentiert durch die Untersucherin): Aber du Tina, wir ham doch gesacht, dass wir jetzt ein bisschen Zeit für uns haben wollen [...]//Tina://Aber Mami, ich hab' Hunger!! <laut>

Durch den Kuss der Eltern ist Meike der Ausschluss endgültig bewusst geworden. Eine Triade scheint zu diesem Zeitpunkt nicht mehr möglich zu sein. Um der Ausschluss-Situation jedoch entgegenzuwirken, fordert Tina bei der Mutter die Befriedigung eines elementaren Bedürfnisses ein: *Ma-m-i, ich hab' Hunger!*. Die Mutter wird so zur Versorgerin, die wie in der frühen Mutter-Kind-Bindung für die Ernährung und damit das Überleben des Säuglings zuständig ist. Ein so elementares Bedürfnis wie Hunger, so meint Meike offensichtlich, könne die Mutter Tina nicht abschlagen. Die Verwendung der Kosebezeichnung »Mami« erinnert an das Verhältnis und die Bindung zwischen Kind und Mutter. Mit ihrer kindlichen Stimmlage und dem quengelnden Unterton unter-

11 Die komplette Fallanalyse ist nachzulesen in Schrenker, 2012, 204ff.
12 Hier und im Folgenden kennzeichnet die Kursiv-Schrift – neben den Spielhandlungen und der aus den Transkripten entnommenen direkten Rede – die Rollenübernahme durch das untersuchte Kind.

streicht Meike, dass es dringend ist, und verleiht Tinas Bedürfnis Nachdruck. Das Quengeln ist mit dem Schreien des Säuglings zu vergleichen und verweist auf die Abhängigkeit von der Mutter. Zugleich stellt die Forderung an die Mutter eine Konkurrenz zum Vater dar, der in dieser Situation aus der dyadischen Mutter-Kind-Beziehung ausgeschlossen wird, in der die Mutter für die Versorgung zuständig ist.

Sequenz 3:
Nachdem Meike eine kurze Weile jegliche Reaktion sowohl auf Spiel- als auch auf Metaebene verweigert, hat sie plötzlich eine Idee zur Lösung des Problems:
Meike: Da sagt der Papi:
Meike greift nach dem Vater und nimmt ihn vom Sofa.
Vater: ICH spiel' jetzt gerne mit dir ... Ich glaube, Mami ist ein bisschen müde. Die kann aufm Sofa ein bisschen schlafen.
Meike legt die Mutter auf das Sofa.

Nachdem Meike den Vater zunächst unberücksichtigt ließ, fungiert er nun als Retter aus der für Tina unerwünschten Situation. Er macht das wieder gut, was die Mutter verweigert hat, und wird so automatisch zu ihrem Rivalen. Der Hunger ist vergessen bzw. entpuppt sich als vorgeschobener Grund, mit dem Tina den Ausschluss aus der Elternbeziehung verhindern wollte. Indem Meike den Vater als »befriedigendes (gutes) Objekt« (vgl. Klein, 1962; 1971) darstellt, schafft sie eine Konkurrenzsituation zwischen Mutter und Vater, die durch die Betonung des Personalpronomens »ICH« besonders deutlich wird. Der Hinweis des Vaters darauf, dass die Mutter müde sei, schwächt den Ausschluss der Mutter aus der Vater-Tochter-Dyade ab, denn er impliziert, dass die Mutter ohnehin kein Interesse daran hätte, mitzuspielen. In dieser Darstellung klingt also Meikes Über-Ich bzw. schlechtes Gewissen an. Dennoch verbannt Meike die Mutter damit aus dem Geschehen und löst so das Problem des Ausschlusses von Tina aus der Elternbeziehung. Indem die Mutter schläft, ist sie nicht mehr präsent, und Tina hat ihren Vater für sich alleine. Meike nutzt den Rollenwechsel, um die Geschichte nach ihren Wünschen fortzusetzen. Der Vater bietet Tina nun an, mit ihr Lego® zu spielen, und bedient zugleich ihr Bedürfnis nach Nähe und Zuneigung:

Vater zu Tina: Na, wollen wir Lego® spielen?
Tina: Ja, Papa. <freudig>
Meike setzt Vater und Tina hin.
Vater: Willst du auf meinen Schoß?
Tina: J-a.
Meike setzt Tina bei dem Vater auf den Schoß.

Meike ersetzt die Mutter durch Tina und spiegelt damit ihren ödipalen Wunsch wider, den Vater an Stelle der Mutter in Anspruch zu nehmen. Tina »besetzt« nun regelrecht die Position der Mutter, indem sie den Schoß des Vaters für sich einnimmt. Das gedehnte J-a verweist auf den langersehnten Wunsch, der nun in

Erfüllung geht, als könnte der Vater Tinas Gedanken lesen. Jegliches Bedürfnis scheint damit erfüllt zu sein, so dass Meike das Spiel gar nicht weiter fortführen, sondern es bei der Zweisamkeit von Vater und Tochter belassen möchte. Die Nähe zum Vater stellt die Wiedergutmachung des Ausschlusses und der Verweigerung der Bedürfnisbefriedigung durch die Mutter dar.

4.4 Erfahrungsgestützte Analyse: Zusammenhänge zwischen Spielnarrativ und Familiensituation

Die Ergebnisse der Analysen von Leitfadeninterviews und Gedächtnisprotokollen wurden in einem Abschnitt zur Familiensituation in den Fallanalysen zusammengefasst. Die Interviews haben beim Zusammenfügen der einzelnen methodischen Teile eine hohe Aussagekraft bewiesen, da sie häufig die fehlenden Hintergrundinformationen zum Eindruck von Familiensituation und -beziehungen (Gedächtnisprotokoll) und den Spielnarrativen der Kinder lieferten. Folgendes Beispiel verdeutlicht einen Zusammenhang zwischen Spielnarrativ und Familiensituation:[13]

Im Interview gibt die Mutter eines Mädchens (Jenny, sechs Jahre) an, bereits vor Jennys Geburt alleinerziehend gewesen zu sein; der Kontakt zum Vater sei allerdings so beständig, dass es für Jenny fast so sei, als würde er zu Hause wohnen. Da die Mutter nicht möchte, dass Jenny unter der Trennung leidet, kommt der Vater mehrmals pro Woche zu Besuch, obwohl er noch eine andere Familie hat, in der er bereits vor Jennys Geburt lebte. Jennys Mutter spricht offen über diese Problematik. Sie habe gemerkt, dass der Streit zwischen den Eltern Jenny belastete. Deshalb habe sie versucht, das Umfeld und den Kontakt zum Vater wieder so normal wie möglich zu gestalten.

Die Unklarheit der Familiensituation spiegelt sich in Jennys Geschichten wider: Ihre mangelnde Rollenübernahme (v. a. der Vater-Figur) führt dazu, dass kaum Beziehungsrepräsentanzen deutlich werden. Lediglich in der Ausschluss-Geschichte zeigt Jenny, dass sie zwar eine Vorstellung von den Eltern als Paar hat, aber nicht, wie diese im Detail aussieht. Deutlicher wird hingegen in allen Geschichten Jennys Harmoniebestreben, das u. a. auf ihren Wunsch schließen lässt, die eigenen Eltern wieder vereint zu sehen – dieser Wunsch zeigt sich z. B. in dem zweiten Kuss der Eltern-Figuren in der Ausschluss-Geschichte, den Jenny selbst forciert. In den Geschichten ist die Identifikationsfigur Tina stets für die Harmonie in der Familie verantwortlich, z. B. indem sie die Eltern nicht in ihrer Zweisamkeit stört. Jennys Spielnarrative wirken eher wie ein distanziertes Spiel als eine Darstellung des lebendigen Familienalltags, d. h. die Eltern *spielen* die Elternrolle. Jenny kann die Rollen nicht mit eigenen Erfahrungen anreichern. Sie spiegelt damit die Familiensituation bzw. die vorgespielte Beziehung der Eltern wider. Sie hat es sich angewöhnt, Konflikten aus dem Weg zu gehen, um die als zerbrechlich erlebte Harmonie der Familie nicht zu gefährden.

13 Die komplette Fallanalyse ist nachzulesen in Schrenker, 2012, 239ff.

4.5 Expertenvalidierung durch tiefenhermeneutische Interpretation

Die Expertenvalidierung war der letzte Auswertungsschritt zur Überprüfung und Vervollständigung der Fallanalysen. Folgendes Beispiel[14] soll den Prozess einer durch die Spielhandlung hervorgerufenen Irritation und anschließenden Interpretation mithilfe der Experten verdeutlichen: Nachdem das untersuchte Kind (genannt Robin) mit dem Ausschluss auf der Spielebene umgehen konnte, indem es Tom (= Identifikationsfigur)[15] einen Zoobesuch vorschlagen ließ, spielte es den Besuch von Mutter und Sohn im Affengehege (der Vater, so Robin, wolle lieber zu Hause bleiben und Fernsehen schauen):

Tom: Mama, Mama, darf ich zu diesen Affen da auf den Baum klettern?
Mutter: Nein, nein, nein.
Tom: D-o-ch!
Robin lacht und hebt Tom in die Luft.
Robin: Jetzt wär' der hochgeklettert. […]
Mutter: H-a-l-l-o! Komm sofort wieder runter!
Tom: Nein. […]
Robin macht Schlag-Geräusche (?) und Bewegungen mit seinen Händen und lässt dann Tom auf den Tisch fallen.
Untersucherin: Was machen die denn da?
Robin lacht.
Robin: Backpfeife geben.
Untersucherin: Wieso das denn? Die Affen dem?
Robin: Weil die ham den genervt.
Robin macht erneut Schlag-Geräusche und Bewegungen mit seinen Händen, schnippt Tom mit dem Finger gegen den Kopf, hebt ihn in die Luft und stellt ihn dann wieder auf dem Tisch vor der Mutter ab.
Robin: Hui!
Tom zur Mutter: Hallo.
Mutter: Hallo <?>. Ich hab' gesagt, du sollst hier unten bleiben, also hier unten bleiben! Geh'n wir lieber zu den Gorillas, denn hier drehst du durch.
Mutter und Tom laufen weiter.
Mutter: Guck mal, wir sind drin bei den Gorillas.
Tom: Oh, oh … nein, bitte lass mich, Gorilla, lass mich. Haaa … disch … autsch!
Robin hebt Tom wieder in die Luft und legt ihn dann auf den Tisch. Robin macht Affen-Geräusche.
Tom: […] lass mich.
Robin: Der war wütend. […]

14 Die komplette Fallanalyse ist nachzulesen in Schrenker, 2012, 212ff.
15 Dem Geschlecht des untersuchten Kindes angepasst.

Robin macht Schnauf-Geräusche und bewegt seine Fingerspitzen über den Tisch Tom entgegen.
Tom: A-h!
Robin buxiert Tom um den Gorilla (?) herum.
Robin zur Untersucherin: Der is' an die Scheibe gedotzt.
Untersucherin: Okay.
Tom: Au, meine arme Nase. […]
Robin spielt mit seiner Hand immer noch den wütenden Gorilla nach, macht dabei ein böses Gesicht und Schnauf-Geräusche. […] Robin schnippt mit seinem Finger gegen Tom und lässt ihn durch die Luft fliegen.
Robin: Und dann is' da die Scheibe durch. […]
Robin lässt Tom zurück auf den Tisch fallen.
Tom: A-u!
Untersucherin: Ui … oh je … und dann, wie endet die Geschichte?/Mutter: Hey, bleib h-i-e-r!
Robin nimmt die Mutter in die Hand und schiebt sie zu Tom.
Robin: Die springt dann durch das Kaputte.
Mutter: Huii!
Robin hebt die Mutter kurz hoch und lässt sie wieder auf den Tisch plumpsen.
Mutter: Was is' passiert, was is' passiert?
Tom:»Nix, Mama.
Robin: Okay <?> nächste Geschichte.

Die Mutter lässt sich von Tom dazu verführen, mit ihm in den Zoo zu gehen und den Vater alleine zu Hause zu lassen. Die elterliche Zweisamkeit tritt dadurch hinter die Mutter-Sohn-Beziehung zurück. Mit ihrem nachgiebigen Verhalten verliert die Mutter allerdings auch Respekt bzw. Durchsetzungsvermögen, denn Tom nutzt die Zeit mit ihr im Zoo fast ausschließlich dazu, sich ihren Verboten zu widersetzen und sich ihrer Sorge zu entziehen.

Die engere Verbindung, die die Mutter durch ihren Hilfeversuch im Gorilla-Gehege anbietet, lehnt Tom ab, indem er so tut, als wäre nichts passiert. Bei dem Besuch im Zoo wird deutlich, dass Tom nicht auf die Mutter angewiesen sein möchte, sondern stattdessen seine Unabhängigkeit und auch seinen Ungehorsam zelebriert. Obwohl Robin in seiner Geschichte ausschließlich dyadische Beziehungskonstellationen darstellt, ist der Vater als Dritter in seinem Kopf präsent. Der Affe im Zoo, der von Tom geschlagen wird, und auch der Gorilla, der Tom bedroht, können symbolisch für den Vater stehen. Deshalb kann Tom alleine mit seiner Mutter kein lustvolles Erlebnis im Zoo haben, da der Vater gedanklich präsent ist und ihn bedroht. Andererseits gibt sich der Vater in Robins Geschichte depressiv, zurückgezogen und bietet dem Sohn keine Projektionsfläche, durch die Tom sich an der Seite der Mutter realisieren und damit die Beziehung zu ihr genießen könnte.

5 Reflexion zur mehrstufigen Auswertung von Spiel- und Erzählverfahren

Die Wahl der Auswertungsmethode(n) ist zunächst abhängig vom Umfang des Materials und der Stichprobe. Eine kleine Stichprobe lässt eher eine Kombination mehrerer Methoden zu als eine sehr große Stichprobe, bei der das Material mithilfe von Codiermanualen und Reaktionsketten überblickt und strukturiert werden kann.

Durch ein mehrstufiges qualitatives Auswertungsverfahren sollen möglichst viele Schichten des Materials aufgedeckt und aus unterschiedlichen Perspektiven betrachtet werden. Auch wenn es sich dabei nicht um die klassische Form der Methoden-Triangulation handeln mag, bei der die Methoden gleichwertig nebeneinander stehen, hat sich die Kombination verschiedener Methoden in der Kindheitsforschung bewährt:

> »Insbesondere in der qualitativen Kindheitsforschung gehört die Triangulation verschiedener methodischer Verfahren inzwischen zum Forschungsalltag. [...] Triangulationsversuche gibt es in der qualitativen Kindheitsforschung jedoch nicht nur bei dem Einsatz verschiedener Erhebungsinstrumente, sondern auch bei der Auswertung der erhobenen qualitativen Materialien. [...] Die Triangulation verschiedener Datenbereiche und Methoden in der qualitativen Kindheitsforschung hat sich bislang als sinnvoll und produktiv erwiesen, da dadurch verschiedene Dimensionen des Kinderalltags analytisch erfasst und rekonstruiert werden konnten.« (Krüger, 2006, 110f.)

Die Ergebnisse, die mit den jeweiligen Auswertungsmethoden erzielt werden können, sind sehr unterschiedlich. Mit einem mehrstufigen qualitativen Auswertungsverfahren kann eine Fragestellung nicht im Sinne einer Werte- oder Kompetenz-Skala beantwortet werden. Ein solches Verfahren ermöglicht jedoch eine sehr differenzierte und lebensnahe Analyse psychischer Strukturen, die nicht nur Rückschlüsse auf den Umgang des Kindes mit Konfliktsituationen zulässt, sondern auch auf seine tatsächliche Erfahrungswelt. Darin liegt m. E. das große Potenzial einer qualitativen, mehrstufigen Auswertung von Spiel- und Erzählverfahren.

Literatur

Glaser, B. & Strauss, A. (1998). *Grounded Theory. Strategien qualitativer Forschung.* Bern: Huber.

Becker, H. & Geer, B. (1993). Teilnehmende Beobachtung: Die Analyse qualitativer Forschungsergebnisse. In: C. Hopf & E. Weingarten (Hrsg.), *Qualitative Sozialforschung* (139–166). Stuttgart: Klett-Cotta.

Bretherton, I. & Oppenheim, D. (2003). The MacArthur Story Stem Battery: Development, Administration, Reliability, Validity, and Reflections about Meaning. In: R. N. Emde, D. P. Wolf & D. Oppenheim (Hrsg.), *Revealing the Inner Worlds of Young*

Children. The MacArthur Story Stem Battery and Parent-Child Narratives (55–80). Oxford: Oxford University Press.

Denzin, N. K. (1970). *The Research Act. A Theoretical Introduction to Sociological Methods.* London: Butterworths.

Fielding, N. G. & Fielding, J. L. (1986). *Linking Data.* Beverley Hills: Sage.

Flick, U. (2007). Triangulation in der qualitativen Forschung. In: U. Flick, E. v. Kardorff & I. Steinke (Hrsg.), *Qualitative Forschung. Ein Handbuch* (309–318). Reinbek bei Hamburg: Rowohlt.

Flick, U. (2011). *Triangulation: Eine Einführung.* Wiesbaden: Springer VS.

Gloger-Tippelt, G. & König, L. (2009). *Bindung in der mittleren Kindheit. Das Geschichtenergänzungsverfahren zur Bindung 5- bis 8-jähriger Kinder (GEV-B).* Weinheim/Basel: Beltz Psychologie Verlags Union.

Heinze, T. (2001). *Qualitative Sozialforschung: Einführung, Methodologie und Forschungspraxis.* München: Oldenbourg.

Hopf, C., Rieker, P. & Sanden-Marcus, M. (1995). *Familie und Rechtsextremismus: Familiale Sozialisation und rechtsextreme Orientierungen junger Männer.* Weinheim/Basel: Juventa.

Kelle, U. & Kluge, S. (2010). *Vom Einzelfall zum Typus: Fallvergleich und Fallkontrastierung in der qualitativen Sozialforschung.* Opladen: Springer VS.

Klein, M. (1962). Die Psychoanalytische Spieltechnik. In: M. Klein: *Das Seelenleben des Kleinkindes und andere Beiträge zur Psychoanalyse* (12–35). Hrsg. v. H. A. Thorner. Stuttgart: Klett.

Klein, M. (1971). *Die Psychoanalyse des Kindes.* München: Reinhardt.

König, H-D. (2007). Tiefenhermeneutik. In: U. Flick, E. von Kardoff & I. Steinke (Hrsg.), *Qualitative Forschung. Ein Handbuch* (556–568). Reinbek bei Hamburg: Rowohlt.

Krüger, H.-H. (2006). Forschungsmethoden in der Kindheitsforschung. *Diskurs Kindheits- und Jugendforschung,* 1, 91–115.

Kuckartz, U. (2010). *Einführung in die computergestützte Analyse qualitativer Daten.* Wiesbaden: Springer VS.

Langer, A. (2010). Transkribieren – Grundlagen und Regeln. In: B. Friebertshäuser, A. Langer & A. Prengel (Hrsg.), *Handbuch qualitative Forschungsmethoden in der Erziehungswissenschaft* (515–528). Weinheim: Juventa.

Leuzinger-Bohleber, M-S. & Garlichs, A. (2010). Theoriegeleitete Fallstudien im Dialog zwischen Psychoanalyse und Erziehungswissenschaft. In: B. Friebertshäuser, A. Langer & A. Prengel (Hrsg.), *Handbuch qualitative Forschungsmethoden in der Erziehungswissenschaft* (653–672). Weinheim: Juventa.

Lorenzer, A. (2006). Szenisches Verstehen. Zur Erkenntnis des Unbewussten. In: U. Prokop & B. Görlich (Hrsg.), *Kulturanalysen. Bd. 1.* Marburg: Tectum.

Mayring, P. (2008). *Qualitative Inhaltsanalyse. Grundlagen und Techniken* (10., neu ausgestattete Aufl.). Weinheim: Beltz.

Polkinghorne, D. E. (1995). Narrative configuration in qualitative analysis. *International Journal of Qualitative Studies in Education, 8,* 5–23.

Reinders, H. (2005). *Qualitative Interviews mit Jugendlichen führen: ein Leitfaden.* München: Oldenbourg.

Riessman, C. (1993). *Narrative analysis.* Newbury Park: Sage.

Robinson J. L., Mantz-Simmons, L., MacFie, J., Emde, R. N. & MacArthur Narrative Working Group (2000). *MacArthur Narrative Coding System. Unpublished document,* University of Colorado Health Sciences Center, Denver, autorisierte deutsche Fassung durch Lemche, E. et al. (2000), Berlin/Dresden.

Robinson, J. L. & Mantz-Simmons, L. (2003). The MacArthur Narrative Coding System: One Approach to Highlighting Affective Meaning Making in the MacArthur Story Stem Battery. In: R. N. Emde, D. P. Wolf & D. Oppenheim (Hrsg.), *Revealing the Inner Worlds of Young Children. The MacArthur Story Stem Battery and Parent-Child Narratives* (81–91). Oxford: Oxford Univ. Press.

Schmidt, C. (2010). Auswertungstechniken für Leitfadeninterviews. In: B. Friebertshäuser, A. Langer & A. Prengel (Hrsg.), *Handbuch qualitative Forschungsmethoden in der Erziehungswissenschaft* (473–486). Weinheim: Juventa.

Schrenker, K. (2012). *Vom Ich zum Du zum Wir. Perspektivenwechsel und Triangulierung in der frühen Kindheit.* Freiburg: Centaurus.

Wattanasuwan, K., Buber, R. & Meyer, M. (2009). Das narrative Interview und die narrative Analyse. In: R. Buber & H. H. Holzmüller (Hrsg.), *Qualitative Marktforschung. Konzepte – Methoden – Analysen* (361–380). Wiesbaden: Gabler.

Die Autoren

Felix Buchhaupt (Dipl.-Päd.) ist therapeutischer Mitarbeiter im Autismus-Therapieinstitut Langen. Arbeitsschwerpunkte: Emotionen in der Pädagogik, inklusive Schulentwicklung sowie (Forschungs-)Methoden in der pädagogischen Praxis.

Thorsten Giese ist Förderschullehrer und Schulleiter einer Schule mit Förderschwerpunkt geistige Entwicklung und einer Abteilung körperliche und motorische Entwicklung in Friedberg sowie als systemischer Berater (SG) und DGSv Supervisor Master of Arts (SG) in eigener Praxis tätig.

Dr. Dieter Katzenbach (Dipl.-Päd.) ist Professor am Institut für Sonderpädagogik der Goethe-Universität Frankfurt am Main. Schwerpunkte seiner Lehr- und Forschungstätigkeit sind Inklusion in der Bildung, Zusammenhänge zwischen emotionaler und kognitiver Entwicklung und ihrer Störungen sowie Theorie und Praxis Psychoanalytischer Pädagogik, insbesondere bei Menschen mit geistiger Behinderung.

Olga Kauz (Dipl.-Päd.) ist psychoanalytische Kinder- und Jugendlichenpsychotherapeutin in Ausbildung, Düsseldorf.

Marian Kratz (Dipl.-Soz.-Arb.) ist wissenschaftlicher Mitarbeiter am Fachbereich Erziehungswissenschaften, Institut für Sonderpädagogik, der Goethe-Universität sowie Lehrbeauftragter am Fachbereich Soziale Arbeit der University of Applied Sciences Frankfurt am Main. Arbeitsschwerpunkte: Psychoanalytische Kultur- und Geschlechterforschung.

Dr. Ulrich Oevermann (Univ.-Prof. em.) wirkt als Emeritus am Fachbereich für Gesellschaftswissenschaften der Johann Wolfgang Goethe-Universität.

Jessica Ruth (Dipl.-Päd.) ist wissenschaftliche Mitarbeiterin am Fachbereich Erziehungswissenschaften, Institut für Sonderpädagogik der Goethe-Universität Frankfurt am Main. Arbeitsschwerpunkte: Psychoanalytische Theorien der (frühen) Kindheit sowie qualitative Grundlagenforschung schulischer Lern- und Bildungsprozesse.

Dr. Nadine Schallenkammer (Dipl.-Päd. und Ergotherapeutin) ist Professorin für Ergotherapie an der Fakultät für Gesundheitswissenschaften der SRH Hochschule Heidelberg. Arbeitsschwerpunkte: Interdisziplinäre Kindheits- und Qualitative Gesundheitsforschung im Bereich Inklusion und Disability Studies.

Brigitte Schlick (Dipl.-Soz. /M.A.) ist analytische Kinder- und Jugendlichenpsychotherapeutin in Ausbildung, Mainz.

Dr. Katrin Schrenker (Dipl.-Päd. /M.A.) arbeitet als pädagogische Gruppenleitung an einer Gemeinschaftsgrundschule in Köln und ist Lehrbeauftragte im Zentrum für akademische Qualifikationen und wissenschaftliche Weiterbildung der Fachhochschule Köln sowie Feeling-Seen-Pädagogin in Ausbildung am PBSP-Institut in Osnabrück.

Dr. Hendrik Trescher (PD Dr. phil. Dipl.-Päd., Dipl.-Soz.) vertritt zurzeit eine Professur für Erziehungswissenschaften mit dem Schwerpunkt Sonderpädagogik an der Goethe-Universität Frankfurt am Main. Arbeitsschwerpunkte: Pädagogik bei kognitiven Beeinträchtigungen, Disability Studies, insbesondere Subjektkonstitutionen von Menschen mit Behinderungen sowie Inklusionsforschung.

Gerlinde Uphoff (Dipl.-Päd.) ist Leiterin des Fachdienstes Case-Management in einer Einrichtung für Menschen mit sog. geistiger Behinderung im Rheingau und Rhein-Main Gebiet und ist gruppenanalytische Supervisorin.